Karl Kehrbach

Monumenta Germaniae Paedagogica

Schulordnungen (Zehnter Band)

Karl Kehrbach

Monumenta Germaniae Paedagogica
Schulordnungen (Zehnter Band)

ISBN/EAN: 9783744633338

Hergestellt in Europa, USA, Kanada, Australien, Japan

Cover: Foto ©Paul-Georg Meister /pixelio.de

Weitere Bücher finden Sie auf **www.hansebooks.com**

Monumenta Germaniae Paedagogica

Schulordnungen
Schulbücher und pädagogische Miscellaneen

aus den Landen deutscher Zunge

Unter Mitwirkung einer Anzahl von Fachgelehrten herausgegeben

von

KARL KEHRBACH

BAND X

Geschichte des Militär-Erziehungs- u. Bildungswesens
in den Landen deutscher Zunge 1

BERLIN

A. Hofmann & Comp.

1889

Geschichte des

Militär-Erziehungs- und Bildungswesens

in den Landen deutscher Zunge

❧

Von

B. Poten

Königl. preufsischem Oberst z. D.

———

Erster Band

Allgemeine Übersicht, Baden, Bayern, Braunschweig, Colmar

——— ▶━◀ ———

BERLIN

A. Hofmann & Comp.

1889

Vorrede

—·—

Die vorliegende Arbeit, welche ich auf Veranlassung meines früheren Vorgesetzten, des Königl. Preußischen Generals der Infanterie und General-Inspekteurs des Militär-Erziehungs- und Bildungswesens, Herrn von Strubberg, Excellenz, übernahm, konnte in Gemäßheit des Dr. Kehrbach'schen Planes der Mon. Germ. Paed. nur diejenigen Anstalten und Einrichtungen in den Kreis der Besprechung ziehen, bei denen die wissenschaftlichen Ziele im Vordergrunde standen oder stehen; alle, welche in der Hauptsache die körperliche Ausbildung zum Gegenstande hatten oder haben, wie Turn-, Reit-, Schieß- etc. Schulen, mußten ausgeschlossen werden.

Der Ausdruck „Militär" ist im eigentlichen Sinne des Wortes genommen, nicht auf Militär-Heilkunde, -Rechtspflege, -Verwaltung etc. und ebensowenig auf die Marine ausgedehnt.

Die Frage, ob meine Arbeit die Gestalt einer nach Zeitabschnitten gegliederten (synchronistischen) Gesamtdarstellung erhalten, ob der Stoff nach der Eigenart der zu besprechenden Anstalten und Einrichtungen gruppiert werden, ob die Staatenbildung als Grundlage dienen solle, habe ich zu Gunsten der letzteren Art entschieden.

Gegen die Wahl der erstgenannten sprach die Unmöglichkeit, Zeitpunkte zu finden, welche in allen Ländern einen Wandel in der Entwickelung des Militär-Erziehungs- und Bildungswesens bedeutet hätten; die der zweiten war nicht angängig, weil die nämliche Bezeichnung zuweilen ganz verschiedenartigen Anstalten beigelegt war und wird, und weil manche der letzteren die Ziele mehrerer Eigenarten verfolgen.

Es wird also die Geschichte des Militär-Erziehungs- und Bildungswesens der einzelnen Staaten in alphabetischer Reihenfolge der Ländernamen dargestellt werden.

401398

Ein Namen- und Sachverzeichnis, welches dem Schlußbande beigegeben werden wird, setzt jeden Leser in den Stand, sich über alle
behandelten Gebiete und Gegenstände nach den verschiedensten Richtungen hin rasch zu unterrichten.

Einen vorläufigen Wegweiser habe ich in der „Allgemeinen Übersicht" gegeben, welche (Seite 3—16) den Einzeldarstellungen vor-
angeht.

Aus dieser Übersicht geht hervor, daß außer den Einzelstaaten
des deutschen Reiches, in Gemäßheit des „Planes" der Mon. Germ.
Paed., Österreich-Ungarn und die Schweiz in den Kreis der Betrachtung gezogen wurden. In den letztgenannten Staaten sind selbstverständ-
lich nur diejenigen Anstalten berücksichtigt worden, deren Unterrichts-
Sprache die deutsche ist.

Leider bin ich nicht immer im stande gewesen, die genauen Titel
der in den Verordnungen genannten Lehr- und Lernbücher feststellen
zu können. Die Quellen nennen nicht selten in den Stundenplänen,
neben dem Lehrfache, den Schriftsteller, dessen Lehrbuch dem Unterrichte zu Grunde gelegt werden sollte. Hat dieser nun mehrere Lehr-
oder Lernbücher über den nämlichen Gegenstand geschrieben, oder
sind von einem und demselben Buche mehrere Auflagen erschienen,
so läßt sich nicht immer feststellen, welches Buch oder welche Auflage gemeint war. Wo ich keinen Zweifel hatte, habe ich die Titel etc.
vollständig gegeben.

Es ergiebt sich hieraus, daß ich noch weniger die Forderung
der Redaktion erfüllen konnte: ein genaues beschreibendes Verzeichnis
aller in den einzelnen Anstalten benutzten Lehr- und Lernbücher
herzustellen. In demselben sollte nicht nur von jedem dieser Bücher
eine genaue Bibliographie (Verfasser, Titel, Druckort, Verleger,
Jahreszahl, Format, Umfang) geboten werden, sondern es sollten auch
eine Charakteristik des Inhalts, eine Angabe über die Zeitdauer der
Benutzung, Notizen über den Verfasser u. s. w. hinzugefügt werden.

So wichtig ein solches Verzeichnis sein mag, so schwierig ist
seine Herstellung. Die Kraft eines Einzelnen reicht hierzu nicht aus.[1]

---

[1] Leider stehen der Redaktion der Mon. Germ. Paed. nicht diejenigen Mittel
zu Gebote, welche notwendig sind, um auf den verschiedensten Bibliotheken des
In- und Auslandes die ebenso wichtigen als umfangreichen Nachforschungen,

Die Kenntnis desjenigen, was dem Leser geboten wird, habe ich fast durchgängig aus amtlichen Beweisstücken. nämlich aus den in Archiven, Registraturen und an ähnlichen Aufbewahrungsorten vorhandenen Berichten, Gutachten, Standesausweisen etc. und aus den für die einzelnen Anstalten und Einrichtungen erlassenen Dienstvorschriften, gewonnen. Wo der Stoff, wie es bei einzelnen der bayerischen Anstalten und der Kriegsschule zu Colmar der Fall ist, bereits eine schriftstellerische Bearbeitung erfahren hatte, habe ich dieselbe zu Rate gezogen und benutzt. Meine Quellen sind an den betreffenden Stellen des Textes nachgewiesen.

Dafs mir dieselben überall in uneingeschränktem Mafse zu Gebote standen und mir allerorten in einer für die Zwecke meiner Arbeit in hohem Grade förderlichen Weise zugänglich gemacht wurden, danke ich dem freundlichen Entgegenkommen der leitenden Behörden, welche mir die Benutzung gestatteten, und der unermüdlichen, sachkundigen Unterstützung, durch welche die betreffenden Herren Offiziere und Beamten meine an Ort und Stelle vorgenommenen Nachforschungen in wirksamster Weise förderten. Dergleichen Erlaubnis und Unterstützung ist mir in Beziehung auf den Inhalt des hier vorliegenden 1. Bandes zu teil geworden durch das Königliche General-Kommando des XIV. Armee-Korps, das Grofsherzogliche General-Landes-Archiv, die Königlichen Kommandos des 1. Badischen Leib-Grenadier-Regiments Nr. 109 und des 1. Badischen Feld-Artillerie-Regiments Nr. 14, zweier altbadischen Truppenteile, zu Karlsruhe; durch das Königlich Bayerische

durch welche der Herr Verfasser dem von ihm angestrebten Ziele näher geführt werden könnte, anzustellen. Es ist dies umsomehr zu bedauern, als die Ergebnisse dieser Nachforschungen sicher nicht nur für das vorliegende Werk, sondern auch für andere Zweige der Geschichte des deutschen Unterrichtswesens von grofser Bedeutung geworden wären.

Übrigens wird es auch durch solche Verzeichnisse erst möglich werden, eine Topographie und Statistik der Lehr- und Lernbücher aufstellen zu können. Prof. D. Dr. Koldewey hat ganz recht, wenn er (Jahrbb. für Philologie und Pädagogik. II. Abth. 1878, Heft 11) von der Topographie und Statistik der Schulbücher „eine wahrhafte Förderung" der Geschichte des deutschen Erziehungs- und Unterrichtswesens erhofft, ja voraussetzt, „dafs sie das einzige Mittel sein würde, um auf dem Gebiete der Geschichte des Unterrichts und der Methode mancher vagen und haltlosen Rederei ein Ziel und an deren Stelle klare, fafsbare und sichere Resultate zu setzen." Anm. der Redaktion.

Kriegsministerium, den Generalstab, die Inspektion der Militär-Bildungsanstalten, das Kadetten-Korps, die Kriegsakademie, die Artillerie-
und Ingenieurschule, die Kriegsschule, das Kriegs-Archiv und das
Hauptkonversatorium der Armee, sämtlich zu München, das allgemeine
Reichs-Archiv zu München und das Kreis-Archiv zu Würzburg; ferner
durch das Herzoglich Braunschweig-Lüneburgische Staatsministerium
zu Braunschweig; endlich durch das Archiv des Ober-Elsafs und das
Stadtarchiv zu Colmar. Allen Beteiligten gestatte ich mir, den ihnen
bereits mündlich oder schriftlich gesagten Dank nochmals öffentlich
auszusprechen. Einigen anderen Herren, welche aufserdem durch Rat
und That meine Arbeit förderten, habe ich an den betreffenden Stellen
der letzteren gedankt; ihre Namen und die von ihnen bekleideten
Stellungen bieten zugleich eine Gewähr für die Richtigkeit meiner
Angaben in den wenigen Fällen, in denen ich nicht vermochte,
Aktenstücke als die Quellen meiner Darstellung zu bezeichnen, weil
solche nicht mehr vorhanden waren.

Sollte ich demnächst in die Lage kommen, etwaige Lücken ver-
öffentlichter Bände ausfüllen zu können, so wird es in der Form
von Nachträgen geschehen, welche in späteren Teilen meiner Arbeit
oder in den im Anschlufs an die Mon. Germ. Paed. erscheinenden
„Mitteilungen etc." abgedruckt werden sollen.

Von der Aufstellung eines Verzeichnisses der benutzten Litteratur,
wie die Redaktion es ursprünglich wünschte, glaubte ich Abstand
nehmen zu können, da ich diese jedesmal an der entsprechenden Stelle
angeführt habe und der verhältnismäfsig geringe Umfang der einzelnen
Abschnitte es leicht macht, die Quellen, aus denen geschöpft ist, auch
in solchen Fällen vollständig aufzufinden, in denen sie nur durch den
Namen des Schriftstellers und ein „a. a. O." nachgewiesen sind.

Berlin, im September 1889.

B. Poten.

Allgemeine Übersicht

1

Allgemeine Übersicht.

Die vollständige Neugestaltung der gesamten Kampfesthätigkeit, welche aus der Verwendung des Schiefspulvers zum Treiben von Geschossen hervorging, machte an die geistige Ausbildung der Heeresangehörigen höhere Anforderungen, als die waren, denen sie bisher zu genügen gehabt hatten.

Diese Wirkung äufserte sich zuerst bei denjenigen, welche die neuen Waffen zu handhaben hatten. An sie trat sehr bald das Bedürfnis heran, der Ausübung ihrer Kunst wissenschaftlichen Unterricht zu Grunde zu legen, die Lernenden mit Hülfe der Theorie in die Praxis einzuführen. Artillerieschulen sind daher die ältesten militärischen Bildungsanstalten. Die Unterweisung in der Bedienung der Geschütze und in demjenigen, was mit dem Gebrauche derselben im Zusammenhange stand, war jedoch bei ihnen die Hauptsache; der wissenschaftliche Unterricht ging nebenher und wurde, wie das ganze Geschäft, handwerksmäfsig betrieben. Er war zunächst Sache des Gezeug- oder Büchsenmeisters, später Konstabler geheifsen, welcher seine Schüler zu Meistern ausbildete und sie nach Beendigung ihrer Lernzeit mit einem Lehrbriefe entliefs. Der Unterricht erstreckte sich auf die Verrichtungen bei der Bedienung des Geschützes, dessen Vergleichen und Probieren, den Gebrauch des Richtgerätes, das Aufreifsen von Geschützen, geometrischen Figuren und Befestigungswerken, das Anlegen von Batterieen, den Minenbau, Rechen- und Mefskunst, die Ausrüstung des Geschütztrains. Deutsche Fürsten wendeten dem Gegenstand erst spät Aufmerksamkeit zu; auch die damals noch machtigen Städte überliefsen denselben ihren eigenen Bürgern oder fremden Meistern, welche mit ihrer Kunst hausieren gingen. Im Hinblick auf die vorwiegend praktische Bedeutung dieses Ausbildungszweiges ist derselbe von unserer näheren Betrachtung ausgeschlossen.

Mehr als hundert Jahre vergingen, nachdem 1506 zu Venedig die erste jener Artillerieschulen errichtet worden war, bis man daran dachte, auch andere Zweige der Kriegskunst auf Schulen zu lehren und damit

1 *

einen Gedanken zu verwirklichen, welchen wohl zuerst der Franzose de la Noue 1587 zum Ausdruck gebracht hat.

Es geschah durch einen Fürsten aus dem Hause der Oranier, Graf Johann von Nassau, welcher 1617 zu Siegen durch Johann Jacobi von Wallhausen eine Kriegs- und Ritterschule aufrichtete. Die Stürme des dreifsigjährigen Krieges vernichteten sehr bald ihre schwachen Anfänge, wie sie den von des Grafen Schwiegersohne, dem Landgrafen Moriz von Hessen, gemachten Versuch, an dem von ihm 1618 zu Cassel begründeten Collegium Mauritianum die Kriegswissenschaften einzubürgern, im Keime erstickten und den schon festeren Bau wegfegten, welchen Wallenstein, wahrscheinlich 1624, mit der friedländischen Akademie zu Gitschin unternahm.

Der nächstfolgende unter Deutschlands Fürsten, welchem der Ruhm gebührt, das durch der Zeiten Ungunst vereitelte Werk von neuem gefördert zu haben, war Friedrich Wilhelm, Brandenburgs grofser Kurfürst. Dafs der staatsmännische Sinn eines seiner Vorfahren den Wert wissenschaftlicher Bildung überhaupt, und kriegswissenschaftlicher insbesondere, für den höhergestellten Soldaten schon hundert Jahre früher erkannt hatte, beweist des Herzog Albrecht Kriegsordnung vom Jahre 1556, welche Beschäftigung mit den Wissenschaften empfahl und diejenigen, welche solche trieben, gegen die Verächter in Schutz nahm; sie führte aber noch nicht zur Errichtung von Anstalten, wie Friedrich Wilhelm solche für seine „Kadetten" schuf. So nannte man, dem über den Rhein gekommenen Sprachgebrauche folgend, bald auch in Deutschland einen grofsen Teil der für den Offizierstand zu erziehenden Jugend, und diesen Namen gab auch Kurfürst Johann Georg IV. von Sachsen den Zög- ·lingen der von ihm 1692 zu Dresden errichteten Erziehungsanstalt, welche noch heute in Blüte steht: zunächst spielten die Wissenschaften dort freilich nur eine untergeordnete Rolle. Wenn die Pforten des Janustempels geöffnet wurden, zogen die Kadetten in das Feld.

Wie die älteste der in Brandenburg erstandenen Anstalten, die 1653 zu Colberg ins Leben gerufene, sich an eine dort vorhandene Ritter-Akademie anlehnte, so wurde diese Art von Schulen auch anderswo bald im Dienste der Kriegswissenschaften gebraucht. Wir begegnen dergleichen Versuchen bis zum Anfange unseres Jahrhunderts. Meist gingen sie aus dem Bestreben des Adels hervor, die Anstalten für die Erziehung seiner Söhne möglichst vielgestaltig zu verwerten. Rechte Früchte haben die getroffenen Anordnungen, denen wir schon

1687 in Wolfenbüttel und noch 1803 zu Lüneburg begegnen, nirgends getragen. Die namhaftesten brachte die Ritter-Akademie zu Ettal in den Bayerischen Alpen, welche von 1711 bis 1743 bestand, zur Reife. In ähnlicher Weise wie jene Anstalten öffneten schon damals, wie es bis in die neueste Zeit hinein geschehen ist, die Universitäten den Kriegswissenschaften ihre Hörsäle. Der 1683 bei der Verteidigung von Wien gefallene Ingenieur Rimpler hatte einen Teil seiner Ausbildung auf der Universität Altdorf erhalten. Da dergleichen einzelne Vorkommnisse ein allgemeines Interesse nicht bieten und über die Natur der Vorträge, ihren Besuch und ihre Erfolge Näheres nicht bekannt ist, so hat der Verfasser darauf verzichtet, sie sämtlich nennen zu wollen. Es ist nur geschehen, wo ein besonderer Anlaſs dazu vorlag.

Ein weiteres geschah durch die Pagenerziehung. Wie im Mittelalter der Ritter den seiner Fürsorge anvertrauten Edelknaben durch den Burgpfaffen lesen und schreiben lehren lieſs, so hielt der Fürst für den Unterricht seiner Pagen eigene Informatoren. darunter mehrfach solche, welche, da viele ihrer Schüler Offiziere werden wollten, auch in den Kriegswissenschaften unterwiesen. Die Pagen gingen, wie in Baden erst 1819 geschah, meist in den Kadetten auf, welche hinwiederum den Dienst jener an den Höfen übernahmen; die einzige übriggebliebene Pagerie ist die zu München bestehende.

Der erste Versuch mit einer eigentlichen Artillerieschule ward 1682 in Bayern gemacht, wo demselben in der ersten Hälfte des 18. Jahrhunderts mehrere, auch solche zur Ausbildung von Ingenieuren, folgten. Sie schlugen sämtlich fehl. Von besserem Erfolge waren die gleichartigen in Sachsen errichteten Schulen begleitet.

Die deutschen Kaiser aus dem Erzhause Österreich hatten sich bis zum 18. Jahrhundert am wenigsten unter den gröſseren Fürsten um die Ausbildung ihrer Offiziere gekümmert. Es waren wohl Entwürfe gemacht; aber keiner war zur Ausführung gekommen. Die unaufhörlichen Kämpfe, welche das Heer auf den verschiedensten Kriegsschauplätzen auszufechten hatte, waren eine vortreffliche praktische Ausbildung und lieſsen nicht Zeit, der theoretischen zu gedenken. Erst Kaiser Karl VI. begründete Ingenieur-Akademieen, 1717 zu Brüssel. 1718 zu Wien.

Seiner Tochter, der Kaiserin Maria Theresia, blieb es vorbehalten, durch die Errichtung der noch gegenwärtig blühenden Militär-Akademie zu Wiener-Neustadt einen hochbedeutsamen Schritt vorwärts zu thun. Sie schuf damit 1752, wo sie gleichzeitig

zu Wien eine 1769 in jener aufgegangene Militär-Pflanzschule errichtete, eine Anstalt, welche nicht nur auf das geistige Leben und
die wissenschaftliche Bildung im kaiserlich-königlichen Heere unmittelbar und mittelbar grofsen Einflufs geübt, sondern diesen auch auf eine
Anzahl anderer Militärschulen im deutschen Reiche erstreckt hat.

Es bestanden deren damals nur wenige. Für den Unterricht des
Offizierersatzes, wie für den der Sonderwaffen, war um die Mitte des
18. Jahrhunderts fast schlechter gesorgt als fünfzig Jahre früher.
Die Pagenerziehung, die zunftmäfsige Heranbildung für das Geschütz-
wesen, die Vorlesungen über Kriegswissenschaften waren meist ver-
schwunden; an Militär-Erziehungsanstalten bestanden nur das Kadetten-
Korps zu Berlin, welches, nachdem eine 1705 dort errichtete Militär-
Akademie bald wieder eingegangen war, 1717 die in den Provinzen
verteilt gewesenen Anstalten in sich aufgenommen hatte; das Kadetten-
Korps zu Dresden und seit 1756 solche zu München und zu Stuttgart.
Das letztere, der Nachfolger einer ähnlichen 1728 verschwundenen
Anstalt, ging schon 1760 wieder ein. Als eine Pflanzschule für Unter-
offiziere bestand seit 1721 ein Militär-Waisenhaus zu Potsdam.

Um so regeres Leben entfaltete sich nach dem siebenjährigen
Kampfe der Jahre 1756 bis 1763. Die Fortschritte, welche die
Kriegskunst gemacht hatte, rief allerorten die Überzeugung wach, dafs
es vorteilhaft sein würde, dem tüchtigen Können durch ein gründliches
Wissen vorzuarbeiten, und so entstanden damals in vielen deutschen
Staaten, auch kleinen und kleinsten, Militärschulen, von denen einzelne
wahre Zerrbilder waren. So die jenes Landgrafen von Hessen-Hanau,
welcher die Offiziere seines einzigen Infanterie-Regiments bis zum
Hauptmann hinauf nötigte, eine „Militär-Akademie" immer und immer
wieder zu besuchen, in der ihnen Mathesis und Historia, Geographie
und Geschichte, Deutsch und Französisch dociert wurden, und wo sie
nach Bedürfnis auch Schreibstunde erhielten.   .

Meist dienten die Anstalten damaliger Zeit der Ausbildung
für den Offizierstand, entweder der Infanterie und Kavallerie oder der
Sonderwaffen; zuweilen waren beide Ziele vereinigt. Wir werden solches
Streben, von Preufsen und Österreich abgesehen, in Kurbayern und
Kurpfalz, in Sachsen, Hessen-Cassel und Hessen-Hanau, Schaumburg-
Lippe, Münster und Hannover verwirklicht finden. Eine besondere
Stellung nahm die Hohe Karlsschule in Württemberg ein, und aufser-
halb des allgemeinen Rahmens steht die Kriegsschule, welche der
blinde Fabeldichter Pfeffel zu Colmar errichtete. Auch was in der

Schweiz geschah, zeigt Abweichungen. Ganz spät noch, als schon am Seineufer das Wetter aufzog, das die meisten dieser Anstalten vernichtete, that sich in Darmstadt eine weitere auf, welche die Stürme aushielt. Ursprünglich für die Artillerie bestimmt, erweiterte sie nach und nach ihren Wirkungskreis; in Giefsen hatte sie eine später überwundene Nebenbuhlerin.

Der Unterricht dieser Anstalten erstreckte sich auf allgemeine und auf Kriegswissenschaften; die Brücke von jenen zu diesen bildete die Mathematik. Es war die Zeit, in der man sich damit quälte, die Kriegskunst als einen Teil der Gröfsenlehre darzustellen, sie zu einer Anwendung der letzteren zu stempeln. Man wollte den Feind nach Formeln schlagen, den Fall einer Festung nach arithmetischen Regeln im voraus bestimmen, die Truppen nach geometrischen Grundsätzen führen. An den Universitäten, welche von neuem und in gröfserer Zahl anfingen, vom Katheder herab den Kriegs-Studenten militärische Weisheit vortragen zu lassen, waren es fast lediglich Leute, denen das Kriegswesen nur von der Strafse bekannt war, höchstens Mathematik-Professoren in Uniform, welche den Lehrstuhl bestiegen.

Ein anderer, dem soldatischen Wesen wenig entsprechender Einflufs, welcher, wie der mathematische beim Unterricht, auf die Erziehung schädlich wirkte, war der von den Philantropinen ausausgehende, zu der bisher geübten streng militärischen Zucht in starkem Gegensatze stehende. Der nachdrücklichste Versuch, den Grundsätzen jener Lehre Eingang zu schaffen, war der zu München durch Rumford gemachte. Er schlug gänzlich fehl.

Hin und wieder fand eine Belehrung der jüngeren Offiziere durch ältere statt. Die Stimme, welche der württembergische Oberst v. Nicolai für eine Verallgemeinerung dieser Einrichtung und für die Einführung von Prüfungen erhob, verhallte wie die des Predigers in der Wüste.

Unterricht an Heeresangehörige, welche nicht Offiziere waren oder es zu werden wünschten, ward nur bei der Artillerie erteilt.

Aus einer jener kleinen Militärschulen aber, welche ihr Dasein der durch den Siebenjährigen Krieg gegebenen Anregung verdankten, ging der Mann hervor, welcher auf die Gestaltung des Militär-Erziehungs- und Bildungswesens einen gröfseren Einflufs ausgeübt hat als je einer vor oder nach ihm. Es war Scharnhorst. Der Weg, den er von der Inselschule im Steinhuder Meere bis an die Spree zurückzulegen hatte, zeigt zwei denkwürdige Haltestellen: die erste zu Nordheim in der Offizierschule eines Reiter-Regiments, also der-

jenigen Waffe gehörend, deren wissenschaftliche Bestrebungen und
Leistungen bis auf die neueste Zeit im allgemeinen minderwertige
waren, und welche hier mit der Einrichtung einer Anstalt, die ein
Seydlitz vergeblich erstrebt hatte, voranging; die zweite zu Hannover
an der Artillerieschule, von wo er die Vorbilder nach Berlin mitbrachte,
welche er bei dem grofsen Werke der Neugestaltung des preufsischen
Heerwesens nach dem Frieden von Tilsit verwertete. Er hatte bei
seinem Übertritt an höheren Bildungsanstalten, aufser dem Kadetten-
Korps, die 1765 errichtete Academie des nobles, später Academie
militaire genannt, die 1788 begründete Ingenieur-, die 1791 eröffnete
Artillerie-Akademie und verschiedene in gröfseren Garnisonen oder
auch bei einzelnen Regimentern bestehende Einrichtungen zur Heran-
und Fortbildung der Offiziere vorgefunden. Auch eine Aufsichtsbehörde
für den gesamten Dienstzweig war vorhanden. Prüfungsvorschriften,
welche den Besitz eines gewissen Mafses von Kenntnissen als Bedingung
für die Beförderung gefordert hätten, gab es noch nicht. Bald nach
seinem Eintritt erfolgte die Errichtung von Junkerschulen und einer
Akademie für junge Offiziere, an welcher Scharnhorst selbst als Lehrer
thätig war. Allen bestehenden Einrichtungen, das Kadetten-Korps und
das Potsdamer Waisenhaus ausgenommen, machte der Niedergang der
Monarchie in den Jahren 1806/7 ein Ende.

In Österreich finden wir zu dieser Zeit die von Kaiser Joseph
wesentlich geförderte und durch ihn, unter des Feldzeugmeisters Graf
Kinsky verdienstvoller Leitung, aus einer ebensosehr für den erbländ-
dischen Adel wie für das Heer bestimmten zu einer lediglich militärischen Zwecken dienenden Erziehungsanstalt gemachte Akademie zu
Wiener-Neustadt, die Ingenieur-Akademie und das zur Heranbildung
von Unteroffizieren 1786 errichtete Bombardier-Korps. Truppenschulen
bestanden nur bei den Sonderwaffen. In den Kreis unserer Betrachtungen gehören auch die Soldatenknaben-Erziehungshäuser jener Zeit
und die Schuleinrichtungen der Militärgrenze.

Dieser Zustand blieb lange Zeit im wesentlichen der nämliche.
Für den Ersatz an Infanterieoffizieren sorgten seit 1808 einzelne,
„Kadetten-Kompagnieen" genannte, Erziehungsanstalten; für die bei
den Regimentern vorhandenen Kadetten wurden dort Schulen errichtet.
Beim Pionier-Korps ward 1811 der Grund zu einer Schule gelegt,
welche später zu Tulln bestand und, von den anderen Waffen als
Bildungsstätte für ihren eigenen Nachwuchs von Offizieren gern ge-
braucht, sich einen guten Namen machte. Ingenieur-Akademie und

Bombardier-Korps bestanden fort. Die Neustädter behaupteten einen hochangesehenen Platz in den Offizierkorps, umsomehr als die Pläne zur Heranbildung von Generalstabsoffizieren sich nicht über das Hören von Vorträgen hinaus verwirklichten. Von Anordnungen zur Fortbildung der Offiziere bei den Regimentern und von Mannschaftsschulen erscheinen die ersten Spuren.

In Preufsen erblühte aus der blutgetränkten Saat des Jahres 1806 frisches Leben. Die gesamten Heereseinrichtungen wurden auf veränderten Grundlagen aufgebaut, die Verhältnisse der Offiziere neu geordnet. Nur Kenntnisse und Bildung gaben Anspruch auf Beförderung; der geforderte Besitz mufste durch das Bestehen von Prüfungen nachgewiesen werden; die Vorbereitung auf diese wurde durch die Errichtung von Lehranstalten erleichtert, um nicht zu sagen ermöglicht. Es waren Kriegsschulen, für die allgemeine und für die fachwissenschaftliche Ausbildung von Offizieranwärtern und von Offizieren bestimmt; eine der Anstalten vermittelte zugleich höhere Bildung. Ferner ward eine Artillerie- und Ingenieurschule errichtet. Von den früheren Anstalten waren das Kadetten-Korps und das Militär-Waisenhaus erhalten: 1812 ward angeordnet, dafs auch bei der Infanterie und Kavallerie Mannschaftsschulen errichtet werden sollten.

Scharnhorst war die Seele der Neugestaltung, welche in ihren Grundzügen noch heute in Wirksamkeit ist. Der damals dem märkischen Sande anvertraute Keim ist zu einem starken Baume gewachsen. Alldeutschland erfreut sich seiner Früchte. Die einstige Kriegsschule für Offiziere ist die heutige Kriegsakademie; den Kriegsschulen ist, nachdem sie Brigade-, dann Divisionsschulen geheifsen haben, ihr alter Name wiedergegeben; die Artillerie- und Ingenieurschule, das Kadetten-Korps und das Potsdamer Militär-Waisenhaus haben die ihrigen nie abgelegt. Alle diese Anstalten waren aber keineswegs als vollendete Kunstwerke an das Licht getreten: sie haben einen langen Entwickelungsgang durchgemacht, bis sie wurden, was sie sind. Erst seit der Umbildung, welcher General von Peucker vor dreifsig Jahren die Divisionsschulen unterzog, erfüllen die Kriegsschulen ihren Zweck, und das aus der alten Armee überkommene Kadetten-Korps mufste im letzten Jahrzehnt eine gründliche Änderung seiner Unterrichtseinrichtungen erfahren, um die ihm obliegende Aufgabe ferner erfüllen zu können. Dem Potsdamer Militär-Waisenhause trat nach dem zweiten Pariser Frieden das Militärknaben-Erziehungsinstitut zu

Annaburg, von Sachsen überkommen, zur Seite; Schulabteilungen, später Unteroffizierschulen genannt, und Unteroffizier-Vorschulen wurden neugeschaffen; bei dem immer sorgfältigeren Ausbau des Heerwesens entstanden eine Oberfeuerwerker- und eine Festungsbauschule, in denen tüchtige Kräfte zur Besetzung der betreffenden Unteroffizierstellungen herangezogen werden. Eine General-Inspektion des Militär-Erziehung- und Bildungswesens ward 1819 wiederum errichtet.

Räumlich haben alle diese preußsischen Anstalten seit 1866 dadurch eine bedeutende Erweiterung erfahren, daß sie, abgesehen von einzelnen Ausnahmen, für das gesamte deutsche Reich mit Ausschluß von Bayern zu sorgen haben. Dort finden wir sie in verjüngtem Maßsstabe wieder; die Abweichungen in den grundlegenden Bestimmungen sind nicht von großser Tragweite.

Den Zutritt zu seinen höheren Bildungsanstalten, der Kriegsakademie, der Artillerie- und Ingenieurschule und den Kriegsschulen, gestattete Preußsen den Angehörigen anderer Staaten des deutschen Bundes, schon bevor sie rechtlichen Anspruch darauf erlangten, in zuvorkommender Weise, und vielfach ward davon Gebrauch gemacht; daneben beeiferten sich jene Staaten, die ganz kleinen ausgenommen, durch eigene Einrichtungen ihrem Bedürfnis zu entsprechen.

In Bayern blieb bis 1858 das Kadetten-Korps die einzige an dieser Stelle zu erwähnende militärische Erziehungsanstalt; dann erst ging der Wunsch in Erfüllung, eine Fachschule für die Sonderwaffen zu besitzen, welchem 1851 eine Einrichtung im Kadetten-Korps hatte genügen sollen; im nämlichen Jahre 1858 wurde eine Kriegsschule eröffnet, um dem Offizierkorps in größserem Umfange und auf verbürgtere Weise, als bei den früheren Anordnungen der Fall gewesen war, kriegswissenschaftliche Bildung zu sichern; zu diesem Zwecke wurden auch die Prüfungsvorschriften, deren es seit 1823 gab, bestimmter hingestellt und erhöht. Einen weiteren Anlaß zur Fürsorge für die Pflege der Wissenschaften entnahm man, wie es in Preußsen nach dem Frieden von Tilsit geschehen war, den im Unglück gemachten Erfahrungen. Es waren die von 1866. In zwei Dingen ist Bayern dem übrigen Deutschland vorangegangen. Schon seit 1868 wird als Bedingung der Zulassung zum Betreten der Offizierslaufbahn der Nachweis der Reife für die Universität gefordert, und früher als anderswo ist im Kadetten-Korps zu München der Lehrplan mit dem der Landesschulen in Übereinstimmung gebracht. Auch die Mannschaftsschulen sind nicht nach preußsischem Muster gestaltet.

In Hannover ward, nachdem die Fremdherrschaft, welche seit
1803 für mehr als zehn Jahre der Selbständigkeit des Landes und den
militärischen Bildungsanstalten desselben ein Ende gemacht hatte,
beseitigt war, auf den früher für die Artillerie- und die Ingenieur-
schule geltend gewesenen Grundsätzen fortgebaut. Beide Anstalten
wurden jetzt in eine verschmolzen und 1834, da gleichzeitig die in
derselben bisher nur als Gäste geduldet gewesenen Offiziere der Infanterie und der Kavallerie als gleichberechtigte Teilnehmer Zutritt erhielten, „Militär-Akademie" genannt; ihren Klassen waren, je nach
den Waffen etc., für welche sie bestimmt waren, verschiedenartige
Ziele gesteckt; eine derselben ward die seit 1823 bestehende „General-
stabsakademie". Ein Kadetten-Korps wurde erst 1843 errichtet. Der
Mannschaftsunterricht der Sonderwaffen war, der Überlieferung entsprechend, ein sorgfältiger. Die obenerwähnte Offiziersschule eines
Reiter-Regiments erhielt für kurze Zeit eine Nachfolgerin in einer
Kavallerie-Lehranstalt, welche ebenfalls in die Militär-Akademie über-
ging; später begegnen wir der auch in anderen Staaten zu Tage
tretenden Erscheinung, dafs an den Kavallerie-Offizier mindere wissenschaftliche Ansprüche gemacht wurden als an seine Kameraden von
der Infanterie. Seit der Mitte des dritten Jahrzehnt waren zum Zweck
der Beförderungen genau vorgeschriebene Prüfungsbedingungen zu
erfüllen; die Offiziere aller Waffen hatten solchen nicht allein zu
genügen, bevor sie Sekond-, sondern auch bevor sie Premierlieutenants,
bei der Infanterie aufserdem bevor sie Majors wurden.

In Sachsen veranlafste die durch die Beschlüsse des Wiener
Kongresses herbeigeführte Verkleinerung des räumlichen Umfanges und
der Staatskräfte zu einer Vereinigung der bestehenden verschiedenartigen Anstalten in eine Militär-Akademie. Seit Errichtung derselben
im Jahre 1816 begegnen wir mehr als ein halbes Jahrhundert hindurch dem Wunsche, eine gesonderte Anstalt zur Ausbildung von
Artillerie- und Genieoffizieren zu haben, welcher bald erfüllt, bald
durch die vollständige oder teilweise Verschmelzung mit dem Kadetten-
Korps wieder vereitelt wurde, bis 1867 nur das letztere bestehen blieb
und, abgesehen von einer Unteroffizierschule und einer Unteroffizier-
Vorschule, die Fürsorge für das gesamte Militär-Erziehungs- und Bildungswesen von Preufsen übernommen wurde.

In die Militärverhältnisse Württembergs war durch die Gebiets-
erweiterungen, welche zu Anfang unseres Jahrhunderts eintraten, neues
Leben gekommen. Es entstand 1805 ein „Militär-" oder „Kadetten-

Institut", welches 1817 aufgehoben und 1823 durch eine „Militär-Bildungsanstalt" ersetzt wurde. Es war dies ein Kadettenhaus mit zeitweise sehr geringer Schülerzahl, aus welchem später eine Kriegsschule mit teils allgemein-, teils fachwissenschaftlichem Unterrichtsplane wurde. Ein anderer Teil des Ersatzes ging aus den „Offizierszöglingen" der Regimenter hervor, welche bei letzteren ausgebildet wurden. 1867 wurde die Kriegsschule nach preufsischem Muster eingerichtet. Sie zerfiel in eine Kadetten- und in eine Portepeefähnrichsschule. Nach dem Kriege von 1870—71 hörten alle Sondereinrichtungen auf.

In Hessen-Cassel und in Hessen-Darmstadt ward wie in Hannover auf den Grundlagen der früher vorhanden gewesenen Anstalten fortgebaut, die durch der Zeiten Ungunst mehr oder weniger Störungen erfahren hatten; dort bestand bis 1866 ein Kadetten-Korps, welches allgemeine und fachwissenschaftliche Vorbildung für das Bestehen der Offizierprüfung vermittelte; hier blieb der Wunsch, eine Anstalt zu besitzen, welche zugleich erzieherisch wirken würde, ein frommer. Die „Militärschule" war eben nur Schule, deren Leitern kaum eine Disziplinarstrafgewalt über ihre Zöglinge zustand; erst die 1850 eingeführte Prüfung förderte in leidlich wirksamer Weise die Erfolge des Unterrichts. Daneben verdienen die Bemühungen der Artillerie um die wissenschaftliche Förderung ihrer Angehörigen Erwähnung. Die Einwirkung der Landstände, welche den Absichten der Regierung hinderlich im Wege standen, war der Grundschaden, an welchem die Zustände im Grofsherzogtume krankten.

In Baden, wo der nämliche Hemmschuh wirkte, glückte es besser, die Kette zu lockern, an welcher er hing. Die Errichtung einer Militär-Bildungsanstalt ging aus der nämlichen Veranlassung hervor, welche eine solche in Württemberg und, wie wir sehen werden, in Nassau ins Leben rief, aus der bei der Auflösung des Heiligen Römischen Reiches Deutscher Nation gewachsenen politischen Machtstellung. Unter Leitung eines Offiziers, welcher in Hannover als Lehrer gewirkt hatte, ward sie in ähnlicher Weise errichtet, wie dort im letzten Fünftel des 18. Jahrhunderts Schulen bestanden hatten. Die seit 1805 gemachten schwachen Anfänge führten 1820 zur Eröffnung einer Kadettenanstalt und später einer höheren Offizierschule. Trotz mehrfacher Störungen und Unterbrechungen haben beide bestanden, bis die Ereignisse von 1866 ihnen ein Ende bereiteten.

In Nassau ward, abgesehen von einem 1811 bis 1813 gemachten Versuche, zuerst 1820 eine Militärschule errichtet, welche 1830, durch

die Herstellung eines eigenen Heims für einen hauptsächlich den
Offizierersatz bildenden Teil der Zöglinge, die Eigenart eines Kadettenhauses annahm. Dafs während des gröfseren Teiles der Zeit des Bestehens der Militärschule der Zutritt zu derselben auch Mannschaften
offenstand, welche ihrer gesetzlichen Dienstpflicht genügten und ihrer
Lebensstellung nach zu Offizieren ganz ungeeignet waren, hemmte die
Wirksamkeit der Anstalt. Die Aufnahme dieser Bestandteile war ein Zu-
geständnis an die durch die Ständeversammlung vertretene öffentliche
Meinung; als sie ausgeschlossen wurden, krankte die Anstalt am Mangel
an Schülern. Sie diente allgemein- und fachwissenschaftlicher Ausbildung.
Dem Streite um ihr Sein oder Nichtsein machte das Jahr 1866 ein Ende.

Weit besser glückte die Errichtung einer Militärschule in Olden-
burg, zu welcher 1814 der Grund gelegt wurde. Obgleich sie nur
Unterrichts- und nicht zugleich Erziehungsanstalt war, ein Verhältnis,
welches an anderen Stellen wenig gute Früchte zeitigte, hat sie in
vorzüglich erfolgreicher Weise gewirkt. Seit 1834 stand sie auch den
Offizieranwärtern der Hansestädte offen, von denen indessen später
Hamburg die seinen den hannoverschen Bildungsanstalten überwies.
Nachdem sie allmählich den Schwerpunkt ihrer Thatigkeit immer mehr
auf die Seite des fachwissenschaftlichen Unterrichts verlegt hatte, ward
sie 1860 nach dem Muster einer preufsischen Kriegsschule eingerichtet.
Auch für die Mannschaftsschulen war gut gesorgt.

In Mecklenburg-Schwerin rief zuerst der Beitritt zum Rhein-
bunde das Gefühl des Bedürfnisses einer Militär-Bildungsanstalt wach:
es wurde 1809 eine solche errichtet, aber im Drange der Zeiten bald
wieder aufgegeben. Sie hinterliefs indessen als Erbschaft eine Prüfungs-
vorschrift, welche, 1824 neu eingeschärft, die Errichtung einer Militärschule herbeiführte. Dieselbe bestand zuerst lediglich als Unterrichtsanstalt, wurde aber 1842 zu einem Kadettenhause gemacht und 1850,
nachdem eine Militärkonvention mit Preufsen abgeschlossen war, zu
einer Divisionsschule umgestaltet; die Kadetten wurden in Preufsen
erzogen. Letztere Anordnung hörte 1856 wieder auf. Fortan erfolgten
sowohl Kadettenerziehung wie Ausbildung zum Offizier ganz nach
preufsischem Vorbilde in Schwerin.

Ein wenig erquickliches Bild bietet der Anblick der Zustände in
Braunschweig. Der Wunsch, eine eigene Militärschule zu besitzen,
war von einem vollständigen Mifserfolge begleitet. Die Hauptschuld
an letzterem trug die Geringfügigkeit der Truppenmacht, über die das
Herzogtum gebot; ein Übel, welches dadurch verschlimmert wurde,

dafs die Kavallerie von der Beteiligung an der Anstalt fast ganz entbunden war. Die Ansicht, dafs unter den an den Reiteroffizier zu stellenden Anforderungen die an seinen Geldbeutel die wichtigsten seien, trat kaum irgendwo so unverhüllt zu Tage wie hier. Trotzdem hat von 1825 bis 1866 fast ununterbrochen in Braunschweig eine Militär-Bildungsanstalt ihr Dasein gefristet. Nur kurze Zeit bestand eine Übereinkunft mit Preufsen, in Gemäfsheit deren dieses die Aufgabe übernahm.

Die noch kleineren Staaten erbaten und erhielten die freundnachbarliche Hülfe anderer Bundesglieder, namentlich Preufsens, oder sie zogen im Bedarfsfalle Offiziere aus deren Diensten in die ihrigen.

Aufserdem haben wir zu betrachten die Militärschulen des Königreichs Westfalen, die geringen Anfänge, welche die Erhebung Schleswig-Holsteins gegen Dänemark aufweist, und die ganz abweichenden Verhältnisse in der Schweiz, die militärwissenschaftliche Ausbildung Einjährig-Freiwilliger behufs Verwendung als Vorgesetzte des Beurlaubtenstandes und eine Schmarotzerpflanze, die Vorbereitungsanstalten zum Bestehen der verschiedenen Prüfungen, die sogenannten Pressen.

Auch mancher hier nicht aufgezählten Sondereinrichtungen, sowie der dem Unterrichte der Mannschaft gewidmeten Fürsorge wird gedacht werden.

In Österreich rührt der Aufschwung, wie ihn das preufsische Militär-Erziehungs- und Bildungswesen nach dem Frieden von Tilsit nahm, erst aus dem Jahre 1852. Bis dahin galt in vollem Umfange das Wort, welches wir an anderer Stelle wiederholen werden:

Hatt' damals jemand nur Courage,
So war er ein gemachter Held.
Wer hörte da was von Blamage,
Dafs einer durchs Examen fällt?

Wer in der Neustadt oder in Tulln wissenschaftliche Bildung genossen hatte, war freilich deshalb und bei vielen hochangesehen, wurde benutzt und in seiner Laufbahn gefördert; wer es aber nicht war und sonst etwas leistete oder Fürsprache hatte, dem stand der Mangel an Kenntnissen nicht im Wege, und die aufserösterreichischen Staaten des Deutschen Bundes, Preufsen trotz der allgemeinen Wehrpflicht nicht ganz ausgeschlossen, stellten einen bedeutenden Beitrag zu dem grofsen Teile des Kaiserlich-Königlichen Offizierkorps, welcher auf den ersten Stufen der Schulleiter Halt gemacht hatte, weil es ihm zu schwer dünkte oder unmöglich war, weitere Sprossen zu erklimmen.

Die Einwirkung der Jahre 1848 und 1849 führte zu einer tief-
einschneidenden Änderung. Mit gerechtem Stolze blickte das Heer,
wie es aus den Kämpfen dieser Jahre hervorgegangen war, auf seine
Leistungen zurück. Die Armee hatte den Staat und die Monarchie
gerettet; aber sie hatte auch ihre eigenen Mängel und Gebrechen erkannt. Das Bedürfnis einer gründlichen Neuordnung vieler Verhältnisse
war unabweisbar; auch auf dem Gebiete des Militär-Erziehungs- und
Bildungswesens mußte sie eintreten; einer ihrer hervorragendsten
Fürsprecher war Feldzeugmeister Freiherr von Hefs. Sie ward seit 1852
vorgenommen, geschah aber durch den im Kriegsministerium, wo eine
einheitliche Leitung eingerichtet war, die Sache bearbeitenden späteren
Feldzeugmeister Freiherrn von Pechmann zu hastig und mit zu geringer
Rücksicht auf das Bestehende. Was geschaffen wurde, war nur ein
Übergangszustand. Aber schon nach verhältnismäfsig kurzer Zeit ward
der Grund zu den jetzt bestehenden Einrichtungen gelegt.

Es traten zu jener Zeit an Stelle der Regiments-Erziehungs- die
Ober- und Unter-Erziehungshäuser als Vorbereitungsanstalten für die
Schul-Kompagnieen bezw. Schul-Eskadron, welche die Ausbildung zu
Unteroffizieren für alle Waffen zum Zweck hatten. Die Kadetten-
Kompagnieen wurden durch Regiments-Kadettenschulen ersetzt und
Kadetten-Institute geschaffen, letztere um für eine höhere militärische
Ausbildung vorzubereiten, zu deren Gewährung die Genie-, die Artil-
lerie- und die Wiener-Neustädter Akademie zu Gebote standen. Aufser-
dem traten eine technische Artillerieschule zur Fortbildung von Unter-
offizieren; eine Artillerie-Hauptschule, aus welcher sich die Technische
Artillerie-Akademie entwickelte, zur Heran- und zur Fortbildung von
Offizieren; höhere Artillerie- und Genie-Kurse für Offiziere; die Kriegs-
schule als höhere fachwissenschaftliche Anstalt; zahlreiche Kurse und
Schulen bei den Truppen ins Leben.

Sechzehn Jahre später brachte das Jahr 1868 die allgemeine
Wehrpflicht. Ihre Einführung war den Erfahrungen von 1866 zu
danken. Die damals empfangenen bitteren Lehren führten aber auch
zu einer allgemeinen Lernpflicht. Das vielgebrauchte und gemifsbrauchte
Wort vom Schulmeister von Königgrätz hat einen tiefen Sinn; die
Bedeutung desselben war für Österreich und sein Heer nicht verloren
gegangen. Von Einflufs auf die als notwendig erkannte Neugestaltung
der uns beschäftigenden Verhältnisse waren zwei Rücksichten, von
denen die eine hemmend, die andere fördernd wirkte. Jene war die
auf den Staatssäckel, welche Einschränkungen gebot; diese war die auf

den Zustand der Landesschulen, welche veranlafste, eine Anzahl von militärischen Lehranstalten eingehen zu lassen. Letztere waren namentlich solche, in denen Offizieranwärter in den allgemeinen Wissenschaften unterrichtet wurden, um sie für das Fachstudium vorzubereiten. Von diesem Standpunkte wurden die Anordnungen getroffen, auf Grund deren bald nach 1870 vorhanden waren: Truppen-Divisions- und Kadetten-Schulen zur Heranbildung von Offizieren; die für Artillerie und Genie gemeinsame technische Militär-Akademie und eine militär-technische Schule zur Vorbereitung auf dieselbe; ein Central-Infanterie-Kurs zur Heranbildung von Stabsoffizieren; die Kriegsschule und Mannschaftsschulen. Sehr wesentlich war, dafs seit 1867 die Beförderungen vom Bestehen von Prüfungen abhängig gemacht waren.

Die Annahme, dafs die Schulbildung der künftigen Offiziere zum gröfsten Teile den bürgerlichen Lehranstalten überlassen werden könne, und dafs die Fachschulen aus ihnen genügenden Zuflufs erhalten würden, erwies sich als nicht zutreffend. Die Wiedererrichtung von Anstalten, in denen die künftigen Offiziere schon als Knaben Aufnahme zu finden hätten, war daher die wichtigste unter den zahlreichen Neuerungen, welche seit 1874, dem Jahre, welches als der Wendepunkt bezeichnet werden kann, in den Verhältnissen der Militär-Erziehungs- und Bildungsanstalten vorgenommen wurden. Der Wandel vollzog sich unter der geschickten Leitung des General-Major von Wurmb, welcher an der Spitze der mafsgebenden Abteilung im Kriegsministerium stand. Die Änderungen hatten eine bedeutende Erhöhung in den Leistungen zur Folge.

Gegenwärtig sind vorhanden: Militär-Ober- und Unter-Realschulen, den Kadettenhäusern, Kadettenschulen und etwa den Kriegsschulen des Deutschen Reiches zu vergleichen; die Wiener-Neustädter und die Technische Militär-Akademie, der unmittelbaren Ausbildung zu Offizieren der Infanterie und Kavallerie bezw. der Sonderwaffen gewidmet; der höhere Artillerie- und Genie-Kurs, den deutschen Artillerie- und Ingenieurschulen gleich zu achten; der Stabsoffiziers-Kurs, zur Vorbereitung für diese Stellung; ferner Mannschaftsschulen und Anordnungen zur Ausbildung von Offizieren, für welche der Kriegsdienst nicht Lebensberuf ist.

Auch hier wird eine Reihe von Sondereinrichtungen in den Kreis unserer Betrachtungen fallen, so die Schulen der ehemaligen Grenze, Mafsregeln zur Ausbildung von Adjutanten und Militärlehrern und ein Militär-Knabenpensionat zu Serajewo.

Baden

(Abgeschlossen am 1. Januar 1889)

Bis zum Jahre 1820.

1. Pagen.

Die ersten Spuren der Heranbildung zu Offizieren im Gebiete des jetzigen Großherzogtums Baden[1] finden wir, abgesehen von den kurpfälzischen Einrichtungen (s. Bayern), am Hofe der Markgrafen von Baden-Durlach. Sie sind gering und lassen nur erkennen, daß überhaupt etwas geschehen ist.

In einem ohne nähere Zeitangabe erstatteten Berichte[2] aus den sechziger Jahren des 18. Jahrhunderts ist nämlich gesagt, daß „die drei ersteren Edelknaben" „in der Fortifikation die Magistral-Linien nach dem 1. Vaubanschen System bald vollends zu enden, daß die anderen aber hierinnen keinen Anfang haben, weil es für sie zu frühe war."

Erst 1804, als die kleine Markgrafschaft zu einem stattlichen Großherzogtume herangewachsen war, dessen junge Militärmacht eines tüchtigen Offizierkorps bedurfte, begegnen wir weiteren Spuren. Die „Pagerie" wurde mehr militärisch gestaltet und daneben eine École militaire errichtet.

Der Entschluß, erstere umzuformen, wurde am 15. Oktober jenes Jahres durch den Oberst-Hofmarschall den Angehörigen der Pagen

[1] Die Darstellung beruht größtenteils auf den im General-Landes-Archiv zu Karlsruhe befindlichen Akten des Kadettenhauses. Auf Grund derselben konnten die Verhältnisse dieser Anstalt einigermaßen vollständig geschildert werden. In betreff der übrigen Einrichtungen waren die Quellen höchst dürftig. Die Akten des früheren Kriegsministeriums aufzufinden, ist dem Verfasser trotz des ihm von den Militärbehörden und mehreren früheren badischen Offizieren geleisteten Beistandes nicht gelungen. Dieselben dürften bei Auflösung des Ministeriums vernichtet worden sein.

Die Schriftstücke, auf welche nachstehend Bezug genommen ist, befinden sich sämtlich in dem obengenannten Archive.

[2] Carlsruhe. Studien-Hofsache. in specie Edelknaben betr. Vorzüglich in Ansehung ihres Unterrichts und Vorschriften zu ihrer Aufnahme, 1762—1769.

[3] Großherzogliches Geheimes Kabinet. Dienersache betr. Die Pagen 1804—1816

2 *

mit dem Bemerken kundgegeben,[2] dafs diejenigen, welche Offiziere
werden wollten, bis zur Errichtung der Anstalt beurlaubt, die übrigen
entlassen werden sollten. Dafs die Absicht, die Pagerie ganz zu einer
militärischen Erziehungsanstalt zu machen, nicht ausgeführt ist, beweisen mehrfache Entlassungen aus derselben zum Zweck des Eintrittes
in andere Laufbahnen, von denen die Akten Kenntnis geben. Sie sind
nicht als Ausnahmen bezeichnet, sondern erscheinen als Vorgänge,
welche der Bestimmung der Anstalt entsprechen. Der „Badische
Militär-Almanach", welcher augenscheinlich aus den Quellen geschöpft
hat, sagt in Jahrgang 1862, dafs die Pagerie eine Offizier-Bildungsanstalt am Hofe gewesen sei, deren Zöglinge nach beendetem Kursus
als Sekond-Lieutenants in die Armee getreten oder im Hofdienste
verblieben seien, und das Ober-Hofmarschall-Amt erwähnt am
20. Mai 1815, dafs seit einer Reihe von Jahren den Pagen das Recht
zugestanden sei, wenn sie das erforderliche Alter erreicht und die
nötigen Vorkenntnisse erworben hatten, als Offiziere angestellt zu
werden. Hofmeister der Pagen, deren es im Jahre 1804 fünf gab,
war damals der Major Johann Jakob Lux, ein Offizier, welcher
bis 1760 in der französischen Artillerie gedient und 1780, unter Beibehaltung seiner Stellung bei den Pagen, das Kommando der durch
ihn neugeschaffenen badischen Artillerie erhalten hatte, in diesem
aber 1804 durch den um das badische Militär-Bildungswesen hochverdienten Stolze[1] ersetzt worden war. Lux wird den Pagen militärischen Unterricht erteilt haben; im übrigen amteten als Informatoren Lehrer des Lyceums in Karlsruhe.

2. École militaire.

Eine zweite Offizier-Bildungsanstalt war die École militaire. Der
Nachrichten über die Anfänge derselben sind wenige; aber sie sind
zuverlässig, denn sie stammen von dem Begründer der Anstalt, dem
erwähnten General Stolze. Sie sind in dem „Stamm- und Rangier-

---

[1] Nikolaus Stolze, am 10. Februar 1754 zu Stade geboren, ein Zögling der
Militärschule des Grafen Wilhelm von Schaumburg-Lippe, von 1778 bis 1804 in der
hannoverschen Artillerie, kam, auf seines Kameraden Scharnhorst Empfehlung, an die
Spitze der badischen Artillerie, deren Organisator und Lehrer er wurde, trat 1832
in den Ruhestand und starb am 27. Februar 1834 zu Karlsruhe. (F. von Weech,
Badische Biographieen. II. Heidelberg 1875.)

Buche des Grofsherzoglich Badenschen Artillerie - Bataillons vom 1. Mai 1816" enthalten, welche vom Kommando des 1. Badischen Feld-Artillerie-Regiments Nr. 14 dem Verfasser zur Verfügung gestellt worden ist, und sind von Stolze eigenhändig unterzeichnet. Es heifst darin, dafs die Errichtung der Truppe „unter immerwährender Unterbrechung mit aller Anstrengung und öfters mit unzulänglichen Mitteln habe bewirkt werden müssen." „Dennoch wurden alle Gelegenheiten benutzt, die Offiziers, Unteroffiziers und Canoniers sowohl im Theoretischen als im Praktischen zu unterrichten. Schon im Jahre 1805 wurde für die Unteroffiziers und Canoniers eine Schule errichtet, die im Jahre 1807 eine zweckmäfsigere und ausgedehntere Einrichtung erhielt. Nach dem österreichischen Feldzuge von 1809 wurden die vorzutragenden Wissenschaften vermehrt und mehrere Lehrer bei dieser Ecole angestellt; zugleich wurde eine Militär-Bibliothek und Instrumenten-Sammlung begründet. Die Campagnen von 1812, 1813, 1814 und 1815 veranlafsten zwar eine Unterbrechung in dieser Bildungsanstalt; gegen Ende des Jahres 1815 wurde jedoch der Unterricht in der Militär-Ecole mit Thätigkeit wieder begonnen und erweitert. Die jungen Offiziers und Junkers von allen Waffen besuchen nun die Ecole und erhalten Unterricht in der Mathematik, der Artillerie, der Fortifikation und Taktik, dann in den verschiedenen Zeichnungsarten, ferner in der Geschichte und Geographie und in der französischen und deutschen Sprache." Einrichtungen wie Bezeichnung der Schule erinnern an die gleichnamige hannoversche Unterrichtsanstalt, welcher Stolze die Karlsruher nachbildete.

In den übrigen Akten, welche dem Verfasser zu Gebote gestanden haben, ist die École im ersten Jahrzehnt ihres Bestehens nur einmal erwähnt. und zwar 1811, wo ein Page entlassen wurde, um in derselben seinen Studien obzuliegen. Erst seit 1816 sind einige Schriftstücke aufbewahrt, welche Auskunft über die Anstalt geben, namentlich die mit dem 1. November beginnenden Rapporte.

Aus denselben geht hervor, dafs der Unterricht in vier Klassen erteilt wurde, von denen eine aus Offizieren der Artillerie, eine aus Offizieren der Infanterie und der Kavallerie, eine aus Junkern, Unteroffizieren und Bombardieren der Artillerie, eine aus Junkern und Unteroffizieren der Infanterie und der Kavallerie, Pagen und Volontairs zusammengesetzt war: die Zahl der „Ecoliers" betrug 63 (bezw. 8, 15, 14, 26), Pagen und Volontärs waren je 2 darunter; in der Pagerie scheint also kriegswissenschaftlicher Unterricht nicht mehr erteilt

worden zu sein. In den Jahren 1816--17 unterrichtete Major Meyer¹
die Artillerie-, Major Fischer² die gemischte Offiziersklasse, Lieutenant Bogen sämtliche Offiziersanwärter in Mathematik. Meyer ferner
die Artillerie-Offiziere in Befestigungskunst und in der nämlichen
Wissenschaft, sowie in Waffenlehre sämtliche Schüler, welche nicht
dieser Waffe angehörten, Fischer alle Artilleristen in der Artillerie;
Deutsch, Geographie und Geschichte trug den Offizieren der Diakonus
Kärcher, den übrigen Zöglingen der Kapitän Scheffel vor, letzterer
lehrte in allen Klassen Französisch; im Zeichnen unterrichteten zwei
Ingenieur-Lieutenants.

Die Rapporte enden mit dem Februar und beginnen mit dem
Schuljahre 1817-18 von neuem, um mit Ende April 1818 zu
schliefsen. Der Kursus ward von 44 Schülern besucht, welche auf
zwei Stufen unterrichtet wurden; der ersten Klasse gehörten nur
Artillerie-Offiziere, der zweiten Nichtoffiziere aller Waffen an. Zu den
vorhin genannten Lehrfächern traten praktische Übungen und Fechten.

Aus einer eingehenden Instruktion für die Militär-Ecole-
Rechnung vom 6. Januar 1817 geht hervor, dafs die Zöglinge,
welche nicht Offiziere waren, schlichtweg Junker genannt, in einem
gemeinsam bewohnten Hause untergebracht und dafs unter ihnen
unbemittelte waren, welche von Staats wegen unterstützt wurden.

Dann verschwinden die Offiziere in den Reihen der Schüler; die
Anstalt ward auf die Heranbildung zu solchen beschränkt; im Lehr-
plane erscheinen Schön- und Rechtschreiben, Vorträge militärischer
Art (Schlachtordnung der Alten und der Neuen, Unterricht über
Dienstpflichten und Reglements) und das Schwimmen.

Ende März 1820 wurde die École geschlossen. Die Militär-
bildungsanstalten schieden sich fortan in die für Infanterie und Kavallerie gemeinsame und die am 4. September 1819 für die Artillerie-
Brigade geschaffene besondere.

---

¹ August Meyer, am 22. November 1777 zu Anderten bei Hannover geboren,
wie Scharnhorst und Stolze aus der Artillerie seines engeren Vaterlandes hervorgegangen, starb als pensionierter General am 12. April 1853 zu Karlsruhe. (F. von
Weech, a. a. O., II.)

² Wilhelm Ludwig Freiherr von Fischer, am 21. September 1784 zu Karlsruhe
geboren und im Dienste seines Heimatlandes in verschiedenen militärischen Stellungen erfolgreich thätig, erbat am 4. April 1848, da er sich den Anforderungen
der Zeit körperlich nicht mehr gewachsen fühlte, als General den Abschied und
starb am 5. Juni 1859 zu Karlsruhe. (F. von Weech, a. a. O., I.)

Bis zum Jahre 1832.

1. Das Kadetten-Institut.

Die Nachrichten aus der ersten Zeit des Kadetteninstituts sind wiederum sehr dürftig. Der Hauptunterschied der neuen gegen die frühere Einrichtung bestand darin, daß die Anstalt sich auf die Heranbildung des Ersatzes für die Infanterie und die Kavallerie beschränkte und daß die Zöglinge nicht mehr zunächst in die Regimenter eintraten und von diesen, nachdem sie den praktischen Dienst erlernt hatten, zur Schule abkommandiert wurden, sondern daß sie dem Kadetteninstitute unmittelbar aus dem elterlichen Hause zugingen.

Sie waren kaserniert und schliefen gemeinsam. Zunächst mietweise untergebracht, bezogen sie, als sie am 10. Oktober 1821 vom Herbsturlaub zurückkehrten, ein eigenes Heim an der Ecke der Grünwinkeler Allee, jetzt Bismarckstraße, und der Linkenheimerstraße, wo sich gegenwärtig das Generalkommando des XIV. Armeekorps befindet. Eine Kostfrau besorgte den Tisch (und erhielt hierfür monatlich 9 Gulden für den Kopf); außerdem wurde Bier gegeben, welches monatlich 6 Gulden kostete; die Beschaffenheit desselben gab zu Klagen Anlaß, bis es statt von der städtischen Brauerei vom Rittmeister von Seldeneck aus dessen Brauerei zu Mühlburg bezogen wurde. Die Besoldungen für die vorgesetzten Offiziere, Lehrer, Beamten etc. betrugen im Juni 1821 667 Gulden 30 Kreuzer: davon erhielt General Stolze als Inspekteur eine Zulage von 25 Gulden monatlich, Major Meyer als Direkteur eine Besoldung von 177 Gulden 50 Kreuzer, Kapitän von Goeler als Kommandant eine solche von 116 Gulden 20 Kreuzer, ein Diener 15, der Hausarzt 18 Gulden; 1825 erhielt der französische Sprachlehrer 500 Gulden jährlich. Es wurden vielfache Anschaffungen an Modellen, Zeichnungen etc. gemacht und Großherzog Ludwig, an welchen der Verwaltungsrat, aus Offizieren der Anstalt mit dem Inspektour als Spitze, unmittelbar berichtete, wendete der Anstalt lebhafte Teilnahme zu, er wohnte persönlich den Prüfungen bei und spendete am 3. September 1825 3000 Gulden, deren Zinsen zur Unterstützung unbemittelter Kadetten dienen sollten.

Bei der am 1. Mai 1820 stattgefundenen Eröffnung waren 26 Kadetten vorhanden, welche in den meisten Fächern in drei Klassen, in einzelnen Fächern aber gemeinsam, unterrichtet wurden. Lehrgegenstände

waren Deutsch, Französisch, Geographie, Geschichte, Waffenlehre, für
deren Zweck zwei Geschütze überwiesen wurden, Befestigungskunst, verschiedene andere Zweige der Kriegswissenschaften, Zeichnen, das Exerzierreglement der Infanterie, Fechten, Voltigieren, Tanzen, Schwimmen,
Scheibenschiefsen und seit 1821 auch das Reiten, in welchem 7 Kadetten unterrichtet wurden. Die Hauspolizei handhabte ein Unteroffizier. Eine im Oktober 1820 mit den Schülern vorgenommene Prüfung stellte fest, dafs der mangelhaften Vorkenntnisse wegen die Leistungen ungenügend waren; Major Meyer berichtete, dafs die gegenwärtigen Zöglinge das gesteckte Ziel in den in Aussicht genommenen
drei Jahreskursen nicht erreichen würden. Der Lehrplan wurde indessen
beibehalten und die Anstalt 1821 mit 31 Kadetten, welches die normale
Zahl blieb, von neuem eröffnet; gleichzeitig wurde der Eintrittstermin
auf den Oktober verlegt.

Einige Kadetten versahen den Dienst als Pagen. Am 29. April 1820
teilte der Oberhofmarschall mit, dafs jeder derselben jährlich 22 Gulden
Propreté-Geld für Schuhe, seidene Strümpfe und sonstige zur Propreté
gehörige Sachen aus dem Pageriefonds erhalten würde. Am 12. Juni
jenes Jahres wurden zum ersten Male Edelknaben zur Aufwartung bei
der Grofsherzoglichen Tafel befohlen; anfänglich gab es sechs, dann
acht Pagen.

Die Bewegung, welche durch die Julirevolution hervorgerufen
wurde, richtete sich sofort gegen das Kadetten-Institut. Eine Anstalt,
deren Zweck war, junge Leute aus den höheren Gesellschaftsklassen
für den Offizierstand vorzubilden und zu erziehen, war unvereinbar
mit den Auffassungen der in der Ständeversammlung tonangebenden
Mehrheit, welche auf den Umsturz der staatlichen Verhältnisse überhaupt hinarbeitete und in dem Vorhandensein eines Offizierkorps, wie
es aus jener Anstalt hervorging, ein wesentliches Hemmnis für die
Verwirklichung ihrer Pläne erblicken mufste. Sie verstand nicht, dafs
ein Heer der Führer bedarf und dafs diese ihrer Bildung und ganzen
Lebensstellung nach über der Masse der Soldaten stehen müssen und
nicht aus der letzteren hervorgehen können, zumal in einem Staate, in
welchem, wie es in Baden der Fall war, neben der allgemeinen Wehrpflicht die Stellvertretung eingeführt ist.

Es gelang der Regierung indessen, das Kadetten-Institut gegen
den durch die öffentliche Meinung unterstützten Ansturm der Stimm-
führer jener Partei zu behaupten; sie mufste sich zu mancherlei Zu-
geständnissen verstehen, hatte vielfach zu kämpfen, konnte häufig

nicht handeln wie sie wünschte, hat aber trotzdem die Anstalt unter verschiedenen Benennungen bis zum Jahre 1868 erhalten. Zunächst erfolgte
nur eine Änderung, durch welche dieselbe anscheinend weiteren Kreisen
zugänglich gemacht wurde; in der That waren die getroffenen Bestimmungen derartig, dafs der Offiziersersatz im wesentlichen auf diejenigen
Kreise beschränkt blieb, aus denen er vorher gekommen war.

Es erging nämlich am 26. Oktober 1830 eine Grofsherzogliche
Ordre[1], welche anordnete, dafs in Zukunft in der Anstalt 15 Zöglinge auf Staatskosten und 15 andere gegen Zahlung von jährlich
300 Gulden erzogen werden sollten, „ohne dafs jedoch diese Verschiedenheit der einen Klasse einen Vorzug vor der anderen gewähren sollte."
Die eine Hälfte der Zöglinge sollte der Anstalt aus dem elterlichen
Hause zugehen; die andere aus den dem Heere im Wege der Konskription zugeführten Soldaten, nachdem sie zwei Jahr gedient haben
würden, entnommen werden. Letztere mufsten von ihren Komman-
deuren empfohlen sein und ihrer Erziehung und Bildung nach Anspruch darauf machen können, demnächst in den Offizierstand überzutreten. Sie sollten, wenn sie den Erwartungen entsprächen, bei
ihrem Austritt aus der Anstalt sofort zu Offizieren befördert werden,
während diejenigen, welche noch nicht gedient hatten, als Unteroffiziere
entlassen werden und zunächst eine sechsmonatliche Probezeit als solche
durchmachen sollten. Wenn dann ihr Kommandeur sich günstig über
sie aussprach, konnten auch sie Offiziere werden.

Es war in der Natur der Verhältnisse begründet, dafs unter den
auf dem Wege der Konskription den Truppenteilen zugeführten Offizieranwärter, welche jenen Ansprüchen zu genügen imstande sein
würden, nur als vereinzelte Ausnahmen vorkommen konnten.

Bedingung für die Zulassung zur Anstalt war für Alle das Bestehen einer Vorprüfung, welche verlangte:

Im Deutschen: Fertiges und richtiges Lesen; orthographisch
richtiges Schreiben: einfache allgemein verständliche Darstellung der
Gedanken im mündlichen und schriftlichen Vortrage: gewandte und
gesetzte Handschrift.

Im Französischen: Lesen mit richtiger und reiner Aussprache:
Elemente der Grammatik bis einschliefslich regelmäfsige Konjugatio-
nen; Übersetzen leichter Aufgaben in das Deutsche und umgekehrt
mit richtiger Anwendung der grammatikalischen Regeln.

[1] Teilweise abgedruckt im Grofsherzoglich Badischen Staats- und Regierungsblatt vom 13. November 1830, Nr. XVI.

In der Geschichte: Gründliche Kenntnis der Hauptbegebenheiten, welche grofse Veränderungen der Staaten in Regierungsform, Kultur und Civilisation der Völker zur Folge hatten.

In der Geographie: Hauptbegriffe der populären physischen und mathematischen, Kenntnis der politischen, besonders Kenntnis der europäischen Staaten nach natürlichen und politischen Grenzen.

In der Arithmetik: Die Zahlenrechnung fertig und gründlich, als: Die vier Rechnungsarten mit ganzen und gebrochenen Zahlen, sowie mit unbenannten und benannten Gröfsen; Lehre von den Proportionen und die sich darauf beziehende einfache Regeldetri; zusammengesetzte Regeldetri und Gesellschaftsrechnung.

Im Freihandzeichnen: wenn dazu Gelegenheit gewesen war.

Eine Anmerkung zu den Bestimmungen sagte, dafs, wenn aufser den genannten Erfordernissen noch andere Fertigkeiten erworben werden könnten, diese besonders in Sprachkenntnissen zu bestehen hätten.   _

Zur weiteren Förderung der wissenschaftlichen Ausbildung der Zöglinge wurde gleichzeitig angeordnet, dafs letzteren während des ersten Jahres nach ihrem Austritte aus der Anstalt durch den Direktor der letzteren und durch Vermittelung der Regimentskommandeure Aufgaben zu schriftlicher Bearbeitung gegeben werden sollten. Es ist von dieser Einrichtung später nicht wieder die Rede.

Die 1830 geschaffenen Verhältnisse erfuhren durch „Bestimmungen über die Ergänzung der Offiziere", welche am 14. Juni 1832 gegeben wurden, eine gründliche Umgestaltung.

Bevor wir uns zu derselben wenden, betrachten wir die seit 1820 für die Sonderwaffen vorhanden gewesenen Bildungsanstalten.

2. Die Artillerie-Schule.

Die gleich nach der Errichtung des badischen Artillerie-Korps ins Leben gerufene Artillerie-Schule wurde 1820, nachdem sie eine Zeitlang in der allgemeinerem Zwecke dienenden Ecole aufgegangen war, ihrer Bestimmung zurückgegeben. Dem neugeschaffenen Artillerie-Brigade-Kommando unterstellt, war sie fortan lediglich Fachschule. Der Unterricht zerfiel in [1]:

[1] Vgl. Dr. Vogelmann, Grofsherzoglich badischer Geheimer Kriegsrat. Die badische Militär-Verfassung. Karlsruhe 1853.

Laut gütiger Mitteilung eines aus der badischen Artillerie hervorgegangenen Offiziers, des Herrn Oberst von Fraben, gegenwärtig Kommandeur des 1. Badischen

I. Schulunterricht.

a. Für die Kanoniere: Lesen, Schreiben, Rechnen.

b. Für die Unteroffiziere und Oberkanoniere: Arithmetik, Algebra, Geometrie, populäre Mechanik, gebundenes Zeichnen, Freihandzeichnen, Schreiben in Verbindung mit deutscher Sprache, Landeskenntnis.

c. Für die Offiziere: Höhere Mathematik, Statik, Mechanik, Chemie, Physik, gebundenes Zeichnen.

II. Theoretischer Unterricht.

a. Kanoniere: Artillerie (Pulver, Geschützrohre, Geschosse, Laffeten, Fuhrwerke, Munition, Wirkung der Geschosse), Dienstvorschriften.

b. Unteroffiziere und Oberkanoniere: Artillerie, Pferdekunde, Dienstvorschriften.

c. Offiziere: Artillerie, Befestigungskunst, Pionierwissenschaft, Dienstvorschriften, Pferdekunde.

Der Unterricht für Kanoniere und Unteroffiziere ward vom 1. November bis zum 1. März erteilt; die Einrichtung entsprach der der heutigen Regimentsschulen, mit dem Unterschiede, dafs einzelne Unteroffiziere in einem zweiten und dritten Winterhalbjahre in der Mathematik und im Konstruktionszeichnen weiter gebildet wurden, wie es in gröfserem Umfange gegenwärtig auf den Oberfeuerwerker-Schulen zu Berlin und München geschieht.

Die Artillerieschule für Offiziere war nicht eine Anstalt wie die in Berlin und München bestehenden Artillerie- und Ingenieur-Schulen; die Teilnahme am Unterricht in derselben fand vielmehr neben dem täglichen Dienste statt. Sie begann mit der Ernennung zum Portepeefähnrich und dauerte für die unter I. genannten Fächer 3, für die unter II. 2 Jahr. Die Vorlesungen wurden durch Offiziere des Regiments, Professoren der polytechnischen Schule und den Ober-Rofsarzt zwischen 11 bis 1 Uhr Vormittags und 4 bis 6 Uhr nachmittags gehalten, fanden aber nicht täglich statt; Mittwoch und Sonnabend Nachmittags ward im Zeichnen (perspektivisches und Konstruktions-)

Feldartillerie Nr. 14, ist die in dem Vogelmannschen Buche enthaltene Einrichtung die 1820 befohlene. Ihre Satzungen sind bis zum Aufhören der Schule in Kraft geblieben. Einige im Nachstehenden zu dem Inhalte des Buches gemachte Zusätze beruhen auf der dem Verfasser vom Herrn Oberst von Froben erteilten Auskunft.

und in der darstellenden Geometrie unterrichtet. Während die übrigen
Lehrzweige im Sommer ruhten, ging der Unterricht im Zeichnen, in
Physik und Chemie fort, er wurde Nachmittags und Abends erteilt.
Ende März fand eine Prüfung in der Mathematik statt; aus den übrigen
Fächern mufste jeder Schüler über ein vom Regiment gebilligtes Thema
einen Vortrag halten. Die Beförderung zum Ober-Lieutenant hing
vom Bestehen der Prüfung ab.

Für die Zwecke des Unterrichts waren eine Bibliothek und eine
Sammlung von Instrumenten, Modellen etc. vorhanden; zur Fortbildung
der Offiziere dienten aufserdem schriftliche Ausarbeitungen, welche
diese anfertigen mufsten.

Für die mit der Artillerie vereinigte, dem Brigade-Kommando
unterstellte Pionierkompagnie bestand

3. Die Pionierschule.

für Unteroffiziere und Mannschaften mit:

I. Schulunterricht.

a. Für Pioniere: Lesen, Schreiben, Rechnen, Linearzeichnen.
b. Für Oberpioniere und jüngere Unteroffiziere: Arithmetik,
   Geometrie, Zeichnen, Projektionslehre, Schreiben, Fertigen von
   Aufsätzen, Landeskenntnis.
c. Für ältere Unteroffiziere: Mathematik bis einschl. Gleichungen, praktische Geometrie, Stereometrie, populäre Mechanik
   (Schattenlehre und Perspektive, Zeichnen des Materiellen).

II. Theoretischer Unterricht.

a. Für Pioniere: Kenntnis des Pioniermaterials in Verbindung
   mit der Übung an Modellen und Fertigen der üblichen Karten,
   Kriegsdienstvorschriften.
b. Für Unteroffiziere und Oberpioniere: Alle Zweige des Pionier-
   dienstes unter Zugrundelegung der gedruckten Dienstvorschriften.

Da die Artillerieschule bis zum Aufhören der selbständigen
badischen Unterrichtsanstalten im wesentlichen unverändert blieb, so
ist sie nachstehend nicht weiter erwähnt. Nach Vogelmann (Seite 226,
228) standen im Jahre 1853 für die Artillerieschule 1800, für die
Pionierschule 300 Gulden zur Verfügung.

1832 bis 1848.

1. Die allgemeine Kriegsschule.

Wie schon erwähnt, beruhten die während dieses Zeitraums bestehenden Verhältnisse in der Hauptsache auf den

Bestimmungen vom 14. Juni 1832 über die Ergänzung des Offizier-Korps.[1]

Dieselben erfüllten die Hoffnungen und Erwartungen der Umsturzpartei keineswegs. Nach wie vor blieb der Zutritt zur Offizierslaufbahn auf andere Kreise beschränkt, als diejenigen waren, aus deren die Masse der Soldaten sich ergänzte, und ebenso wenig gelang es ihren Wortführern, die Offizieranwärter der häuslichen Zucht einer Erziehungsanstalt und der dauernden und unmittelbaren Einwirkung ihrer Vorgesetzten zu entrücken.

Die Vorbildung zum Offizier erfolgte auf einer „Allgemeinen Kriegsschule", daneben gab eine „Höhere Kriegsschule" Gelegenheit zur Fortbildung.

Wer auf Beförderung zum Offizier dienen wollte, wendete sich an den Kommandeur des betreffenden Regiments, selbständigen Bataillons oder der Artillerie-Brigade; die Annahme bedurfte der Zustimmung des Armeekorps-Kommandos. Er mußte mindestens 17 und durfte noch nicht 20 Jahre alt sein, das nötige Vermögen zur Bestreitung der Kosten der ersten Ausrüstung als Offizier besitzen und für seinen Unterhalt etc. selbst sorgen können. nur die Waffen und die Ausrüstungsstücke erhielt er geliefert. Außerdem mußte er in einer Vorprüfung den Besitz nachstehender Kenntnisse erweisen:

Deutsche Sprache: Richtiges Schreiben; Abfassen eines Aufsatzes über einen gegebenen Gegenstand.

Französische Sprache: Richtiges Schreiben; Verstehen leichter Prosaiker; Übersetzen leichterer Stücke in das Französische: genügende Bekanntschaft um seine Gedanken im Schreiben und Sprechen klar machen zu können.

Mathematik: Algebra bis einschl. Gleichungen des zweiten Grades, Progressionen, Reihen, Logarithmen, Geometrie, Stereometrie, ebene Trigonometrie.

[1] Regierungs-Blatt vom 6. Juli 1832, Nr. XXXVII, mit Nachträgen.

Hauptsätze der mathematischen und physikalischen, allgemeines über die politische Geographie. Genaueres über Deutschland, Frankreich und Mitteleuropa überhaupt.

Naturwissenschaften: Allgemeine Bekanntschaft mit dem Tier. Pflanzen- und Mineralreiche und mit den Hauptlehren der Physik.

Geschichte: Weltgeschichte im Allgemeinen, eingehender von Deutschland.

Freies Hand- und Begriffe vom geometrischen Zeichnen.

Die Vorprüfungen fanden in Gegenwart eines Mitgliedes der Militär-Studien-Kommission durch Professoren der Polytechnischen Schule statt. Diese Anordnung gab, wie in anderen Staaten, Anlaß zu unliebsamen Weiterungen. Zunächst nahmen die Examinatoren 1835 einen Einfluß auf die Zulassung in Anspruch, welchen die Studien-Kommission ihnen nicht einräumte; der Streit endete damit, daß der Kriegsminister verfügte, es sollte ihnen von der getroffenen Entscheidung Mitteilung gemacht werden. Dann handelte es sich um das Honorar. Als ihnen ein solches mit 11 Gulden für einen jeden Prüfenden für das jedesmalige Examen zugebilligt ward, war der Eine, der in vier Fächern zu prüfen hatte, nicht damit zufrieden, daß ein Anderer, welcher nur ein Fach wahrzunehmen hatte, ebensoviel erhalten sollte, wie er selbst; dann verlangten sie 1839 mit Rücksicht auf die größere Zahl der Examinanden eine höhere Entschädigung, worauf jeder der vier Beteiligten das Doppelte des früher gezahlten, also 22 Gulden, empfing; 1841 aber wurde der ganzen, wesentlich auf politischen Rücksichten beruhenden Anordnung dadurch ein Ende gemacht, daß die Lehrer der Schule die Prüfung übernahmen.

Auch wer der eigenen Dienstpflicht genügte, konnte sich, mindestens 6 Monate nach seiner Einstellung, zur Beförderung zum Offizier melden, wenn er das 22. Lebensjahr noch nicht zurückgelegt hatte.

Termin für den Eintritt als Freiwilliger war der 1. April, nach Beendigung der Herbstübungen erfolgte die Beförderung zum Korporal, am 1. November das Kommando zur Allgemeinen Kriegsschule. Hier war der Unterricht frei, alle übrigen Kosten des Aufenthaltes mußten die freiwillig in den Dienst getretenen Schüler aus eigenen Mitteln bestreiten, auch die Unterkunft; die letztere Bestimmung erhielt indessen insofern keine praktische Tragweite, als die Zöglinge nach wie vor gemeinsam untergebracht wurden. Wer von auswärts kam, ward einem Regimente der Garnison Karlsruhe zugeteilt, welchem er in der Rekrutenexerzierzeit vom 1. April bis zum 15. Mai angehörte, und

stand aufserdem unter Aufsicht der Militar-Studien-Kommission. Von
den Konskribierten konnten von jedem Infanteriebataillon 1, von jedem
Kavallerieregiment und von der Artilleriebrigade 2 mit Beibehalt
ihrer Bezüge zur Schule zugelassen werden. Der Kursus dauerte
zwei Jahre und war in zwei Klassen geteilt, zum Aufrücken aus der
2. in die 1. mufste eine Versetzungsprüfung abgelegt werden; das
Schlufsexamen fand seit 1833 im September (vorher im November)
statt. Die Kriegsschüler nahmen dann an den Herbstübungen der
Truppen teil. Der Versuch die Schlufsprüfung zu bestehen durfte,
wenn er mifsglückt war, einmal wiederholt werden und dazu der
Unterricht ein weiteres Jahr besucht werden.

Wer bestanden hatte, ward zum Portepeefähnrich ernannt; er
gehörte jetzt zum Gesellschaftskreise der Offiziere und that zunächst
sechs Monate bei seinem Truppenteile als Unteroffizier Dienst. War eine
Offiziersstelle frei geworden, so wurden die drei ältesten Portepeefähnriche, welche die Vorbedingungen erfüllten, zu einer Prüfung einberufen,
welche sich auf die in der Vor- und in der Schlufsprüfung der
Kriegsschule gemachten Forderungen und über die nach dem Austritt
aus letzterer erworbenen Dienstkenntnisse erstreckte; der Bestbestan-
dene, bei gleicher Leistung der Älteste, wurde Offizier; wer durchfiel,
durfte noch einmal zugelassen werden.

Im Budget waren für die Anstalt jährlich 13800 Gulden ausgeworfen, daneben waren 4500 Gulden als Jahresbeiträge der Zöglinge in Ansatz gebracht, so dafs der Gesamtaufwand 18300 Gulden
betrug; es sollten davon 6 Lehrer, 30 Kadetten, 4 Lehrer unterhalten
werden.

In den Sitzungen der 2. Kammer vom 16. bis 19. August 1831
hatten Etatsüberschreitungen bei den Ausgaben für das Kadettenkorps
dem Kriegsminister von Schäffer heftige Angriffe seitens der Gegner
der Regierung, namentlich der Abgeordneten Welcker und von Itzstein,
zugezogen. Der Minister suchte dieselben einesteils durch den Hinweis auf die Erfolge der Anstalt, welche bereits 108 tüchtige Offiziere geliefert habe, und andernteils durch die Berufung auf die
Befehle der Generaladjutantur, zu entkräften. Allein man erwiderte
ihm, dafs tüchtige Offiziere auch anderweit herangebildet werden
könnten, dafs jeder derselben dem Staat 2300 Gulden gekostet und
dafs die Anstalt nur einer bevorzugten Klasse gedient habe; die
Berufung auf die Generaladjutantur überhebe ihn selbst nicht der
Verantwortlichkeit. Die Nachbewilligung des geforderten Kredits

wurde versagt; dem General von Schäffer jedoch zollten mehrere Redner ihre persönliche Hochachtung. Die Anstalt aber setzte ihre Wirksamkeit fort.

Unterricht ward nach Ausweis des „Schematismus" von 1833/34 von 8 bis 12 und von 2 bis 5 Uhr in

der 1. Klasse in permanenter Befestigungskunst und im Französischen in je 4, in Waffenlehre, Taktik, Terrainlehre, Deutsch, Mathematik in je 2, in der 2. Klasse im Französischen in 4, in Waffenlehre, Feldbefestigungskunst, Terrainlehre, Exerzierreglement, Deutsch in je 2 Wochenstunden erteilt.

Aufserdem zeichneten beide Klassen jeden Nachmittag 2 Stunden und hatten zweimal wöchentlich gemeinsam 1 Fechtstunde.

Der Schulbesuch war nicht stark. 1833—34 zählte die 1. Klasse 8, die 2. 7, 1834—35 8 bezw. 11 Zöglinge; die Aufführung derselben liefs vielfach zu wünschen übrig. Es war dies eine Folge des Mangels an Beaufsichtigung und allzu grofser den Schülern gewährter Freiheit. Es kamen vielfache Ausschreitungen vor. Im Februar 1836 wies die Kommandantur Ronden und Patrouillen an, auf Kriegsschüler zu fahnden, welche sie nach Zapfenstreich ohne Erlaubnisschein auf den Strafsen treffen würden.

Der Sommer gehörte zum Teil praktischen Übungen, es fanden solche im Aufnehmen und in der Erbauung fortifikatorischer Werke im Kriegsschulhofe, sowie Rekognoszierungsreisen statt; 14 Tage lang wohnten die Schüler den Übungen der Artillerie im Lager von Forchheim bei Karlsruhe bei; 1836 kostete der praktische Kursus 543 Gulden, der Budgetsatz war 550; 1841 wurden 241 ausgegeben. Auch der Reitunterricht ward wieder aufgenommen. Schon bei Aufstellung des Kostenanschlages für die Kriegsschule waren für diesen Zweck 240 Gulden in den Entwurf eingestellt; das Geld war aber einem anderen Lehrer gegeben. Als es 1836 verfügbar wurde, ward es für seine eigentliche Bestimmung verwendet. Landstallmeister v. Seldeneck erteilte den Unterricht, an welchem zunächst die 1. Klasse teilnahm, auf Pferden des Landgestütes.

Seit dem Schuljahre 1845—46 ward der Unterricht mit Rücksicht auf die gewachsene Zahl der Teilnehmer in 3 Klassen erteilt. Es wurde gelehrt

in der 1.: Französisch und Befestigungskunst in 3, fortifikatorisches Zeichnen und Waffenlehre in je 1, Mathematik, sowie Taktik und Exerzierreglement in je 4, Weltgeschichte und Erdbeschreibung in je 2,

in der 2.: Französisch, Mathematik und Waffenlehre in je 3,
Naturlehre, Erdbeschreibung und Weltgeschichte in je 2, Dienstvorschriften und Exerzierreglement in je 1,

in der 3.: Französisch, Mathematik, Exerzierreglement in je 4,
Deutsch in 3, Erdbeschreibung, Naturgeschichte und Schreiben in je
2 Wochenstunden. Die 1. Klasse ritt wöchentlich ein- bis zweimal; die 1. und 3.
zeichnete je 8, die 2. 10, alle turnten und fochten 2 Stunden wöchentlich.

Ein Vergleich dieses Stundenplanes mit dem zwölf Jahre früher
zu Grunde gelegten läfst eine stärkere Inanspruchnahme der Kräfte
der Schüler erkennen, welche ausschliefslich dem Unterrichte in den
allgemeinen Wissenschaften zu gute kam.

Die „Grundlisten" weisen am 1. Januar 1845 in der 1. Klasse
24 „Kadetten", 1 Hospitanten und 1 sachsen-koburgischen Kadet, im
Alter von 21 Jahr 9 Monat bis zu 17 Jahr 1½ Monat, in der 2. die
gleiche Zahl Kadetten und 1 Hospitanten der Artillerie-Brigade
zwischen 21 Jahr 4 Monat und 16 Jahr 4 Monat, auf. Am 1. November d. J. befanden sich in der 1. Klasse 22 Kadetten im Alter zwischen
22 Jahr 2 Monat und 17 Jahr 1 Monat, 17 zwischen 19 Jahr 1 Monat
und 17 Jahr 7 Monat, 3 zwischen 20 Jahr 5½ Monat und 16 Jahr
6 Monat. Die normale Stärke von 50 Kadetten war für ein so kleines
Korps, wie die badische Division, welche 1847 5 Infanterieregimenter
zu 3 Bataillonen, 1 Kavallerieregiment und eine Artillerie-Brigade
von 6 Kompagnieen umfafste, bei einer regelmäfsigen Ausmusterung
von einem Drittel der Zöglinge reichlich hoch bemessen. Eine neue

Vorschrift über die Ergänzung des Offizierkorps vom Jahre 1846[1]

verlangte statt der bisher geforderten humanistischen eine reale Vorbildung. Es mufsten die Kenntnisse der Oberquarta der Mittelschulen
statt des entsprechenden Standpunktes des Polytechnikums nachgewiesen werden, nämlich:

Deutsch: Richtiges Sprechen und Schreiben; ein Aufsatz be-
schreibender oder belehrender Art;

Lateinisch: Übersetzen des Cornelius Nepos, Phädrus, Cäsar,
Ovid etc., sowie Übersetzungen aus dem Deutschen in das Lateinische;

---

[1] Regierungsblatt vom 1. Oktober 1846, Nr. XXXIX (die Allerhöchste Entschliefsung vom 29. Juni wird am 1. September veröffentlicht).

Griechisch: Lesen und Anfangsgründe der Grammatik;

Französisch: Lesen, Verstehen der leichteren Prosaiker, leichte Übungen aus dem Deutschen in das Französische;

Mathematik: Die vier Rechnungsarten mit unbenannten, benannten und gebrochenen Zahlen und mit Buchstaben, Kopfrechnen, Verhältnisse und Proportionen, Anfangsgründe der Geometrie;

Geographie: Allgemeine Begriffe der mathematischen und physikalischen; allgemeine physische und politische; eingehender über Deutschland und das übrige Mitteleuropa;

Naturgeschichte: Anfangsgründe, populäre Naturlehre; Erklärung der merkwürdigsten Naturerscheinungen;

Geschichte: Einteilung und allgemeine Übersicht der weltgeschichtlichen Begebenheiten, Geschichte der Griechen und der Römer mit Berücksichtigung der alten Geographie.

Dazu Freihand- und ein Begriff vom geometrischen Zeichnen.

Wer den Forderungen genügen wollte, mufste mindestens in zwei Dritteln der genannten Fächer, worunter Deutsch und Mathematik sein mufsten, „ziemlich gut" verdienen. Die Vorprüfung durfte einmal wiederholt werden.

Die Aufnahme konnte vom zurückgelegten 15. bis zur Vollendung des 19. Lebensjahres geschehen. Der Eintritt erfolgte unmittelbar aus dem elterlichen Hause in die Kriegsschule, welche wie bisher am 1. November eröffnet wurde. Wer in Erfüllung seiner eigenen Wehrpflicht diente, konnte unter den früheren Bedingungen zugelassen werden. Jeder Kriegsschüler hatte Gefreiten-, nach dem Bestehen der Versetzungsprüfung in die 1. Klasse Korporalsrang. Bekleidung und Ausrüstung waren die der Infanterie ohne Regimentsunterscheidungszeichen. Der Unterricht war wie bisher unentgeltlich; alle übrigen Ausgaben mufsten aus eigenen Mitteln bestritten und der Besitz des erforderlichen Vermögens zur Beschaffung der Ausrüstung als Offizier und zum Lebensunterhalte bis zur Beförderung zum Lieutenant erster Klasse nachgewiesen werden.

Der Lehrgang blieb dreijährig; als Ziele desselben waren kriegswissenschaftliche und allgemeine Bildung des Offiziers nebst praktischen Übungen und Fertigkeiten bezeichnet. Nach seiner Vollendung ward die Portepeefähnrichsprüfung abgelegt, dann erfolgte die Überweisung zu einem Truppenteile. Zur Artillerie konnte nur kommen, wer in Mathematik, Waffenlehre, Fortifikation, Zeichnen und Reiten mindestens „ziemlich gut" bestanden hatte. Nach sechsmonatlicher

Dienstzeit folgte die Offiziersprüfung, welche sich auf die militärischen
Fachwissenschaften, Deutsch und Mathematik, vorzüglich aber auf
praktische Dienstkenntnis bis zum Bereiche des Lieutenants hinauf
erstreckte. Jede dieser Prüfungen durfte einmal wiederholt werden.

1848—1851.

Die erlassenen Bestimmungen blieben nur kurze Zeit in Kraft.
Das Jahr 1848 konnte nicht verfehlen, sie gründlich umzugestalten.
Es geschah durch die Beförderungsvorschrift vom 10. August
1848, welche ein doppelartiges Offizierkorps an Stelle des einheit-
lichen setzen wollte, indem sie ein Drittel der freiwerdenden Stellen
Unteroffizieren vorbehielt, von denen der Nachweis wissenschaftlicher
Bildung nicht verlangt werden sollte, und zwei Drittel mit Anwärtern
besetzte, welche die Kriegsschule erfolgreich durchgemacht hatten.
Der Besuch [1] derselben wurde einem jeden freigestellt, welcher sechs
Monate als Soldat oder Unteroffizier gedient hatte und den Standpunkt
eines Oberquartaners, ohne Lateinisch und Griechisch, deren Kenntnis
als wünschenswert, aber nicht als obligatorisch bezeichnet wurde,
nachwies. Unteroffiziere, welche Offiziere zu werden wünschten, durften ohne Prüfung ihrer Vorkenntnisse aufgenommen werden; sie, sowie
die aus der Konskription hervorgegangenen Kriegsschüler, empfingen
Gehalt und waren kaserniert; die übrigen erhielten nur Montur, Ausrüstung und Waffen; der Unterricht war frei; Bücher etc. mußte
jeder selbst beschaffen.

Am 23. November 1848[2] ward ein Normalplan für die
neugeordnete Kriegsschule erlassen. Es sollten in drei Jahreskursen
gelehrt werden:

1) Allgemeine Wissenschaften:

Deutsch, und zwar ward im ersten und zweiten Jahre Stilistik
nach des Lehrers, Hofrat Gockel, Lehrbuch der deutschen Schrift-
sprache vorgetragen, im dritten in praktischer Logik „als Grundlage
rhetorischer Übungen, insbesondere Dispositionen, Aufsätze, besonders
Begriffserklärungen und Begründungen nebst fortgesetzter Übung in
gröſseren militärischen Dienstschriften" in je zwei Wochenstunden
unterrichtet.

---

[1] Regierungsblatt vom 11. Dezember 1848, Nr. LXXIX.

[2] Kriegsministerieller Erlaſs vom 23. November 1848, Nr. 22716, abgedruckt
in „Kriegsdienstvorschriften, daraus speziell Dienstordnung der Kriegsschule."

Französisch, bezw. 4, 3, 3 Stunden, in denen nur französisch gesprochen werden sollte.

Mathematik: Im ersten Jahre Arithmetik, Algebra, Planimetrie; im zweiten Algebra, Stereometrie, darstellende Geometrie; im dritten Kurvenlehre, Statik, bezw. 6, 4, 4 Wochenstunden; dem Vortrage lagen nach einer Entscheidung des Kriegsministeriums vom 15. Dezember 1849 das Lehrbuch der Arithmetik von Vega in der fünften, nicht in der von Oberst-Lieutenant Matzke umgearbeiteten Auflage, und des früheren Lieutenant, dermaligen Lehrers an der höheren Bürgerschule in Karlsruhe, Rummer Lehrbücher für Geometrie, Trigonometrie und Stereometrie zu Grunde.

Erdbeschreibung: je 2 Stunden; im ersten und zweiten Jahre nach Roon, im dritten nach O'Etzel.

Naturwissenschaften: im ersten Jahre nach dem Lehrbuche von Wartmann, im zweiten nach dem von Aghte; je 2 Stunden.

Geschichte: mittlere, neue (1517—1789), neueste, in allen Klassen; je 2 Stunden.

Im Aufnehmen fand im Juli praktische Unterweisung statt.

2) Militärische Wissenschaften:

Exerzierreglements aller Waffen bis zum Regiment, Feld-, innerer-, Garnisondienst, bezw. 4, 4, 3 Stunden; im dritten Jahre Taktik (Geschichte, reine, angewandte, der verbundenen Waffen bis zur Division) nach Decker, 2 Stunden.

Feld- und Festungs-Befestigungskunst nach Hackewitz, zuerst in einem, dem obersten, Kurse in 4, 1850 in beiden oberen Kursen, je 2 Wochenstunden, und in gleicher Weise

Waffenlehre nach Xylander.

3) Fertigkeiten:

Planzeichnen: bezw. 10, 8, 10 Wochenstunden.

Fechten: im ersten Jahre nur Stofs-, im zweiten und dritten auch Hiebfechten.

Turnen: nach der Vorschrift für die Infanterie.

Reiten: nur die erste Klasse.

Schwimmen.

Die Zahl der Schüler war, dem aufgestellten Grundsatze entsprechend, dafs einem jeden Soldaten Gelegenheit gegeben werden sollte, sich in den Kriegswissenschaften auszubilden, sehr grofs, im Februar 1849 114. Sie bildeten eine Kompagnie unter einem Aufsichtsoffizier als Kompagnie-Kommandant. Die Militär-Studien-Kommission

leitete die praktische, taktische und dienstliche Ausbildung. Die
Kriegsschüler trugen ihre Regimentsuniform mit einer breiten gelb-
seidenen Tresse in der Mitte der Schulterklappen. Dies war fast das
einzige Gemeinsame; im übrigen waren sie infolge ihrer sehr von
einander abweichenden Herkunft und äufseren Verhältnisse grundver-
schieden. Es geht dies unter anderem aus einem kriegsministeriellen
Erlafs vom 16. Dezember 1848 hervor, welcher verfügte, dafs die aus
der Konskription hervorgegangenen Kriegsschüler Truppenteilen zur
Verpflegung etc. zugeteilt werden sollten, wenn sie nicht vorzögen,
auf eigene Kosten in der Stadt zu wohnen oder im Kriegsschulgebäude
untergebracht zu werden. In letzterem Falle sollten sie eine besondere
Menage bilden. Freiwillig Eingetretene konnten in der Stadt oder im
Anstaltsgebäude wohnen; in letzterem aber nur, wenn sich zwanzig
dazu meldeten. In diesem Falle sollte ein jeder höchstens 100 Gulden
für jeden Kursus zahlen und dafür ein in Suppe und Brot bestehendes
Frühstück, Bett, Krankenpflege, Heizung, Beleuchtung und Bedienung
erhalten; für seine sonstige Speisung und seine Wäsche hatte er selbst
zu sorgen.

Die Kurse wurden durch den Rücktritt zu den Truppenteilen
während der Rekrutenexerzierzeit vom 1. April bis zum 30. Juni und
während der Herbstübungen unterbrochen. Die gelbe Tresse ward
dann von den Schulterklappen abgelöst.

Infolge der Revolution des Jahres 1849 hörte die Anstalt ganz
auf zu bestehen. Im Herbst wurden Übergangsbestimmungen getroffen,
um den abgerissenen Faden wieder anzuknüpfen und sowohl den früheren Kriegsschülern, soweit sie von neuem aufgenommen wurden,
Gelegenheit zur Fortsetzung ihrer Studien zu geben, als auch andere
neu eintreten zu lassen. Sie ergingen am 3. September[1] und gestatteten
auch Unteroffizieren und Feldwebeln, denen der Verwaltungsrat ihres
Regiments ein günstiges Zeugnis in betreff ihrer Geeignetheit geben
würde, den Eintritt. Es besuchten den Unterricht abermals zahlreiche
Schüler, nämlich 78, darunter wiederum viele aus niederen Ständen,
Söhne von Wirten, Polizeidienern etc.

Die am 9. April 1850 ergangenen neuen Bestimmungen enthalten die Forderung einer vorangegangenen 6monatlichen Dienstzeit
und einer Vorprüfung nach der Norm vom Jahre 1846. Der dreijährige

[1] Verordnungsblatt des Kriegsministeriums 1849.

Kursus hatte 14 Tage nach Beendigung der Herbstmanöver zu beginnen und Ende März seinen theoretischen Teil zu beenden. Dann folgte die Rückkehr zum Truppenteile. Am 1. Juli ward die Anstalt zum Zweck eines einmonatlichen praktischen Kursus und der dem August vorbehaltenen Vorbereitung auf die Ende dieses Monats stattfindende Versetzungs- bezw. Austrittsprüfung wieder eröffnet. Sechs Monate nach letzterer war vor einer vom Kriegsminister niederzusetzenden Kommifsion, an deren Spitze ein General stand, das Offiziersexamen abzulegen. Diejenigen, welche dasselbe bestanden hatten, hiefsen wieder Portepeefähnriche; wenn es mit Erfolg geschehen war, erhielten sie Erlaubnis, das Seitengewehr der Offiziere zu tragen; der preufsische Einflufs begann sich geltend zu machen.

Am 22. Oktober 1850 ward befohlen, dafs, wer in die Kriegsschule träte, seine Montierung abzuliefern und sich selbst zu bekleiden habe.

2. Die Höhere Kriegsschule.

Der Eröffnung der „Allgemeinen" war die Errichtung einer „Höheren Kriegsschule" vorangegangen, welche die Aufgabe hatte, Offiziere der Infanterie und der Kavallerie in ihrer Ausbildung, namentlich in der militärischen, weiter zu fördern, um sie für die Verwendung im Generalstabe, der höheren Adjutantur etc. geschickt zu machen. Dieselbe trat bereits im Winter 1830—31 ins Leben. Es soll ein vom 30. Dezember 1830 datierter Lehrplan für dieselbe vorhanden sein, welchen der Verfasser vergeblich bemüht gewesen ist, zu erlangen. In das Budget für die Jahre 1831—33 waren für die Zwecke der Schule je 6000 Gulden aufgenommen. Die Schüler, welche vor der Zulassung drei Jahre als Offiziere in der Truppe gedient haben mufsten, genossen keine weitere Vergünstigung, als die eines unentgeltlichen Unterrichts. Die Unterrichtsfächer waren Deutsch, Französisch, Mathematik, Erdbeschreibung und Terrainvermessungslehre (also wohl der mathematische und physikalische Teil der ersteren Wissenschaft), Mineralogie und Geognosie, Taktik, Befestigungskunst, encyklopädische Philosophie und Zeichnen. Den Unterricht erteilten in den meisten Fächern Offiziere des Generalstabs, in Naturwissenschaften und Sprachen Professoren der bürgerlichen Lehranstalten. An den theoretischen Winter-Kursus schlofs sich ein praktischer Sommerkursus. Zu letzterem gehörte beispielsweise im Jahre 1840 eine dreiwöchentliche Aufnahmeübung, welche zu $^2/_3$ bei Karlsruhe, zu $^1/_3$ auswärts stattfand und eine elftägige Belehrungsreise in den Odenwald; dann wohnten die Schüler den grofsen Truppenübungen des VIII. Bundes-Armeekorps bei.

1832—33 nahmen die Schüler an einem Vortrage teil, welchen Professor Walchner zweimal wöchentlich den Artillerieoffizieren über Chemie hielt. Es stellte sich aber bald heraus, dafs sie demselben nicht folgen konnten, weil ihnen die physikalischen Grundgesetze unbekannt waren, deren Kenntnis der Vortrag voraussetzte; die Artilleristen hatten dieselbe im Jahre vorher durch einen entsprechenden Unterricht des nämlichen Lehrers erworben. Die Kriegsschüler baten nun, ihnen nachträglich einen solchen zu erteilen; auf das Gutachten des Berichterstatters Fischer, welcher der Ansicht war, dafs sie dadurch überbürdet werden würden, ward der Antrag jedoch abgelehnt. 1835—36 hörten sie Experimental-Physik mit der Artillerie; später bildeten diese Vorträge einen fortlaufenden Teil des Unterrichts. Am 18. November 1845 schreibt das Kommando der Artillerie an die Militär-Studien-Kommission, dafs Physik und Chemie in je 8 bis 10 anderthalbstündigen Vorlesungen gelehrt und die Kosten, mit 110 Gulden für jeden der beiden Lehrer und 5 Gulden für jeden der beiden Diener, zwischen beiden Anstalten geteilt werden sollten. Ende Januar 1840 war auch das Reiten Gegenstand des Unterrichts; die Offiziere regten es an, indem sie sich darauf beriefen, dafs die betreffende Unterweisung schon bei den ersten Entwürfen für die Errichtung der Schule auf dem Programm gestanden habe. Der Unterricht ward im Landgestüte durch den Landstallmeister erteilt und jetzt für. die Allgemeine und die Höhere Kriegsschule zusammen mit 350 Gulden bezahlt, wovon die Stallleute 55 erhielten.

Der Besuch der Schule, zu welchem die Anmeldung seitens des Regiments einzige Bedingung der Zulassung war, der aber durch äufsere Vorteile, mit Ausnahme der Aussicht auf Berücksichtigung bei aufserordentlichen dienstlichen Verwendungen, nicht begünstigt wurde und wegen des damit verbundenen Aufenthaltes in Karlsruhe zur Voraussetzung hatte, dafs der Kriegsschüler nicht ganz mittellos sei, war ziemlich zahlreich, besonders seitens der Offiziere der Infanterie; die der anderen Waffen waren seltene Ausnahmen. Der Eifer der Besucher war aber nicht immer nachhaltig, und der Kreis der Hörer schmolz mitunter rasch und stark zusammen. Durchschnittlich begannen die Lehrgänge mit 10 Schülern. Bei Eröffnung des zweiten der dreijährigen Kurse, welcher 1833—34 anfing, waren es 12 ge-

wesen, bei Beginn des Schuljahres 1834—35 waren nur 5 vorhanden;
es wurden daher 7 neue Schüler einberufen und zwei Abteilungen
gebildet. Noch im nämlichen Winter fielen aber wieder 2 Schüler
ab, und bis zum Schlufs (1835—1836) hielten nur 5 aus.
1845 wurde die Kursusdauer auf zwei Jahre herabgesetzt. Der
„Schematismus", welcher der Neuordnung zu Grunde lag und, weil
der zweite Kursus durch das Jahr 1848 unterbrochen wurde, nur dieses
Mal zur Durchführung gelang, mag über Umfang und Verteilung des
Lehrstoffes Auskunft geben:

Im Winter 1845—46 wurde zwischen 8 und 12, bezw. 2 und
5 Uhr unterrichtet im Französischen, Mathematik, Truppenlehre nebst
Taktik je 4, encyklopädischer Philosophie, Terrainlehre und Erdbeschreibung, Befestigungskunst, Waffenlehre, darstellender Geometrie,
Reiten je 2, Physik, Chemie, Deutsch je 1, Zeichnen 6; 1846—47
in Französisch, Mathematik, Taktik, Waffenlehre je 4, Erdbeschreibung
3, Philosophie, Befestigungskunst, darstellender Geometrie 2, Rhetorik 1, Zeichnen 4 Stunden wöchentlich.

Dem Zeichnen legte die Leitung der Anstalt hohen Wert bei.
Die Schüler teilten diese Ansicht nicht durchweg. Bei aller Anerkennung, welche im Jahre 1846 die Direktion dem Streben und den
Leistungen der Schüler zollt, bemerkt sie, dafs diesem Lehrzweige
nicht von allen die gebührende Sorgfalt zugewendet worden sei; drei
von ihnen erhielten Verweise, einer zwei Tage Hauptwacharrest, weil
er eine fremde Zeichnung für seine eigene ausgegeben hatte. Da derselbe den Zeichnenunterricht andauernd vernachlässigte, aufserdem
Anlafs zu grofser Unzufriedenheit gab und sich als „der trägste und
unfähigste unter den Schülern erwies, obgleich er der Älteste und daher zur Aufsicht über sie berufen war", so wurde er schliefslich von
der Schule entfernt (27. März 1847). Er hatte Wind davon bekommen
und bat zurücktreten zu dürfen, „weil er bemerkt habe, dafs ein grofser
Wert auf das Zeichnen gelegt werde, er dies aber nicht könne und
bei seinem Alter auch nicht mehr lernen könne." Das Gesuch aber
kam zu spät. Sein moralischer Wert erwies sich 1849, wo er eid-
brüchig sich am Aufstande beteiligte, als gering.

Der am 1. November beginnende theoretische Unterricht wurde
Ende April geschlossen, dann folgten 14tägige Ferien, an welche sich
eine 6wöchentliche Wiederholungszeit und ein etwa ebenso langer praktischer Kursus schlossen, welcher letztere zur Ausbildung im Terrainaufnehmen, Besuchen der Festungen Landau, Mainz und später auch

Rastatt, von Werkstätten, Zeughaus, Laboratorium, Pulvermühle, Übungen in Pionierarbeiten und Rekognoszierungsreisen diente. Letztere wurden zuweilen weit ausgedehnt, 1840 ging es in den Odenwald, was 789 Gulden 30 Kreuzer kostete, und 1847 gar über den Brenner bis zur Franzensfeste. Für den praktischen Teil des Kursus 1845—46 und 1846—47 waren 1500 Gulden verfügbar. Im September gingen die Schüler meist in das Artillerielager bei Forchheim und wohnten dann den Herbstübungen ihrer Truppenteile bei.

3. Die Militär-Studien-Kommission.

Beide Anstalten, die Allgemeine wie die Höhere Kriegsschule, standen unter Oberleitung einer Behörde, welche als Studien-Kommission am 1. Februar 1831 unter dem Vorsitze des Oberst-Lieutenant von Lassolaye, dem bald der Oberst-Lieutenant Pfnor folgte, ins Leben trat und am 26. Juni 1832 neu organisiert wurde. Gleichzeitig trat Oberst von Freydorf, welcher am 30. Juni zum ersten Male den Vorsitz übernahm, und als dieser im folgenden Jahre Kriegsminister geworden war, am 31. Dezember 1833 der schon erwähnte Oberst Meyer an ihre Spitze; ihm folgte am 10. Januar 1837 der ebenfalls bereits genannte Oberst von Fischer, am 1. August 1840 der Major Böder von Diersburg, am 4. November 1844 wiederum von Fischer, welcher jetzt General-Major und General-Quartiermeister war. Nachdem dieser 1848 in den Ruhestand getreten war, übernahm Oberst von Roggenbach die Geschäfte, gab sie, als er am 23. August 1849 Kriegspräsident geworden war, an den Artillerie-Major Ludwig ab, von welchem sie am 26. November auf den Oberst-Lieutenant Kunz übergingen; dieser führte sie in seiner Eigenschaft als Chef des Generalstabes, zu dessen Wirkungskreise sie fortan gehörten.

Die Aufgabe der Behörde war keine leichte. Namentlich den Ständen gegenüber hatte sie eine schwierige Stellung und fortwährende Kämpfe. Ein Hauptverdienst um die Erfolge, von welchen letztere begleitet waren, hatte Fischer. Sein mit den Verhältnissen vertrauter Biograph Löhlein (Weech, a. a. O.) nimmt für ihn das Verdienst in Anspruch, dafs er verstanden habe nach Auflösung des Kadetten-Instituts von den Ständen die zur Kasernierung der Kadetten erforderlichen Mittel zu erlangen.

Die Kosten der von der Kommission geleiteten Anstalten be-

trugen 1833—34 11614 Gulden, während der Etat nur 9162 auswarf;
1845—46 war der Voranschlag 10098 Gulden 31 Kreuzer, die
wirkliche Ausgabe belief sich auf 10019 Gulden 35 Kreuzer, blieb
also gegen jene um 78 Gulden 56 Kreuzer zurück.

Zu diesen Ausgaben gehörte auch ein Posten im Budget, welcher
mit jährlich 800 Gulden ausgeworfen war, als im Jahre 1880 das Bestreben sich geltend machte, Unbemittelten den Zutritt zur Offizierslaufbahn zu erleichtern; es sollten damit bedürftige Anwärter unterstützt werden. Die Verteilung wurde am 2. März 1838 dahin geregelt,
dafs dem Einzelnen vom Eintritt in die Kriegsschule bis zur Ernennung
zum Offizier höchstens 150, mindestens 75 Gulden jährlich gegeben
werden sollten. Als im Schuljahr 1848—49 die Zahl der Schüler
überhaupt, der Bedürftigen insbesondere, unverhältnismäfsig wuchs,
wurden die Sätze auf 100 bezw. 50 Gulden herabgemindert. Die Verteilung geschah auf Vorschlag der Kommission unter Genehmigung
des Kriegsministeriums und ward dem Grofsherzoge gemeldet. 1850
ordnete Minister von Roggenbach an, dafs nur an Infanteristen, nicht
aber an Kavalleristen, gegeben werden solle, da unter letzteren Unbemittelte nicht vorkommen könnten.

1851—1868.

1. Das Kadettenhaus.

Als unter dem Schutze befreundeter Bajonnette aus der Schmach
des Jahres 1849 das badische Wehrwesen in veränderter Gestalt zu
neuem Leben erblühte, ward auch die zwanzig Jahre früher den Heer-
verbesserungsplänen der Umsturzpartei zum Opfer gefallene Kadettenanstalt hergestellt, zunächst freilich noch als „Kriegsschule" und von
„Kriegsschülern" besucht, bis am 31. August 1852 die Benennungen
„Kadettenhaus" und „Kadetten" an deren Stelle traten. Den Einrichtungen der Anstalt lagen die

Bestimmungen über die Ergänzung des Offizierkorps
vom 14. Oktober 1851[1]

zu Grunde, welche die Beförderung zum Offizier allerdings nicht von
dem Besuche der Kriegsschule abhängig machten, aber zwei Drittel
der frei werdenden Stellen den Zöglingen derselben vorbehielten,

[1] Regierungsblatt LVIII vom 16. Oktober 1851.

während ein Drittel durch würdige Unteroffiziere oder solche Offizieraspiranten besetzt werden sollten, welche die erforderlichen Kenntnisse
anderweit erworben und deren Besitz durch das Bestehen eine Port-
epeefähnrichs- und einer Offiziersprüfung, wie die Kriegsschüler sie
ablegten, nachgewiesen hätten; von der ersten befreite das Zeugnis
der Reife für das Universitätsstudium. Das preußische Vorbild, welches
der Neugestaltung des Heerwesens zum Muster gedient hatte, macht
sich auch hier bemerklich.

Bedingungen für die Aufnahme in die Kriegsschule
waren: Ein Alter zwischen 15 und 18 Jahren am Tage des Eintrittes;
die Erfüllung der im Jahre 1846 aufgestellten Anforderungen an die
wissenschaftliche Bildung, wobei nach Anleitung einer weiter unten
zu erörternden Berechnungsweise Deutsch und Mathematik mit der
Wertzahl 7, Französisch, Geographie und Geschichte mit 6, die Naturwissenschaften mit 5, Lateinisch, Griechisch und Zeichnen mit 4 in
Ansatz gebracht wurden; der Besitz genügender Mittel, um die Kosten
der ersten Einkleidung mit 100 und der Offiziersausrüstung mit
300 Gulden bei einer unberittenen, 1000 bei einer berittenen Waffe
und 800 bei der Fußartillerie, sowie einen Zuschuß von jährlich
mindestens 300 Gulden bis zur Ernennung zum Offizier und, bis zur
Beförderung zum Hauptmann etc. oder bis zur Erreichung der Alterszu-
lage, von 200 Gulden bei der Reiterei und der reitenden, von 100 Gulden
bei der Fuß-Artillerie, bestreiten zu können.

Die Kriegsschüler bildeten eine Kompagnie unter einem Kommandeur, welchem 2 Aufsichtsoffiziere beigegeben waren, trugen eine
gemeinsame Uniform, derjenigen der Pioniere ähnlich, welche in einem
dunkelblauen Waffenrock mit litzenbesetztem rotem Kragen etc. und
gelben Knöpfen, grauen Beinkleidern mit roter Bise, Helm etc. bestand,
von derselben aber durch weiße Achselklappen unterschieden war, hatten
den Infanteriesäbel und schwarzes Lederzeug und waren im Kriegsschulgebäude kaserniert, wo sie für Unterkunft, Heizung, Beleuchtung,
volle Verpflegung (auch bei Erkrankung) und Bedienung im 1. Jahre
320, im 2. und 3. je 290 Gulden zu entrichten hatten. Außerdem
zahlten sie an Einrichtungskosten, für Schulbücher, Schreib- und Zei-
chengerät, Kleinmontierung, Hau- und Stoßrappier, Stoßmaske, Näh-,
Putz-, Wasch- und Tischzeug etc. 83 Gulden 35 Kreuzer, wovon auf
die Bücher 44 Gulden 16 Kreuzer kamen, und für die Unterhaltung
der Kleinmontierung jährlich 15 Gulden. Sämtliche Montur, mit Ausnahme des Helms, ward Eigentum des Austretenden; die Neuaufge-

nommenen erhielten also neue Sachen, während bei dem früheren Kadetteninstitute die Kleidungsstücke vererbt wurden. Die Angehörigen hatten dem Kriegsschüler ein Taschengeld von mindestens 2 Gulden monatlich zu geben, wovon diese die Leibwäsche zu bezahlen hatten. Die Mundverpflegung bestand in einem Frühstück, dem Zehnuhrbrode, Mittagessen mit ½ Schoppen Wein, Vesper und Nachtessen; die einzelnen Mahlzeiten kosteten 1853 bezw. 3, 1, 18½, 3, 8, also 33½ Kreuzer täglich.

In betreff der seit 1830 alljährlich zur Unterstützung bedürftiger Offizieranwärter verfügbaren 800 Gulden ward im März 1852 vorgeschlagen, 600 für zwei Freiplätze und 200 als Ausrüstungsbeihülfen für die beiden besten unbemittelten als Portepeefähnriche Ausscheidenden zu verwenden. Ob der Antrag genehmigt worden ist, ergeben die Akten nicht. Auch der Stiftungsfonds vom 3. September 1825 wird in denselben nicht erwähnt.

Für den Aufenthalt im Hause waren Lehr- und Schlafsäle, eine Speise- und ein Unterhaltungssaal vorhanden; letzterer war im Winter von 1 bis 2 und von 6 bis 10 Uhr geheizt. Die Klassenzimmer waren zugleich die Studierstuben, jeder Kadet hatte dort oder im Vorzimmer eine verschliefsbare Schieblade für seine Bücher, für die übrigen Sachen eine Kommode auf dem Schlafsaale. Die Aufsichtsoffiziere wohnten in der Anstalt, einer von ihnen hatte „die Woche", er war bei den Mahlzeiten gegenwärtig; ein Unteroffizier der 1. Klasse, welcher durch den Oberfeldwebel täglich kommandiert wurde, stand zu seiner Verfügung. Dieser Oberfeldwebel hatte die Aufsicht über das Haus und dessen Ordnung und war bei der Erziehung der Zöglinge mit thätig. Die Aufwartung besorgten Soldaten, welche auch die Stiefel putzten; die Kleidungsstücke reinigte der Kadet selbst. Aufserdem war ein Hausdiener vorhanden; dieser gab mit der Glocke die Zeichen zur Regelung des Dienstes. Sie ertönte im Winter zum ersten Male um 6, im Sommer um 5 Uhr, um 6¾ wurde verlesen, dann folgte das Frühstück, um 8 begann der Unterricht, welcher mit viertelstündiger Pause bis 12 währte; von 2 bis 5 fanden Zeichnenstunden und körperliche Übungen statt, um 8¾ ward zur Nacht gegessen, um 10 zu Bett gegangen. Sonntags war um 8 Kirchenparade, dann konnte im Sommer bis 5, im Winter bis 4 Uhr beurlaubt werden; im übrigen war das Ausgehen nur der obersten Klasse nach Beendigung des Nachmittagsdienstes bis um 8 gestattet.

Die Unterhaltungskosten der Anstalt betrugen im Jahre 1851 8706 Gulden 31 Kreuzer, wobei das Gehalt des Kommandanten (Haupt-

mann von Renz) mit 1800, das der Aufsichtsoffiziere mit je 600 und
Zulagen von 108, das des Ober-Feldwebels mit 292, des Kompagnie-
Feldwebels mit 158, beider Zulagen mit je 36 Gulden in Rechnung gestellt
sind. Die Lehrer-Honorare betrugen: für den in Deutsch, Französisch
und Geschichte Unterrichtenden 1200, für den Lehrer der Logik und der
Mathematik je 300, für den der Taktik, Befestigungskunst, Waffenlehre,
Erdbeschreibung und Terrainlehre und für den des Zeichnens je 200, der
Fechtlehrer erhielt 160, der Reitlehrer 240 Gulden. Im Jahre 1852 war
ein Staatszuschufs von 850 Gulden zu der Anschlagssumme erforderlich.
Vogelmann[1] giebt 1853 den Staatsaufwand für das Kadettenhaus auf
10150 Gulden an, nämlich 7000 für Aufsichtsoffiziere und Lehrer, 850
für Aufsichtsunteroffiziere und Diener, 550 für Lehrmittel, 350 für Heizung und Beleuchtung, 100 für Requisitenunterhaltung, 800 für Unterstützung von Kadetten, 350 für Armatur und Lederwerk, 150 für Munition,
— eine Rechnung, in welcher etwas sehr Wesentliches, die Beköstigung
der Kadetten, nicht erscheint. Der seit 1830 alljährlich zur Unterstützung unbemittelter Zöglinge verfügbare Betrag von 800 Gulden
ward zu zwei Freiplätzen von je 300 Gulden für Offiziers-Söhne und
zu zwei Ausrüstungsbeihülfen von je 100 Gulden für diejenigen beiden
unbemittelten Zöglinge bestimmt, welche von der Kriegsschul-Kom-
mission beim Austritt als die besten bezeichnet werden würden. —
Im November 1867 wurden bei Feststellung des Staatshaushaltes die
Kosten der Unterhaltung eines jeden Kadetten auf 369 Gulden 47 Kreuzer
veranschlagt, nämlich die tägliche Kost auf 41¹/₃ Kreuzer, mithin jährlich auf 252 Gulden 28 Kreuzer (Frühstück 5, Zehnuhrbrot 1, Mittagessen mit Wein 20, Vieruhrbrot 3¹/₂, Nachtessen 12 Kreuzer), die
Kleidung auf 24 Gulden 14 Kreuzer, wozu im 1. Jahre noch 32 Gulden
48 Kreuzer kamen, die Krankenpflege auf 1¹/₂, die Verwaltungskosten
auf 2, ferner der Anteil an den Ausgaben für das Kasernement, Heizung und Beleuchtung auf 57 Gulden. Die Lehrer-Honorare und Zulagen wurden mit 3000 Gulden in Rechnung gestellt, wovon der des
Französischen 600 erhielt.

Die der Anstalt zunächst vorgesetzte Behörde war eine Kriegs-
schul-Kommission, aus dem Kommandanten der Anstalt und je
einem Offizier der Infanterie, Kavallerie und Artillerie zusammengesetzt, welche an Stelle der aufgelösten Militär-Studien-Kommission
trat; über derselben stand der Chef des Generalstabes, ein Verhältnis,
welches am 25. Oktober 1859, als eine weiter unten zu erwähnende

[1] Vogelmann, a. a. O.

höhere Offizierschule ins Leben gerufen wurde, eine Abänderung erlitt, indem behufs einheitlicher Leitung beider Anstalten eine „Direktion der Militär-Bildungsanstalten" errichtet wurde.

Der Kursus der Kriegsschule bezw. des Kadettenhauses war wie früher 3jährig; nach Beendigung desselben wurde das Portepeefähnrichs- und nach mindestens 9 Monaten das Offiziersexamen gemacht, wozu am 1. Februar und 1. Juli Termine angesetzt waren; dem Unterrichte ward ein neuer Normal-Lehrplan zu Grunde gelegt. Derselbe schrieb vor:

A. Theoretische Kurse.

Deutsch, von Gockel nach seinen Lehrbüchern bezw. Heften vorgetragen. Der Unterricht sollte in der 3. Klasse (3)[1] sich auf die allgemeinen Stilregeln nebst schriftlichen Übungen, Nachbildungen vorgelegter Muster und kleinere Aufsätze in der erzählenden und beschreibenden Schreibart, in der 2. (2) auf die Regeln von den besonderen Stilarten, Aufsätze über allgemeine Themata von verschiedener Form und Abhandlungen, in der 1. (1) auf Fortsetzung der Übungen im deutschen Aufsatz über gegebene Themata und auf praktische Logik als Grundlage rhetorischer Übungen, insbesondere von Dispositionen, erstrecken; Hofrat Gockel aber brach so viele Lanzen für Erweiterung seines Unterrichtes in der Logik, dafs diesem, nach langem Kampfe mit dem Kommando der Anstalt, auf Kosten des militärischen Dienstunterrichtes eine Stunde in der 2. Klasse eingeräumt und die Zahl der Logik-Stunden in der 1. auf zwei vermehrt wurde. In jener Klasse wurden Anthropologie und psychologische Propädeutik, in dieser ward eigentliche Logik vorgetragen.

Mathematik nach den Lehrbüchern von Rummer: In der 3. Klasse (6) Algebra (Buchstabenrechnung, Rechnen mit Potenzen und Wurzeln, Progressionen, Logarithmen, Reihen), Geometrie (Linien und Winkel [Longimetrie], Figuren, Dreiecke, Vier- und Vielecke, Kreis [Planimetrie]); in der 2. (4) Gleichungen aller Art, Stereometrie, darstellende Geometrie (Projektionen und Darstellung gerader Linien, Ebenen und ihrer Durchschnitte, Körper); in der 1. (4) Trigonometrie (Kreisfunktionen, Auflösung der recht- und schiefwinkeligen Dreiecke), Kurvenlehre (Eigenschaften und Konstruktionen von Kegelschnittslinien), Statik und Hydrostatik (Schwerpunkt, Gleichgewicht, Bewegung der festen und flüssigen Körper, Hebel, Rolle, schiefe Ebene, Keil, Schraube).

[1] Die eingeklammerten Ziffern bezeichnen die Zahl der wöchentlichen Unterrichtsstunden.

Dienstvorschriften, auf Grund der reglementarischen Bestimmungen, von denen beim Eintritt in die Anstalt ein jeder Zögling das Exerzier-Reglement der Infanterie, die Allgemeine Dienstordnung und die spezielle für die Infanterie, die Kasernen- und Garnison-Dienstvorschrift erhielt, in dem Umfange, dafs in der 3. Klasse (1) dasjenige vorgetragen wurde, was der Soldat, in der 2. (1) das, was der Unteroffizier, in der 1. (2) das, was der Lieutenant in seinem Wirkungskreise zu wissen nötig hat. Aufserdem wurde nach Anleitung der Reglements in bezw. 4, 4, 2 Stunden unterrichtet über die

Exerzier-Vorschriften aller Waffen bis zur Batterie, der Infanterie-Brigade und dem Reiter-Regiment hinauf, mit Einschlufs des Felddienstes, in der 1. Klasse unter Zugrundelegung der Taktik von Decker, und im

Militärrecht, nach Brauer, „Das Badische Militär-Strafrecht und -Strafverfahren"; die 1. Klasse (2) ferner in der

Waffenlehre nach Xylander, die 2. Klasse (2) über blanke und kleine Feuerwaffen, die 1. (2) über Geschütze.

Befestigungskunst wurde zuerst nach Hackewitz, seit 1853 nach einem vom Pionier-Lieutenant Hofmann bearbeiteten Leitfaden,

Geschichte nach Weber gelehrt: Weltgeschichte in übersichtlicher Darstellung, in der 3. Klasse bis zum Dreifsigjährigen Kriege, in der 2. bis zur Gegenwart, unter besonderer Berücksichtigung der Kriege (3). Der Unterricht in der

Erdbeschreibung und der Terrainlehre waren mit einander verbunden. Es wurde in der 3. Klasse Terrainlehre, topische und physische, in der 2. politische Geographie, Geognosie, Geologie, mathematische und physikalische Geographie (3) nach O'Etzel und Roon vorgetragen. Dem Unterricht in der

Französischen Sprache waren bezw. 4, 3, 3 Stunden gewidmet; Lehrbücher waren die Grammatik von Hirzel und die Chrestomathie von Grüner und Wildermuth.

Planzeichnen wurde 8 bis 10 Stunden wöchentlich getrieben.

B. Praktische Kurse.

Exercitium der Infanterie bis zu dem des Bataillons im Gerippe, zu welchem Zwecke die Schüler mit ehemaligen Schützen-, die kleineren mit ehemaligen Artilleriegewehren ausgerüstet waren, nebst Anleitung zum Anweisen und körperliche Übungen: Turnen, Fechten, Schwimmen, Reiten (im Landgestüt).

Im Tanzen wurden 1851 die Kadetten (so sagte man schon damals, obgleich sie dienstlich Kriegsschüler hiefsen) auf eigene Kosten unterwiesen. Der Schlufs des Tanzunterrichtes fand in der Wohnung des Tanzlehrers statt und zwar in Gemeinschaft mit dem schönen Geschlecht, wobei Mütter und sonstige ältere Frauen zugegen waren.

Das S c h u l j a h r begann am 1. November; an den theoretischen schlofs sich Mitte Juni ein praktischer Teil. Er erstreckte sich auf Scheibenschiefsen und Terrainaufnehmen für alle drei, auf das von letzterem getrennte Rekognoszieren, welches nach 1859 als eigener Lehrgegenstand in den Stundenplan aufgenommen wurde, für die 1., auf Waffenlehre für die 1., Fortifikation nebst Ausflug nach Rastatt für die 1. Klasse, und auf die Beiwohnung artilleristischer Übungen im Lager von Forchheim, wo auch die Lehren der Befestigungskunst zur thatsächlichen Anschauung gebracht wurden. Das Rekognoszieren wurde ·auf einer mehrtägigen Reise in das Land gelehrt. Die Dauer des praktischen Kursus wurde 1862 von 45 auf 35 Tage herabgesetzt, um Zeit für die sich daranschliefsende Wiederholung der im theoretischen Unterrichte vorgetragenen Wissenschaften zu gewinnen; es wurden deshalb die Besuche von Werkstätten etc. an geeigneten Zeitpunkten eingeschoben und die Zeit für das Aufnehmen verkürzt. 1867 kostete dieser Sommer-Kursus 185 Gulden 43 Kreuzer.

Zur B e u r t e i l u n g d e r L e i s t u n g e n und des Standpunktes der Schüler wurden Zahlen benutzt, aber in weniger knifflicher Weise als früher; die Brüche blieben fort. Es erhielten den Wert 8 die Aufführung und die dienstliche Befähigung, 7 das Deutsche, die Mathematik und seit November 1854 das Französische, welches bis dahin 5 gegolten hatte, 6 Dienst- und Exerzier-Vorschriften, Militärrecht, Exerzieren, 5 Taktik, Befestigungskunst, Waffenlehre, 4 Erdbeschreibung, Weltgeschichte, Aufnehmen, Zeichnen, Reiten, Turnen, Schwimmen, ein Mafsstab, welcher manches Auffallende zeigt. Diese Wertziffern wurden mit 1 bis 5 vervielfältigt, je nachdem die Leistung ungenügend, mittelmäfsig, ziemlich gut, gut, sehr gut war. Am 3 1. A u g u s t 1 8 6 1 ward bestimmt, dafs von den neueingeführten Lehrfächern die Rekognoszierungslehre 5, die Anthropologie 4 gelten, Freihand- und Planzeichnen verbunden werden sollten.

Die für die Aufnahmeprüfung geltenden Wertziffern sind oben angegeben; ein Zahlenwert, welcher zum Bestehen gefordert wäre, ist nicht genannt.

Bei E r ö f f n u n g d e r A n s t a l t, deren Normalbestand 60 Zöglinge

war, zählte dieselbe in der ersten Klasse 13, in der zweiten 18, in
der dritten 25, im ganzen 56 Schüler; laut Rapport vom 1. Januar
1854 waren in der ersten 20, in der zweiten 17, in der dritten
18 Kadetten vorhanden; 1861 konnten 21 aufgenommen werden,
während 27 sich gemeldet hatten; 1862 traten 13 aus der ersten
Klasse in die Regimenter, in der zweiten blieben 21, in der dritten
23 zurück; der letzte in unserer Quelle enthaltene, vom 30. April
1868 datierende Rapport führt 12 Kadetten in der ersten, 9 in der
zweiten, 13 in der dritten, also nur 34 auf. Die der ersten standen
damals im Alter von 19 Jahr 10 Monat bis zu dem von 17 Jahr 1 Monat,
die der zweiten zählten zwischen 19 Jahr 1 Monat und 15 Jahr 11 Monat,
die die dritten zwischen 17 Jahr 11 Monat und 14 Jahr 4 Monat.

Eine Unterbrechung in dem gleichmäfsigen Dienstgange der Anstalt brachte das Jahr 1859. Zum Zweck der angeordneten Mobilmachung wurde am 10. Juni gestattet, Regimentskadetten[1] anzustellen, je einen bei jeder Schwadron, Kompagnie, Batterie. Sie wurden
auf Vorschlag des Regimentskommandeurs vom Kriegsminister ernannt;
genügende Vorbildung und körperliche Tüchtigkeit waren Bedingungen
der Annahme. Mit der Vorbildung haperte es vielfach. Um dieselbe
zu fördern und militärischen Unterricht hinzuzufügen, ward am
25. Oktober[1] die Eröffnung von zwei „Elementarschulen" angeordnet,
von denen die eine in einem einjährigen Lehrgange Regimentskadetten
zur Fähnrichs-, die andere Lieutenants und Portepeefähnriche, deren
militärwissenschaftliche Ausbildung durch die Zeitverhältnisse unterbrochen war oder welche eine Militär-Bildungsanstalt vorher nicht
besucht hatten, durch viermonatlichen Unterricht zur Offiziersprüfung
vorbereiten sollten. Beide Schulen wurden dem Kommandeur des
Kadettenhauses unterstellt. Die Gesamtleitung des badischen Militär-
bildungswesens übernahm eine am 25. Oktober 1859 eingesetzte
„Direktion der Militär-Bildungsanstalten."

Die mit Preufsen am 15. März 1867 abgeschlossene Militär-
Konvention machte dem Kadettenhause zu Karlsruhe nicht sofort ein
Ende. Sie eröffnete freilich den Angehörigen der badischen Division
den Zugang zu den preufsischen Militär-Bildungsanstalten, liefs aber
das Kadettenhaus bestehen, so dafs dieses 1867—1868 in gewohnter

---

[1] Verordnungsblatt des Kriegsministeriums.

Weise seinen Lehrgang abhalten konnte. Erst im April 1868 erfolgte die Aufhebung der Anstalt.

2. Die Höhere Offizierschule.[1]

Bei der im Jahre 1851 eingetretenen Neuordnung der badischen Militärverhältnisse geschah für die Weiterbildung der Offiziere zunächst sehr wenig. Sie sollte innerhalb der Offizierkorps durch Vortrage und durch die Bearbeitung militärwissenschaftlicher Aufgaben gefördert werden, welche der Generalstab den Regimentern mitteilte. Erst 1859 ward das Versäumte, wie oben angeführt ist, nachgeholt. Es geschah durch die Einrichtung der Höheren Offizierschule.

Der für den Winterkurs 1859—60 unter dem 11. November 1859 zu Karlsruhe ausgegebene und vom General-Major von Faber, als Direktor der Militär-Bildungs-Anstalt, unterzeichnete „Schematismus" bestimmt als Unterrichtszeit bis zum 1. Juni 1860 täglich drei bis vier Morgen- und viermal wöchentlich eine Nachmittagsstunde, während deren Taktik, Artillerie, Befestigungskunst, Kriegsgeschichte, Mathematik in je 3, Terrainlehre in 1½, französische Unterhaltung in 2½, deutsche Litteratur und Physik in je 2 Wochenstunden gelehrt werden sollten. In Litteratur, Physik und Französisch unterrichteten Civillehrer; der Badische Militär-Almanach führt in Jahrgang 1863, dem letzten, welcher erschienen ist, auch einen Stallmeister auf. Jeder Schüler hatte am Schlufs des Lehrjahres eine gröfsere Ausarbeitung einzureichen. Die Vortrage wurden, mit Ausnahme des im Lyceums-gebäude stattfindenden physikalischen, im Konversationssaale des Kadettenhauses gehalten.

Nachdem die Schule laut Grofsherzoglichen Befehls[2] infolge der politischen Ereignisse geschlossen war, erfolgte die Fortbildung der badischen Offiziere fernerhin zu Berlin. Eine am 15. Juni 1867 getroffene Übereinkunft räumte badischen Offizieren auf der Kriegs-Akademie und der Artillerie- und Ingenieur-Schule zunächst je zwei Plätze ein.

[1] Das Militär-Verordnungsblatt enthält keinerlei Angaben in betreff der Anstalt. Auch anderweit ist dem Verfasser nicht gelungen, amtliche Bestimmungen über dieselbe aufzufinden. Die hier gegebenen Mitteilungen verdankt derselbe einem früheren Lehrer der Schule, dem Generalmajor z. D. Dürr in Karlsruhe.

[2] Badisches Militär-Verordnungsblatt vom 25. Juni 1866, Nr. 5.

Bayern

(Abgeschlossen am 1. Oktober 1888)

1. Die Ritter-Akademie zu Ettal 1711—1744.

Dr. Placidus Seitz, 1672 zu Landsberg geboren, später Professor an der Universität zu Salzburg, ein hochgebildeter Mann und heller Kopf, voll Verständnis für die Erziehung der Jugend, seit 1709 Abt des im Ammergau, nördlich von Partenkirchen, belegenen Klosters Ettal, fafste, getreu den Überlieferungen seines Ordens, der um die Wissenschaften hochverdienten Benediktiner, bald nach seiner Wahl den Entschluſs, dort ein „Collegium nobilium et illustrium“, später Ritter-Akademie genannt, zu errichten. „Fern von den Zerstreuungen und dem Sittenverderbnisse der grofsen Welt wollte er eine an Geist und Körper kräftige, wohlgepflegte, charakterstarke, echt sittliche und nach edelem Ruhme strebende Jugend heranbilden zu Männern mit festem und gesundem Sinne, erfahren in der Staats- und Kriegskunst, brauchbar in den Zeiten des friedlichen Glücks, wie der feindlichen Not und Drangsale.“[1] Die Zeit war solchem Vorhaben wenig günstig. Es war die des Spanischen Erbfolgekrieges. Der Kurfürst weilte aufser Landes, und dieses befand sich in den Händen der Österreicher. Trotzdem glückte das Unternehmen.

Die Mittel gewährten zunächst die Einkünfte des Klosters; ferner bewilligte die zu München eingesetzte kaiserliche Administration aus der für wohlthätige Zwecke bestimmten Hinterlassenschaft des Herzogs Maximilian Philipp, Bruder des 1679 gestorbenen Kurfürsten Ferdinand Maria, 18000 Gulden, denen Kurfürst Maximilian, als er heimgekehrt war, aus der nämlichen Quelle 6000 Gulden hinzufügte, und weitere 6000 Gulden steuerte der Orden bei,[2] wogegen Abt Placidus II sich verpflichten mufste, sechs Zöglinge adeliger oder

---

[1] Geschichte des Königlich bayerischen Cadetten-Corps. Aus Original-Quellen von A. Frh. von Schönhueb, Ober-Lieutenant und Inspektionsoffizier im k. Cadetten-Corps, München 1855, S. 7.
[2] Geschichte der literarischen Anstalten in Baiern von Sebastian Günther (ehemals Kapitular des Benedictiner-Stift zu Tegernsee), München 1810, II 273.

bürgerlicher Herkunft unentgeltlich aufzunehmen. Nachdem die nötigen Gebäude etc. hergestellt waren, wurde die Anstalt 1711 mit zwölf
Schülern eröffnet, deren Zahl bald auf 70 bis 80 stieg. Die vor-
nehmsten Adelsgeschlechter, nicht nur Bayerns und der angrenzenden
Länder, sondern auch aus dem übrigen Deutschland und dem ganzen
österreichischen Kaiserstaate, aus England, Spanien, Italien, den Nie-
derlanden, Polen und Kleinasien sandten ihre Söhne; 2 Fürsten, 160
Grafen, 106 Barone finden sich unter den 412 Zöglingen, welche aus
der Anstalt hervorgegangen sind.[1] Der Unterhalt eines jeden derselben
kostete der Anstalt jährlich 400 bis 500 Gulden. Man findet ihre
Namen später vielfach als die der Inhaber hoher geistlicher und welt-
licher, namentlich aber militärischer Würden und Ehrenstellen. „Die
Sorge für geistige und moralische Bildung verschaffte dieser Anstalt
einen so ausgebreiteten Ruhm, dafs sie jenem der Universitäten wenigstens gleich, wenn nicht zuvorgekommen ist," durfte Günther (a. a. O.)
von der Akademie sagen.

Als Lehrer wurden die tüchtigsten Kräfte des In- und Auslandes
verwendet, teils geistlichen, teils weltlichen Standes; die letzteren
wohnten in einem vom Kloster gesonderten Gebäude, hatten also wohl
zu lehren, nicht zu erziehen. Der Unterricht erstreckte sich auf
alte Sprachen (Grammatik, Syntax, Poesie, Rhetorik, Dialektik, Lesen
der Klassiker), das Deutsche, Französische, Italienische, Mathematik,
Geschichte, Geographie, Naturlehre in den unteren, Chronologie, He-
raldik, Genealogie in den höheren Klassen. Als Vorbereitung für die
Studien der letzteren, welche den Bedürfnissen der verschiedenen Berufsarten, der Soldaten, Geistlichen, Rechtsgelehrten und Staatsmänner,
angepafst war, wurde Philosophie und Physik gelehrt. Die Sonder-
bildung für den Kriegerstand umfafste ein tieferes Eingehen in die
Mathematik, mit Feldmessen und Planzeichnen verbunden, als uner-
läfsliche Grundlage für das Studium der militärischen Fächer betrachtet,
von denen die Ingenieurkunst, mit Einschlufs der architectura civilis,
Artilleriewissenschaft und Taktik, durch einen Ingenieur gelehrt
wurden. Auf das Sprechen fremder Sprachen ward grofser Wert gelegt; bei Tische durfte nur lateinisch oder italienisch geredet werden.

Von körperlichen Übungen wurden Reiten, einschliefslich der
Turniere und der Carousseis, Fechten, der Gebrauch der Pike, Fahnen-
schwingen, Voltigieren und Tanzen betrieben. Mit dem Vortrage der

---

[1] Verzeichnis in L. v. Westenrieder, Beiträge zur vaterländischen Historie,
IX 266.

Militärwissenschaften war deren praktische Anwendung verbunden, zu denen die Landfahnen (eine Miliz) die Mannschaft, das Münchener Zeughaus die Geschütze lieferten; Gerät zum Schanzen- und Minenbau besaß das Kloster. Es fanden Waffenübungen für Infanterie, Kavallerie und Artillerie, Schiefsübungen mit der Büchse und mit Geschützen und gröfsere militärische Übungen, letztere namentlich gelegentlich der am Schlusse des Unterrichtsjahres abgehaltenen Prüfungen, statt, denen eine grofse Zahl Fremder beizuwohnen pflegte. Es wurden dabei Sätze aufgestellt und verteidigt und die besten Leistungen mit „cavaliermäfsigen Preisen" belohnt; den Glanzpunkt bildeten theatralische Vorstellungen und Lustattaquen.

Das Gedächtnis der letzteren ist uns durch einen in Kupfer gestochenen Plan nebst hinzugefügter Erläuterung aufbewahrt,[1] welcher die am 1. September 1734 in Gegenwart des Kurfürsten Karl Albrecht ausgeführte lustige Attaque zum Gegenstande hat. Der Titel lautet:

„Entwurff der von einer hochadelichen Ritter-Akademie zu Ettal von denen die Architecture militaire allda erlehrnenden Herrn Cavaliers, nach jährlicher Gewohnheit gehaltenen Lust-Attaque und eines, um aufgeworfenen Preis vorgenommenen Artillerie-Exercice."

Das Militaire- und Artillerie-Exercice begann mit einem Aufzuge auf dem ausgesteckten Waffenplatze, wo zuerst mit dreimaliger Salve und dem Auswerfen von Granaten das „gewöhnliche Grenadiers-Exercice" und nach diesem das „gewöhnliche Stück-Scheiben-Schüssen" vor sich ging. Dann bezog ein Teil der Zöglinge ein Lager, ein anderer besetzte ein Kastell, welches Gegenstand des nun folgenden Kampfes war. Es wurden Belagerungsarbeiten ausgeführt, Ausfälle unternommen, Minen gesprengt, Stürme versucht und abgewiesen, bis endlich die Besatzung Chamade schlug. Ihr Abzug mit allen Kriegsehren und das Intonieren des Siegesjubels der Angreifer durch Pauken- und Trompetenschall bildete den Schlufs.

Damals waren die Tage der Anstalt bereits gezählt. Abt Placidus starb 1736, 1743 rief Maria Theresia aus Anlafs des österreichischen Erbfolgekrieges ihre in Ettal befindlichen Unterthanen ab, und 1744 äscherte ein Brand die Gebäude samt den darin bewahrten Lehrmitteln, namentlich der reichen Büchersammlung, ein, und damit war die Ritter-Akademie vernichtet.

---

[1] Hauptkonservatorium der Armee zu München.

Die Annahme, dafs sie in der 1744 von den Benediktinern in Kremsmünster errichteten Ritterakademie wieder erstanden sei, ist irrig. Beide Anstalten stehen in gar keinem Zusammenhange, und an der letzteren sind Kriegswissenschaften überhaupt nicht gelehrt worden (vgl. Th. Hagn, Das Wirken der Benediktiner-Abtei zu Kremsmünster. Linz 1848).

Kurfürst Maximilian III, ein eifriger Pfleger der Wissenschaften und hochverdient um das Schulwesen des Landes, gedachte 1750, auf Vorschlag seines Rates Josef von Laubenthal, in Ingolstadt,[1] im Anschlufs an die dortige Universität, die Ritterakademie von neuem zu begründen: „Agitabantur hoc anno Monachii consilia ut omnes militiae tyrones voluntarii ipsique juniores officiales bellici e tota Bavaria Ingolstadium congregentur ad discendam simul atque exercendam in praecipuo hoc patriae propugnaculo rem militarem." Der akademische Senat war aber damit nicht einverstanden. Er stellte vor, „dafs Pallas togata et Pallas sagata sich an ein und dem nämlichen Orte nicht wohl vertragen dürften, dafs Zwiste und selbst Thätlichkeiten unausbleibliche Folgen sein würden etc." Sollte es beschlossene Sache sein. so ward beantragt „milites severibus legibus coërcentur nequid inde praejudicii Academiae accadet." Der Plan gelangte nicht zur Ausführung. Der Verfasser der Annalen fährt fort: „Nescio an ob has ipsas an vero ob alias rationes praepositum illud impeditum fuerit : certe res ipsa effectu caruit."

Der Gedanke, eine militärwissenschaftliche Bildungsanstalt zu errichten, in welcher Offiziere für alle Waffen herangebildet werden sollten, ward indessen nicht aufgegeben, sondern führte, nachdem der Kurfürst sich zunächst mit einem später zu erwähnenden Ingenieur-Kurs zu Straubing begnügt hatte, sechs Jahre später zur Begründung des noch jetzt bestehenden Kadetten-Korps.

---

[1] Mederer, Annales Ingolstadiensis Academiae, Ingolstadt 1782, I c, p. 244.

2. Das Kadetten-Korps 1756—1888.

A. Das Kadetten-Korps 1756—1778.

Durch Dekret vom 14. August 1753 erklärte Kurfürst Maximilian III, dafs er in Zukunft das Kommando seines Heeres selbst führen würde. Er trat dadurch in eine nähere persönliche Beziehung zu demselben und wendete ihm demzufolge vermehrte Sorgfalt zu. Sie äufserte sich unter anderem darin, dafs er sich bestrebte, dem Offizierstande, dessen Verhältnisse sehr im Argen lagen, einen wissenschaftlich besser ausgebildeten Ersatz zuzuführen, als dieser zur Zeit hatte. Das Mittel dazu suchte er, angeregt durch die 1752 stattgehabte Eröffnung der Militär-Akademie zu Wiener-Neustadt, in der Eröffnung einer Militär-Schule.[1] Ein früher österreichischer Offizier, der am 1. Januar 1753 in Anbetracht seiner militärischen Kenntnisse beim neugebildeten Infanterie-Regiment Pechmann angestellte Oberst-Wachtmeister Freiherr von Klingenberg, welcher bis dahin in gleicher Eigenschaft im kaiserlichen Heere gedient hatte, war es, an welchem gegen Ende 1753 der Befehl erging, einen Vorschlag zur Begründung einer solchen Anstalt zu machen.

Klingenberg überreichte sehr bald ein Gutachten, welches in kurzen Umrissen seine Gedanken über Einrichtung und Kosten der Anstalt darlegte. Sein Voranschlag bezifferte die jährliche Bedarfssumme auf 6500 Gulden; dieselben sollten dadurch beschafft werden, dafs bei jedem Infanterie- und Kavallerie-Regiment drei Mann am vorgeschriebenen Stande fehlten und die dadurch erzielte Ersparnis, die „Arrha", für die Anstalt verwendet würde. Da die Arrha 9846 Gulden betrug, blieb nach Klingenbergs Rechnung ein Überschufs zur Verfügung, welcher zum Ankauf eines Hauses, Beschaffung einer Büchersammlung und ähnlichen Zwecken verwendet werden sollte. Um letztere Ziele desto früher zu erreichen, sollte die Arrha bereits vom 1. Januar 1756 an vereinnahmt, die Anstalt aber erst später eröffnet werden. Noch im Jahre 1755 erhielten Klingenbergs Vorschläge die landesherrliche Genehmigung, und am 29. April 1756 befahl der Hofkriegsrat, dafs sämtliche acht Infanterieregimenter ihre

---

[1] Schönhueb, S. 14 ff.

Kadetten, soweit dieselben dienstbar wären, nach der Kriegsschule senden sollten. Die Dienstbarkeit begann mit dem 16. Lebensjahre. Die Kadetten, welche oft schon in der Wiege in den Listen geführt wurden und die Bezüge eines dafür ausfallenden Grenadiers empfingen, wurden dann, nachdem sie eine Prüfung, bei der eine Planzeichnung vorzulegen war, bestanden hatten, im Dienst verwendet und erhielten Unteroffiziers- oder auch doppelte Grenadierslöhnung. Am 12. Mai trafen 75 dienstbare Kadetten in München ein, wo der Kurfürst sie sich vorstellen liefs und wo sie durch Klingenberg sechs Wochen lang einer sorgsamen Prüfung unterworfen wurden.

Auf Grund derselben wurden die 20 brauchbarsten als „Korps-Kadetten" in die neue Anstalt eingestellt, die übrigen kehrten am 30. Juni zu ihren Regimentern zurück.

Mit jenen begann das „Kadetten-Korps" am 1. Juli 1756 seine Thätigkeit.[1] Dasselbe war zunächst teils in der äufseren Isar-Kaserne, teils in einem Hause in der Au, gegen Mietzins untergebracht, siedelte aber schon im Dezember d. J. in ein aufserhalb des Sendlingerthores belegenes, käuflich erworbenes Haus über, welches sich indessen, als Sommerwohnung für einen reichen Mann erbaut, für den neuen Zweck ganz ungenügend erwies. Schon im Dezember 1761 wurde es teilweise, im April 1762 ganz geräumt und dagegen ein von Klingenberg persönlich angekauftes, in der Nähe der Kreuz-Kaserne an der Brunn-gasse belegenes Haus bezogen. In dem bei dieser Gelegenheit am 19. September 1761 von Klingenberg mit dem Hof-Kriegsrate ab-geschlossenen Vertrage ward ersterem das Recht eingeräumt, unter Beobachtung gewisser Festsetzungen in den nächsten zwanzig Jahren so viele Pensionäre in das Haus aufzunehmen, als ihm beliebe. Klin-genbergs am 27. Juni 1762 erfolgter Tod machte die Verwirk-lichung dieses eigentümlichen Abkommens hinfällig. Die Regierung erwarb das Haus und brachte die Kadetten in demselben bis zum Juli 1775 unter, wo ihnen mehr geeignete Räume des Wilhelms-gebäudes, dem Sitze des Hof-Kriegsrates, der Herzog Max-Burg gegen-über, in denen bis dahin die Novizen des aufgehobenen Jesuitenklosters

---

[1] Schönhueb a. a. O. giebt bei dieser und bei vielen folgenden Gelegenheiten eine grofse Menge von Einzelheiten, welche auf die Verwaltung des Kadetten-Korps und auf die persönlichen Verhältnisse von Vorgesetzten und Zöglingen Bezug haben, hier aber mit Rücksicht auf die Bestimmung der Arbeit weniger eingehend behan-delt sind.

gewohnt hatten, überwiesen wurden. Das Kadettenhaus ward Militär-
Waisenhaus.

Die geschilderten Verhältnisse und die mancherlei Schwierigkeiten,
welche die Unterbringung der Kadetten verursachte, äufserten auf die
Einteilung derselben einen von vornherein nicht beabsichtigten Einfluſs. Sie veranlaſsten sogar eine Sonderung in verschiedene
Arten. Den Anlaſs dazu gab, daſs mehrere minderjährige Kadetten
die Erlaubnis erhielten, gegen Bezahlung von Unterricht und Verpflegung einzutreten, und daſs 16 dienstbaren Kadetten auswärtiger
Regimenter gestattet wurde, in der Stadt zu wohnen und von dort aus
am Unterrichte einschlieſslich der Waffenübungen teilzunehmen. Die
letzteren blieben im Genusse ihrer soldatischen Bezüge und sorgten
für ihren Unterhalt selbst. Es gab mithin bald drei Arten von Zöglingen:
    1) Wirkliche Korps-Kadetten („noble Kadetten"), als welche
nur Söhne von unbemittelten, verdienstvollen Adeligen und Offizieren
aufgenommen werden durften. Sie muſsten beim Eintritt 13 bis 14 Jahre
alt und vollkommen gesund sein. Wenn sie nicht ein Gehalt vom
Regiment empfingen, so ward für sie von der Hofkammer ein Trakte-
ment von 14 Gulden monatlich an die Anstalt gezahlt. Sie hatten an
allem Unterricht und an den adeligen Exerzitien teilzunehmen. Jene
14 Gulden wurden in der Weise verwendet, daſs für groſse und kleine
Montur 4, für Wasch-, Tisch- und Bettzeug 1, für Feuerung und
Licht, sowie für Hausgerät etc. je ⅓, für „Kost und Trunk" 8 Gulden
gerechnet wurden. Die Verpflegung bestand in einer Morgensuppe,
einem Mittagsessen von 4, einem Abendessen von 2 bis 3 Speisen
und 1 Maſs Bier. Als im Jahre 1772, wo groſse Teuerung herrschte,
nachdem schon 1770 aus gleicher Veranlassung der Preis erhöht worden
war, die Köchin sich weigerte, die Kost für den bisherigen Preis zu
liefern, ward mit einem benachbarten Wirte ein Abkommen getroffen,
welches diesen verpflichtete, die 25 nobelen Kadetten zu speisen. Derselbe erhielt für eine Menage von 8 Kadetten wöchentlich 9 Gulden
20 Kreuzer und für eine Aushilfsperson jährlich 36 Gulden nebst einer
Salzscheibe. In der Aufzählung dessen, was er zu geben hatte (Schönhueb, S. 34), erscheint das Bier nicht mehr. Für die Kadetten, welche
im Genusse eines vom Regiment zu zahlenden Gehaltes waren, zahlte
letzteres 8 Gulden 54 Kreuzer, die Hofkammer 8 Gulden; die Anstalt
behielt davon die obigen 14 Gulden und gab den Überschuſs den
Kadetten zu eigener Bewirtschaftung.

    2) Pensionäre, in einer von den Raumverhältnissen abhängigen

Zahl, welche den Korps-Kadetten ganz gleich gehalten wurden, aber
für Verpflegung und Unterricht, ausschliefslich des militärischen, zu
bezahlen hatten und zwar monatlich für grofse und kleine Montur
1 Gulden 23 Kreuzer, für trockenen Tisch mit Brot 5 Gulden 8 Kreuzer,
dem Friseur, zugleich für 1 Pfund Puder, harte und weiche Pommade,
1 Gulden 29 Kreuzer, der Wäscherin 45 Kreuzer, den Bedienten „Dis-
kretion" 30 Kreuzer, der Kämmerin, „so die Kadetten monatlich acht-
mal säubert," dann für Kreide, Weizenkleie zum Putzen der weifsen
Kamisole und Hosen 12 Kreuzer, um damit selbst wirtschaften zu
lernen 1, dem Oberbereiter 5, dem Professor Mathesi als Douceur 3,
dem Sprachmeister für eine tägliche Unterrichtsstunde, dem Fechtmeister für zwei- bis dreimalige wöchentliche Unterweisung und dem
Tanzmeister je 2, im ganzen 24 Gulden 34½ Kreuzer monatlich. Der
Reitunterricht erforderte ferner für Kleidungsstücke und verschiedene
dem Personal zu zahlende Posten einen einmaligen Aufwand von
42 Gulden 45 Kreuzer; doch wurde allgemein nur derjenige Unterricht
bezahlt, den der Kadett, welchem die Teilnahme überlassen war, wirklich genofs. Für Getränk, Bett- und Leinenzeug hatte er aufserdem
zu sorgen.

3) Frequentanten, welche von den Regimentern zur Anstalt
entsandt wurden, nur am kriegswissenschaftlichen Unterrichte teilnahmen und im Frühjahr, wenn Ferien waren, wieder bei den ersteren
Dienst thaten. Sie wohnten anfänglich in der Anstalt, wurden aber,
damals 14 an der Zahl, schon im Dezember 1761, als ein Teil des
Kadettenhauses aus baulichen Rücksichten geräumt werden mufste, in
die Kreuz-Kaserne verlegt, wo sie, unter einem eigenen Aufsichtsoffizier in eine Kompagnie formiert, ihre besondere Menage führten.

Hierdurch bildete sich ein weiterer Unterschied zwischen dem
„inneren" oder „nobelen" und dem „äufseren" Kadetten-Korps oder
dessen 1. und 2. Kompagnie. Die Stellung der Frequentanten war der
ihrer Kameraden nicht ebenbürtig. Es trat dies deutlich hervor, als
sie 1762, der Aufsicht wegen, aus der Kreuz-Kaserne wieder in das
Kadettenhaus verlegt wurden. Sie erhielten hier nur die Löhnung des
Füsiliers im Betrage von monatlich 2 Gulden 27½ Kreuzer und das
Monturgeld, afsen, von jenen, die einen besseren Tisch führten, gesondert, für 3 Kreuzer täglich, wovon noch der Lohn der Köchin
beschafft werden mufste, und erfuhren erst später Dank den Bemühungen
des damaligen Kommandanten, Oberst-Lieutenant von Doumayrou, eine Aufbesserung ihrer Lage, als 1768 angeordnet wurde, dafs

sie neben der obigen Löhnung ebensoviel als Zulage von der Hofkammer erhalten und mittags für 5 Kreuzer nebst den Korps-Kadetten
aus der Menage der Anstalt verpflegt werden sollten; die Einrichtung,
daß sie zu zweien in einem Bette schlafen mußten, ward 1769 beseitigt. Nachdem 1772 in betreff der den Regimentern der Garnison
München angehörigen Kadetten eine später zu erwähnende Vorschrift
gegeben war, beschränkte sich die Zahl der Frequentanten auf wenige
von den auswärtigen Regimentern gesandte.

Die äußeren Kadetten trugen die Regiments-, die nobelen die
Kadetten-Uniform, welche in Schnitt und Farbe der des Ingenieur-
Korps entsprach. Es war eine Gala-Uniform, aus einem blautuchenen
(bleu-mourant), weißgefütterten Rock mit schwarzsammetnen Bavarois
(Klappen) und Aufschlägen und einer silbernen Achselschnur, die
Knopflöcher mit silbernen Pailleten besetzt, die Knöpfe von zinnernen
Blätteln, einem weißen Kamisol, weißer Tuchhose, Schuhen und
Strümpfen, silberbordiertem Hut, und eine Kampagne-Uniform, aus
einem Surtout vom Stoff des Galarocks mit den nämlichen Bavarois,
Aufschlägen, Knöpfen und blauem Unterfutter, Kamisol, welches aus
einem alten Galarock gefertigt war, und unbordiertem Hut mit silbernen Stulpenschnüren bestehend; dazu schwarze Kamaschen, zuerst
lederne, dann gewirkte. Zuweilen gestattete der Kurfürst auch
anderen jungen Leuten, namentlich solchen, welche sich auswärts zu
Technikern ausbilden wollten, die Uniform der Kadetten anzulegen.
1774 kam Befehl, statt des Hell-Dunkelblau, statt des weißen gelbes
Unterfutter einzuführen; ehe derselbe aber zum Vollzuge gelangte,
wurde angeordnet, daß Hellblau mit gelbem Unterfutter getragen
werden solle. Am Neujahrstage 1775 wurden die Kadetten in dieser
Uniform dem Kurfürsten vorgestellt. Eine Gala-Uniform, welche drei
Jahr Tragezeit hatte, kostete 60 Gulden. Seit 1771 galt als Regel,
daß der Kadett beim Austritt diejenigen Stücke, welche er länger als
18 Monat getragen hatte, mit sich nahm; die übrigen verblieben der
Anstalt.

Die Gesamtzahl der Kadetten hat in diesem Zeitraume sehr
geschwankt; genaue Angaben sind nicht vorhanden. Nach einem Aus-
gabenverzeichnis vom 30. März 1758 hatte sich die Zahl der Korps-
Kadetten von 20 auf 22 vermehrt; 1760, wo 24 zum Dienst brauchbare Zöglinge zwei Infanterie-Regimentern bei der Reichsarmee behufs
Teilnahme am Kriege überwiesen wurden, waren es 40, so daß 16
zurückblieben, worauf eine Ordonnanz vom 19. September d. J. die

Zahl der Korps-Kadetten auf 15 festsetzte. Aufser diesen waren, als Doumayrou nach Klingenbergs Tode die Anstalt übernahm, 7 Pensionäre und 8 Frequentanten vorhanden; 7 Korpskadetten und 19 Frequentanten befänden sich bei der Armee; sie kehrten am 15. April 1763 in die Anstalt zurück. 1772 wurde die Zahl der Korps-Kadetten auf 25 erhöht. Gleichzeitig erging die oben erwähnte Vorschrift, laut welcher aufser jenen und den Pensionären die Kadetten der in München garnisonierenden Regimenter allgemein, die der auswärtigen, sobald sie zu dienstbaren Kadetten ernannt werden würden, am militärischen Unterrichte der Kadetten teilnehmen sollten. Am 21. Januar 1776 wurde der Stand an Korps-Kadetten auf 18, am 11. März 1777 auf 15 herabgesetzt; da aber die berechtigten Anwärter zunächst noch einberufen werden sollten, so ist die Zahl der Korps-Kadetten bis zu der am 29. Mai 1778 befohlenen Auflösung der Anstalt nicht unter 22 herabgesunken; aufserdem gehörten der letzteren damals 36 Pensionäre und Frequentanten an. Schönhueb (II. Personeller Teil) führt sämtliche Zöglinge, welche dem Kadetten-Korps im ersten Jahrhundert seines Bestehens angehört haben, namentlich auf und beziffert die Anzahl derselben im ersten Zeitraume (1756—1777) mit 337. Er nimmt bei dieser Gelegenheit (II. 74) für das Kadetten-Korps die Ehre in Anspruch, den General Kleber zu seinen Zöglingen zu zählen; Münster macht ihm dieselbe streitig. Den Beweis für die aufgestellte Behauptung vermag keine der beiden Städte zu führen. (Vgl. Militär-Wochenblatt, Berlin 1886, S. 403. 914. 1186.)

An sonstigem Personal waren bei der Errichtung vorhanden: 1 Kommandant, 1 Offizier für Ingenieurwissenschaft und Aufsicht, 1 Offizier als Adjutant, zur Aufsicht und zur Unterweisung in der Fortifikation verwendbar, mit Zulagen von bezw. 500, 60 und 168 Gulden; ein Lehrer für Christenlehre und Geschichte, zugleich Hauskaplan, welcher 100, einer für Mathematik und Geographie, welcher 300, ein Sprachmeister, welcher 200, je ein Reit-, Tanz- und Fechtmeister, von denen ein jeder 100 Gulden jährlich erhielt; ferner ein Bedienter zum Tafeldecken und Frisieren, ein Hausmeister, ein Koch, später Köchin, zwei Küchenmägde und sechs Invaliden als Aufwärter, darunter ein Schneider. Die Hausbedienten waren übereinstimmend gekleidet. Den Schreibunterricht erteilte zuerst ein Schreibmeister, seit 1760 aber der Rechnungsführer, bis 1776 der Adjutant dessen Geschäfte übernahm und wieder ein Schreibmeister angestellt wurde.

Ein Interimsreglement vom 19. Oktober 1762 änderte die Gehaltss ä t z e, insgesamt betrugen sie jetzt einschliefslich des Traktements der 15 Korps-Kadetten 4617 Gulden 18 Kreuzer jährlich. Der Kommandant erhielt monatlich 50 Gulden Gage, 6 Gulden Servis, 10 Gulden für Pferdefutter.

Der Unterricht umfafste Kriegsbaukunst, Mathematik, Deutsch und Französisch, Geographie, Schön- und Rechtschreiben, Planzeichnen, Christenlehre, Fechten, Tanzen und das auf der Hofreitschule getriebene Reiten, letztere Übungen nebst der französischen Sprache bildeten die „adeligen Exerzitien". Der Umfang des Unterrichts in der Mathematik und den im Zusammenhange mit derselben gelehrten Wissenschaften geht aus einem Buche hervor, in welchem die von dem betreffenden Lehrer Professor S t i e g l e r gehaltenen anfänglich seinen Hörern diktierten Vorlesungen abgedruckt sind. Dasselbe ist betitelt „Anleitung zu den mathematischen Wissenschaften, worin die Theorie mit der Praxis verbunden zum Nutzen und Gebrauche aller Liebhaber der mathematischen Wahrheiten und insbesondere seiner Herren Zuhörer auf Begehren," München 1757; es ist Klingenberg gewidmet und enthält einen mathematischen (Arithmetik, Algebra, Geometrie, Trigonometrie), einen mechanischen (Mechanik, Hydrostatik, Aereometrie, Hydraulik), einen optischen (Optik, Perspektive, Dioptrik, Katoptrik), einen kosmischen (Astronomie, Geographie, Chronologie, Gnonomik), einen architektonischen (Fortifikation, Artillerie, Architektonik) Teil; alle durch zahlreiche Abbildungen erläutert. Die Geschichte, anfänglich im Zusammenhange mit der Religion vorgetragen, erhielt später besondere Unterrichtsstunden; Lehrer blieb aber der Hauskaplan; der erste derselben, der Jesuit Daniel S t a d l e r, zugleich Beichtvater des Kurfürsten, 1758 gestorben, schrieb ein Lehrbuch der Geschichte für die Anstalt.

Das im Ingenieurfache erlernte durch die Ausübung nutzbar zu machen, wurden geeignete Zöglinge in Ingolstadt oder auf der Grenzfeste Rothenberg bei den Festungsbauten verwendet. Zur Erlernung des Wachtdienstes bezogen die Zöglinge eine eigene Wache; in den Waffenübungen wurden sie durch den Adjutanten unterwiesen. Eine Exerziervorschrift[1] zählt die auszuführenden Handgriffe, Chargierungen, Evolutions, Marches und Manoeuvres auf.

Die Erfolge des Unterrichts wurden durch die sehr ungleiche Vorbildung der Eintretenden gehemmt; um sie gleichmäfsiger zu erhalten, sah man seit dem Siebenjährigen Kriege darauf, dafs die Auf-

[1] Kriegs-Archiv zu München: A. VII. L. a. 1757—1780.

zunehmenden womöglich das 14. Lebensjahr zurückgelegt und bereits
als Regiments-Kadetten gedient hatten. Eine Einteilung in mehrere
Lehrgänge, welche der Einzelne durchzumachen gehabt hätte, bevor
er ausgemustert wurde, fehlte. Das Letztere geschah vielmehr nach
einem meist 4 bis 6jährigen Aufenthalte in der Anstalt auf Grund
erlangten Alters und Körpergröfse nach Mafsgabe der frei werdenden
Stellen. Der Eintritt erfolgte bei allen Waffen, als Fähnrich, Kornet,
Stückjunker oder auch als Unteroffizier; wer nicht geeignet erschien,
ward auch als Gemeiner eingestellt. Bessere Zöglinge wurden als Repetitoren oder als Vertreter der Lehrer verwendet oder thaten den
Dienst des Adjutanten und der Aufsichtsoffiziere. Dafs stellenweise
auf einzelnen Gebieten verhältnismäfsig Bedeutendes geleistet wurde,
beweisen die Vornahme der ersten meteorologischen Beobachtungen
in Bayern im Jahre 1761 [1] und die Teilnahme eines Kadetten an den
kartographischen Arbeiten des Franzosen C. F. Cassini de Thury, [2] und
dafs es damals auch recht alte Kadetten gab, geht daraus hervor, dafs
1762 ein Kadet von Hamel an den Folgen einer beim Fechtunterricht
erhaltenen Verwundung eines Auges starb, welcher 24 Lebens- und
12 Dienstjahre zählte und zwei Feldzüge in Schlesien mitgemacht
hatte.

Eine weitere praktische Schule machte die Mehrzahl der Kadetten
durch die Teilnahme am Siebenjährigen Kriege in den Jahren 1760
bis 1762 durch. Man strebte danach, dafs jeder Kadet wenigstens
einem Feldzuge beigewohnt habe. 1762 wurden diejenigen, welche
nicht im Felde standen, zu einem Lager bei Dachau herangezogen.
In den Berichten der Oberbefehlshaber, Herzog Friedrich von Pfalz-
Zweibrücken und Prinz Josef von Sachsen-Hildburghausen, wird erwähnt, dafs diejenigen bayerischen Offiziere, welche ihre Ausbildung
im Kadetten-Korps erhalten hätten, im Dienste des Generalstabes und
der Ingenieure, bei Lagern, Anordnung von Märschen und namentlich
bei Aufgaben der Feldbefestigung die Brauchbarsten unter den Offizieren des Reichsheeres gewesen seien.

Die Teilnahme an diesem Kriege hatte notwendigerweise den
Gang des Unterrichts stören müssen. Um so mehr liefs nach Friedens-
schlufs Doumayrou sich angelegen sein, denselben zu fördern. Er fügte
den Vortragsgegenständen das Kriegsrecht hinzu, welches nach Khe-
venhüller und Maldonero gelehrt wurde, vermehrte den Unterricht

---

[1] C. von Westenrieder, Geschichte der Akademie der Wissenschaften, I. 77.
[2] Schönhueb, S. 23.

im Deutschen, bewirkte, dafs die Unterweisung im Fechten und Tanzen für alle Zöglinge unentgeltlich wurde und verwendete 400 Gulden auf die Anschaffung mathematischer Instrumente, von denen wenig mehr als der Mefstisch und das sonst Unentbehrliche vorhanden war. Als 1773 eine Musterung stattfand, waren an solchen Werkzeugen 27 Stück vorhanden; die Büchersammlung zählte nur 40 Werke, dazu einige Handschriften und Karten.

Von den Erfolgen des Unterrichts legten seit 1763 öffentliche Prüfungen einiges Zeugnis ab, deren Ankündigungen seit dieser Zeit im Druck erschienen. Sie geben über den Umfang der Vorträge und über die Art des Unterrichts Auskunft. Ihr Nutzen konnte nicht bedeutend sein, da nur ausgewählte Zöglinge teilnahmen. Seit 1773 wohnte der Kurfürst meist persönlich bei. Er wurde dann zu Anfang und am Ende von Kadetten durch französische und deutsche Reden in überschwänglichen Lobes- und Dankesäufserungen angefeiert; der Schlufs der Festlichkeit bestand in Fest- und Tanzvorstellungen und gipfelte in der Verteilung von Offizierspatenten.

Mathematik und die damit verbundene Kriegsbaukunst füllten anfangs allein das Programm. Der Titel des letzteren lautete daher zuerst: „Mathematische Sätze," dann, nachdem 1772 die Taktik in den Unterrichtsplan aufgenommen war, „Mathematische, historische, geographische und taktische Sätze und Aufgaben." Vollständig hiefs z. B. die Aufschrift des Prüfungsprogramms vom Jahre 1770: „Mathematische Sätze, welche in der churbaierischen Militär-Akademie unter Anleitung Stephan Stiglers, Professor der Mathematik allda, die Kadetten vom Korps und von den Regimentern in einer öffentlichen Prüfung nach ordentlicher Lehrart zu beantworten sich anerbiethen, den 24. März 1770." 44 Seiten in 4⁰. In demselben kennzeichnet Stiegler das Wesen eines jeden der vorgetragenen Zweige der Wissenschaft, welche er in Arithmetik, die (wieder in Euthymetrie oder Linienmessung, Epipedometrie oder Flächenmessung, Stereometrie oder Körpermessung, gegliederte) Geometrie, Trigonometrie, Mechanik, Hydrostatik, Aërometrie, Hydraulik, Fortifikation und Algebra teilt; er leitet aus den Begriffserklärungen die Aufgaben her, deren Lösung verlangt werden könnte und nennt 14 Schüler, 7 vom Korps und 7 Regiments-Kadetten, welche sich erbieten Rede und Antwort zu stehen.

Die vorwiegend auf mathematische Studien und auf die Bekanntschaft mit der Kriegsbaukunst hinzielende Richtung des Unterrichts kam dem Ingenieurkorps zu gute; es konnten daher, als dieses 1772 bei einer Umgestaltung Offiziere bedurfte, acht Kadetten dazu befördert werden. Die Einfügung der Taktik in den Lehrplan war dem dritten Kommandanten, dem Oberst-Wachtmeister von Reissen, zu danken. Der Unterricht ward dem als Aufsichtsoffizier berufenen Ober-Lieutenant Friedrich Beer vom Infanterie-Leib-Regiment, einem bekannten Militärschriftsteller, übertragen, welcher damals bei der Bearbeitung eines 1774 im Druck erschienenen Exerzierreglements für die Infanterie thätig war und die demselben beigegebenen Pläne und Zeichnungen durch die Kadetten herstellen liefs. Beer erhielt dafür 1774 den Hauptmannstitel. Auf das Zeichnen ward überhaupt viel Wert gelegt und Gutes darin geleistet. Es liefsen daher auch andere Behörden, wie die Hofkammer und die Oberlandesdirektion, Pläne und Risse gegen Bezahlung durch die Kadetten fertigen. Einzelne der letzteren wurden wie früher beim Festungsbau auf dem Rothenberge und bei Vermessungen in der Oberpfalz und im bayerischen Walde beschäftigt.

Die Gestalt, welche der Unterricht, nachdem auch Stiegler gestorben und an seine Stelle in der Person des späteren Studiendirektor Georg Grünberger, welcher den mathematischen Unterricht zweckmäfsiger ordnete, eine jüngere Kraft getreten war, annahm, geht aus dem Programm für die Prüfung vom Jahre 1775 hervor. Sie fand, nachdem der Beginn des Schuljahrs der „Kriegsschule" vom Frühling auf den Herbst verlegt worden war, am 4. November statt und umfafste: Reine und angewandte Mathematik, auch Artillerie und Befestigungskunst, von Grünberger vorgetragen; Geschichte und Erdkunde; niedere Taktik des Fufsvolkes. Kurz vorher war der zugleich an der Spitze des Ingenieurkorps stehende Oberst von Ancillon zum Kommandanten ernannt worden, welcher sich bemühte, die verschiedenen Unterrichtsgegenstände immer mehr in einer dem thatsächlichen Bedürfnisse des Offizierstandes entsprechenden Weise lehren und zugleich den Zöglingen eine allgemeinere Bildung zu teil werden zu lassen. So dehnte er den Vortrag über Geschichte auf das Altertum, den geographischen auf die Kenntnis von Deutschland und Europa aus, während beide sich bis dahin im wesentlichen auf die engere Heimat beschränkt hatten. Tüchtige Lehrer unterstützten ihn, die Anstalt erfreute sich eines guten Rufes. Die „Berichte über Schul- und Erziehungswesen" von Finauer bestätigen diesen und in gleichem Sinne äufsert sich der Büchercensur- und Medizinalrat Ferdinand Maria Baader, welcher später selbst in Naturgeschichte und Chemie an der

Anstalt unterrichtete, in einer 1777 gehaltenen akademischen Rede „Über das Glück der Völker unter guten Regenten," in welcher er namentlich die Leistungen der Artilloristen lobt. Schon Reissen hatte auf die Unterweisung in der Waffenlehre grofsen Wert gelegt und vornehmlich das Distanzschiefsen gefördert. Dabei war das Kadettenkorps aber weit entfernt, alle Ansprüche zu erfüllen, welche man an eine zur Erziehung von Offizieren bestimmte Anstalt zu machen berechtigt ist. General Gaza, welcher 1792 die Inspektion über die Infanterie erhielt, sagt in einem seiner, von Sachkenntnis und klarem Blick zeugenden Berichte über den damaligen Zustand des bayerischen Heeres: „Man hatte vormals in Bayern ein Kadetten-Korps. Obwohl es übel eingerichtet war, sind doch recht tüchtige Menschen daraus hervorgegangen. Einer von den gröfsten Mifsbräuchen war, dafs man des Leibkutschers, eines Trabanten, Hatschiers, Sekretärs, Rats Sohn auch annehmen mufste, weil sie grofse Protektion hatten. Dadurch wurde das Kadettenhaus vielmehr ein Armenhaus und die Regimenter mit allerlei Jux und Grobzeug besudelt." [1] Gaza sagte dies in der nämlichen Zeit, wo der grofse Republikaner Washington, auf seine Erfahrungen und Beobachtungen im Nordamerikanischen Befreiungskriege gestützt, seinen Mitbürgern riet. „nur Gentlemen zu Offizieren zu machen."

Disciplin und Erziehung waren, dem Wesen der Anstalt entsprechend, von vornherein ganz militärisch, doch war auch dem Hauskaplan Einwirkung auf die Erziehung verstattet. Er hatte täglich die Frühmesse zu lesen, mit den Zöglingen den Rosenkranz sowie die Morgen- und Abendgebete zu beten und nebst einem der Aufsichtsoffiziere, welche dem Kommandanten beigegeben waren, mit den Kadetten zu speisen. Als Strafmittel dienten Hausarrest und Prison; die Ordnung des Dienstes ward durch eine Glocke geregelt. Ein vom Kommandanten ausgewählter Kadet verrichtete die Geschäfte des Feldwebels, andere waren als Korporale und Gefreite Vorgesetzte ihrer Kameraden.

Die Kommandanten der Anstalt waren anscheinend tüchtige und ihrer Aufgabe gewachsene Männer. Wir haben ihre Namen kennen gelernt. Der erste, Philipp Reinhard Schütter Freiherr von Klingenberg zu Klingenberg, ein hochgebildeter Offizier und thätiges Mitglied der Akademie der Wissenschaften, konnte freilich

---

[1] F. Münnich, Geschichte der Entwickelung der bayerischen Armee, München 1864, S. 175.

seine Kräfte der Anstalt nur teilweise widmen, da er, schon 1757
mit den Werbungen beauftragt, bald nachher als Generalquartiermeister-
Lieutenant bei den in Schlesien stehenden bayerischen Truppen verwendet wurde; als er zwei Jahre später, durch Kränklichkeit gezwungen,
zurückgekehrt war, ward er im November 1760 zum Oberst im Leibregiment befördert und mit der Bearbeitung eines Exerzierreglements
beauftragt. Er war seinen Pflegebefohlenen ein gütiger und sorgender
Vorgesetzter und bewirtete sie im Sommer öfter auf seinem Lehen
zu Laufzorn bei München.

Sein Nachfolger, Anton von Doumayrou, verdankte seine
Stellung der Anerkennung, welche er als Aufsichtsoffizier gefunden
hatte. Als Grenadier-Hauptmann aus dem Felde heimgekehrt, war
er am 25. April 1760 als solcher angestellt worden und besonders
als Lehrmeister in den Waffenübungen gebraucht; er hatte damals
großen Einfluß ausgeübt und auch später war er bemüht, seine
Schuldigkeit zu thun, aber er war alt und seine Körperkräfte waren
unzulänglich. Er bat daher um seine Entlassung, welche am 4. Juni 1768
unter Bezeugung der Allerhöchsten Zufriedenheit mit seinen Diensten
und unter Belassung seines vollen Gehaltes bewilligt ward. Schon
wenige Tage später starb er.

Des Kurfürsten Wahl fiel nun auf den gleichzeitig zum Oberstwacht-
meister ernannten Infanterie-Hauptmann Ernest von Reissen, einen
ritterlichen, im Kriege bewährten Offizier, dessen praktischem Soldaten-
verstande es zu danken war, daß der Unterricht eine mehr auf allgemeine militärische Bildung zielende Richtung erhielt und der außerdem
zweckmäßige wirtschaftliche Anordnungen traf. Als er am 26. September 1775, kurz nach der Übersiedelung in die Herzog Maxburg,
zum Oberst-Lieutenant im Dragoner-Regiment Wahl ernannt worden
war, trat ein um das Wohl des Kadetten-Korps hochverdienter Offizier,
der Oberst Franz Chevalier d'Ancillon, zugleich Chef des Ingenieur-
Korps und Direktor des Kriegsbau-Amtes, an seine Stelle, ein gebildeter
und kenntnisreicher Mann, welcher der Anstalt 1756—1758 als Aufsichtsoffizier und Lehrer der Ingenieurwissenschaften angehört hatte,
und seit 1760 als Leiter des Festungsbaues auf dem Rothenberge, durch
den Verkehr mit den dabei beschäftigten Kadetten, in Fühlung mit
der Anstalt geblieben war. Aber erst kurze Zeit war er im Amte
gewesen, als am 30. Dezember 1777 Kurfürst Maximilian III., der
Begründer des Kadettenkorps und dessen eifriger Förderer kinderlos
starb und Kurfürst Karl Theodor von der Pfalz, welcher bis

dahin in Mannheim residiert hatte, die 448 Jahre getrennt gewesenen wittelsbachischen Lande unter seinem Zepter vereinigte.

Kur-Bayern sah dem Regierungswechsel mit bangen Ahnungen entgegen; das Kadetten-Korps erfuhr bald die Verwirklichung derselben. Man fürchtete die Abneigung der mit dem Kurfürsten in seinen neuen Regierungssitz München einziehenden Pfälzer gegen alles bestehende Bayerische, und in der That fielen dieser Gesinnung eine Menge bewahrter Einrichtungen zum Opfer. Das gleiche Schicksal drohte dem Kadetten-Korps, ward aber durch das thatkräftige, opferwillige Eintreten des Kommandanten und den grofsherzigen Edelmut einer Frau abgewendet.

Die Herzogin Maria Anna in Bayern, bewogen durch Ancillon, war es, welche die Anschläge des kurfürstlichen Beraters, des General-Lieutenant Johann Ernst Freiherrn von Belderbusch, wider das Kadetten-Korps zum Scheitern brachte.

B. Die Herzoglich Marianische Landes-Akademie. 1778—1789.

Belderbusch, welchem der Kurfürst, nachdem er den Kriegsrat in Mannheim mit dem Hof-Kriegsrat in München vereinigt hatte, die Leitung der Militärangelegenheiten um so vollständiger überliefs, als er für sie weder Sinn noch Verständnis hatte, stellte in seinem Antrage, das Kadetten-Korps aufzuheben, die Notwendigkeit zu sparen in den Vordergrund. Wenn man mit einer Einnahme von nicht ganz 1½ Millionen Gulden einen Aufwand zu bestreiten habe, wie ihn die vorhandenen Truppen und militärischen Einrichtungen erforderten, so bliebe für eine sehr entbehrliche Anstalt, wie das Kadetten-Korps, kein Geld übrig. Dergleichen passe nur für grofse Mächte, und daher, behauptete er ebenso keck wie unwahr, beständen sie im deutschen Reiche nur in Österreich und in Preufsen. Die Kadetten könnten bei den Regimentern viel leichter und wohlfeiler zu Offizieren erzogen werden, zur Heranbildung von Ingenieuren und Artilleristen sei die Haupt-Kriegsschule zu Mannheim da, und aufserdem könnten mit geringen Kosten in den gröfseren Garnisonen Einrichtungen getroffen werden, welche das Kadetten-Korps ersetzten.

Daraufhin erging unter dem 29. Mai 1778 das nachstehende Mandat:

„Ihro churfürstlichen Durchlaucht haben sich fernerweit resolvirt,

dafs, wo mehrere Dero hierländische Infanterie-Regimenter in Garnison
liegen, eine kleine Ecole du génie unterhalten werden solle, damit
sowohl die Regiments-Cadetten, als sämmtliche junge Offiziere und
Ingenieurs in den mathematischen Wissenschaften geübt werden, so
solle am oben gedachten 1. Juli an das bisher allhier existirte Cadetten-
Corps ganz cessiren, sohin die alldort verpflegt wordenen Cadetten
entlassen, die Frequentanten zu ihren resp. Regimentern angewiesen,
die übrigen aber und ohne Gehalt zurückzusetzenden Cadetts, gestalten
fürohin nicht mehr als deren 4 per Bataillon passiren, bis auf sich
ergebende Vakaturen vertröst. Die sämmtlich minderjährigen Cadetts
gänzlich abgeschrieben, dann die aufgestellt gewesenen Lehrmeister
und Dienerschaft abgeschafft werden." Gleichzeitig ward befohlen,
dafs als Kadetten in Zukunft nur Söhne adeliger Familien, von Offizieren und anderen chargirten Personen angestellt werden sollten; die
Annahme, welche bisher dem Hofkriegsrathe obgelegen hatte, ward
den Regiments-Kommandanten übertragen.

Das Mandat verbreitete Sorge und Betrübnis in vielen Familien
und stellte die Zukunft einer grofsen Zahl von Personen in Frage.
Ihrer aller Augen richteten sich auf Ancillon, einen höchst wohl-
wollenden und bis dahin sehr einflufsreichen Mann, dem das Ergehen
seiner Untergebenen warm am Herzen lag. Dieser legte zunächst dem
Hof-Kriegsrat in tief empfundenen Worten das Elend dar, welches
über einen grofsen Teil der Zöglinge hereinzubrechen drohte. Seine
Ausführungen beweisen, dafs General Gaza in vielen Beziehungen
Recht hatte, wenn er später sagte, das Kadettenhaus sei ein Armenhaus geworden. Ancillon schrieb von den Waisen unter den Zöglingen,
„dafs sie gleich den ersten Tag auf der Gasse liegen müfsten." Der
kurfürstliche Befehl verfügte, dafs alle, auch die, welche sich schon
im Genufs vom Kornets-, Fähnrichs- oder Lieutenantsgehalt befanden,
ohne weiteres entlassen werden sollten. Der Hofkriegsrat unterstützte
Ancillons Vorstellung warm, aber ohne Erfolg.

Am befohlenen Tage, dem 1. Juli 1778, erschien unter Oberleitung des Direktors des Militär-Ökonomie-Departements, Oberst
Graf Kreith, im Kadettenhause eine Kommission um die Ausmusterung ins Werk zu setzen. Sie verfügte, dafs die vorhandenen
Zöglinge teils zu ihren Regimentern zurückkehren, teils als Unteroffiziere oder Fouriere angestellt, teils ganz entlassen werden sollten.
Von der sofortigen Ausführung des Befehls wurde nur insofern abgesehen, als gestattet wurde, dafs 4 ganz unbemittelte Korps-, sowie

10 Regiments-Kadetten und Pensionäre bis zum 14. Juli in der Anstalt
verbleiben durften; Professoren und Lehrer traten aufser Thätigkeit,
die zur Bedienung verwendeten Invaliden kehrten zu ihren Abteilungen
zurück und Ancillon überlieferte den Restbestand seiner Kasse mit
863 Gulden 8³/₄ Kreuzer dem Hofkriegsrat.

Das Schicksal des Kadetten-Korps schien besiegelt. Aber schon
war demselben in der oben genannten Herzogin Maria Anna, der
am 22. Juni 1722 als Tochter des Pfalzgrafen Josef Karl Emanuel
von Sulzbach geborenen Witwe des 1770 verstorbenen Herzog Clemens
in Bayern, Sohn des Kurfürsten Max Emanuel, eine Retterin erstanden.
Die Herzogin, welche ihre sämtlichen Kinder verloren hatte, lebte seit
dem Tode ihres Gemahls in München, den Wissenschaften und Künsten
und wohlthätigen Bestrebungen zugethan. In der Bayerischen Geschichte
hat sie nach Karl Theodors Tode, durch ihr entschiedenes Eintreten für
die Erhaltung des Landes in seinem alten Bestande, eine höchst bedeutende Rolle gespielt. An sie wandte sich in seiner Bekümmernis
Ancillon. Mit warmen Worten schilderte er ihr das traurige Schicksal,
welches seiner Pflegebefohlenen wartete, und sofort war der Entschlufs
der edelen Frau gefafst, sich der Verlassenen anzunehmen. Als Schwester
der Gemahlin des Kurfürsten stand sie letzterem nahe und benutzte
den ihr von diesem verstatteten Einflufs mannigfach zu Nutz und
Frommen des Bayerlandes. Die Sachlage schnell überblickend, erwiderte sie Ancillon: „Sei Er unbekümmert, lieber Oberst! Ich werde
es mir von meinem Schwager zur Gnade ausbitten, dafs ich Mutter
dieser Verlassenen sein darf."

Ancillon fertigte nun eine Zeichnung an, auf welcher die Herzogin
in Lebensgröfse dargestellt war, wie sie die zu ihr flüchtenden kleinen
Zöglinge als Mutter unter ihren Schutzmantel nahm; mit dieser erschien sie als eine Hülfesuchende vor dem Kurfürsten, welcher vorher
ihre Bitte um Erhaltung der Anstalt entschieden zurückgewiesen hatte.
Sie beschwor ihn zu gestatten, dafs sie sein dürfe, als was das Bild
sie darstelle. Karl Theodor war gerührt, und mit ritterlicher Artigkeit
bewilligte er das Gesuch, indem er ihr das Gebäude mit seiner Einrichtung, die Vorgesetzten und die Zöglinge zur Verfügung stellte.

Seine Ratgeber waren damit freilich nicht einverstanden und
bereiteten dem Fortbestehen der Anstalt neue Schwierigkeiten; aber
die Herzogin und Ancillon hatten keine Zeit verloren, sondern sofort
Besitz ergriffen. Maria Anna erteilte dem Oberst zu diesem Zwecke
eine am 14. Juli ausgefertigte Vollmacht, durch welche sie ihn,

„meiner neu zu errichtenden Landes-Akademie Direktor", ermächtigte,
„alle sich in der beibehaltenen Wohnung befindliche in dem Inventario
spezifizierte Effekten zu übernehmen" und ihn beauftragte, sie bei der
zu diesem Zwecke auf den nämlichen Tag anberaumten Spezialrevue
zu vertreten. Ferner gestattete sie Ancillon, für den Fall, dafs ihm
sonstige Weitläufigkeiten gemacht würden, zu erklären, dafs sie, wenn
ihr die Sachen nicht unentgeltlich überlassen würden, bereit sei, dieselben zu bezahlen. Soweit kam es freilich nicht. Graf Kreith lieferte
alles gegen Schein aus; aber kaum hatte die Anstalt, welche sofort
mit 12 Zöglingen und den nötigen Lehrern etc. wieder eröffnet war,
ihre Wirksamkeit begonnen, so verlangte Belderbusch die Räumung
des unteren Stockwerkes, in welchem sich auch Ancillons Wohnung
befand. Der Befehl wurde freilich rückgängig gemacht, als die Herzogin sich von neuem an den Kurfürsten wandte und die Unentbehr-
lichkeit der Räume nachwies; sie konnte aber nicht verhindern, dafs
Ancillon urplötzlich nach Mannheim versetzt und an seiner Stelle ein
jüngerer Offizier als Chef des Ingenieurkorps nach München berufen
wurde. Jener war indessen entschlossen, die Aufgabe, welche er übernommen hatte, durchzuführen; er bat daher um die ihm wahlweise
angebotene Pensionierung und blieb.

Es verdient hervorgehoben zu werden, dafs die Herzogin, welche
dem Heere und dem Lande in so uneigennütziger Weise einen grofsen
Dienst leistete, für welchen sie zunächst 6000 bis 8000 Gulden jährlich anwies, keineswegs eine reiche Frau war und die Mittel nicht
dem Überflufs entnahm. In einer bei der öffentlichen Prüfung im
Jahre 1779 gehaltenen Rede durfte ein Zögling der hohen Frau mit
Recht sagen: „sacrifier ses aisances mêmes pour le seul plaisir d'élever
à la religion et à l'état des sujets utiles est un heroisme, digne à la
grandeur de Votre âme et dont Votre Altesse Sérénissime seule était
capable de fournir le premier exemple."

Die innere Einrichtung der Marianischen Landesakademie
wich von der des früheren Kadetten-Korps in wesentlichen Stücken
ab. Die Verwendung von Militärs zum Zweck des Unterrichts hörte
ganz auf; Ancillon war der einzige an der Akademie thätige Offizier.
Die Zahl der Zöglinge ward, den beschränkteren Mitteln entsprechend, verringert. Sie sollte 24 betragen, war aber zu Zeiten
höher. Darunter befanden sich:

1) wirkliche Eleven, welche Unterricht und Verpflegung frei
hatten, höchstens 10;

2) Eleven-Pensionäre, wenigstens 12, welche monatlich ein jeder
17 Gulden 23 Kreuzer, nämlich für Kost 5 Gulden, Frühsuppe 36,
Brot 38 Kreuzer, Professoren 6, Montur, Holz und Licht 2 Gulden,
Medikus, Feldscheerer und Apotheker 35, Bedienten, Friseur und
Wäscherin je 30, Kämmerin 1, Schreib- und Zeichnungs-Materialien
13, Haarpuder und Pomade 32 Kreuzer, zahlten und für Beschaffung
ihrer Bücher und ihre erste Ausstattung mit Wäsche, Kleidung und
sonst Erforderlichem, wozu auch ein Zahnstocher mit Etui und ein
zinnernes Nachtgeschirr gehörten, selbst zu sorgen hatten;

3) Eleven-Supernumerärs, welche zahlende wie nichtzahlende sein
konnten.

Die Uniform blieb in Schnitt und Farbe die der nobelen Ka-
detten, an Stelle der aufsichtführenden Offiziere traten in wochenweisem
Wechsel die im Hause wohnenden Professoren, welche dagegen Kost,
Feuerung und Beleuchtung frei hatten.

Der Lehrplan, welcher zunächst der im Kadettenkorps befolgte
geblieben, von diesem aber bald in einzelnen Stücken abgewichen war,
erhielt 1783 eine in der Hauptsache gelehrte Bildung anstrebende
Gestalt, indem auf Antrag des Lehrer-Kollegiums die Zöglinge, welche
bei ihrer Aufnahme in der Regel 14 Jahre alt sein sollten und nur
bei hervorragenden Leistungen jünger sein durften, in zwei Klassen,
eine humanistische und eine philosophische, geteilt wurden. Jene,
deren Unterricht dem auf den Gymnasien erteilten gleichstand, bereitete für die Universität, diese für das Heer, den Forstdienst etc. vor.

Die Humanisten wurden in Christentum, biblischer Geschichte,
Schönschreiben, deutscher, lateinischer und französischer Sprache, Erdbeschreibung (eingehend), den Anfangsgründen der Geschichte, der
Rechenkunst und in den Grundsätzen von Geometrie und Algebra
unterrichtet. Man suchte ihnen eine richtige Theorie der schönen
Künste und Wissenschaften beizubringen, durch Muster ihren Geschmack zu bilden und sie allmählig und unvermerkt zu den philosophischen Studien hinzuleiten. [1]

In der philosophischen Klasse wurden praktische Philosophie,
allgemeine raisonierende Geschichte, Experimentalphysik, Naturgeschichte, Chemie, reine und angewandte Mathematik und Kameral-
wissenschaft (Polizei, Kommerz und Finanzen), ferner Zeichen, Tanzen
und Fechten, Musik nach den Fähigkeiten und Reiten nach dem Geld-

[1] Schönhueb a. a. O., I 50.

beutel gelehrt, d. h. die. deren Mittel es erlaubten, durften die Reitschule besuchen. Die Militärexerzitien, in denen bis 1783 ein
älterer Zögling, zugleich Repetitor der Mathematik, unterrichtet hatte,
fielen fort.

Die militärischen Fächer wurden als Zweige der angewandten
Mathematik behandelt und lagen in der Hand des Professor Grünberger, welcher bis 1783 Studien-Direktor, dann Vize-Direktor der
Akademie war. Derselbe hielt artilleristische, fortifikatorische und
taktische Vorträge. In den Kriegswissenschaften unterrichtete ferner
Josef Utzschneider, der bekannte Optiker, selbst Zögling der Anstalt
und seit 1780 Sekretär der Herzogin, daneben Repetitor der Mathematik unter Grünberger.

Der Aufsenwelt gegenüber legte die im Spätherbst stattfindende
öffentliche Prüfung von den Leistungen Zeugnis ab. Die alljährlich
erschienenen Programme, welche die nämlichen Titel tragen wie die
ehemals vom Kadetten-Korps herausgegebenen, sind sehr umfangreich;
das vom Jahre 1780 enthält hundert vollbedruckte Quartseiten. 1789,
wo die letzte derselben stattfand, erstreckte sie sich auf Religion und
Sittenlehre, deutsche Sprache und Rhetorik, Lateinisch, Geschichte,
Erdbeschreibung, Philosophie (Logik, Psychologie, praktische Philosophie, absolutes und hypothetisches Naturrecht), Mathematik, Naturgeschichte, Naturlehre, Staatswirtschaft. In Religion und Sittenlehre
antworteten alle Schüler; für die Prüfung über die aus den übrigen
Fächern aufgestellten Sätze waren bestimmte Zöglinge namhaft gemacht. Die Fragen aus der Geschichte wurden deutsch und französisch,
die aus der Philosophie lateinisch beantwortet; auch in Zeichenlehre
und in Musik wurde theoretisch geprüft. Der Kommandant eröffnete
die Festlichkeit mit einer Anrede an die Herzogin; zum Schlufs sprach
ein Zögling. Auch die Fertigkeit in den körperlichen Übungen ward
gezeigt. Die besten Leistungen wurden durch Preise belohnt, welche
Maria Anna eigenhändig verteilte.

Die Erziehung der Zöglinge zu tüchtigen Männern war ein
Hauptgegenstand der Fürsorge ihrer Lehrer, deren Streben von den
Grundsätzen der Zeit geleitet wurde; ihre Thätigkeit vollzog sich im
Sinne der damals mafsgebenden Philantropie. Sogar die Spiele waren
danach geregelt. „Die Schul-Akademie würzte die Stunden der Erholung mit geistiger Erheiterung. Die Zöglinge bildeten einen Spiel-
rat, der über die Wahl der Spiele zu entscheiden und sie anzuordnen
hatte. Jene, welche dabei besonderen Fleifs und gutes Verhalten be-

währten, wurden am Schlusse des Schuljahres gleichfalls mit einem Preise bedacht."[1]

Indessen konnte keinem denkenden Offizier verborgen bleiben, dafs ein Staat von der Gröfse und Bedeutung Bayerns, wenn er ein seiner Aufgabe gewachsenes Heer haben wollte, besser als geschah für das Vorhandensein eines wissenschaftlich gebildeten Offizierkorps sorgen müsse, eine Einsicht, welcher B e l d e r b u s c h sich hartnäckig verschlofs. Das Verdienst, Karl Theodor von dieser Notwendigkeit überzeugt zu haben, gebührt dessen Leibadjutanten, dem C h e v a l i e r B e n j a m i n T h o m p s o n, der unter dem Namen G r a f R u m f o r d weltbekannt geworden ist. Dieser geistvolle und kenntnisreiche Mann, vertraut mit den Verhältnissen fremder Armeen, legte, nachdem er, 1 7 8 4 an das Hoflager Karl Theodors berufen, sich mit dem bayerischen Heerwesen bekannt gemacht hatte, dem Fürsten am 8. F e b r u a r 1 7 8 8 eine Denkschrift vor, in welcher er die Mängel und Schwächen der durch Belderbusch getroffenen Anordnungen auseinandersetzte und die Schädlichkeit seines Verfahrens nachwies. Die Folge war, dafs jener als Gouverneur nach Mannheim versetzt, Thompson zum General-Lieutenant und Chef des Geheimen Kriegsbureau ernannt und ihm aufgegeben wurde, das gesamte Heerwesen einer zeitgemäfsen Neugestaltung zu unterwerfen.

Eine der zahlreichen Schöpfungen, welche er aus diesem Anlafs in das Leben rief, war die „Militär-Akademie", in welcher die Landes-Akademie und die Mannheimer Kriegsschule aufgingen.

Die edele Herzogin M a r i a A n n a, bis zuletzt die gütige Mutter ihrer Pflegekinder, überliefs die Akademie gern. Mit schwerem Herzen hatte sie sich oft gefragt, was nach ihrem Tode aus derselben werden solle. Darüber beruhigt, starb sie schon am 25. April 1790. Dem Oberst Ancillon vermachte sie „aus Dankbarkeit für die ihr geleisteten Dienste" 1000 Gulden.

C. Die Militär-Akademie 1790—1805.

Die Errichtung.

Die Absicht, eine Militär-Akademie zu errichten, verkündete K u r f ü r s t K a r l T h e o d o r in einem „Grufs und Gnade Jedermann" bietenden, aus München am 2 3. S e p t e m b e r 1 7 8 9 datierten Er-

---

[1] Schönhueb I 51.

lasse,[1] welcher in mehreren tausend Exemplaren verbreitet und überall, im Heere wie im Volke, die damit ein neues festes Band umschlingen sollte, mit Befriedigung aufgenommen wurde.

In Verfolg seines Bestrebens, „den Militairstand auf den bürgerlichen anpassend und anwendbar zu machen und die Glückseligkeit dieser beyden Ständo auf eine dauerhafte Art herzustellen ernstlich gesonnen", dabei von der Überzeugung geleitet, „dafs die erste Grundlage des allgemeinen Wohls und des Ansehens der Nation lediglich in einer guten und richtigen Erziehung beruhe," gedachte der Kurfürst durch die Akademie „die vorzüglichsten Talente junger Leute zu entwickeln und dem Staat nicht nur tüchtige Officiers, sondern auch nützliche Bürger zu liefern." Zu diesem Ende gab er der Anstalt eine sehr weite Ausdehnung, indem er befahl:

„Zur ersten Abtheilung werden 32 Officierssöhne oder Söhne vom unbemittelten Adel- und vom Mittelstande aufgenommen und auf Unsere Kösten mit Kost, Kleidung, Wäsche, so andern ganz unentgeltlich verpflegt werden;

Zur zweiten Abtheilung werden ohne Rücksicht des Standes 32 Kostgänger (Pensionaires) angenommen und gegen monatliche Entrichtung von zwölf Gülden mit all obigen, wie bey der ersten Abtheilung, gänzlich verpfleget werden;

Zur dritten Abtheilung aber sollen 136 Söhne von rechtschaffenen Bürgern und Landleuten aufgenommen werden und gegen gewisse militairische Dienstverrichtungen ihre Verpflegung mit Kost, Wasch und Kleidung durchgehends unentgeltlich erhalten."

In die beiden ersten Abteilungen durften nur Knaben im Alter von 11 bis 13 Jahren aufgenommen werden, welche die nötigen Vorkenntnisse im Lesen, Schreiben und Rechnen mitbringen mufsten, um dem Unterrichte folgen zu können, welcher ihnen durch besonders angestellte Professoren und Lehrmeister in der reinen katholischen Religion, in der deutschen, lateinischen und französischen Sprache, in der Universal-, der deutschen Reichs- und der vaterländischen Geschichte, in Philosophie, Physik, Naturgeschichte, Rechenkunst, Geometrie, Festungsbaukunst, Jurisprudenz, Rhetorik, Geographie, Zeichnungskunst, Musik, Tanzen, Fechten, Reiten und „überhaupt in allen Wissenschaften und Kenntnissen unentgeltlich erteilt werden würde,

---

[1] Auf einem halben Bogen gedruckt, von M. F. von Vieregg gegengezeichnet (Kriegsarchiv A. VII. I. a 1797—1804).

welche eigentlich die Erziehung eines jungen Menschen vom Stande und Talenten erfordert."

Der Unterricht der dritten Abteilung, in welche niemand unter 15 oder über 18 Jahren aufgenommen werden durfte, umfaſste die Elementarwissenschaften und „überhaupt alle Kenntnisse, die diese Zöglinge, um einst Schullehrer auf dem Lande, tüchtige Unteroffiziere bei den Regimentern oder nach ihren verschiedenen Fähigkeiten und Neigungen gute Professionisten zu werden, nötig haben." Im Widerspruch mit dieser Grundbestimmung der dritten Abteilung ist eine groſse Zahl ihrer Zöglinge zum Offizier aufgerückt. Schönhueb (II, 82 ff.) führt mehr als hundert an, welche es wenigstens zu Junkern brachten.

Kein Zögling irgend einer Abteilung durfte länger als 4 Jahre in der Anstalt bleiben, welche am 1. Januar 1790 eröffnet werden und alljährlich ihren Kursus mit einer öffentlichen Prüfung schliefsen sollte. Auf Grund des Ausfalles der letzteren sollten die vier tüchtigsten Zöglinge der ersten Abteilung als Offiziere in der Armee angestellt und auf die Versorgung der tauglichsten unter den übrigen Zöglingen der ersten, „sowie auch überhaupt auf das Unterkommen der tüchtigsten und besten von der zweiten Abteilung sowohl beim Civil als beim Militair nach Thunlichkeit der gnädigste Bedacht genommen werden."

Näheres über

Lehr- und Erziehungsplan nebst Vorschrift für die Kurfürstliche Pfalzbaierische Militärakademie in München

enthielt eine Druckschrift,[1] welche im Anschluſs an den obigen Erlaſs der mit der Oberaufsicht über die Anstalt beauftragte Hofkriegsrat veröffentlichte. Ihr Verfasser war Josef Marius Babo, früher Geheimsekretär der Herzogin Maria Anna. Babo hatte im Auftrage derselben die Übergabe der Anstalt besorgt und trat jetzt ganz in den Dienst der letzteren. Es fehlte ihm jegliches militärische Verstandnis. Der Inhalt läſst deutlich erkennen, daſs ihm selbst und jener Behörde wenig klar war, welche Wege eingeschlagen werden sollten, um die gestellte Aufgabe zu erfüllen. Der in den einzelnen Klassen zu bewältigende Lehrstoff ward nicht genügend abgegrenzt; bei der dritten Ableilung wuſste man noch nicht, ob man die Klassen nach dem wissenschaftlichen Standpunkte der Schüler oder mit Rücksicht auf

---

[1] Gedruckt mit Franzischen Schriften 1789, 66 Seiten und einer Anlage in 4⁰ (Haupt-Konservatorium der Armee).

die Ordnung des Hauses bilden sollte; eine Bestimmung in betreff
des Gegenstandes der kriegswissenschaftlichen Vorträge fehlt ganz.
Der leidige Trost „Kommt Zeit, kommt Rat" hatte über alle diese Bedenken hinweghelfen müssen, die um so schwerer ins Gewicht fielen,
als es sich um die Errichtung einer Anstalt mit sehr allgemeinen
und daher um so schwerer zu erreichenden Zielen handelte.

Auch die äufsere Fassung der genannten Druckschrift läfst diesen
Mangel an klarem Einblick in die Sachlage erkennen. Statt zwischen
den beiden ersten und der dritten Abteilung, wie das thatsächliche
Verhältnis es forderte, scharf zu scheiden, behandelt sie zunächst in
zwei Abschnitten, „Von der Erziehung überhaupt", die in Beziehung
auf die oberen Klassen anzuwendenden Grundsätze und schliefst in
einem dritten Abschnitte „Von dem Unterricht und der Erziehung in
der dritten Abteilung" dasjenige an, was die letztere Klasse betrifft.
Wir betrachten zunächst die Vorschriften für

die beiden ersten Abteilungen.

Im Hinblick auf den dreifachen Zweck der Akademie, nämlich

„Für den Militärstand solche Subjekte zu bilden, die in Rücksicht
der zu diesem Stande nöthigen Grundwissenschaften als theoretisch
vollendet anzusehen sind, und auch

Vom Civilstand solche Zöglinge zu liefern, die entweder in manchen Fächern gleich brauchbar oder welche

Zu ihrer Vervollkommnung in den höheren Studien dermassen
vorbereitet worden, dafs sie in weniger Zeit als gewöhnlich und
mit gröfserem Nutzen ihre Bildung zum Dienste des Staats vollenden
können",

zerfielen die Lehrgegenstände in solche, welche zur Bildung für
den Militärstand hinlänglich, in solche, „welche zu vielen Staatsämtern,
sowie auch zum praktischen Leben in allen höheren Ständen notwendig,
und in solche, welche zu den höheren Wissenschaften die gründlichste
Vorbereitung seien"; der Unterricht in denselben sollte aber zunächst,
ohne Rücksicht auf den künftigen Beruf, für die verschiedenen Arten
von Zöglingen der nämliche sein, erst im vierten, dem letzten Jahre,
wenn der Beruf sich deutlich erklärt haben würde, sollte auf die unmittelbare Vorbereitung für denselben Bedacht genommen werden.

Mit dem Unterricht sollte die Erziehung Hand in Hand gehen,
„welche der Militär-Akademie ebenso wichtig, als der gesamte Unter-

richt und wichtiger ist, als einzelne Teile desselben. Hier konzentriert
sich ihre sichere nützliche Wirksamkeit auf alle Teile der Gesellschaft."
In betreff des Unterrichts ward bestimmt:

a. Sprachen. Von der lateinischen, französischen und deutschen
wird den Zöglingen eine vollständige Kenntnis beigebracht. Mit dem
Betriebe der ersteren wird das Studium der besten klassischen Schriftsteller verbunden und zwar nicht nur grammatikalisch, sondern mit
Wahrnehmung ihres Geistes, also die Bekanntmachung mit der römischen Litteratur und mit Beispielen schöner und edler Denkungsart.

b. Geschichte. Die vaterländische wird „zwar genau und umständlich, auch wegen der gröfseren Annehmlichkeit und des leichteren
Memorirens mit Einmischung numismatischer Hülfsmittel, jedoch mit
Umgehung aller antiquarischen Kritik, als worin man oft nur mit un-
nützer Belesenheit paradiret," vorgetragen. Bei der darauf folgenden
deutschen Reichsgeschichte wird auf die baierische besondere Rücksicht
genommen, die Hauptepochen der letzteren werden hierbei wiederholt.
Beim Vortrage in der Universalgeschichte wird wiederum auf die
deutsche Reichsgeschichte zurückgekehrt, dabei wird die Historia rei
militaris mit besonderer Verwendung gelehrt.

Geographie wird nicht blofs physisch oder mathematisch, sondern
mit besonderer Rücksicht auf die Verfassung, politische Revolutionen
und Stärke der Staaten gelehrt.

c. Schöne Wissenschaften, worunter Ästethik und Redekunst
verstanden sind, werden im 3. Jahre gelehrt; als Vorbereitung für den
Vortrag hat in den beiden niederen der Unterricht im Deutschen zu
dienen.

d. Philosophie. Zum Unterricht in der Logik, der Grundlage
aller philosophischen Erkenntnisse und des praktischen Geschäftslebens
überhaupt, welcher einen zweijährigen Lehrvortrag erhielt, trat im
zweiten Jahre die Psychologie. Praktische Psychologie wurde im letzten
Schuljahre, nach erfolgter Bestimmung des Zöglings für einen gewissen
Beruf, entweder mit Rücksicht auf letzteren gelehrt, oder es sollte die
allgemeine praktische Philosophie allein mit desto gröfserem Fleifse
erlernt werden.

e. Mathematik nahm eine hervorragende Stellung ein, die Anwendung der Lehre auf die Kriegs- und Kriegsbaukunst beschränkte
sich auf die künftigen Offiziere.

Vom Betriebe der Physik, als eines besonderen Lehrfaches, ward
mit Rücksicht auf den zu bedeutenden Umfang desselben abgesehen,

doch sollte die dogmatische und allgemeine Naturlehre nebst zuge-
hörigen Versuchen Gegenstand des Vortrages sein.

f. Jurisprudenz: Praktische Anleitung zum Geschäftsstyl mit
besonderer Rücksicht auf die inländische Justiz- und Polizeiverfassung
und im letzten Jahre Erklärung des Militär-Justizreglements für die
künftigen Soldaten, der Institutiones juris romani für diejenigen, welche
bürgerlichem Berufe sich widmen wollten; der letztere Vortrag ward
in lateinischer Sprache gehalten.

g. Künste. Das Zeichnen wurde zum Zwecke der Bildung des
Geschmacks und der Seele und zugleich als Hülfsmittel für den Unterricht in der Ästethik geübt; Musik, Tanzen, Fechten und Reiten
wurden abwechselnd betrieben.

Weit wichtiger als die vorbenannten Wissenschaften, heißt es
dann, ist der Unterricht in der Religion, worunter dem Gründungsplane der Anstalt entsprechend nur das katholische Glaubensbekenntnis
verstanden war. Es muß auffallen, daß dieser Unterricht nur an Sonn-
und Feiertagen erteilt werden sollte; es war jedoch bemerkt, daß die
gesamte Erziehung auf christlicher Grundlage geleitet werden solle
und daß daher die Lehren der Religion auch außerhalb des Unterrichts
Erwähnung finden würden.

In der Folge ward der Religionsunterricht dahin geregelt, daß
derselbe, katechetisch und moralisch-dogmatisch, wöchentlich zweimal
erteilt wurde, daß die Zöglinge täglich der Messe und Sonntags der
Predigt beiwohnten, und daß sie am ersten Sonntage eines jeden Monats
zur Beichte und zum Abendmahle gingen. Wer sich eines schweren Vergehen schuldig gemacht hatte, begann die Sühne damit, daß er, nach
gehöriger Vorbereitung und bevor die Strafe in Vollzug gebracht wurde,
zur Beichte ging. Zum Zwecke der Erziehung hatten die Lehrer der
Religion und der Philosophie einander in die Hand zu arbeiten.

Den befolgten Grundsatz, während der Unterrichtszeit einen fortwährenden Wechsel unter den Vortragsgegenständen stattfinden zu
lassen, vertritt der Lehr- und Erziehungsplan bei dieser Gelegenheit
in längerer Auseinandersetzung.

Die Zöglinge wurden täglich zehn Stunden lang wissenschaftlich
beschäftigt, davon durften jedoch nur sechs, höchstens sieben, durch
eigentliche Vortragsgegenstände in Anspruch genommen werden; zwei
Nachmittage, an denen höchstens eine Lehrstunde stattfand, gehörten der
Erholung, desgleichen die Sonn- und Feiertage „als welche schlechter-

dings die eine oder andere nötig erachtete Lehrstunde nicht ausschliefsen"; wir haben gesehen, dafs namentlich der Religionsunterricht an denselben erteilt werden sollte.

Der Lehrstoff war jahrweise auf die Zeit des Aufenthalts in der
Akademie verteilt; jeder Jahrgang bildete eine Klasse.

Erstes Jahr:

Sprachen, „da sie vorzüglich das Gedächtnifs, die Einbildungskraft und äufseren Sinne beschäftigen, gehören in die Sphäre des
früheren Jugendalters," dahor werden schon im 1. Jahre die deutsche,
französische und lateinische getrieben. Der Unterricht im Deutschen
soll dahin zielen, dafs die Zöglinge sich richtig, rein und zierlich ausdrücken; aller sonstiger Unterricht hatte diesen Zweck neben seiner
eigentlichen Aufgabe zu verfolgen; denn „es soll keine andere als die
reine oder hochteutsche Mundart ohne irgend einen Provinzialdialekt
gesprochen werden." Um den Unterricht zugleich zu einer Vorübung
für die schönen Wissenschaften zu gestalten, wurden in den täglich
stattfindenden Lehrstunden klassische Schriftsteller gelesen, die Grundsätze der Sprachen an Beispielen erläutert und Aufgaben zum Erlernen
der Rechtschreibung gestellt. — Der Unterricht im Französischen,
mit ebenfalls einer täglichen Lehrstunde, begann erst, wenn die Schüler
die rudimenta des Lateinischen inne hatten. — Das Letztere war
mit 2 Stunden bedacht.

Geschichte, und zwar die vaterländische, ward „umständlich,
doch ohne überflüssige antiquarische Untersuchungen und mit Bedacht
auf das, was wirklich nützen kann" in 4 Wochenstunden gelehrt.
In der

Mathematik, welche 8 Wochenstunden hatte, ward mit der
gemeinen Rechenkunst angefangen und Schritt für Schritt, unter steter
Rücksicht auf Gründlichkeit, „mit der zunehmenden Einsicht der Zöglinge" in den verschiedenen Gattungen der Zahlenrechnung fortgefahren.

Zweites Jahr:

Sprachen: deutsch und französisch, in welcher letzteren
das Sprechen zu beginnen hatte, 4 Wochenstunden, lateinisch 10.
In letzterer hatte das „Langsamlesen", d. h. das Übersetzen in das
Deutsche, seinen Anfang zu nehmen.

Geschichte des deutschen Reiches, nicht so eingehend wie die
bayerische und stets mit Rücksicht auf diese nach einem guten Lehrbuche, etwa dem Pütterschen, in 3 Wochenstunden. Für die 10 Lehrstunden der

Mathematik war ein bestimmter Unterrichtsstoff nicht vorgeschrieben. Die Wahl hatte von den Fortschritten der Schüler abzu-
hängen, jedoch sollte die Lösung praktischer Aufgaben aus der
Geometrie, zugleich als Vorübung für das Zeichnen, vorgenommen
werden. Es standen 6 Wochenstunden zu Gebote. Von der

Logik, welche in 3 Stunden gelehrt ward, heifst es, dafs „es vielleicht noch nicht ratsam sein werde, sich in diesem philosophischen
Gegenstande eines methodischen Lehrvortrages zu bedienen; damit also
den Kräften der Zöglinge nicht im mindesten vorgegriffen werde, solle
der Lehrer ganz praktisch zu Werke gehen und die wesentlichen
Grundsätze, ohne all die alten pedantischen Grillen, durch solche
Beispiele erklären, die leicht und aus dem gemeinen Leben genommen seien."

Von den übrigbleibenden beiden Vortragsstunden ward eine mit
Übungen im Geschäftsstil (Briefe, Quittungen, Contos) ausgefüllt,
die andere dem Privatstudium zugeteilt.

Drittes Jahr:

Sprachen: Der Unterricht im Deutschen, 4 Wochenstunden,
unfafste Ästhetik und Redekunst. — Im Französischen, 3 Stunden,
ward der Hauptnachdruck auf das Sprechen gelegt, welches auch
aufserhalb der Unterrichtsstunden, so viel als möglich, zu üben war;
es ward „geschwinde, mit Wahrnehmung des Inhalts" gelesen und
dabei „nicht allein auf die Sprache, sondern auch auf die Sachen"
gesehen. — Im Lateinischen, wiederum 10 Stunden, kam man,
indem die Grammatik mehr in den Hintergrund trat, zum rascheren
Lesen von Schriftstellern, wobei ebenfalls nicht allein der Sprache,
sondern auch den in derselben gesagten Sachen Aufmerksamkeit zu
schenken war. An Stelle der Geschichte trat in diesem Jahre die

Erdbeschreibung, mit der die Einführung in das allgemeine
Staatsrecht verbunden ward. Für die

Mathematik, 10 Stunden, war die Erreichung eines bestimmten
Lehrzieles wiederum nicht vorgeschrieben. Es ward jedoch vorausgesetzt, dafs die nötigen Grundlagen gewonnen sein würden, um das
Verständnis der auf dem Felde vorzunehmenden Übungen im Aufnehmen und Messen, nicht nur mit dem Mefstische, sondern auch mit
dem Astrolabium, der Boussole etc. zu ermöglichen. Dabei wurden,
obgleich noch keinerlei militärischer Unterricht erteilt worden war,
„die Verhältnisse taktischer Bewegungen mit der Zeit und dem Raume"
praktisch gezeigt. Die

Logik erhielt einen täglich stattfindenden methodischen Vortrag,
jedoch womöglich mit Beibehalt der praktischen Lehrart. Wenn der
Unterricht des zweiten Jahres nicht ganz unergiebig gewesen war, so
konnte aus der Metaphysik die Psychologie hinzutreten. Die wöchent-
liche Lehrstunde im
　　　　Geschäftsstil wurde benützt, um den Unterricht auf wichtigere
Briefe, Verträge, zusammengesetztere Rechnungen etc. auszudehnen.
　　　　Viertes Jahr:
　　　　Sprachen: Der eigentliche Unterricht im Deutschen und
Französischen hörte auf. Der Lehrer der Ästhetik fuhr fort, seine
Schüler mit guten Büchern bekannt zu machen; er hatte sie „vor
den mancherlei schädlichen und läppischen Brochüren, mit denen das
Zeitalter überschwemmt sei, zu warnen. Die Kenntnis des Französischen ward ohne Lehrstunden durch Übersetzen, Schreiben, Sprechen
gefördert und daneben gesagt, dafs, „wer auf diese Weise nicht dahin
gelange, die an sich leichte Sprache fertig zu sprechen, wohl nie
französisch lernen würde." 4 wöchentliche lateinische Lehrstunden
waren zumeist der römischen Litteratur gewidmet; sie dienten gleichzeitig als Ergänzung für den Vortrag der Ästhetik. Auch hier war
die Vermutung ausgesprochen, dafs, „ohne eben Wunder zu verlangen,
die Zöglinge die Sprache im geläufigen Lesen und im mündlichen
Vortrage wohl verstehen und sich selbst auch in nicht allzuschweren
Materien darin ausdrücken können." Dem Lehrer der
　　　　Universalgeschichte war die schwierige Sonderaufgabe gestellt, in seinen 2 Unterrichtsstunden zugleich die Geschichte der
Kriegskunst vorzutragen, um den Zöglingen „von deren Entstehung,
ihren Veränderungen, ihrer Entwickelung und ihrer Ausbildung in
die heutige Taktik die notwendigste Kenntnis beizubringen." Der
Unterricht in der
　　　　Mathematik bestand, ganz im Geiste der Zeit, deren Anschauungen die napoleonische Art der Kriegführung bald ein jähes
Ende bereiten sollte, in der Anwendung ihrer Theorie auf Befestigungskunst und Taktik; Aufnehmen und Feldmessen waren mit
Nachdruck zu betreiben. Wer nicht Soldat werden wollte, konnte
bürgerliche Baukunst erlernen. Was der vornehmen sollte, dem
mit beiden nicht gedient war, blieb ungesagt. 2 von den 12 wöchentlichen Lehrstunden konnten für einen Vortrag in der Physik verwendet werden. In der

Praktischen Philosophie ward täglich 1 Stunde unterrichtet; dazu konnten Naturlehre und Völkerrecht treten. Die eine Wochenstunde im

Geschäftsstil ward zur Bearbeitung „etwas weitläuftigerer Rapports über Begebenheiten, die den Schülern bekannt sind, Verhörsprotokollen, Attestaten, Pässen, Bittschriften" etc. benutzt. Was während der täglichen Lehrstunden in

Jurisprudenz, in denen die Institutiones lateinisch vorgetragen wurden, die künftigen Soldaten treiben sollten, ist nicht gesagt; es heifst nur, dafs sie die Zeit mit Rücksicht auf einen für sie nützlicheren Gegenstand zu verwenden hätten.

Während der gesamten Schulzeit wurden das Zeichnen, und zwar in den beiden ersten Jahren das Frei-, in den beiden letzten das Plan-, das Kriegs- und das bürgerliche Bauzeichnen, die Musik, je nach Anlage und Geschmack, sowie das Tanzen, Fechten und Reiten betrieben.

Dieser Lehrplan gelangte natürlich nur allmählig zur Durchführung; der Reitunterricht begann erst 1797.

Als Lehrer wurden angestellt je ein Professor für lateinische Sprache und Litteratur, für deutsche Litteratur und Ästhetik, für Philosophie, zwei für mathematische Wissenschaften und Naturlehre, einer für vaterländische und deutsche Geschichte, Geschäftsstil und Institutionen; den Vortrag von Geographie und Universalgeschichte übernahm der zum Studiendirektor ernannte Babo selbst; für Französisch, die Künste und die Exerzitien waren besondere Lehrmeister vorhanden. Das Gehalt der Professoren und Lehrer stieg in den meisten Fällen nicht über 300 Gulden: erst am 26. August 1791 wurde es für einige Professoren auf 400 Gulden erhöht.

Alle Oberen aber sollten stets Hand in Hand gehen, keiner sich beikommen lassen, das eigene Lehrfach unter ungebührlicher Hervorhebung desselben in den Vordergrund zu stellen; sämtlich sollten sie jederzeit trachten, durch ihren Unterricht die Erziehung zu fördern. Diese nach den Grundsätzen der Stoa zu leiten, so dafs die Zöglinge das Gute um seiner selbst willen lieben und ausüben lernten, hielt man nicht für zweckentsprechend; an ihre Stelle sollte ein christlicher Stoicismus treten: Gott und die Ehre sollten die Grundlagen sein, auf denen das Erziehungssystem sich aufbaute. Äufserlich war die Erziehung insoweit militärisch, als Subordination, Genauigkeit, Ordnung und Reinlichkeit als vorzügliche Eigenschaften erfordert wurden.

Soldatische Übungen, das Beziehen von Wachen etc. fanden nicht statt, überall aber, „wo es auf Genauigkeit der Zeit ankommt," ward militärisch geordnet in Reih und Glied marschiert.

Der Grundsatz der Gleichheit aller Zöglinge der beiden ersten Abteilungen, welcher in der Akademie gelten sollte, ward streng durchgeführt; er fand auch darin seinen Ausdruck, daß niemand ein eigenes Kleidungsstück etc. tragen oder irgend welches Geld besitzen durfte. Sogar die Wäsche war bis zum Jahre 1800 gemeinsam. Dagegen nahm die Anstalt auf sich, es die Zöglinge „nie an dem Notwendigen, Angenehmen und Nützlichen nach dem Mafse ihrer Bestimmung ermangeln zu lassen." In weiterer Ausführung dieses Grundsatzes durfte nie ein Zögling als Führer oder Aufseher der übrigen verwendet werden. Die Kadetten, wie die Zöglinge bei dieser Gelegenheit genannt werden, sind nicht nur von ihren Oberen mit „Sie" anzureden, sondern haben sich auch untereinander, sie seien denn Brüder, so zu nennen.

Die ganze Erziehungsart war auf Liebe gegründet, alle Erfolge sollten womöglich durch Vorstellungen und freundliches Zureden angestrebt werden; doch waren auch einige Belohnungen und Strafen vorgesehen. Zu den ersteren gehörte vor allem das Tragen eines Degens, eine Vergünstigung, welcher, wenn sie allen zu teil geworden, die Verleihung anderer Ehrenzeichen zu folgen hatte, dann Belobungen; als Strafen kamen die militärischen (Verweise, gelinder, scharfer, geschlossener Arrest, Arrest bei Wasser und Brot, niemals aber Schläge) in Anwendung. Eine später eingeführte Strafe war das Tragen einer schwarzen Säbelkoppel, statt der sonst vorgeschriebenen weifsen, ohne das zugehörige Seitengewehr. Wer damit belegt war, stand und marschierte aufserhalb des Verbandes der Abteilung, zu welcher er gehörte. Geringere Strafen durften die Professoren auferlegen, schwerere konnten nicht ohne den Direktor und Kommandanten und in wichtigen Fällen nur mittelst gemeinsamer Beratung der Oberen und Professoren verhängt werden. Allwöchentlich versammelten sich die Professoren, um, unter Vorsitz des Kommandanten oder des Direktors, über die Angelegenheiten der Akademie sich zu beraten. Diese Zusammenkünfte erwiesen sich in der Folge als ein die Aufgaben des Unterrichts in hohem Grade förderndes Mittel; sie führten zu mannigfachem Meinungsaustausch und gaben Anlafs zu vielen zweckdienlichen Mafsregeln. Was von den dabei geführten Protokollen erhalten ist, läfst dies ebensowohl erkennen, wie es Aufschlüsse über die Eigenschaften der Teilnehmer und über die Rolle giebt, welche sie gespielt haben.

Über Fleifs, Fortschritte und Betragen wurden fortlaufend genaue Aufzeichnungen gemacht; vierteljährlich ward dem Hofkriegsrate Bericht erstattet.

Die Tagesordnung war dahin geregelt, dafs um 5¹/₂ Uhr aufgestanden und im Sommer um 9¹/₂, im Winter um 8¹/₂ Uhr zu Bett gegangen wurde. Das Mittagessen fand um 12 Uhr statt; zwei Professoren, welche in der Anstalt wohnten, nahmen an demselben teil. Die Schlafsäle waren erleuchtet; in jedem derselben führten zwei vertraute Bediente, welche eigene, etwas höher stehende Betten hatten, die Aufsicht, eine Anordnung, von welcher die Spuren sich noch heute im Kadetten-Korps finden. Es waren Studier-, Lehr-, Schlaf- und Speisezimmer und für die körperlichen Übungen ein Exerzitien-Saal vorhanden.

Die Kost bestand in einer Suppe, später einer Kreuzersemmel, zum Frühstück, Suppe, Ochsenfleisch (ein halbes Pfund), Gemüse und „noch ein eingemachtem oder gebratenen Fleisch" als Mittag-, Salat und gebratenem Fleisch als Abendessen. Sie war für die Zöglinge aller drei Abteilungen die nämliche. Zur Lieferung derselben war eine Kostgeberin bestellt, welche für jeden Zögling 5 Gulden 36 Kreuzer, für jeden Professor 6 Gulden 6 Kreuzer monatlich erhielt.

Für die Gesundheitspflege war ein Medikus bestellt, welcher sich, wenn auch kein Kranker da war, wöchentlich zweimal in der Akademie einzustellen und nach dem Befinden der Zöglinge zu sehen hatte, „wobei er das Aussehen derselben zu Rate ziehen mufs, welches oft gewisse Fehler und höchst gefährliche Gewohnheiten auch wider Willen des damit Behafteten entdeckt."

Das Griechische fand, wie F. Lipowsky (1790—1797 Lehrer der Geschichte an der Akademie) in seiner „Geschichte des Schulwesens in Bayern". München 1825, berichtet, im Unterrichtsplane keine Stätte, weil sein Nutzen für das gesellschaftliche und das amtliche Leben zu gering sei und Weishaupt seinen Minervaten empfohlen habe, Griechisch zu lernen, auf dafs sie dereinst mit dem Orient in Verbindung treten und sich von dort Kenntnisse verschaffen könnten.

Die Vorschriften des dritten Abschnitts, welche

von dem Unterricht und der Erziehung in der
dritten Abteilung

handeln, rechtfertigen das Verfahren, Unteroffiziere, Schulmeister und Handwerker mit den nämlichen Mitteln und auf ganz gleichem Wege

heranzubilden und zu erziehen, damit, dafs sie „die Bildung eines
tüchtigen Unteroffiziers an sich selbst schon für einen Land- und
gemeinen Schullehrer ebenfalls vollkommen anpassend" erklären und
die Ansicht aussprechen, dafs ein Bildungsgang, welcher jenen beiden
die Befähigung für ihren Beruf zu geben geeignet sei, auch dem
Professionisten, d. h. demjenigen, welcher nach früh beendeter Schulzeit ein Handwerk erlernt, dabei aber das während jener Zeit erworbene
Wissen wieder verloren habe, förderlich sein werde; aufserdem sollten
aber auch solche junge Leute nicht ausgeschlossen sein, welche demnächst einen, keine zünftigen Lehrjahre fordernden Beruf ergreifen
würden. Nützliche Staatsbürger heranzuziehen, war die der dritten
Abteilung ganz allgemein gestellte Aufgabe; in erster Linie aber sollte
sie den Bedarf an Unteroffizieren und an Landschullehrern decken.
Zu ersteren habe man bisher, aufser gut gedienten Soldaten, deren
Alter sie aber vielfach den Anforderungen des Krieges nicht mehr
gewachsen erscheinen lasse, vielfach unerfahrene junge Leute genommen, blofs weil sie lesen und schreiben konnten, und bei der Wahl der
letzteren müsse man, wegen Mangels geeigneter Bewerber, häufig über
die moralischen Erfordernisse hinwegsehen.

Der Unterricht beschränkte sich auf die Grundlagen aller
Wissenschaft: auf Lesen, d. h. auf verständliches, deutliches und
richtiges Lesen, auf Schreiben, womit das Abfassen geeigneter
Schriftstücke zu verbinden war, und auf das gemeine Rechnen, und
zwar sollten die beiden ersteren Fächer täglich in zwei, das letztere
in einer Stunde getrieben werden. Wenn hierdurch die nötige Grundlage gewonnen sein würde, so sollte „geometrischer Unterricht
schriftlich und praktisch, auf dem Papier und auf dem Felde, behandelt und vollendet werden, so dafs jeder Zögling sich sein geometrisches
Handbuch mit den dazugehörigen Zeichnungen eigenhändig verfertigen
mufs." Die Zahl der Stunden für den letzteren Unterricht blieb zunächst unbestimmt. Ein dazutretender, in drei Wochenstunden zu
erteilender Zeichenunterricht hatte besonders das Interesse der
Handwerker im Auge; aufser „Situationsplans, wie sie vom Feldmesser
verlangt werden," sollten „Bau-, Werk- und Zierratenzeichnung" gelehrt werden. Diejenigen, welche sich für das Lehrfach entscheiden
und für dasselbe geeignet erachtet werden würden, sollten im vierten
Jahre ihres Aufenthaltes in der Akademie „in der populären Lehrmethode für Kinder in den gemeinen Ständen und allen einem
Landschullehrer nötigen Eigenschaften vollends ausgebildet werden."

Der im Laufe der Zeit immer mehr die Vorbereitung für den Soldatenstand verfolgende Gang der Ausbildung bewirkte, daß nur wenige
Zöglinge den letzteren oder einen anderen bürgerlichen Beruf ergriffen.

Die Aufsicht über diesen Unterricht führte, unter dem Direktor,
in wöchentlichem Wechsel einer der Professoren der oberen Abteilung.

Lehrer sollten angestellt werden für Lesen und Schreiben je
zwei, für Rechnen, Geometrie und Zeichnen je einer.

Der Hauptnachdruck lag aber auf der militärischen Ausbildung.
„Durch eine alltägliche Unterweisung und Übung in den Stellungen,
Bewegungen, Handgriffen, kurz, allen einem vollendeten Soldaten nötigen Geschicklichkeiten, mußten es die Zöglinge der dritten Abteilung
(da auch hier keine andere als wohlgebildete und gesunde Jünglinge
aufgenommen werden) so weit bringen, daß sie bei einer jeden Armee
als musterhaft hierin dargestellt werden, und dieses kleine Korps überall, wo es auf den Versuch oder die Prüfung eines taktischen Lehr-
satzes oder Gebrauches ankömmt, auf der Stelle die Erfahrung oder
den Beweis an Handen geben könne."

Demgemäß, und da man in der Verrichtung des Wachdienstes
zu jener Zeit ein Hauptmittel der soldatischen Ausbildung und Erziehung sah, zog täglich der vierte Teil der bei dieser Gelegenheit
ebenfalls „cadets" genannten Zöglinge auf Wache. Es wurde der
Wunsch ausgesprochen, daß es getrennt von den übrigen Mannschaften
geschehen möge, eine Bestimmung, welche dadurch von selbst erfüllt
wurde, daß der Wachdienst auf das Anstaltsgebäude beschränkt blieb.

Religion und Ehre sollten auch bei der 3. Abteilung die Grundlage bilden, auf denen die Erziehung fußte. Weil letztere aber ganz
militärisch sein sollte, fand die vollständige Gleichstellung der Zöglinge hier nicht statt; es wurden vielmehr die „Bestverdienten in
Fleiß, Fortgang und conduite" zu Unteroffizieren ernannt, aber
immer nur für den nächsten Monat. Sie trugen einen dünnen, zum
Schlagen untauglichen Stock.

Auf den inneren Dienst, die Ökonomie etc., hatte das Kasernenregle-
ment Anwendung zu finden. Militärisch waren die Zöglinge in Korporalschaften, je 1 Korporal, 1 Gefreiter, 12 Gemeine, gegliedert. Durch
Ordonnanz vom 14. Juli 1790 erhielt die Abteilung einen militärischen
Vorgesetzten in der Person eines Adjutanten, welcher aus der Zahl
der Zöglinge-Aufseher genommen wurde und zuerst Junker, dann
Offizier war, bis 1793 eine anderweitige Regelung erfolgte.

1790 — 1794.

Auf dieser Grundlage trat die Militär-Akademie am 1. Januar 1790 ins Leben. Ihr Sitz blieb das Wilhelminische Gebäude, in demselben ward ihr derjenige Teil überwiesen, welcher ehemals den Novizen des Jesuitenklosters zum Aufenthalt gedient hatte; sie hatte die gesamten drei Stockwerke inne, während der Marianischen Akademie nur die der Herzog Maxburg unmittelbar gegenüberliegenden Räume gehört hatten. Aus letzterer traten 16 Zöglinge und eine Anzahl von Professoren und Lehrern in die Militär-Akademie über; Kommandant wurde der würdige Oberst Ancillon: die Zurücksetzung, welche er 1778 erfahren hatte, war glänzend gut gemacht. Der als Studiendirektor mit dem Range und der Uniform eines Hauptmanns und einem Gehalt von 600 Gulden angestellte Babo, zugleich Sekretär im Finanzdepartement, ward die Seele der Anstalt.

An sonstigem Personal waren vorhanden: 1 Inspektor (anfangs ein Offizier, zuletzt ein Priester und Professor), welcher hauptsächlich die Verwaltungsgeschäfte zu besorgen hatte, und ein für die nämlichen Zwecke angestellter Verpflegs-Kommissar, 1 Hausarzt (nicht Militärarzt), 1 Chirurg, 1 Krankenwärter, 6 Bediente, 1 Köchin, 2 Kuchelmägde, 1 Kämmerin, 1 Putzerin.

Die Uniform entsprach der durch Rumford für das Heer eingeführten Bekleidungsweise. Sie bestand aus einem weißpassepoilierten hellblauen Kollet, an welches die gleichfarbige Weste genäht war, mit schwarzsammetenem Kragen, Aufschlägen und Revers und weißen Knöpfen, einer gestrickten langen Hose, welche in ungarischen Stiefeln steckte, und einem schwarzledernen Kasket mit gelbem Beschlage, von dessen Kamm hinten ein schwarzer Roßschweif herunterhing, dazu gelbe Halbmondepauletten auf schwarzen Sammet genäht. Im Winter wurde eine graue „Wachchemise" als Oberkleid getragen. Der zugehakte Kragen des Kollets umschloß eng den Hals und ersetzte zugleich die Halsbinde; er war weiß eingefaßt. Das Seitengewehr hing an einem weißen Schulterkoppel. Gelbe Handschuhe vervollständigten den Anzug. Das Haar, früher steif gepudert und in einen Zopf geflochten, hing jetzt, rund abgeschnitten und leicht gepudert, auf die Stirn und den Kragen hinab. Die genannten Kleidungsstücke waren für jeden Zögling nur einmal vorhanden; wenn eins der Ausbesserung bedurfte, so konnte es vorkommen, daß der Besitzer für einige Zeit das Krankenzimmer beziehen mußte. Die Kleidung der Dienerschaft

bestand in blauem Rock und Weste und einem grauen, gestrickten
Beinkleide.

Die Kosten, welche die Anstalt verursachte, beliefen sich auf
etwa 25000 Gulden jährlich. Dieselben wurden zunächst aus den
Kostgeldern der zweiten und aus den Sold- und Brotbeiträgen der
dritten Klasse und dann laut Verordnung vom 12. August 1790 aus
einem Anteil von zehn auf hundert von denjenigen Geldern bestritten,
welche die Käufer von Offizierstellen den bisherigen Inhabern derselben
zu entrichten hatten; sie betrugen in den Jahren 1792—1799
jährlich durchschnittlich 6387 Gulden. Dann wurde die unter Karl
Albrecht (Kaiser Karl VII) eingeführte Käuflichkeit grundsätzlich aufgehoben; in einzelnen Fällen kommt sie indessen bis 1804 vor.[1]
Damit versiegte diese Einnahmequelle; der Zuschufs der Kriegskasse
wurde gröfser.

Bei dem Fehlen eines gründlich durchdachten Organisationsplanes
und bestimmter Vorschriften für die schwer zu leitende Anstalt konnte
es nicht ausbleiben, dafs die zur Erreichung ihrer Ziele getroffenen
Mafsregeln bald vielfach vom richtigen und gewollten Wege abwichen
oder auch denselben von vornherein nicht einschlugen. An der einen
Stelle war zu viel, an der anderen zu wenig militärische Zucht und
Erziehung; hier überwog das Streben nach gelehrter Bildung zu sehr,
dort mangelte dem Betriebe der wissenschaftliche Geist. Dazu war Ancillon wohl nicht oder nicht mehr der geeignete Mann, die Einrichtung
in die rechten Bahnen zu lenken und die vielgestaltete Anstalt zu
leiten. Es mufs sich dies bald gezeigt haben; denn bereits am 15. Februar 1790 und den folgenden Tagen übergab er „auf mündliche
Anweisung des General-Major und General-Adjutanten Chevalier de
Thompson" die Geschäfte, sowie das reiche physikalische Kabinet, die
Büchersammlung etc. dem „Vizekommandanten" von Benzel.[2] Es trat
dann ein Zwischenregiment ein, während dessen der allgebietende
Günstling die Leitung der Anstalt ohne einen förmlichen Auftrag führte;
erst am 3. Oktober 1790 trug der Kurfürst ihm auf, die Anstalt
zweckmäfsiger einzurichten. Mit Arbeit überhäuft und stets neue
Pläne der erdrückenden Masse in der Ausführung begriffener Ent-

---

[1] Geheime Registratur des Kriegsministeriums: Militär-Akademie 1799—1805.
[2] Kriegsarchiv: A. VII. 1. a. 1790—1819.

würfe hinzufügend, konnte er dem Auftrage allein nicht genügen. Daher wurde der schon oben als Vize-Kommandant bezeichnete damalige Major im 2. Grenadier-Regiment Rudolf Freiherrn v. Benzel, zugleich Truchsefs des kurfürstlichen Obersthofmarschall-Stabes, ein allgemein geachteter und für den Zweck nicht ungeeigneter Mann, durch Befehl vom 6. November 1790 dem General Thompson zur Aushilfe beigegeben und zum Vize-Kommandanten ernannt, während Thompson, welcher sein Interesse durch häufige Besuche, Teilnahme an Spaziergängen der Zöglinge und selbständiges Eingreifen zu bethätigen fortfuhr, Ober-Direktor hiefs. Ancillon bezog, als ihm am 22. Oktober die Entlassung bewilligt wurde, sein Gehalt weiter und erhielt zugleich die Anwartschaft auf einen ruhigeren Posten, welcher ihm 1794 als Kommandant der Feste Rothenberg zu teil wurde. Er starb dort am 25. Mai 1795.

Die Änderungen, welche unter Benzel vorgenommen, bezogen sich auf die Zahl der Zöglinge und deren Verteilung auf die verschiedenen Abteilungen, wie auf deren Beschäftigung und Beaufsichtigung. Die Zahl wurde am 30. November 1790 auf 30 für die 1., 60 für die 2., 90 für die 3. Abteilung festgesetzt; um die Einnahmen zu vermehren, ward am 22. Juni gestattet, dafs in die 2. auch Ausländer aufgenommen werden durften, wovon jedoch nur ein beschränkter Gebrauch gemacht ist. Der Wachdienst hörte, weil er den Gang des Unterrichts störte, auf; bei der 3. Abteilung wurde statt der starren soldatischen Disciplin ein milderes Verfahren der Erziehung eingeführt. Weil aber die Leistungen der bei dieser Abteilung als Aufseher und Repetitoren verwendet gewesenen Zöglinge nicht befriedigten, traten an ihre Stelle im Jahre 1791 teils geeignete Unteroffiziere aus den Regimentern, teils Schulmänner, anfangs 4, später 8. Die Unteroffiziere brauchten nicht zu Repetitoren geeignet zu sein; wenn sie als solche gebraucht wurden, so erhielten sie neben freiem Unterhalt 10, sonst 5 Gulden monatlich, die bürgerlichen Aufseher, stets gleichzeitig Repetitoren, 10 Gulden. Beide Arten trugen einen hellblauen Frack in den Farben der Kadetten, Beinkleid und Stiefel wie diese, Preufsenhut (dreispitz), Seitengewehr an weifser Leibkuppel und ein spanisches Rohr. Der Anteil, welchen die Lehrer, dem Grundplane gemäfs, an der Erziehung haben sollten, ward immer geringer, so dafs im Oktober 1797 jedem zugehenden Lehrer von neuem die Verpflichtung zur Mitwirkung bei der Erziehung ausdrücklich auferlegt wurde.

Die erste öffentliche Prüfung fand am 8., 9., 10. August
1791 [1] statt. Die Ankündigung derselben erwähnt zuerst Anfeindungen
und Angriffe, deren Gegenstand die Anstalt im Laufe des Jahres gewesen sei, und Störungen, welche der Unterricht erfahren habe. Jene
fufsten darauf, dafs in kurzer Zeit drei Zöglinge gestorben, mehrere
schwer krank gewesen waren, woraus gefolgert wurde, dafs die Lebens-
weise der Zöglinge ihrer Gesundheit schädlich sei. Umsonst ward
geltend gemacht, dafs die Gestorbenen beim Eintritt den Todeskeim
in sich getragen hätten, und dafs in der nämlichen Zeit in München
eine Reihe von Krankheitsfällen unter ganz ähnlichen Erscheinungen
vorgekommen seien; aber vergeblich versuchte man die Widersacher zu
überzeugen, dafs in der Akademie alles geschehe, um die Gesundheit
der Kadetten zu erhalten und zu kräftigen. Die öffentliche Meinung,
genährt durch die Berichte vieler Zöglinge, denen die Zucht, welcher
sie unterworfen waren, nicht behagte, war der Anstalt und ihren Einrichtungen abgeneigt und die Leitung mufste sich dazu verstehen, eine
grofse Zahl von Kadetten mitten im Schuljahre auf längere oder kürzere
Zeit zu beurlauben; darunter litten natürlich die Erfolge des Unterrichts.

Der Lehrplan war damals soweit durchgeführt, dafs in Religion,
Lateinisch (4 Klassen, deren oberste Sallusts catilinarischen Krieg
und Horaz Epistel über die Dichtkunst las), Deutsch (4 Klassen),
Geschäftsstyl, vaterländische Geschichte, Erdbeschreibung, Philosophie
(2 Klassen, in der höheren Logik, Metaphysik, Ontologie, Psychologie,
Dasein Gottes) und Mathematik geprüft werden konnte; die Vorträge
über praktische Geometrie und Verschanzungskunst hatten erst begonnen. Es wurde noch nicht darin geprüft, dagegen legten die Kadetten Proben ihrer Leistungen in der Musik und im Fechten ab.
Der Kurfürst war dieses Mal, später nicht wieder, in Person zugegen
und verteilte die Preise, deren Geldwert 38 Gulden betrug. Die Ankündigung der Prüfung hatte die Namen der Zöglinge, nach Leistungen
in den einzelnen Fächern geordnet, aufgeführt. Um Ehrgeiz und
Lernbegierde noch mehr anzuspornen, erfolgte die gleiche Bekanntmachung im folgenden Jahre durch die Zeitung.

Mit dieser Prüfung trat Benzel, dessen Neigungen ihn mehr
zum Truppendienste, als zu den Wissenschaften zogen, ab. Graf

---

[1] Die Ankündigungen der Prüfungen sind 1791 bis 1804 mit „Hübschmannschen
Schriften" regelmäfsig im Druck erschienen. Sie heifsen „Öffentliche Prüfung der
Eleven etc." und erstatten über Umfang und Gang des in dem betreffenden Jahre
erteilten Unterrichts, sowie über Personalien Bericht.

Rumford ersetzte ihn am 9. August 1791, an welchem er auf seine Bitte von der Stellung enthoben wurde, durch den bisherigen Kapitän im 8. Füsilier-Regiment Friedrich Freiherrn von Schwachheim, einen geborenen Schweizer. Schwachheim war ein hochgebildeter Mann und von lebhaftem Interesse für das Erziehungswesen beseelt. Er kannte aus persönlicher Anschauung die Militärbildungsanstalten Frankreichs, Österreichs und Preufsens und übernahm den Vortrag der Taktik und der Befestigungskunst selbst; grofse Vorliebe widmete er dem Zeichnen, worin er Meister war. Sein Bestreben ging dahin, dem Gründungsplane entsprechend, Erziehung und Unterricht in innigen Verkehr mit einander zu bringen; auch die Erholungsstunden sollten, den Schülern unbewufst, für das Lernen verwertet werden, ihre Spiele als Vorbereitung für die Schule dienen. So wurden die Winterabende 1792—93 benutzt, um die Zöglinge spielend in das Studium der Naturgeschichte einzuführen; im nächsten Sommer wurde auf einem von Rumford in dem von diesem angelegten englischen Garten überwiesenem Platze eine Festung im Kleinen aufgeführt. Für letzteren Zweck hatte Rumford einen Vorschnfs von 1200 Gulden bewilligt, als aber 1793 Schwachheim vom Hofkriegsrat weitere Mittel erbat, um die Winterschäden an dem Werke auszubessern, und Rumford gerade abwesend war, wurde sein Antrag abgelehnt und ihm anheimgegeben, statt Mauerwerk und Erdbauten hölzerne Nachbildungen von Steinen und Ziegeln und sonstiges Material zu verwenden, welches vor den Witterungseinflüssen durch Aufbewahrung im Trockenen gesichert werden könnte.

Bei seinem Bestreben, die Zöglinge spielend zu unterrichten, ihnen durch die Art des Lehrens das Lernen leicht und den Aufenthalt in der Anstalt angenehm zu machen, ward Schwachheim von Rumford nicht nur nachdrücklichst unterstützt, sondern es gingen auch Mafsregeln, welche diesem Zwecke dienten, vielfach aus dessen eigenstem Antriebe hervor. So liefs er in der Anstalt, in welcher schon früher Musikaufführungen durch die Zöglinge stattgefunden hatten, 1792 eine vollständige Bühne herstellen, auf welcher diese Theater spielten und veranlafste, dafs nach Beendigung des Schuljahres Ferienreisen gemacht wurden. Die Teilnahme an den letzteren erstreckte sich, als 1792 die erste unternommen wurde, nur auf die Kadetten, welche nicht auf Urlaub gehen konnten und sich durch besonderes Wohlverhalten der Bevorzugung würdig gemacht hatten; ihrer 50 machten damals unter Schwachheims persönlicher Leitung eine vom 3. September bis zum 9. Oktober dauernde „Observationsreise", welche bis nach Salzburg ging und 870 Gulden kostete. Schwachheim verstand es vorzüglich, die gebotene Gelegenheit zur Ausbildung nach den verschiedensten Richtungen nutzbar zu machen; die ganze Anordnung trug ein militärisches Gepräge, es wurde auch biwakiert. Später wurde die Teilnahme auf alle Zöglinge ausgedehnt und sind solche Reisen, gröfsere und kleinere, für alle gemeinsam oder getrennt für jüngere und ältere, bis zum Eingehen der Akademie mehrfach unternommen.[1] Im Theater hatte die Anstalt ein Abonnement, für welches jährlich 144 Gulden bezahlt wurden.

Als der Kriegsgefahr wegen im Anfang des Winters 1792—93 mehrere Regimenter nach Mannheim an die Grenze gingen, wurden diesen durch Befehl vom 17. Dezember 1792 einige Kadetten als Volontärs zugeteilt, auch Schwachheim war im Frühjahre 1793 längere Zeit beim Heere am Rhein.

Als Offiziere austretenden unbemittelten Zöglingen wurde ihre Ausrüstung auf Staatskosten im Militärarbeitshause angefertigt; zum ersten Male 1794, als gelegentlich der Vermehrung des Ingenieurkorps 6 Eleven als Kondukteurs angestellt wurden. Schon vorher, am 25. Juli 1793, waren den 4 fähigsten unter denjenigen Zöglingen, welche zur Universität Ingolstadt übertreten würden, Stipendien von je 120 Gulden aus der dort bestehenden Albertinischen Stiftung zugesichert worden. Zur Erlangung mufsten die Bewerber ein vorzügliches Betragen nachweisen und eine Prüfung in deutscher und lateinischer Sprache, Logik, praktischer Philosophie, Naturgeschichte und Mathematik bestehen. Die Aussicht auf diese Stipendien ging aber für die Akademie nur zu geringem Teile in Erfüllung. Denn schon bei der ersten, 1793 abgehaltenen Prüfung kam es zwischen Schwachheim und der Schulkuratel, welche gegen die Militär-Akademie, weil sie ihr nicht untergeben war, wenig freundliche Gesinnung hegte, zu Zwistigkeiten. Dieselben bezogen sich darauf, dafs seitens der Akademie nicht eine Prüfung in der Religion angeregt war und dafs dem betreffenden Unterricht, statt des sonst üblichen Sattler'schen, der ältere Nemor'sche Katechismus zu Grunde gelegt wurde; die Schulkuratel erhob den Vorwurf der Vernachlässigung der Religionslehre und der Gottlosigkeit, lehnte es, obgleich sie nicht umhin konnte, in allen übrigen Gegenständen ihre vollständige Befriedigung mit den Leistungen

---

[1] Schönhueb (I. 77 ff.) giebt mancherlei Einzelheiten über diese Reisen, namentlich über die Aufnahme, welche die Akademie in den angrenzenden Gebieten fand.

auszusprechen, ab, die Bewerber in betreff ihrer Würdigkeit zu begutachten und veranlaßte eine kurfürstliche Entschließsung vom 16. Oktober 1793, welche verfügte, daß der Akademie nur ein Stipendium
belassen wurde, wie es die Marianische Landes-Akademie gehabt hatte.
Dagegen setzte Schwachheim durch, daß die Prüfung in Zukunft
durch die Vorstände und Professoren der Akademie allein abgehalten
wurde; seit 1795 wurde zu derselben ein Schulkommissär eingeladen.

Inzwischen litt die Militär-Akademie fortgesetzt unter Schwierigkeiten, welche aus den der Errichtung zu Grunde liegenden Bestimmungen erwuchsen. Es waren vorzüglich die große Verschiedenheit
der Zöglinge in Alter, Herkunft, Erziehung und Endzweck und
ihre trotzdem in manchen Stücken gleiche Behandlung. Die Altersgrenzen lagen seit dem 24. April 1790, wo der Eintritt in die 2. Abteilung, unter Verdoppelung ihres Standes auf 64 Köpfe, auf das
11. Lebensjahr herabgesetzt worden war, noch weiter auseinander als
ursprünglich beabsichtigt war und bedingten, zumal bei der ungleichen
Vorbildung, eine mit der Zahl der Lehrkräfte nicht im Einklange
stehende Klassenvermehrung; die Verschiedenheit der persönlichen
Verhältnisse trat am störendsten in der 3. Abteilung und bei deren
Zusammensein mit den oberen zu Tage. Viele, welche in die erstere
eintraten, brachten die geringen Kenntnisse, welche sie planmäßig
zu erwerben hatten, bereits mit und auch für die schwächeren darunter
war ein Aufenthalt von 4 Jahren zu lang, als daß nicht nötig gewesen
wäre, ihnen weiteren höheren Unterricht zu erteilen. Wer nur Lesen,
Schreiben und Rechnen lernen wollte, wie der Entwurf in Aussicht
nahm, konnte das leichter und mit geringeren Kosten für den Staat
beim Regiment beschaffen. Zur Heranbildung von Lehrern und Hand-
werkern erwies sich die Anstalt vollständig ungeeignet; dagegen war die
Zahl derjenigen, welche Unteroffiziere zu werden wünschten, im Verhältnis zum Bedarf, wenn man diesen nicht in übergroßer Zahl durch
Akademiker decken wollte, viel zu groß. Die dritte Abteilung war
in jeder Beziehung ein Schmerzenskind. Zu den geschilderten Übel-
ständen kam noch, daß viele der aufgenommenen Zöglinge, welche
aus niederen Ständen hervorgegangen waren, durch die ihnen zu teil
werdende Behandlung verwöhnt und ihrer eigentlichen Lebensstellung
entfremdet wurden, was um so ungünstiger wirkte, wenn sie, wie nicht
selten der Fall war, sich nicht zur Beförderung eigneten. Auf der
anderen Seite war manchen Eltern, welche sonst wohl ihre Söhne

der 2. Abteilung anvertraut hätten, die Berührung mit den Zöglingen der 3. Klasse nicht genehm und hielten sie sich daher der Anstalt fern.

Die Erfolge des Unterrichts wurden allgemein durch das Fehlen eines bestimmten Aufnahmetermins, sowie dadurch beeinträchtigt, dafs auch der Austritt, abgesehen von den auf Grund der Schulprüfung erfolgten Offiziersernennungen, zu sehr verschiedenen Zeitpunkten erfolgte. Der Zudrang zur 2. Abteilung litt ferner darunter, dafs dieser zu wenig Gewähr für die Zukunft geboten war.

Man war bald darüber einig, dafs die Akademie der Umgestaltung bedürfe; über das Wie gingen die Ansichten auseinander. Für eine durchgreifende Änderung traten am lebhaftesten zwei Männer ein, welche die Anstalt und ihre Mängel am besten kannten, Babo und Schwachheim; ihren Wünschen fehlte aber die erforderliche Unterstützung im Hofkriegsrate, weil der Berichterstatter Graf Alois Taufkirchen nicht recht wagte an dem Werke zu rütteln. Mit Rücksicht auf die Bedürfnisse des Heeres glaubte man die 3. Abteilung, welche Babo ganz abzuschaffen wünschte, erhalten zu müssen. Dieser mufste sich begnügen sie im Jahre 1794 vermindert und von den anderen geschieden zu sehen.

Die Verhandlungen in betreff der Umgestaltung veranlafsten einen am 4. März 1793 erlassenen Befehl, welcher die Umgestaltung der 3. Abteilung in eine von einem der Inspektoren der Akademie als Kapitän zu befehligende, mit den nötigen Offizieren versehene ordentliche Kompagnie anordnete, aber erst nach Beendigung des ersten vierjährigen Lehrganges, also 1794, vollständig zur Ausführung kommen konnte, weil gleichzeitig angeordnet wurde, dafs diejenigen Zöglinge, welche bis dahin mit denen der oberen gemeinsam unterrichtet waren, es auch noch ferner werden sollten; daneben waren sie „zum Dienst und zum Exerzitium anzuhalten." Den Unteroffizierdienst bei der Kompagnie verrichteten Zöglinge; als Feldwebel ward, weil sich keine geeignete Persönlichkeit fand, ein solcher aus der Linie angestellt.

1794—1799.

Die weiteren Anordnungen ergingen durch eine Allerhöchste Entschliefsung vom 5. April 1794. Dieselbe bestimmte, dafs

die dritte Abteilung

lediglich eine Pflanzschule für Unteroffiziere, für diese aber zugleich eine Musterschule sein solle. Sie sollte 50 Zöglinge zählen und diese in Lesen, Schreiben, Rechnen, praktischer Geometrie, Militärzeichnen,

Geschäftsstil und Exerzieren ausbilden. Ein- und Austritt waren nicht an einen bestimmten Zeitpunkt gebunden; wenn ein Zögling zur Beförderung reif war, sollte er an ein Regiment abgegeben werden und ein anderer an seine Stelle treten. Das Aufnahmealter blieb das bisherige. Vorkenntnisse wurden nicht gefordert. Wer einzutreten wünschte, was nicht nur Soldatenkindern, sondern auch Bürger- und Bauernsöhnen gestattet war, meldete sich unter Vorlegung seines Taufscheines bei der Akademie oder einem aufserhalb Münchens garnisonierenden Regimente und erhielt dort, wenn er tauglich befunden ward, eine Bescheinigung. Auf Grund derselben richtete er sein Aufnahmegesuch an den Hofkriegsrat, welcher darüber entschied.

Die Eröffnung fand am 1. August 1794 statt. Es kamen nun die für die künftige Behandlung, Verpflegung und Ausbildung zu Grunde zu legenden Vorschriften zur Anwendung; daher durfte kein Zögling der bisherigen 3. Abteilung, welche ganz anders gehalten worden war, in die neue 3. übertreten. Wer weder zum Unteroffizier, noch für die die 1. Abteilung geeignet war, sollte entlassen und ihm anheimgestellt werden, einen anderen Beruf zu wählen oder bei einem Regimente einzutreten. Behandlung und Kleidung der Zöglinge sollten ganz die der Unteroffiziere des Heeres sein; in betreff der Verpflegung wurden sie denen der Veterinärschule, ebenfalls eine Schöpfung Rumfords, gleichgestellt, welche aufser freiem Brote täglich 11 Kreuzer, „wovon 3 Kreuzer auf die Hand zur Bestreitung des Abendessens und Erlernung einer Wirtschaft,“ d. h. zur Führung eines selbständigen Haushalts, empfingen.

Den Dienst als Unteroffiziere bei der Kompagnie sollten Kadetten der 1. Abteilung wahrnehmen, „nur im äufsersten Notfalle durfte ein Eleve der 3. Abteilung zum Unteroffizier über seine Miteleven ernannt werden.“ Zunächst sollten dazu vorzugsweise Zöglinge genommen werden, welche aus der alten 3. Abteilung in die 1. versetzt werden würden. Diese Unteroffiziere lebten, soweit die Rücksicht auf ihre eigene Ausbildung gestattete, ganz mit ihren Untergebenen; sie teilten deren Tisch und Wohnung, erhielten aber, „um damit ihr Abendessen selbst zu bestreiten und sich in Zeiten an das Haushalten gewöhnen zu können, wodurch vieles zur Kenntnis und Entwickelung des Charakters dieser jungen Leute beigetragen wird,“ täglich 4, der Feldwebel 5 Kreuzer, eine Zulage, welche zu gewähren um so mehr in der Billigkeit lag, als die Zöglinge im anderen Falle in der 1. Abteilung hätten verpflegt werden müssen und der Staatskasse aus der Anordnung ohnehin eine Ersparnis erwuchs.

Der Feldwebel hatte die Kompagnie im Exerzieren, über Kasernenordnung und im kleinen Dienst zu unterrichten; die bestgeübten Zöglinge unterwiesen wiederum die der oberen Abteilungen in den Waffenübungen. Auch ward in der Anstalt ein Wach- und Ordonnanzdienst für sie eingerichtet. Ihre Posten überwachten die Ausgänge der Zöglinge, welche diesen auf Grund von Scheinen verstattet waren, die der Studiendirektor ausstellte. In den Grundbegriffen der Dienstkenntnis wurden sie nach Anleitung der Schriften des Grafen Kinsky, des Direktors der Akademie in Wiener-Neustadt, im Garnisondienst etc. nach dem kurpfalz-bayerischen Kriegsreglement unterrichtet.

Die Scheidung der beiden Arten von Zöglingen sollte, soweit dies in dem von ihnen gemeinsam zu bewohnenden Gebäude möglich war, eine vollständige sein. Um sie thunlichst zu trennen, ward auf das Haus ein drittes Stockwerk gesetzt und der Kompagnie überwiesen; die beiden unteren Stockwerke wurden ausschliefslich von den höheren Abteilungen benutzt.

Wer die Befähigung zum Unteroffizier erlangt hatte, durfte das Regiment, in welchem er dienen wollte, selbst wählen. Wer nicht Soldat werden wollte, wurde durch Ordre vom 20. Februar 1796 verpflichtet einen mustermäfsigen Rekruten als Ersatz zu stellen; wer keine Fortschritte machte oder in vier Jahren nicht die Reife erlangte, ward in Gemäfsheit der am 28. Februar und am 9. August 1798 erlassenen Befehle an ein Regiment als Gemeiner abzugeben und mufste auf 8 Jahre kapitulieren ohne Handgeld zu erhalten.

Schwachheim, immer bestrebt die Bildung seiner Pflegebefohlenen möglichst vielseitig zu gestalten, zog 1795 den Artilleriedienst und den Wirkungskreis der Ingenieurtruppen, 1797 die Fouriergeschäfte in das Bereich des Unterrichts; für letztere war ein Fourier als Lehrer bestellt; durch den Musikmeister wurden auch Hautboisten herangezogen. In den Freistunden wurden Druck- und Papparbeiten ausgeführt.

Die Kost bestand in einem aus Suppe, Rindfleisch und Gemüse bestehenden Mittagsessen, für welches 8 Kreuzer gezahlt wurden, und einer Abendmahlzeit. Als letztere ward je ¹/₂ Mafs Bier und für 1 Kreuzer Brod gereicht, was die Zöglinge aus ihrem Solde zu bezahlen hatten. Die Kranken kamen in das Militär-Lazarett.

Die Ergebnisse der Ausbildung in der Kompagnie waren günstige; sie lieferte eine grofse Zahl tüchtiger Unteroffiziere und Fouriere; viele ihrer Zöglinge verdienten sich in der Folge die Epauletten.

Die beiden oberen Abteilungen

konnten durch die Trennung von der 3. nur gewinnen. Da aber im
übrigen die Bestimmungen von 1793 fast ungeänderte Geltung be-
hielten, so standen den Erfolgen nach wie vor wesentliche Hindernisse
im Wege. Aufser dem Übelstande, dafs die Zöglinge sowohl für den
Militärstand, wie für die verschiedensten bürgerlichen Berufsarten erzogen und vorgebildet werden mufsten, waren es besonders der Mangel
einer Aufnahmeprüfung und die daraus hervorgehende grosse Ungleich-
heit in den Vorkenntnissen. Die Folge davon war, dafs eine Menge
von Klassen gebildet und die Lehrkräfte zersplittert wurden. Es war
freilich bereits 1793 verfügt worden, dafs in die oberen Abteilungen
niemand aufgenommen werden solle, der nicht Kenntnisse genug be-
säfse um in eine der bestehenden Unterrichtsklassen treten zu können
und es war dies unter Hinweis auf die Prüfungsankündigungen, aus
denen der Standpunkt dieser Klassen zu ersehen sei, öffentlich bekannt
gemacht worden; in den thatsächlichen Verhältnissen wurde indessen
nichts geändert. Den Eltern, welche um die Aufnahme ihrer Kinder
nachsuchten, wurden, wenn sie genehmigt ward, bestimmte Zusiche-
rungen gemacht und, sobald die Reihe an sie kam, wurden die Anwärter ohne weiteres aufgenommen. Schwachheim beantragte 1798
eine Eintrittsprüfung, aber ohne Erfolg. Die Aufnahmen wurden durch
die Münchener Zeitung bekannt gemacht. Auch fehlte es an Vorschriften
für das Aufrücken in höhere Klassen, für das in jeder zu bewältigende Lerngebiet und für das als Bedingung des Austritts zu erreichende
Lehrziel. Die Dauer des Aufenthalts in der Anstalt war überhaupt nicht
davon abhängig, dafs jemand die wissenschaftliche Reife für den nach
dem Austritt zu ergreifenden Beruf erlangt, sondern dafs er der Akademie
eine bestimmte Reihe von Jahren angehört hatte. Wenn seine Leistungen nicht so befriedigend waren, dafs sie Grund zu vorzeitiger
Entlassung wurden, so wartete er bis er 17 Jahre alt geworden war
und hatte dann sein Ziel erreicht. Diese Altersgrenze war durch die
auf Babos Vorschlag am 24. Februar 1794 ergangene Allerhöchste
Entschliefsung vorgeschrieben, welche lautete: „Jene Eleven, welche
nach dem 11. Lebensjahre eintreten, haben 6. nach 12jährigem Alter
5 und nach 13jährigem Alter 4 Schuljahre im Institute zu verbleiben.“
Gleichzeitig war befohlen worden, dafs an der alljährlichen Verleihung
der bisher den Zöglingen der 1. Abteilung allein zugänglich gewesenen
4 Offizierstellen auch die 2. teil haben solle, und seit 1794 wurden

zum Unterricht auch „Volontärs" zugelassen, welche nicht im Hause wohnten.

Ein Fortschritt war, dafs, laut Verfügung vom 5. April 1794, der 15. Oktober als der einzige Eintrittstag festgesetzt wurde, so dafs das Schuljahr mit einer bestimmten Dauer rechnen konnte.

Ein fernerer Übelstand, für die Anstalt an sich wie für den Zudrang, war der ungenügende Abgang. Dafs die überwiegende Mehrzahl der Zöglinge Offiziere zu werden wünschten, lag in den Verhältnissen. Die Regimenter waren aber selten geneigt die frei werdenden Stellen durch Kadetten zu besetzen; sie zogen vor junge Leute zu befördern, welche sie selbst angenommen und vorgebildet hatten. Schwachheim erlangte, dafs laut Befehl vom 10. August 1796 für die frei werdenden Stellen von Fahnenjunkern und Estandartführern abwechselnd Zöglinge der Militär-Akademie und Angehörige der Regimenter in Vorschlag gebracht werden sollten; bei dem geringen Abgange reichte aber diese Mafsregel nicht aus alle Kadetten unterzubringen, welche ihre Zeit in der Anstalt abgedient hatten. Diese waren bisher, ihre Anstellung abwartend, in der Akademie verblieben, mit geringem Nutzen für sich selbst und zum Nachteil des Ganzen; am 24. Oktober 1796 wurde befohlen, dafs dies aufhören solle. Wer zum Eintritt in das Heer reif war, mufste das Haus verlassen; konnte er nicht sofort angestellt werden, so wurde er einem Regiment als Volontär überwiesen oder vorläufig seinen Eltern zurückgegeben. In die Kavallerie war bis zum Jahre 1798 noch kein Zögling übergetreten. Der Grund dafür wurde darin gesucht, dafs kein Reitunterricht stattfand; Schwachheim erwirkte daher den Erlafs einer am 28. November 1797 vom Kurfürsten unterzeichneten Verfügung, dafs 10 Zöglinge in 3 wöchentlichen Stunden auf Hartschierpferden in der Hofreitschule durch den Bereiter der Hartschiere darin unterwiesen werden sollten. Bei der alljährlichen Preisverteilung erhielt der beste Schüler ein paar Sporen.

Die Tagesordnung war damals folgende: Im Sommer wurde um 5¼, im Winter um 5¾ Uhr aufgestanden. Das Waschen etc. geschah im Beisein eines Offiziers und von drei Aufsehern, dann wurde der Morgensegen laut gebetet, in die Kirche gegangen, gefrühstückt. Um 7 Uhr begann der Unterricht; jeder Professor führte seine Klasse in den Hörsaal, wo bis 12 Uhr Lehr- und Wiederholungsstunden abwechselten. Nachdem dann in den Schlafsalen der Anzug geordnet war, wurde zu Mittag gegessen, worauf von 1 bis 2 Uhr Tanz-, Fecht-,

Musikstunden oder Spaziergänge folgten. Die Zeit von 2 bis 7 gehörte wieder dem Hörsaale, um 7 folgte das Nachtessen, an dieses schloſs sich im Sommer ein Spaziergang, um 8³/₄ ward zu Bett gegangen. Die Schlafsäle waren beleuchtet; es übernachteten dort auch zwei Aufseher. Die Freistunden auszufüllen, standen verschiedene Spiele, seit 1797 auch ein Billard, zu Gebote; Rumford war stets bereit, dergleichen zu bewilligen. Durch seine Fürsorge erhielt die Akademie 1798, nachdem befohlen war, daſs am 1. November d. J. die Küche in eigene Verwaltung übergehen solle, im englischen Garten einen Platz, auf welchem sie ihr Gemüse bauen könnte. Die Zöglinge halfen und stellten dort auch ein Gartenhaus her. 1805 muſste beides der Gartenverwaltung zurückgegeben werden. 1795 hatten die Zöglinge den englischen Garten aufgenommen; der Plan war bei der öffentlichen Prüfung ausgelegt. 1797 und 1798 wurde seitens der Akademie und durch deren Zöglinge ein Teil der Stadt München vermessen.

Der Lehrplan blieb in diesem zweiten Zeitraume im wesentlichen der frühere. Es mag bemerkt werden, daſs der Kurfürst verbot, die Weltweisheit nach Kant oder einem anderen neueren Philosophen zu lehren [1] und daſs zur Jurisprudenz die Polizeiwissenschaften traten, „welche, da sie Civil und Militär umfaſsten, ein jeder kennen müsse."[2] In wie weit der Plan zur Durchführung gelangte, hing in jedem Jahre vom Standpunkte der Klassen ab. Die Ankündigungen der Prüfungen geben darüber jedesmal Aufschluſs.

Die Abhaltung dieser Prüfungen gab zu mancherlei Reibereien zwischen Schwachheim und Babo einer-, der vom Hofkriegsrate zur Beiwohnung abgeordneten, aus den Chefs des Infanterie- und des Artillerie-Departements und aus einem Hofkriegsrate bestehenden Kommission andererseits und in Folge davon zum Erlaſs eines vom 10. September 1798 datierten Prüfungs-Reglements[3] Veranlassung. Dasselbe setzte fest, welche Ehren und Befugnisse die Kommission beanspruchen durfte, und enthielt Anordnungen, welche verhindern sollten, daſs die Prüfung lediglich zu einer Paradevorstellung für die dazu ausgewählten Schüler gemacht werden könnte. Der damals von der Kommission erstattete Bericht fand an dem Unterricht und dessen

---

[1] L. v. Westenrieden, Geschichte der baierischen Akademie der Wissenschaften II, 11, 359—377.

[2] Münchener Intelligenzblätter, 1795, S. 340.

[3] Kriegs-Archiv: A. VII. 1. a. 1797—1804. Das Reglement ist abgedruckt bei Schönhueb I 85.

Erfolgen, soweit ihm gestattet worden war, sich über diese ein Urteil
zu bilden, nichts auszusetzen; tadelte aber, dafs die Haare nicht vor-
schriftsmäfsig geschnitten seien, forderte Verbesserungen in bezug auf
Kost und Krankenpflege und wünschte, dafs die Kadetten, wenn sie
spazieren geführt würden, nicht so oft einkehrten, sonst glaubten sie
später bei keinem Wirtshause vorübergehen zu dürfen.

Mit der Prüfung war eine Preisverteilung verbunden, mit
welcher das Reglement von 1798 die Kommission beauftragte. Die
Anstaltsleitung benutzte dies geschickt, um den äufseren Wert der
Belohnungen und deren Gestalt zu verbessern. 1798 hatte ein jeder
der 12 besten Zöglinge eine Brieftasche im Werte von 3 Gulden, die
24 folgenden hatten ihr Zeugnis in einem mit einer Aufschrift versehenen
Pappfutteral erhalten; Babo, der eine sehr scharfe Feder führte, schrieb
damals: wenn die Kommissare die Preise verteilen wollten, so möchten sie statt der papierenen Schreibtafeln Patente und Säbel nebst
Portepees mitbringen. 1799 wurden jenen Schülern brauchbare Reifs-
zeuge, diesen gut eingebundene Bücher gegeben; Kurfürst Maximilian IV
Joseph war anwesend.

Die Tage der Militär-Akademie waren jetzt gezählt. Am 11. August
1798 war Graf Rumford, der Begründer und stete Gönner der Anstalt,
auf den Gesandtenposten in London verbannt, und am 16. Februar
1799 starb Karl Theodor. An Rumfords Stelle war durch den
Hofkriegsrat dem schon genannten Oberst und Chef des Personal- und
Dienst-Departements Alois Graf Taufkirchen die Oberaufsicht
der Akademie übertragen; ihm stand Lipowsky, jetzt im Hofkriegsrat angestellt, zur Seite.

1799 — 1805.

Karl Theodors Nachfolger, Herzog Maximilian Joseph von Pfalz-
Zweibrücken, als Kurfürst Maximilian IV Joseph geheifsen, war
selbst Soldat gewesen. Er hatte in Strafsburg ein französisches Regiment befehligt, besafs militärisches Verständnis, kannte die Verhältnisse
und Bedürfnisse des Offizierstandes. Wie er das gesamte Schulwesen
Bayerns umgestaltete, so richtete er auch alsbald sein Augenmerk darauf, der Militär-Akademie, Rumfords wohlgemeinter aber höchst un-
praktischer Schöpfung, als deren Beschützer er sich erklärt hatte, eine
andere Einrichtung zu geben.

Babo ward beauftragt, einen Vorschlag auszuarbeiten. Bereits am 17. Mai 1799 erstattete er einen Bericht,[1] welcher gleichzeitig darauf hinzielte, die Pagerie mit der Akademie zu vereinigen. Er begründete diesen Vorschlag, welchen er schon 1793 gemacht hatte, mit dem Hinweise auf den Aufwand, welchen jene Anstalt erheische. Sie koste jährlich 22000 Gulden; davon würden 16 junge Edelleute unterhalten, während die Akademie, welche während der letzten Jahre durchschnittlich 21663 Gulden gekostet, damit 150 Kadetten unterhalten habe. Ein Edelknabe verursache daher einen ebenso grofsen Aufwand, wie 9⁸/₈ Zöglinge der Akademie. Jenes Nahrung werde mit 918 Gulden bezahlt, während dieser für 85 beköstigt würde. Ein Professor der Physik in der Pagerie, welcher 1200 Gulden Gehalt bezog, hätte gar keinen Schüler; für 5 Schüler seien dort 2 lateinische Lehrer mit 1300 Gulden Besoldung vorhanden. Er empfahl eine Mittelstrafse: jene möchten sparsamer und zweckmäfsiger, diese besser und anständiger gehalten werden. Dafs die 3. Abteilung aus dem Verbande auszuscheiden sein würde, stand bei allen an der Entschlufsfassung Beteiligten fest. Die Anstalt sollte lediglich eine Bildungsanstalt für die höheren Stände werden; nur der Adel und die nach Landesobservanz demselben gleichgeachteten Klassen der Gesellschaft sollten in derselben vertreten sein. Babo wollte die Besten aus der 1., gleich der früheren 1. zu ergänzenden, Abteilung zu Pagen machen, die Namen Pagerie und Militär-Akademie, weil die Benennung nichts Unwesentliches sei, unterdrücken; statt dessen möge man Adeligmilitärisches Gymnasium, Maximilianisches Institut oder eine ähnliche Bezeichnung wählen.

Babos Vorschlägen trat in manchen Stücken der Geheime Rat von Gravenreuth entgegen. Er sprach sich für die Beibehaltung der Pagerie, als einer für den unbemittelten Adel sehr segensreich wirkenden Wohlthätigkeitsanstalt, aus, verlangte entschieden eine militärische Leitung für die Anstalt und wollte vor allem nicht, dafs Babo an die Spitze treten solle. Militärische Erziehung, sagte er, ist besser als Philanthropie. Auf andere von Babos Ansichten eingehend, zog er namentlich die Uniformierung ins Lächerliche, welche dieser den Zöglingen hatte geben wollen; er mache aus ihnen halb holländische Matrosen, halb Invaliden, warf er ihm vor. Viele Änderungen wollte

---

[1] Geheime Registratur des Kriegsministeriums: Militair-Akademie, Maximilianeum, adelig-militärisches Gymnasium 1799—1805.

Gravenreuth überhaupt nicht, auch keine fremden Namen, lieber die Bezeichnung Kriegsschule.

Ein kurfürstlicher Erlafs entschied für Beibehaltung der Pagerie, obgleich die grofse Kostspieligkeit nicht geleugnet werden konnte und zugegeben werden mufste, dafs die Edelknaben im ganzen wenig und unverhältnismäfsig weniger lernten als die Kadetten; Vorschläge für die Umgestaltung der Militär-Akademie zu machen, wurde einer Kommission aufgetragen, welche unter dem Vorsitze des Staatsministers der geistlichen Angelegenheiten Graf Morawitzky zusammentrat.

Auf ihrem Gutachten fufste das Allerhöchste Dekret vom 22. Oktober 1799, welches der Neugestaltung der Militär-Akademie zu Grunde lag.

Dasselbe unterstellte die Anstalt einer „unmittelbaren Akademie-Kommission" unter dem Vorsitze von Morawitzky. Mitglieder waren Schwachheim, welcher unter Anerkennung seines Eifers und seiner Thätigkeit als „Direktor" bestätigt wurde, der frühere Pagenhofmeister Geheimer Legationsrat Reinwald und der Geheime Referendär im Finanzdepartement Schenk. Babo fand nicht nur in der Kommission keinen Platz, sondern seine Stelle als Studiendirektor ward sogar als unnötig ganz aufgehoben; Zwistigkeiten zwischen ihm und Schwachheim und die Erkenntnis, dafs er für eine militärische Anstalt nicht tauge, waren die Veranlassung zu dieser auffallenden Mafsregel. Die Pagerie blieb bestehen; diejenigen Edelknaben, welche Offiziere zu werden wünschten, sollten an dem kriegswissenschaftlichen Unterrichte in der Akademie teilnehmen.

Gleichzeitig erhielt die Kommission den Auftrag, Verbesserungsvorschläge zum Lehrplan von 1789 zu machen und einen Unterrichtsentwurf für die Pagerie vorzulegen; der Finanzminister hatte Vorschläge für eine weniger kostspielige Verwaltung der Pagerie zum Vortrage zu bringen.

Die 3. Abteilung war schon am 13. Oktober 1799 aufgehoben (s. Artillerie- und Ingenieur-Schulen).

Zusammensetzung und Zöglingszahl der 1. Abteilung blieben ungeändert, doch vermehrte sich letztere bald auf 36. Die Bewerber mufsten wenigstens 11 Jahre alt sein; die Aufnahme wurde durch Kabinetsordres befohlen.

Die 2. Abteilung sollte auf 100 Köpfe, halb In-, halb Ausländer, gebracht werden; jene hatten 15, diese 25 Gulden Kostgeld monatlich zu zahlen. Über die Aufnahme entschied, unter Vorwissen der Akademie-

Kommission, der Direktor; von der Altersgrenze konnte abgewichen
werden. Auch für 31 Zöglinge der 2. Abteilung zahlte der gutherzige
Kurfürst später das Kostgeld; seine Freigebigkeit ging so weit, dafs
er, wenn unbemittelte Zöglinge Offiziere wurden, ihnen die Ausrüstung,
den Kavalleristen sogar Pferde schenkte.

Der durch die Kommission bearbeitete und demnächst zur Einführung gelangte Unterrichtsplan wies einen sehr grofsen Fortschritt
dadurch auf, dafs er endlich bestimmte „Kurse" mit einer Vorschrift
für die Dauer der Zugehörigkeit zu jedem derselben einführte. Der
Aufenthalt in der Anstalt währte 8 Jahre und war in 4 Lehrkurse
geteilt, deren jeder 2 dauerte. In den beiden Anfangskursen wurde
allgemeinwissenschaftlich unterrichtet, im 3. kamen bereits militärische
Fächer vor, im 4. wurden nur Kriegswissenschaften getrieben. Beim
Eintritt in den 3., der Regel nach mit 15 Jahren, mufste die Entscheidung für den Soldatenstand oder für einen bürgerlichen Beruf
erfolgen; wer letztere Wahl traf, wurde auf dem Münchener Lyceum
für die Universität vorbereitet, blieb aber im übrigen in seinen bisherigen Verhältnissen.

Die Kurse hiefsen: Vorbeitungskurs, wo die synthetische, Übungs-
kurs, wo die synthetisch-analytische, Ausbildungskurs, wo die analytische Methode zu Grunde lag, und Kurs für Kriegswissenschaften.

Die Unterrichtsgegenstände, an denen sämtliche Schüler
teilnahmen, blieben die früher betriebenen; von Kriegswissenschaften
wurden Taktik, Kriegsbaukunde, Artilleriewissenschaft, Kriegsreglement
und Militärgeschäftsstyl, mit Einschlufs des Rechnungswesens nach
dem neueingeführten Ökonomiesystem, gelehrt; aufserdem unterwies
der Adjutant in der Kenntnis des inneren Dienstes, über das militärische Augenmafs und die Eigentümlichkeiten des Geländes; er war
überhaupt der militärische Lehrmeister. Der Reitunterricht hörte
eine Zeitlang ganz auf, weil die Hartschiere ihre Pferde abgaben;
durch Erlafs vom 28. September 1802 wurde er wieder eingeführt
und auf der Hofreitschule erteilt, 6 Zöglinge durften gegen Bezahlung
von monatlich 6 Gulden aus eigenen Mitteln teilnehmen, 6 der 1. Abteilung erhielten denselben auf Kosten des Kurfürsten.

Wie der Unterricht sich gestaltete, ist wiederum aus den Ankündigungen der öffentlichen Prüfungen zu ersehen. Die im Jahre 1802
abgehaltene umfafste: Religion, Moral und Philosophie in 3 Klassen,
daneben erscheint praktische Philosophie als besonderer Lehrgegenstand; Mathematik in 4, Deutsch, Französisch, Lateinisch in je 3 Klassen,

Geschichte und zwar Weltgeschichte, deutsche und bayerische, Geographie und Naturgeschichte; ferner an Kriegswissenschaften Taktik, Feldbefestigung und militärisches Planzeichnen, worin Schwachheim selbst unterrichtet hatte, Artillerie, Kriegsreglement, Militär-Geschäftsstyl und endlich an Künsten und Exercitien Zeichnungs- und Baukunst, Schreiben, Musik, Tanzen und Fechten.

Die Leitung und Überwachung des gesamten Unterrichts, welche Schwachheim, als Babo beseitigt wurde, sich getraut hatte allein zu übernehmen, hatte an seine Arbeitskraft größere Ansprüche gemacht, als sie leisten konnte, zumal auch die Stelle eines Inspektors seit 1799 unbesetzt war. Wesentliche Hilfe gewährte ihm, daß am 22. Oktober 1801 Professor Simon Schmid,[1] ein Weltpriester, welcher sowohl als Lehrer, wie als Hauskaplan schon früher an der Marianischen Akademie thätig gewesen war, an die Akademie berufen wurde. Es geschah in der Eigenschaft als Inspektor, da mit Rücksicht auf Babo die Stelle des Studiendirektors nicht besetzt werden sollte. Doch hatte Schmidt mit der Verwaltung nichts zu thun.

Die Erziehung lag in den Händen der Professoren und Lehrer (7 bürgerliche, 3 militärische) und der 4 dem Unteroffizierstande angehörigen Aufseher; der Löwenanteil fiel letzteren zu, welche außerdem zum Unterrichten und im Verwaltungsdienste gebraucht wurden. Sie aßen mit den Zöglingen, schliefen mit ihnen auf den Schlafsälen und überwachten ihre Erholung. Neben freiem Unterhalte empfingen sie bis zu 400 Gulden Gehalt und dazu je nach Verdienst jährliche Gratifikationen.

Die Professoren wurden auf Grund einer Prüfung angenommen und nach sechsmonatlicher befriedigender Probedienstzeit angestellt. Wie die Gymnasialprofessoren waren sie hinsichtlich der von ihnen herauszugebenden Lehr- und Erklärungsbücher von der Zensur befreit. Über ihre Thätigkeit führten sie Tagebücher, welche allwöchentlich dem Direktor vorgelegt wurden. Wer eine Lehrstunde versäumte, erlitt auf ihren eigenen Antrag einen Gehaltsabzug von 1 Gulden. Ein anderer Antrag verschaffte ihnen am 17. Dezember 1799 eine Uniform, gewöhnlich ein hechtgrauer Überrock mit silbergesticktem schwarzen Kragen und Aufschlägen, für die Gala eine Uniform in den

---

[1] Nachdem er bis zum Jahre 1804 bei der Anstalt thätig gewesen war, starb er am 28. Juni 1840 als Hofkaplan und Benefiziat der Herzog Maxburg zu München. König Ludwig gewährte ihm Plätze in der Walhalla und in der Ruhmeshalle der Bavaria.

Farben der von den Kadetten getragenen: Frack nebst weifstuchenem Beinkleid und Weste, Hut und Degen.

Die Erziehung ward ähnlich wie in den Philanthropinen geleitet. Man suchte die Erholungsstunden für die Zwecke derselben zu verwerten, beschaffte Drehbänke, deren Gebrauch ein Drechsler und ein Schreiner, mit monatlich 5 Gulden Gehalt und freier Verpflegung angestellt, lehrten, Werkzeuge zur Herstellung von Papparbeiten, eine Feldapotheke zur Bekanntmachung mit den Anfängen der Heilkunde und einen Taschenspieler-Apparat und beschäftigte die Zöglinge nach wie vor im englischen Garten, wo auch Turngeräte und -Gerüste aufgestellt waren. Mehr der Unterhaltung dienten eine Menge von Spielen und Theatervorstellungen vor der Kurfürstlichen Familie, dem Personal der Anstalt und geladenen Gästen im Herzog-Garten-Gebäude.

In der Bibliothek fand sich bereits eine Anzahl von Jugendschriften. Sie zählte 1793 152, 1803 494 Werke, aufserdem eine Anzahl von Manuskripten, Zeichnungen und Kupferstichen.

Besondere Sorgfalt wurde der Bestrafung zugewendet. Freimütig eingestandene Vergehen unterlagen solcher überhaupt nicht, sondern wurden mit einer Ermahnung abgethan. Mit den Strafmitteln ward häufig gewechselt, um die Zöglinge nicht an eins derselben zu gewöhnen und dessen Wirkung abzustumpfen, sondern schon durch die Ungewifsheit, welches gewählt werden würde, strafend zu wirken.

Behufs Handhabung des innern Dienstes waren die Zöglinge, in ihrer Gesamtheit „Division" genannt, in vier „Korporalschaften" geteilt. Einer jeden war ein Kadett als „Korporal" vorgesetzt, welcher zugleich als Repetitor verwendet wurde.

Die Verwaltung war seit dem 1. Januar 1800 ganz Sache des Direktors. Die Kabinettskasse leistete einen Jahresbeitrag von 3000 Gulden, dazu kam ab und an ein Zuschufs aus den Abgaben für verkaufte Offizierstellen. Der Kurfürst hatte freilich zehn Tage nach seinem Regierungsantritte die Käuflichkeit abgeschafft; sie wurde aber bis 1804 mehrfach gestattet. Was der Akademie daraus erwuchs, war indessen um so weniger, als häufig der vorgeschriebene Abzug erlassen wurde. Im Wesentlichen beruhte demnach der Haushalt auf den Kostgeldern, welche auf 24000 Gulden veranschlagt waren. Sie brachten freilich in den Jahren 1800 bis 1805, da das Ausland nicht in gehofftem Mafse unter den Zöglingen vertreten war, durchschnittlich nur 16457 Gulden ein; die geschickte Verwaltung, bei welcher Pro-

fessoren und Aufseher, ein jeder in dem ihm zugewiesenen Bereiche,
zusammenwirkten, verstand indessen damit auszukommen und war
nie genötigt, die Staatshülfe weiter in Anspruch zu nehmen. Der
Durchschnittsausgabe von 28138 Gulden stand eine Einnahme von
29184 Gulden gegenüber. Obgleich mit jener Summe der gesamte
Aufwand, einschliefslich der Besoldungen in Höhe von 7000 Gulden,
bestritten ward, wurde das Personal in vielen Beziehungen besser gehalten als früher. Die kleine Montur, welche eine bestimmte Tragezeit
erhielt, ward Eigentum der Zöglinge und die Beköstigung dadurch
vermehrt, dafs Nachmittags ein Stück Brot gegeben ward. Die Ver-
pflegungskosten, welche von 1790 bis 1799 für durchschnittlich 130 Zöglinge, abgesehen von dem Brot, 9756 Gulden betragen hatten, beliefen
sich von 1800 bis 1804 auf 11572 Gulden, wofür auch das Brot
beschafft ward; vor 1800 betrugen sie für einen Lehrer oder Aufseher
14¼, für einen Zögling 13¼, nach 1800, obgleich die Lebensmittelpreise
viel teurer waren, 16 bezw. 15 Kreuzer täglich. Die Vorwürfe, welche
Babo der Pagerie gemacht hatte, erhalten hierdurch weitere Begründung.

D. Das Kadetten-Korps 1805—1888.

Die Neubegründung 1805.

Trotz der Verbesserungen, welche die Grundeinrichtungen der
Akademie durch die verschiedenen Umgestaltungen erfahren hatten,
und des vortrefflichen Zustandes ungeachtet, in welchem sich die
Anstalt unter Schwachheims sorgsamer und verständiger Leitung befand, entsprach sie nicht allen Anforderungen, welche man an sie
stellte.[1] Der Hauptvorwurf, welchen man ihr machte, war, dafs sie
zu wenig militärisch sei und ihre Zöglinge nicht genügend für den
Beruf des Offiziers vorbereite. Ein Haupthindernis für die Erreichung
dieses Zwecks war, dafs sie teils für das Heer, teils für bürgerliche
Berufsarten heranzubilden und zu erziehen hatte und daher keinem
dieser Ziele ihre volle Kraft widmen konnte. Das zweite ward noch
weniger erreicht, als das erste.

Der Ernst der Zeit und Bayerns neugewonnene Machtstellung
forderten dringend dazu auf für die Heranbildung eines geeigneten
Offizierersatzes zu sorgen. So kam es, dafs, während andere staatliche

---

[1] Geheime Registratur des Kriegsministeriums: Organisation Fasc. I. 1804
bis 1826.

Erziehungsanstalten im Hinblick auf den geringen Nutzen, den sie gewährten und den grofsen Aufwand, den sie erheischten, aufgehoben wurden, das Kadettenkorps, unter Gewährung reicherer Mittel neuerstehend, seiner ursprünglichen Bestimmung zurückgegeben ward. Es wurde wenigstens in seinen oberen Klassen eine rein militärische Bildungsanstalt; den unteren durften auch Zöglinge angehören, welche demnächst vorzogen, sich nicht dem Offiziersberufe zu widmen.

Die Mittelsperson, deren der Kurfürst zur Erreichung dieser Absicht sich bediente, war der damalige Oberst Freiherr R e i n h a r d v o n W e r n e c k, sein Leibadjutant. Derselbe hatte sich, nachdem er als Stabsoffizier aus dem österreichischen Dienste geschieden war, der Bewirtschaftung seiner Güter gewidmet und mehrere Anträge fremder Mächte zum Wiedereintritt abgelehnt, bis nicht ganz zwei Jahr vor seinem Tode Kurfürst Karl Theodor ihn in seine Umgebung berief. Der Nachfolger desselben, Kurfürst Max, entliefs seines Vorgängers Adjutanten bis auf Werneck, dem er bald seine volle Gunst schenkte. Ihm ward aufgetragen, die Militär-Akademie in das neue Verhältnis überzuführen und das letztere dauernd zu begründen. S c h w a c h h e i m war zu sehr mit den bestehenden Zuständen verwachsen und zu tief durchdrungen von den Grundsätzen, auf welchen die Einrichtungen der Akademie beruhten, als dafs er mit dieser Aufgabe hätte betraut werden können. Unter Bezeugung der Allerhöchsten Zufriedenheit und unter Belassung seines vollen Gehaltes ward er am 13. Juli 1805 in den Ruhestand versetzt, in welchem er am 25. März 1825 zu München gestorben ist. General-Major von Werneck ward sein Nachfolger.

Derselbe hatte inzwischen den ihm 1804 erteilten Auftrag, einen vollständigen Plan für die neue Anstalt zu bearbeiten, erledigt. Dafs er der rechte Mann war, einer solchen Aufgabe zu genügen, beweist die Art, wie er sie auffafste. Die Einleitung zu dem von ihm bearbeiteten Entwurfe[1] läfst den Geist erkennen, in welchem er zu wirken entschlossen war. Er sagt, dafs er nie daran gedacht habe, im Erziehungsfache thätig zu werden, er sei von Kindesbeinen an Offizier gewesen, wisse was er als solcher zu thun habe und dafs Unterordnung unter den Willen seiner Vorgesetzten das vornehmste Gebot für jeden Soldaten sei. Anders verhalte es sich mit den Pflichten und Obliegenheiten des Leiters einer Bildungsanstalt. Dieser bedürfe eigener Grundsätze. Wenn die seinigen, welche er nachstehend unterbreite, irrig

[1] Geheime Registratur des Kriegsministeriums: Organisation. Fasc. I. 1804 bis 1826. Teilweise abgedruckt bei Schönhueb, I 103.

wären, so würde es besser sein, ihm den Posten nicht zu übertragen, da er nie gegen seine Grundsätze handeln würde. Der erste derselben sei, „dafs die Erziehung dahin wirken solle, Männer zu bilden, die glücklich und dem Staate nützlich werden sollen." Dazu bedürften dieselben vor allem der Religion.

Sein Plan unterlag zunächst einer Prüfung, welche der Kriegs-Ökonomie-Rat und das Ministerial-Finanz-Departement am 18. Oktober 1804 in einer ihrer gemeinsamen Militär-Finanz-Sitzungen vornahmen; dann folgte eine Durchsicht seitens des Chef des Geheimen Kriegs-Bureau General-Lieutenant von Triva, und darauf genehmigte der Kurfürst den Plan; zunächst vorläufig, am 8. August 1805 endgiltig.

Das thatsächliche Eintreten der Umgestaltung, auf welche die Zöglinge bereits bei ihrer am 1. November 1804 erfolgten Rückkehr aus den Ferien gewartet hatten, verzögerte sich um ein halbes Jahr. Am 19. Januar 1805 war der Anstalt, welche den Namen Kadetten-Korps erhielt und welche der Kurfürst „unter höchsteigene unmittelbare Leitung" nahm, General von Werneck als „Kommandant" vorgesetzt. Das amtliche „Militär-Handbuch des Königreiches Bayern" bezeichnet daher diesen Tag als den der Bildung des gegenwärtigen Kadettenkorps. Werneck bestimmte den 1. Februar als Instituirungstag, den 12. als den Tag der Übernahme. Die Vorbereitungen waren aber noch nicht beendet und, als er am 16. Februar die Anstalt besichtigte, liefs er freilich das Vorhandene durch einen seiner Untergebenen übernehmen, erklärte aber die Leitung selbst erst antreten zu wollen, wenn alles in Ordnung und Geld in der Kasse sei, um die Ausstände bezahlen zu können.

Ende April 1805 war dies der Fall. Am 28. d. M. fand die feierliche Entlassung der austretenden Zöglinge und die Eröffnung der neugeschaffenen Anstalt statt. Ihre Vorgängerin hatte noch 86 Schüler gehabt. Diese waren durch Werneck, unter Zuziehung eines Rates der General-Schul- und Studien-Direktion, einer genauen Prüfung unterworfen, auf Grund deren der Kurfürst am 18. April genehmigte, dafs 21 als Kadetten und 12 als Eleven unbedingt, 14 in letzterer Eigenschaft auf ein Jahr probeweise in die unentgeltliche Klasse, 9 als Eleven gegen Bezahlung auf 1 Jahr, 7 bis zur Entscheidung ihrer Eltern über ihren künftigen Beruf vorläufig, im ganzen also 63, in das Kadetten-Korps eintreten sollten; von den übrigen 23 wurden 6 mit einer kurfürstlichen Dotation von monatlich 18 Gulden auf 2 Jahr,

3 als Unteroffiziere, 2 auf Wunsch ihrer Angehörigen und 12 als ungeeignet entlassen. Durch Befehl vom 30. April 1805 ward weiter angeordnet, dafs 13 Zöglinge der aufgehobenen Kriegs-Artillerie-Schule in das Kadetten-Korps eintreten sollten und ferner wurden demselben 19 Regimentskadetten überwiesen. In Zukunft sollte niemand, von ganz besonderen Ausnahmefällen abgesehen, Offizier werden, der nicht seine Erziehung und Bildung im Kadetten-Korps erhalten und den Beweis geliefert hätte, dafs er im Besitze der für den Offizierstand erforderlichen Vorkenntnisse und Eigenschaften sei, eine Bestimmung, welche ebensowenig ernst gemeint war, wie sie thatsächlich zur Ausführung gekommen ist.

Von den vorhandenen 17 Lehrern schieden 4 aus. 8 wurden neu angestellt, so dafs ihre Zahl 21 betrug. Sie hatten mit der Erziehung nichts mehr zu thun und erhielten weder Kost noch Wohnung. Die Erziehung ward lediglich durch militärische Vorgesetzte im Sinne des künftigen Berufes der Zöglinge geleitet. Es wurden zu diesem Zweck 6 Lieutenants als Inspektionsoffiziere befehligt, denen ältere Kadetten zur Seite standen. In Beziehung auf die Wahl. der Offiziere betonte Werneck in seinem Gründungsplane, dafs die Verwendung eine Auszeichnung sein müsse; sie dürfe nur Offiziere treffen, welche ihren Dienst vollständig verständen und in jeder Beziehung als Vorbilder dienen könnten; dieselben dürften nicht bleibend angestellt werden, weil jeder tüchtige Offizier vorwärts strebe; Pensionäroffiziere seien ungeeignet, weil irgend welche Untauglichkeit der Grund ihres Ausscheidens gewesen sei und weil bei dem, welcher verdammt sei zeitlebens in subalterner Stellung zu bleiben, Eifer und Ambition erkalten müfsten.

Eine Allerhöchsten Ortes genehmigte Intsruktion wies die Inspektionsoffiziere an, wie sie ihren Dienst, welcher in der sittlichen Überwachung und in der militärischen Ausbildung der Zöglinge bestand, verrichten sollten. Niemand sollte wider seinen Willen zu dem Kommando herangezogen werden und Jedem sollte freistehen nach Jahresfrist zum Regimente zurückzukehren. Die Inspektionsoffiziere erhielten freie Wohnung in der Anstalt nebst Feuerung und eine Zulage von monatlich 9 Gulden.

Dem Kommandanten zunächst stand ein „Capitain", welchem die Überwachung des inneren Dienstes, die kriegswissenschaftliche und die dienstliche Ausbildung der Zöglinge oblagen. Als solcher wurde auf Wernecks Antrag ein Mann bestellt, dessen Name mehr als dreifsig

Jahre lang mit der Geschichte des Kadetten-Korps eng verknüpft geblieben ist, dessen Wahl aber nicht zu den glücklichen gerechnet werden kann. Es war der Artillerie-Major Georg Tausch. [1]

Die Zahl der Zöglinge ward auf 210 festgesetzt. Sie beruhte auf der Annahme, dafs das etwa 900 Köpfe zählende Offizier-Korps eines jährlichen Ersatzes von etwa 30 bedürfen würde, wozu das Kadetten-Korps 20 bis 25 beitragen sollte. Die Raumverhältnisse gestatteten aber lange Zeit nur 145 aufzunehmen. Für sämtliche Zöglinge sollten Erziehung und Unterricht, für 100 derselben auch Kost und Kleidung unentgeltlich sein, für letzteres beides sollten die übrigen je 204 Gulden jährlich bezahlen. Die Freistellen sollten je nach der Bedürftigkeit der Eltern verliehen werden und dabei die Söhne wirklich dienender oder im Dienst verstorbener Offiziere und Civilstaatsdiener, unter denen bei gleicher Fähigkeit das Dienstalter entscheiden sollte, den Vorzug haben. Aufnahmefähig waren die Söhne des Adels, verdienter Offiziere, der Kollegienräte und der mit diesen in gleichem oder höherem Range stehenden Civil-Staatsdiener. Für .den Eintritt war ein Alter von mindestens 10 Jahren und der Nachweis von Kenntnis des Lesens und Schreibens, der Anfangsgründe des Rechnens und der lateinischen Buchstaben erforderlich. Ältere Bewerber, welche bis zu 15 Jahren aufgenommen werden durften, mufsten in einer Prüfung den Besitz der ihrem Alter entsprechenden Bildung darthun. Dem Aufnahmegesuche mufsten Geburts- und Schulzeugnis, sowie Bescheinigungen der körperlichen Tauglichkeit und der stattgehabten Impfung beigefügt werden. Der Aufnahme gingen eine ärztliche Untersuchung seitens der Anstalt und einer dort vorgenommene Prüfung voran, welche letztere 14 Tage dauerte und Anfang Oktober stattfand. An dieselbe schlofs sich der wirkliche Eintritt. Der Austritt erfolgte Ende September.

Zum Unterhalt der Anstalt war eine Exigenzsumme von 50000 Gulden bestimmt, so dafs erstere, wenn 110 Zöglinge Kostgeld im Gesamtbetrage von 22440 Gulden bezahlt haben würden, über eine Einnahme von 72440 Gulden zu verfügen gehabt haben würde;

---

[1] 1766 zu Mannheim geboren, 1783 beim Artillerie-Korps in den Dienst getreten, 1794 Lieutenant, 1799 Oberfeuerwerksmeister, 1800 als Hauptmann an die Spitze der zu errichtenden Kriegs-Artillerie-Schule berufen, später Warnecks Nachfolger und als Kommandant des Kadetten-Korps gestorben. Thatkraft, wissenschaftliche Bildung und hervorragende Kriegsleistungen hatten ihn für die 1805 ihm übertragene Stellung empfohlen.

in der That betrug sie in der Folge durchschnittlich 66000. Die Ausgaben bezifferte der Voranschlag auf 71289 Gulden, nämlich: Kost 25200, Montur (zu 37 ½) 7875, Hausausgaben 1400, Wäsche 800, Stiefel, Bett- und Tischwäsche 1850, Propretät 210, 13 Aufwärter 1911, Lehrer 15750, Musikalien 60, Theater 144, Reit- und Veterinärschule 1000, Schreib- und Zeichnenmaterialien 1680, Bücher 1200, Besoldung des Kommandanten 3500, 4 schwere Rationen für denselben 800, Besoldung des Capitains 1500, des Adjutanten 600, Zulage der Inspektionsoffiziere 720, Feldwebel 180, Fourier 96, für die beiden Letzteren je 78 Kost- und 25 Monturgeld, Krankenzimmer 500, Zeitungen 200, Baureparaturen 1000, Feuerung 1800, Unvorhergesehenes 1107 Gulden.

Der Aufenthalt in der Anstalt sollte wie früher 8 Jahre währen, davon 4 in der „Vorbereitungs"-, 4 in den „Ausbildungsklassen"; jede Klasse hatte 1jährigen Kursus. Wer die Vorbereitungsklassen durchgemacht hatte, mufste sich entscheiden, ob er Soldat oder etwas anderes werden wollte. Wer erstere Wahl traf und als geeignet anerkannt wurde, trat in die Ausbildungsklassen; im entgegengesetzten Falle verliefs er die Anstalt. Aufserdem sollten die fähigeren Schüler der Ausbildungsklassen in einem höheren Endkursus in den für den Artillerie- und Ingenieuroffizier unumgänglich nötigen Lehrgegenständen besonders unterrichtet werden, während welcher Zeit die weniger Befähigten durch Wiederholung der Vorträge in dem Erlernten fester gemacht werden würden.

Die Zöglinge der Vorbereitungsklassen hiefsen Eleven, die der Ausbildungsklassen Kadetten, 15 der letzteren, welche sich wissenschaftlich und moralisch besonders auszeichneten, und geeignet waren, den Inspektionsoffizieren zur Seite zu stehen, wurden zu Fahnenkadetten ernannt; sie trugen als Auszeichnung den Rock und verrichteten beim Exerzieren den Dienst der Unteroffiziere. Es wurden damit Benennungen eingeführt, welche sich bis heute erhalten haben.

Der Eintritt in das Heer erfolgte für die nach vollendetem Lehrgange genügend Vorgebildeten als Junker und Gehülfen der Adjutanten, unter deren besondere Aufsicht und Leitung sie traten. Sie wohnten in der Kaserne im eigenen Zimmer, hatten eine vor den anderen Unteroffizieren bevorzugte Stellung und durften nach Jahresfrist zu Offizieren in Vorschlag gebracht werden, wobei denjenigen, welche im Kadettenkorps sich ausgezeichnet hatten, der Vorzug zugesichert wurde.

Jeder Aufzunehmende hatte an Wäsche 6 Hemden, 6 Unterhosen, 6 Paar Socken, 6 Handtücher, 6 Schlafhauben, sowie 3 Paar Schuhe und ein gutes Reifszeug mitzubringen. Wenn er die Anstalt verliefs, so erhielt er jene Wäscheteile in neuen Stücken mit. Aufserdem war in Aussicht genommen, denjenigen, welche Offiziere wurden, aus den Ersparnissen für etwa offengehaltene Offizierstellen Equipierungs-beiträge zu geben. Die fortwährenden Kriege nötigten aber dazu, die frei werdenden Plätze sogleich zu besetzen; es wurde also kein Geld verfügbar. Der König, wie Kurfürst Maximilian IV. seit dem 1. Januar 1806 hiefs, bewilligte daher bis zum Jahre 1813 jedem Ausgemusterten 200 Gulden zur Ausrüstung aus seiner Privat-Dispositionskasse; später erhielten ganz Vermögenslose 150 Gulden.

Die Uniform bestand in einem kornblumblauen Kollet mit schwarzsamtenem Kragen und Aufschlägen, einer Reihe weifser Knöpfe und roten Vorstöfsen, weifser Weste, langen grauen gestrickten, für die Kadetten aufserdem weifstuchenen Beinkleidern mit zu beiden gehörigen schwarzen Kamaschen und Schuhen und einem Kasket („Raupenhelm"); letzteres für die Fahnenkadetten mit Bärenpelz. Der Säbel, für Eleven und Kadetten verschieden, ward an weifser Koppel zuerst um den Leib, seit 1807 über die Schulter getragen. Jeder Zögling hatte 1 schwarzes und 6 weifse Halstücher und einen Mantel; im Sommer wurden blaugestreifte leinene Hosen getragen.

Die beim Korps wirklich angestellten Offiziere trugen eine ähnliche, die übrigen ihre Regiments-, die weltlichen Professoren, sowie die Lehrer wissenschaftlicher Unterrichtsgegenstände, diese in Erfüllung einer von ihnen vorgetragenen Bitte, und später auch die Lehrer der Künste, eine besondere Uniform, aus einem Galarock, in den Farben der Montur der Zöglinge entsprechend, und einer Kampagneuniform, einem hechtgrauen Überrock mit silbergesticktem schwarzen Kragen etc. bestehend, dazu weifse Beinkleider, Hut und Degen.

Über die Gestaltung des von Tausch ausgearbeiteten Lehrplans im Einzelnen, wie derselbe geplant war und nach und nach zur Durchführung gelangte, giebt eine Schrift Nachricht, welche im Auszuge folgt. Sie ist um so wichtiger, als ihr Inhalt in der Hauptsache für den Unterricht im Kadettenkorps bis zum Jahre 1837 mafsgebend geblieben ist.

Lehrplan vom Jahre 1805[1].

Hauptzweck des Instituts ist eine wissenschaftlich-militärische Ausbildung der Zöglinge zu Infanterie-, Kavallerie-, Artillerie- und

---

[1] Auszug des Lehrplans für die Eleven und Kadetten des Kurfürstlichen Kadetten-Korps in München. München 1805. Gedruckt mit Zänglschen Schriften.

Ingenieur-Offizieren. Um Schülern, welche, nachdem sie die Vorbereitungsklassen durchgemacht haben, sich einem anderen Stande widmen
wollen, den Übertritt in andere staatliche Lehranstalten zu ermöglichen,
sollen die Lehrgegenstände mit Rücksicht auf den Unterrichtsplan
der den Klassen des Kadettenkorps entsprechenden 5 Klassen der
Mittelschulen geordnet werden. Es ist dies jedoch nicht völlig aus-
führbar, weil der Kursus, in welchem die Kriegswissenschaften gelehrt
werden, 4 Jahre erfordert und alle zu deren Verständnis nötigen Vorkenntnisse in den Vorbereitungsklassen erworben werden müssen. Es
ist daher notwendig, dafs die Kadetten namentlich in der Mathematik
weiter gefördert werden, als in den Mittelschulen geschieht. Auch
Erdbeschreibung und Geschichte müssen so weit als möglich im Vorbereitungskurse erledigt werden; schliefslich mufs auch der Unterricht
in der Naturlehre, deren Kenntnis für das Verständnis des Vortrages
in der Waffenlehre unentbehrlich ist, weiter gefördert werden als auf
den Mittelschulen geschieht. Demgemäfs sind

Lehrgegenstände für die Vorbereitungsklassen:[1]

Religions- und Sittenlehre, wie in den Mittelschulen.

Deutsche Sprache:

Im 1. Jahre: Fertiges Lesen mit Ausdruck; Kenntnifs der Redetheile, deren Bildung und Abänderung; richtig sprechen und schreiben.

Im 2. Jahre: Fortsetzung in letzterem; Wortfügung, Übung in
kleinen Aufsätzen.

Im 3. Jahre: Allgemeine Grundsätze zum Richtigschreiben; Übung
in gröfseren Aufsätzen; Anleitung zur Kenntnifs des Geistes der deutschen Sprache.

Im 4. Jahre: Vollständige Theorie des deutschen Styls; Anleitung
zur Fertigung stylisirter Aufsätze; eigene Ausarbeitung nach freier
Meditation; Einleitung zum Studium der deutschen Dichter.

Französische Sprache:

Im 1. Jahre: Bis zu den regelmäfsigen Zeitwörtern; öfteres,
deutliches, lautes Lesen, wobei besonders die den Deutschen so schwer
fallende Aussprache behandelt werden mufs; Übung im Übersetzen
der hieher geeigneten kleineren Aufgaben aus dem Französischen ins
Deutsche und aus dem Deutschen ins Französische, mündlich und
schriftlich.

Im 2. Jahre: Bis zu den unregelmäfsigen Zeitwörtern; lautes
Lesen wird fortgesetzt; die Zöglinge müssen nun schon — besonders

[1] Wörtlich wiedergegeben.

8 *

während des Unterrichts in dieser Sprache — französisch sprechen. — Es versteht sich von selbst, daß die Zöglinge in allen Klassen durch Aufgaben, welche ihren Kenntnissen anpassend sind, geübt werden.

Im 3. Jahre: Wortfügung bis zu den Mittelwörtern; lautes Lesen wird fortgesetzt; Übung durch eigene Lektüre.

Im 4. Jahre: Fortsetzung der Wortfügung bis zum Gebrauche der verbindenden Art; die übrigen Übungen werden fortgesetzt.

Lateinische Sprache:

Im 2. Jahre: Lesen und Schreiben; Kenntniß und Abändern der Redetheile mit vollständiger Ableitung der Grammatik, mit Übung der Regeln.

Im 3. Jahre: Fortsetzung der Grammatik; Grundsätze der zierlichen Wortfügung: Fertigkeit in Anwendung der Regeln derselben; mündliche Übersetzung einiger der leichten Klassiker; schriftliches Übersetzen aus dem Lateinischen ins Deutsche und aus dem Deutschen ins Lateinische.

Im 4. Jahre: Fortsetzung des vorigen; mündliche Übersetzung schwererer Klassiker, leichte Sprach- und Stylübungen.

Mathematik:

Im 1. Jahre: Arithmetik und Buchstabenrechnung; die vier Rechnungsarten mit benannten und unbenannten und zwar mit ganzen und gebrochenen Zahlen, einschließlich der Decimalbrüche; die vier Rechnungsarten mit Buchstaben, Potenzen und Wurzelgrößen.

Im 2. Jahre: Fortsetzung der Arithmetik und Buchstabenrechnung; Ausziehung der Quadrat- und Kubikwurzeln; Proportionen und Gleichungen des ersten und zweiten Grades; arithmethische und geometrische Reihen und Logarithmen.

Im 3. Jahre: Geometrie.

Im 4. Jahre: Trigonometrie und praktische Geometrie, womit die nötigen Übungen auf dem Felde verbunden werden.

Naturgeschichte:

Im 1. Jahre: Von der Naturgeschichte überhaupt und den nötigsten Lebensbedürfnissen.

Im 2. Jahre: Von den gemeinsten Lebensbedürfnissen, besonders in ökonomischer und technischer Hinsicht.

Im 3. Jahre: Von den Produkten, welche größtentheils als Gegenstände des Luxus und des Vergnügens angesehen werden können.

Im 4. Jahre: Von den Produkten, welche dem Menschen zu seinem Bedürfnis nützen, oder schädlich sind.

Erdbeschreibung:

Im 1. Jahre: mufs sie der Geschichte vorarbeiten und schon, ehe der erste historische Kurs eintritt, eine vollständige aber nicht zu sehr ins Detail gehende Übersicht unserer ganzen Erdoberfläche geliefert haben; und damit dem Zögling in der Folge beim Studium der Geschichte diese Vorkenntnisse wirklich nützlich werden, so müssen die Theile der Erdoberfläche mehr nach den natürlichen Grenzen, nämlich nach den Gebirgsketten, nach den Meeren, nach dem Laufe der Flüsse, als nach den sehr veränderlichen politischen Grenzen bestimmt werden.

Im 2. Jahre: ein etwas mehr ausgewählter Vortrag von Europa.

Im 3. Jahre: von Deutschland.

Im 4. Jahre: wird die Geographie von Baiern und den dazu gehörigen Besitzungen ausführlich abgehandelt; das Notwendigste der Globuslehre.

Geschichte:

Im 2. Jahre: allgemeine Geschichte bis auf unsere Zeit.

Im 3. Jahre: Geschichte der europäischen Völker — nach gewissen durch die allgemeine Geschichte bestimmten Perioden.

Im 4. Jahre: Geschichte der Deutschen — ausführlicher.

Naturlehre:

Im 4. Jahre: von den allgemeinen Eigenschaften der Körper und von den Gesetzen der Bewegung.

Schönschreiben, für welches Fach bis 1807 verschiedene Lehrer die einzelnen Schriftgattungen lehrten.

Im 1. Jahre: Kurrentschrift und zwar deutsche und französische nach den verschiedenen Arten.

Im 2. Jahre: Fortsetzung des Vorigen nebst Anfang zur Kanzleischrift.

Im 3. Jahre: Fortsetzung nebst Fraktur in deutscher Schrift.

Im 4. Jahre: Fortsetzung nebst Fraktur in englischer Schrift.

Freie Handzeichnung: Wird in allen vier Vorbereitungsklassen gelehrt und geübt, weil man sich dadurch an ein richtiges Augenmafs gewöhnt, welches für den Offizier so sehr notwendig ist. — Auch die Erlernung der Situations- und anderer militärischer Zeichnungen wird dadurch erleichtert.

Tanzen: wird in allen Klassen geübt.

Fechten: wird nur von den Stärkeren in der letzten Vorbereitungsklasse geübt.

Lehrgegenstände für die Ausbildungsklassen:

Religions- und Sittenlehre. Im 1. und 2. Jahre: Hier wird mehr auf die künftige Bestimmung der Zöglinge Rücksicht genommen als in den Vorbereitungsklassen geschehen konnte. Vorzüglich müssen ihnen die militärischen Tugenden und die diesem Stande eigenen Pflichten empfohlen werden.

Deutsche Sprache.

Im 1. Jahre: Fortsetzung des in der 4. Vorbereitungsklasse erteilten Unterrichts; allgemeine Theorie der Dichtkunst; Umarbeitung kleiner Gedichte in Prosa und umgekehrt; Anleitung zur Redekunst.

Im 2. Jahre: Militärischer Geschäftsstyl.

Französische Sprache.

Im 1. Jahre: Die Regeln der Prosodie; alle Ausnahmen von den bisher gegebenen Regeln der Wortfügung; Übung in eigenen Aufsätzen, Briefen etc.

Im 2. Jahre: Die der französischen Sprache eigenen Redensarten und die gleichbedeutenden Wörter; Fortsetzung in eigenen Aufsätzen.

Im 3. Jahre: Fortsetzung.

Naturgeschichte.

Im 1. Jahre: Naturprodukte, welche für uns nur gröfstenteils merkwürdig sind — nebst einer kurzen Naturgeschichte des Menschen.

Geschichte.

Im 1. Jahre: jene der Deutschen fortgesetzt.

Im 2. Jahre: vaterländische Geschichte.

Im 3. Jahre: Fortsetzung.

Naturlehre.

Im 1. Jahre, in der 1. Hälfte: von den einfachen Maschinen und dem Nötigsten der zusammengesetzten; von den Gesetzen des Gleichgewichts flüssiger Körper unter sich und mit festen Körpern; vom Wärmestoff, Licht, Feuer und Wasser, von den verschiedenen Luftarten und ihren Eigenschaften; vom Schiefspulver. In der 2. Hälfte: von den Lichtstrahlen; Anwendung hiervon auf das Nötigste der optischen Wissenschaften; Erklärung des Weltgebäudes.

Der Unterricht in der Naturlehre mufs im Anfange besonders dahin wirken, dafs die Zöglinge sich diejenigen Kenntnisse eigen machen, welche man bei einer gründlichen Abhandlung über die Einrichtung und Wirkung der im Kriege gebräuchlichen Waffen voraussetzen mufs. Nachdem die hierzu notwendigen Teile der Naturlehre vorhergegangen sind, kann sich der Lehrer mehr über jenen Gegenstand ausbreiten, deren Erkenntnifs in anderer Hinsicht nützlich ist.

Militär-Kriegsreglement.

Da die Kadetten der Ausbildungsklassen schon in der 2. Hälfte des 1. Jahres zu militärischen Dienstverrichtungen im Institute angehalten werden, so müssen sie das Notwendigste vom Dienst- und Kriegsreglement noch in der 1. Hälfte des 1. Jahres gelehrt werden. Das churfürstliche Kriegsreglement und die auf diesen Gegenstand Bezug habenden Ordres werden hier zu Grunde gelegt.

Reine Taktik.

In der 2. Hälfte des 1. Jahres: gründliche Abhandlung über die Einrichtung und Wirkung der im Kriege gebräuchlichen Waffen und alles dessen, was zu ihrem Gebrauch notwendig ist; wie alle diese Kriegsbedürfnisse in den zu ihrem Gebrauche nötigen Zustande erhalten und das etwa fehlerhaft Gewordene wiederhergestellt werden kann. — Wobei auch das Notwendigste von Behandlung der Pferde gesagt werden mufs (die zu Cavallerieoffizieren bestimmten Zöglinge erhalten hierin einen besonderen ausführlicheren Unterricht in der churfürstlichen Veterinärschule).

Im 2. Jahre: reine Taktik, niedere und höhere der Infanterie, Kavallerie und Artillerie, nebst den hierher gehörigen Teilen der Lagerkunst. — Da man beim Vortrage der Taktik die notwendige mathematische Kenntnifs voraussetzen darf, so mufs jene immer in Begleitung der Logistik fortschreiten.

Angewandte Taktik:

Im 3. Jahre: eine sehr ausführliche Abhandlung über den kleinen Krieg — wonach höhere angewandte Taktik mit dem dazu gehörigen Teile der Lagerkunst und der Strategie folgt.

Im 4. Jahre: Fortsetzung.

Feldbefestigung.

Im 2. Jahre: Nicht nur die Grundsätze dieser Befestigung müssen den Zöglingen gelehrt werden, sondern sie müssen auch im Angriff und der Verteidigung der verschiedenen Arten von Feldverschanzungen und in Verfertigung von Faschinen, Würsten, Schanzkörben etc., im Abstecken und Erbauung der Schanzen praktisch unterrichtet und geübt werden und Entwürfe für gewisse Voraussetzungen schriftlich ausarbeiten.

Angriff und Verteidigung der Festungen.

Im 3. Jahre: Nicht die Anlegung oder Erbauung, sondern nur ihre Vertheidigung und Eroberung sollen den zur Infanterie und Kavallerie bestimmten Zöglingen gelehrt werden; für diese ist es schon hinreichend, wenn sie den Zweck der Haupt- und Aufsenwerke und deren nothwendige Einrichtung kennen; aber kein Mittel zur Eroberung oder Vertheidigung der Festungen darf ihnen unbekannt bleiben.

Vaterländische Geschichte, Völker- und Kriegsrecht.

Im 3. Jahre: Einen Rechtsgelehrten zu bilden, wäre ganz gegen den Zweck des Instituts; nur soweit soll hier der Zögling geführt werden, dafs er nicht Gefahr laufe, aus Unkunde gegen diese Gesetze zu handeln, und damit er als Beisitzer eines Gerichts nicht ganz Fremdling in demselben sei. — Auch sollen hier die Pflichten, welche dem Offizier als Beisitzer obliegen, und die Formalitäten, welche bei militärischen Kommissionen und Kriegssprüchen zu beobachten sind, vorgetragen werden.

Bürgerliche Baukunst.

Im 2. Jahre: Derjenige Vortrag über die bürgerliche Baukunst, welchen alle Zöglinge der 2. und 3. Ausbildungsklasse beiwohnen, soll nur die notwendigsten Regeln enthalten; er soll nur eine Anleitung zur Erbauung der gewöhnlichsten Privatgebäude sein. — Die Zeichnungen von verschiedenen Arten der Säulenordnungen wäre hier ein zeitverderbendes Mittel.

Im 3. Jahre: Fortsetzung.

Kriegsgeschichte.

Im 4. Jahre: Nur dann, wenn man sich die vorangegangenen Wissenschaften eigen gemacht hat, werden Vorlesungen über Kriegsgeschichte und Geschichte der Kriegswissenschaften nützlich sein, weil man mit allen Ereignissen, welche hier erwähnt werden, bekannt sein wird.

Der Zögling wird hier eine Kette von Anwendungen der bereits gelernten Gegenstände finden; er wird hieraus und aus den vorgefallenen Fehlern Vorschriften für sein künftiges Benehmen im Kriege sammeln.

Militärische Geographie.

Im 4. Jahre: Hier werden die verschiedenen Lehren der Kriegswissenschaften auf wirklichem Terrain angewandt. Der Lehrer mufs genaue Lokalkenntnifs von allen Vaterländischen Besitzungen und angrenzenden Ländern mit einer genauen Kenntnifs der Kriegswissenschaft verbinden. Ausgerüstet mit diesen Wissenschaften, wird der Lehrer die Zöglinge durch getreue und deutliche Pläne auf die Vor- und Nachteile des Terrains aufmerksam machen und seine hierauf gegründeten Lehren für alle wahrscheinlichen Ereignisse vortragen. Der Lehrer wird von Zeit zu Zeit, besonders während der Vakanz, Reisen mit den besten Zöglingen vornehmen, ihnen die Untersuchung gewisser Gegenden in militärisch-geographischer Hinsicht auftragen, worauf sie dann ihre schriftlichen Arbeiten, mit den nöthigen Bemerkungen des Lehrers, bei ihrer Rückkunft in das Kadettenkorps einliefern müssen.

Schönschreiben.

Im 1. Jahre: Fortsetzung des Vorigen nebst Fraktur im Englischen.

Im 2. Jahre: Fortsetzung.

Freie Handzeichnung:

Im 1. Jahre fortgesetzt.

Situations-, taktische und Fortifikations-, sowie auch Maschinen-, Waffen- und Artilleriezeichnungen werden, sowie die Architekturzeichnung, in dem nämlichen Jahre gelehrt und geübt, worin diese Wissenschaften selbst vorgetragen werden.

Tanzen wird fortgesetzt.

Fechten und Voltigieren wird mehr als in den Vorbereitungsklassen geübt.

Reiten: hierin erhalten nur die Zöglinge der zwei letzten Ausbildungsklassen Unterricht.

Gymnastische und militärische Übungen, sowie auch Musik, sind für die Erholungsstunden, und zwar in der Frühe von 9 bis 10, Nachmittags von 1 bis 2, zweimal wöchentlich von 4 bis 6 Nachmittags, die übrigen Tage von 6 bis 7 Uhr Abends bestimmt.

Repetitionsstunden sollten dazu dienen, zurückgebliebene Schüler zu fördern; für die, welche solcher nicht bedürfen würden, ward neben einer jeden Ausbildungs- eine höhere Ausbildungsklasse errichtet. In diesen wurden „die für den wissenschaftlich gebildeten Artillerie- und Ingenieur-Offizier unumgänglich nötigen Wissenschaften gelehrt." Die Vorträge fanden gröfstentheils während jener Repetitionsstunden statt.

„Besondere Lehrgegenstände für die höheren Ausbildungsklassen" waren:

Höhere Mathematik.

Im 1. und 2. Jahre: Der Vortrag dieser Wissenschaft mufs besonders dahin zwecken, das Studium der hier nachfolgenden Wissenschaften zu erleichtern.

Mechanik und Hydrodynamik.

Im 2. und 3. Jahre: Da diese Wissenschaften vorzüglich geeignet sind, das Studium der Artillerie- und Pontonierwissenschaft, der bürgerlichen und Kriegsbaukunst zu erleichtern, und da ohne diese Vorarbeitung die zum Vortrage der Artillerie- und Pontonierwissenschaften bestimmte Zeit nicht hinreichen würde, so muſs der Lehrer hierauf vorzüglich Rücksicht nehmen.

Chymie, Mineralogie, besonders Metallurgie.

Im 2. und 3. Jahre: Diese Wissenschaft muſs ebenfalls gröſstentheils in Beziehung auf die Artillerie vorgetragen werden.

Artillerie-, Mineur-, Pontonier- und Sappeurwissenschaft.

Im 4. Jahre: Da dem Vortrage dieser Wissenschaften schon sehr vorgearbeitet ist, so kann auch hier der technische Teil mehr als gewöhnlich berücksichtigt werden.

Bürgerliche Baukunst.

Im 3. Jahre: Da hier bei dem Zöglinge die nötigen Vorkenntnisse vorausgesetzt werden dürfen, so kann die Baukunst wissenschaftlich vorgetragen werden; das Notwendigste vom Straſsen- und Wasserbau macht den Schluſs.

Permanente Befestigungskunst.

Im 4. Jahre: Hier findet die soeben gesagte Erinnerung statt, und es versteht sich von selbst, daſs hier wenigstens die vorzüglichsten Befestigungssysteme gründlich auseinandergesetzt werden müssen.

Der Ein- und Durchführung des Lehrplans vom Jahre 1805 traten von vornherein Hindernisse in den Weg.

Zunächst der Mangel an Kenntnissen bei manchen Zöglingen und deren ungleiche Vorbildung. Werneck, welcher in dieser Beziehung sehr freie Hand gehabt zu haben scheint, sah sich dadurch veranlaſst, aus den Zöglingen der bisherigen Schule vier Klassen, und daneben eine Ausnahmeklasse, zu bilden, in welcher nur Deutsch, Arithmetik, militärisches Zeichnen und Geometrie gelehrt wurden. Ihr ward die Mehrzahl der Regimentskadetten zugeteilt, deren Wissen sich im ganzen wenig über den Standpunkt der Volksschule erhob. Werneck erkannte, daſs bei den meisten alle Mühe verloren sein würde. Es fanden sich aber auch solche darunter, welche für die höheren Ausbildungsklassen geeignet erschienen; ebenso waren strebsame jüngere Offiziere vorhanden, welche von der ihnen gewährten Erlaubnis Gebrauch machten, am Unterricht unentgeltlich teil zu nehmen.

Der Krieg, welchen gegen Ende 1805 Napoleon nebst seinen Verbündeten, zu denen der Kurfürst gehörte, gegen Österreich und Rußland führte, bereitete der Anstalt früh ein vorläufiges Ende. Als die Österreicher gegen München heranrückten, ging der König in der Nacht zum 9. September nach Würzburg; vorher hatte er durch Befehl vom 7. das Kadetten-Korps aufgelöst.

Die Inspektions-Offiziere kehrten zu ihren Regimentern zurück, 48 Zöglinge, nämlich 8 zu Junkern beförderte, 24 Kadetten und 16 Eleven, welche körperlich genügend kräftig waren, wurden, mit Kadettenwaffen ausgerüstet, an die Oberbayerische Militär-Inspektion abgegeben; 50 Zöglinge, welche keine Heimat hatten oder dieselbe augenblicklich nicht erreichen konnten, blieben in der Anstalt, mit ihnen Werneck, Tausch und die Professoren; letztere übernahmen den Aufsichtsdienst. Der Unterricht wie der übrige Dienstbetrieb wurden thunlichst im Gange erhalten.

1806 — 1814.

Es folgte eine Zeit voll Störung und Unruhe. Die mannigfachen Kriege, in welche Bayern verwickelt wurde, und die durch dieselben bedingten großen Anforderungen an die quantitativen Leistungen des Kadetten-Korps ließen die Anstalt nicht zur ruhigen Entwickelung und gleichmäßig geregelter Thätigkeit kommen, sondern nötigten zum Abweichen vom Lehrplan und zu vorzeitigen Entlassungen. Trotz so vieler Widerwärtigkeiten und Hemmnisse ward Tüchtiges geleistet.

Nachdem am 2. Dezember 1805 die Schlacht von Austerlitz den Krieg entschieden hatte, wurden bereits am 11. die förmliche Herstellung des Kadetten-Korps und die Aufnahme neuer Bewerber angeordnet; die Ausgetretenen kehrten nicht zurück. Jene erfolgte im Februar 1806.

Die Zöglinge sollten, soweit ihr Alter es gestattete, in möglichst kurzer Zeit zu Offizieren vorgebildet werden. Es ward daher im April 1806 ein praktischer Kursus eingerichtet, durch welchen die Älteren den nötigsten, in erster Linie die Kriegswissenschaften berücksichtigenden Unterricht empfingen. Lehrgegenstände waren: Deutsch; Erdbeschreibung und zwar die des südlichen Deutschland ausführlich; Arithmetik bis zu den geometrischen Proportionen unter

Ausschlufs von Progressionen und Logarithmen; Geometrie, besonders praktisch; Kenntnis, Wirkung und Anordnung der gegenwärtigen kriegsgebräuchlichen Waffen, so viel es der Mangel der hier nicht vorausgesetzten Hilfswissenschaften erlaubt; reine und angewandte Taktik, mit besonderer Rücksicht auf den kleinen Krieg; Feldbefestigung; Lehre vom Angriff und von der Verteidigung der Festungen mit den nötigen Begriffen von ihrer Einrichtung; Schönschreiben; Situationszeichnen; Tanzen, Fechten, Voltigieren, Reiten und Exerzieren; vom 14. Jahre an erfolgte Ausbildung mit dem Gewehr. Eine Modell- und Waffenkammer einzurichten, gelang Werneck erst 1814, wo ihm aus verschiedenen Zeughäusern Gegenstände für dieselbe überwiesen wurden. Der Unterricht ward in drei Klassen erteilt. Es nahmen an demselben auch Schüler teil, welche bereits Regimentern angehörten. Sie hatten nicht nur den Vorträgen beizuwohnen, sondern auch das Eigenstudium in der Anstalt vorzunehmen. Im Jahre 1806 genofs eine kleine Zahl fortgeschrittenerer Zöglinge, welche zu Fahnenkadetten ernannt wurden, eine höhere Ausbildung. Neben dem praktischen Kursus, welchem der Krieg von 1809 ein Ende machte, ging der Unterricht der jüngeren Zöglinge nach dem ursprünglichen Lehrplane, welcher jedoch mancherlei Abänderungen erlitt, fort. 1812 konnte zum ersten Male eine 8. Klasse gebildet werden.

Von jenen Änderungen war die erste die, dafs seit 1807 der Religionsunterricht den Anhängern eines jeden Glaubensbekenntnisses gesondert erteilt wurde. Zunächst waren 12 Evangelische und 1 Reformierter vorhanden. Der Vortrag über Sittenlehre war für alle Schüler der nämliche. Beide Vorträge, wie auch der Unterricht im Deutschen und im Französischen, wurden allmählig auf alle 8 Klassen ausgedehnt; das Studium der letzteren Sprache ward seit 1809 noch dadurch gefördert, dafs die Fortgeschritteneren auch in Erholungsstunden darin gefördert wurden. Das Lateinische ward auf die beiden untersten Klassen beschränkt, der mathematische Unterricht auf die unterste Ausbildungsklasse ausgedehnt, der in Erdbeschreibung, Geschichte und Naturgeschichte ein Jahr später begonnen, die Vorlesungen über militärisches Dienst- und Kriegsreglement in die 8. Klasse verlegt.

In manchen Fächern, namentlich in den militärischen und in den naturwissenschaftlichen, mit deren Fortschreiten auch die Beschaffung von Lehrmitteln nicht gleichen Schritt hatte halten können, litt der Unterricht am Mangel an Lehrern. Der Reitunterricht begann 1812; er wurde den Kadetten der 8. Klasse wöchentlich dreimal durch einen

Oberbereiter, welcher jährlich 500 Gulden bezog, auf der Hofreitschule erteilt.

Besseren Fortgang hatten die praktischen Übungen, welche
1810 ihren Anfang nahmen, nachdem der theoretische Unterricht der
Ausbildungsklassen den Grund gelegt hatte. Letztere besuchten das
Laboratorium, fertigten Feuerwerke an, sprengten Fladderminen und
übten sich auf dem Anstaltshofe im Schanzenbau; die 7. und 8. Klasse
nahmen am Schlusse des Schuljahrs, vier Wochen dauernd, Vermessungen in der Umgegend von München vor. Es wurde mit dem Gewehr
exerziert und nach der Scheibe geschossen; die Patronen fertigten die
Zöglinge selbst an.

Der Belehrung und zugleich der Unterhaltung dienten Lust-
und Übungslager, von denen das erste 1811 am Westufer des
Starnberger See bezogen wurde. Die Zöglinge wurden dort mit dem
Lagerleben, dem Garnison- und dem Felddienst bekannt gemacht.
Man schanzte, exerzierte, schofs und nahm andere militärische Übungen
vor. Vom 23. bis 31. August ward unter Zelten kampiert. Die kurfürstliche Familie wohnte den Übungen bei, welche aus weiten Kreisen
die Bewohner der Umgegend als Zuschauer anzogen. Der Entwurf zu
einem am Seeufer ausgeführten Schauspiele, welches mit einem Bom-
bardement, dem Auffliegen eines Pulvermagazins und der Erstürmung
der Insel Wörth endigte, erschien im Druck.

Zur Belebung des Eifers der Zöglinge und ihrer wissenschaftlichen
Leistungen traf Werneck eine Reihe von zweckmäfsigen Einrichtungen. Seit 1808 wurden zur Aufnahme-Prüfung mehr Anwärter
einberufen, als Plätze frei waren, so dafs die Besten ausgewählt werden
konnten. Die Aufnahme selbst war nicht immer eine unbedingte,
sondern der Verbleib in der Anstalt ward unter Umständen vom
Ausfall einer Probezeit und von den Erfolgen einer Nachhilfe abhängig gemacht. Erst wer für eine Klasse vollständig reif erklärt war,
erhielt deren Uniform. Mündliche Prüfungen, die schriftlichen Arbeiten, eine halbjährliche schriftliche Haus- und eine am Schlusse des
Schuljahres stattfindende ebensolche Hauptprüfung, wozu seit 1811
Monatsskriptionen und, neben den schon bestehenden Monats-Fleifs-
tabellen, Wochennoten-Tabellen traten, bestimmten den Rang der Zöglinge. Auf Grund dieser Beläge ward für jeden einzelnen der Jahresfortgang festgestellt, welcher dem Könige gemeldet wurde. Der Eintritt
in das Heer sollte der Regel nach als Fahnenjunker, für die, welche
eine höhere Ausbildung erhalten und sich ausgezeichnet hatten, als

Offiziere geschehen. Ein Austrittsexamen, von dessem Bestehen die Beförderung zum Offizier abhängig gemacht wäre, fand nicht statt; die Zeit war nicht darnach, sie einzuführen. Der Bedarf des Heeres und die körperliche Tauglichkeit waren allein mafsgebend. Das Kadettenkorps mufste Offiziere liefern, so viel es konnte: 1806—7 wurden 32, 1809: 24, 1812: 21, 1813: 42 Zöglinge entlassen, ohne dafs sie den vorgeschriebenen Bildungsgang vollständig durchgemacht hatten; 1814 waren nur noch zwei vorhanden, welche zur Anstellung geeignet waren.

Derartige Aussichten, die Schulbank verlassen zu können, ohne unbequeme geistige Anstrengungen zu machen, mufsten auf den Lerneifer lähmend wirken. Um ihn zu heben, eröffnete Werneck 1809 den Strebsamen die Möglichkeit, eine Klasse zu überspringen, indem er gleichzeitig die Nachlässigen durch Beschränkung oder Entziehen des Urlaubs, namentlich des nach Beendigung des Schuljahrs im Ferienmonat September den Zöglingen gewährten, während dessen sie das Versäumte nachzuholen hatten, und ähnliche Mafsregeln zur Thätigkeit anspornte. Daneben ordnete er, um das Aufsteigen in die nächst höhere Klasse zu erleichtern, 1808 an, dafs in den ersten drei Monaten des Schuljahrs (Oktober bis Dezember) die gesamte Lehraufgabe des vorangegangenen wiederholt wurde. Ende Dezember fand die Versetzungsprüfung statt. Auf die unterste und die oberste Klasse ward diese Mafsregel nicht angewendet.

Einen weiteren Anhalt für die Beurteilung erhielt Werneck durch Charakterschilderungen der Zöglinge, welche die Professoren am Schlusse des Unterrichtsjahres einreichten. Es wird erzählt, dafs die Herren sich dieser Arbeit nur mit Widerstreben unterzogen hatten und dafs die Art und Weise der Lösung derselben Werneck, bis zum Platzgreifen einer gewissen schematischen Behandlungsweise, viel Schwierigkeiten bereitet habe.

Die Erziehung war wieder mehr in die Hände der Professoren gelangt, als 1805 beabsichtigt war. Das Heer bedurfte seiner Offiziere selbst, daher war die Zahl derer, welche dem Kadetten-Korps zur Verfügung gestellt werden konnten, klein und meist waren es felddienstunbrauchbare oder ältere Offiziere des Ruhestandes, welche gemeinsam mit bürgerlichen Lehrern den Aufsichtsdienst wahrnahmen. Die Beobachtungen und Erfahrungen, welche Werneck dabei machte, bewirkten, dafs er 1816 schrieb: „Den gröfsten Nutzen im Erziehungsfache erhielt ich von geschickten, jungen und eifrigen Offizieren, welche in voller Lebensthätigkeit und physisch blühenden Kräften bei dem Eifer, sich im Wissenschaftlichen zu vervollkommnen, dem Zöglinge zum Muster zu dienen beflissen waren. Durch ihr Beispiel munterten sie die Zöglinge auf und flöfsten ihnen Leben, Eifer, Ambition, Ehrgefühl, Zufriedenheit und Stärke des Geistes und Körpers ein." Der Geist, welcher in der Anstalt grofs gezogen wurde, äufserte sich im Jahre 1813 dadurch, dafs die Zöglinge sechs Mann des allgemeinen Aufgebots aus ihrem Taschengelde mit Löhnung, Brot und Fleisch versorgten.

Belohnungen und Strafen waren streng geregelt und nach ganz bestimmten Grundsätzen in ein System gebracht. Dasselbe fufste auf den Noten: für Fleifs viel, sehr viel, ungemein viel oder wenig, sehr wenig, ungemein wenig; für das sittliche Verhalten gut, sehr gut, ungemein gut oder mittelmäfsig, tadelhaft, sehr tadelhaft, ungemein tadelhaft. Dazu kamen seit 1811 Konduitenlisten der Erzieher, welche sich über Diensteifer, Reinlichkeit, Anzug, Ordnungsliebe, Benehmen gegen Vorgesetzte, Kameraden und Untergebene, äufseren Anstand und Fleifs im Eigenstudium aussprachen. Von der Beurteilung hing die Verteilung an die Belohnungs- und an die Straftafeln beim Speisen ab; wessen Gesamtnote sich über mittelmäfsig erhob, erhielt seit 1807 an Sonn- und Feiertagen warme Milch zu seinem Frühstücksbrote. Nach ihr richtete sich die Erlaubnis zu Ausgängen an Sonn- und Feiertagen, zur Teilnahme an Familienfesten, zum Theaterbesuch, für welchen das Abonnement fortbestand, die Beurlaubung während des Osterfestes und des Karnevals. Werneck war sehr geneigt, die Zöglinge an Vergnügungen aufser dem Hause teilnehmen zu lassen und sie in den geselligen Verkehr der grofsen Welt einzuführen. Sie wurden zu den Jugendbällen des Hofes herangezogen und besuchten Tanzgesellschaften bei Privatpersonen; auch in der Anstalt wurden Bälle gegeben, zum ersten Male während des Karneval 1811.

Für die besten Leistungen wurden bei den Prüfungen Preise erteilt, zu deren Beschaffung der von den Buchhändlern bewilligte Rabatt von 10% verwendet wurde. 1805 erhielt die Hälfte der Schüler solche Preise; später, als die Klassen zahlreicher wurden, ein Drittel; meist Bücher, die älteren Schüler später Diplome.

Die zulässigen Strafen waren: Stehen während der Mahlzeiten und an der Wand stehen während der Erholungszeit, Entziehen des Frühstücks oder der Speisen bis auf die Suppe, Ausschliefsen vom Theaterbesuch, Beschränkung im Ausgehen, Haus- und Säbelarrest,

Herabsetzung von einer mehr leckeren zu einer geringeren Tafel, Diätstrafe im Krankenzimmer; ferner die Prison, Schillinge (d. h. Rutenstreiche), Tragen der Eselskappe, eingeschränkte und öffentliche Absonderung und, am meisten gefürchtet und selten angewendet, die graue Montur, von zottigem Stoff gefertigt, in welcher der Bestrafte hinter der Abteilung stand oder folgte. Die Befugnis zum Versetzen in die Prison stand allen Offizieren zu, die zum Entlassen nur dem Kommandanten. Die Professoren gaben ihren Klagen in einem Beschwerdebuche Ausdruck; die daraufhin verfügten Maßregeln blieben in Kraft, bis der betreffende Professor die Aufhebung beantragte.

Besonderen Wert legte Werneck darauf, daß die Zöglinge in lebendigem Verkehr mit ihren Familien blieben. Es war daher den Eltern etc. zweimal wöchentlich gestattet, dieselben im Fremdenzimmer der Anstalt zu sehen, wo sie außerdem Gelegenheit fanden, in den ausliegenden Listen sich über deren Fleiß und Betragen zu unterrichten; den entfernt Wohnenden ward über alle wichtigen Vorkommnisse schriftlich Kenntnis gegeben; auch waren die Zöglinge angehalten, wenigstens einmal im Monat an die Ihrigen zu schreiben.

Große Aufmerksamkeit widmete Werneck ferner der Gesundheitspflege und einer ihrer Grundlagen, der körperlichen Reinlichkeit. In der Behandlung der Kranken wurden Verbesserungen vorgenommen, der Krankenaufseher hatte das Kämmen, Fußbaden, Nägelschneiden und Zahnputzen zu überwachen, es wurde das Flußbaden und 1810 die Behandlung durch einen Zahnarzt eingeführt.

Der innere Dienst war Sache der Aufsichtsoffiziere, deren Bereiche „Divisionen" hießen. Sie standen zu denselben im Verhältnis des Hauptmanns zur Kompagnie. Ihre geringe Zahl machte ihr Amt besonders schwierig. Sie waren für die militärische Ausbildung, für Anzug und Material verantwortlich. Fahnenkadetten, welche Feldwebeldienst thaten, und andere ältere Kadetten als Unteroffiziere, meist zwei bei jeder Division, standen ihnen zur Seite. Die Ordnung im Hause überwachte der „jour habende" Offizier. Von 9 bis 10 Uhr Morgens war die Rapportstunde, in welcher die allgemeinen Dienstgeschäfte erledigt wurden. Vorgesetzte und Untergebene waren dazu in dem zugleich als Studier- und Erholungsort dienenden Speisesaale versammelt.

Die Obliegenheiten des Adjutanten, zu welchen außer dem Schreibwesen, Verwaltung und Rechnungssachen gehörten, wurden zuerst 1806, wo die Vielseitigkeit der Aufgabe und die Zuteilung von

Regimentsangehörigen zur Anstalt die Geschäfte sehr vermehrt hatten, für kürzere Zeit, 1812 bleibend, auf zwei Offiziere verteilt; neben dem 1. übernahm ein Inspektionsoffizier als 2. Adjutant die Schreibgeschäfte. Die Stellung der Professoren erfuhr mehrfach Verbesserungen. 1807 wurde den geistlichen Professoren etc. die Aussicht eröffnet, daß sie, gleich den geistlichen Gymnasialprofessoren, nach längerer erfolgreicher Verwendung gute Pfarreien und Benefizien erhalten sollten; fremde Geistliche, welche in Lehrerstellen berufen wurden, empfingen dadurch das Indigenat; 1808 ward den wirklichen Professoren der Rang der wirklichen Kollegialräte beigelegt, die neuanzustellenden verloren jedoch die Uniform; einzelne Besoldungen wurden bis zu 1200 Gulden erhöht. Dazu traten nicht selten aufserordentliche Geldzuwendungen, auch für Inspektionsoffiziere. Professoren, welche sich verheiraten wollten, hatten 5000 Gulden Kaution zu bestellen; sie waren Mitglieder der Witwenkasse und leisteten Beiträge zu derselben.

Als Aufwärter suchte Werneck zuverlässige gediente Soldaten zu bekommen. Dieselben waren in den Farben der Anstaltsuniform gleichmäfsig gekleidet. Zum Dienst untauglich geworden, erhielten sie Pensionen bis zu 10 Gulden monatlich.

1814 — 1827.

Als 1814 dem Lande der Frieden zurückgegeben war, gelangte das Kadetten-Korps allmählig in das Geleise des ihm 1805 vorgeschriebenen Dienstganges.

Die Zahl der Zöglinge wurde auf 180, die der Aufsichtsoffiziere am 13. September von 6 auf 11 erhöht; von letzteren standen 10 an der Spitze der jetzt „Brigaden" genannten Abteilungen. Für die militärischen Fächer ward ein zweiter Lehrer angestellt. 1815 ward aus 9 Fahnenkadetten wieder eine 8. Klasse gebildet.

Die Verarmung vieler Familien und die grofse Menge zu versorgender Offizierssöhne hatte schon längere Zeit Veranlassung gegeben, dafs der König für eine Anzahl von Zöglingen das Kostgeld aus seiner Privat-Dispositions-Kasse zahlte: durchschnittlich waren es 30, welche jährlich 6720 Gulden kosteten. Um diese Kasse zu entlasten und den Staat für die Erhaltung des Kadetten-Korps selbst aufkommen zu lassen, wurde bestimmt, dafs 60 Zöglinge das halbe Kostgeld mit 8½, 50 das ganze mit 15, also jährlich bezw. 102 und 204 Gulden entrichten, 70 Freistellen haben sollten.

Bald nachher endete Wernecks segensreiche Wirksamkeit. Die Abnahme seiner Kräfte veranlaßte ihn, um Versetzung in den Ruhestand nachzusuchen, welche am 27. Oktober 1817 erfolgte. Sein Nachfolger wurde der gleichzeitig zum Oberst beförderte Tausch. Mit diesem Wechsel zog ein finsterer Geist in das Haus ein. An Stelle der Liebe und Nachsicht des Familienlebens trat starre soldatische Zucht; die Milde machte der Strenge Platz. Werneck hatte vielleicht zu sehr dem guten Willen seiner Pflegebefohlenen vertraut, zu viel Wert auf geselligen Schliff und äußeren Anstand gelegt; Tausch huldigte entgegengesetzten Ansichten. Er schloß die Zöglinge so viel als möglich von der Aufsenwelt ab und wirkte auf ihren Fleiß und ihr Betragen durch die Furcht vor Strafe. Seine Stelle als „Capitaine" wurde zunächst nicht wieder besetzt; der älteste Offizier, Hauptmann Hütz, seit zwanzig Jahren Adjutant, Lehrer und Rechnungsführer der Anstalt, übernahm die Dienstverrichtungen des Stabsoffiziers; 1825 wurde, um den Kommandanten zu entlasten, von neuem ein solcher ernannt, welcher besonders die Verwaltungsgeschäfte führen sollte; als derselbe schon im Laufe des Jahres seinen Abschied nahm, blieb der Posten von neuem unbesetzt.

In der inneren Gliederung führte Tausch insofern eine Änderung ein, als er im Jahre 1818 sämtliche Zöglinge in zwei „Divisionen" teilte, an deren Spitze die beiden ältesten Inspektionsoffiziere (Hauptleute) traten; jede Division hatte vier Brigaden unter je einem Inspektionsoffizier. Die Einrichtung hatte jedoch keinen Bestand, weil die Zahl der Zöglinge mehrfach schwankte. Die ungünstigen Beförderungsverhältnisse nach hergestelltem Frieden beschränkten den Bedarf an Offizieren. Es fand daher 1817 gar keine Ausmusterung statt. Die 8. Klasse verblieb in der Anstalt und wurde durch die besseren Zöglinge der bisherigen 7. vermehrt, während die schlechteren sitzen blieben und mit der hinzutretenden 6. die neue 7. bildeten und in mehreren der nächsten Jahre wurden ähnliche Maßregeln getroffen, durch welche man die Schüler ein Jahr länger behielt; mehrfach wurden letztere bis zur Anstellung beurlaubt. Die Aufnahme hörte, nachdem sie 1817 auf 6 beschränkt war, 1819 bis 1822, sowie 1825, bis auf den Eintritt eines einzigen Ausländers, ganz auf; daher war 1821—22 eine 1. Klasse gar nicht, eine 2. nur mit 6 Zöglingen vorhanden, und 1823 ward der Stand des Kadetten-Korps auf 160 herabgesetzt. Durch Beförderung zu Offizieren waren 1818: 16, 1821: 23, 1822: 22, 1824: 18 ausgeschieden. 1821 war ein früherer Kadett ausnahmsweise zum Besuch der Universität Würzburg zugelassen. Versetzungen fanden nur in beschränktem Umfange statt; 1820—21 und 1823—24 mufsten die Klassen die Lehraufgabe des vorigen Jahres wiederholen und machten kaum einen Fortschritt, obgleich man sie, namentlich in den oberen Abteilungen, mit Aufgaben über militärische und litterarische Gegenstände beschäftigte und zu selbstthätiger Bearbeitung derselben anhielt. Erst 1824—25 war keine Klasse mehr vorhanden, welche den planmäfsigen Lehrgang bereits einmal durchgemacht hatte.

Die Abnahme der Zöglingszahl und die Notwendigkeit, die Ausgaben möglichst zu verringern, veranlafsten in dieser Zeit die Verminderung der Zahl der Inspektionsoffiziere auf 9. Die der Brigaden wurde auf 6 herabgesetzt, im Januar 1824 aber, nachdem die beiden an der Spitze der Divisionen stehenden Hauptleute ausgeschieden waren, unter Aufhebung der Divisionseinteilung wieder auf 8 festgesetzt.

Im Unterricht fanden wesentliche Änderungen nicht statt. Durch Verfügung vom 18. Mai 1818 wurde der Reitunterricht, welcher seit 1816 aufgehört hatte, von neuem eingeführt; derselbe wurde auf den in München vereinigten Hengsten des Armeegestüts in der Reitschule der Garde du Corps vom 1. November bis 15. März der 7. und 8. Klasse erteilt. Der an der Spitze des Gestüts stehende Oberst der Kavallerie im Generalstabe Freiherr von Eisenberg entwarf einen Plan, welchem zufolge auch ein Vortrag über Kenntnis des Pferdes, Stallpflege, Satteln und Zäumen etc. gehalten ward; in letzteren Fertigkeiten sollten die Kadetten an Sonn- und Festtagen praktisch unterwiesen werden. Es wurde aber aus der Sache nicht viel; erst 1826, als befohlen ward, dafs der Reitunterricht auf Pferden und durch einen Offizier des 1. Kürassier-Regiments erteilt werden solle, kam derselbe in regelmäfsigen Gang. 1818 wurde die Bergzeichnung nach Lehmann durch einen aushilfsweise dazu angestellten dritten Lehrer und 1823, in teilweiser Erledigung eines vom Kommando des Genie-Korps gestellten Antrages auf das Halten von Vorlesungen über Baukunst, Physik und Chemie für die jüngeren Offiziere des Korps, welchem nur teilweise entsprochen ward, ein Vortrag über bürgerliche Baukunst eingeführt. Der Vortrag über Dienstlehre war in letzterem Jahre eingestellt, „weil es den Zöglingen, bei dem von ihnen erlangten Grade litterarischer und militärischer Bildung, nicht schwer fallen würde, sich durch Eigenstudium der Dienstvorschriften die nötigen Kenntnisse selbst zu erwerben." 1824 wurde

mathematische Geographie gelehrt, 1825 die Ausführung von
Schanzenbauten, welche seit 1821 aus Ersparnisrücksichten unter-
blieben war, von neuem unternommen; zugleich wurden die Kom-
mandobehörden angewiesen, dem Kadetten-Korps Kenntnis zu geben,
wenn Übungen oder Versuche gemacht würden, welche für die artilleristische oder technische Belehrung der Zöglinge von Nutzen sein
könnten.

Der Kirchendienst wurde 1823 dahin geregelt, daſs der Lehrer der
Religion allsonntäglich eine Erbauungsrede hielt, die katholischen Zöglinge in der Damenstiftskirche eine Messe nebst Predigt hörten, die evan-
gelischen dem Gottesdienste in der protestantischen Kirche beiwohnten.

Die Aufnahmeprüfungen wurden auf Betreiben von Tausch,
welcher über die mangelhaften Vorkenntnisse lebhaft Klage führte,
seit 1824, als eine besondere Prüfung deren Gang und das Verhalten
der Bewerber regelte, mit gröſserer Strenge und mehr Ordnung abgehalten; seit 1825 geschah es vor einer unter dem Vorsitze des
Korps-Kommandanten aus je einem Stabsoffizier oder Hauptmann des
Generalstabes, des Genie-Korps und der Artillerie und den prüfenden
Lehrern der Anstalt bestehenden Kommission. Auch wurde zuverlässi-
gerer Nachweis über die Vermögensverhältnisse der Aufzunehmenden
gefordert.

Die Austrittsprüfung in der Mathematik und im Zeichnen
wurde von denjenigen Fahnenkadetten, welche in das Genie-Korps
oder in die Artillerie zu treten wünschten, seit 1818, gemeinsam
mit den Kondukteuren bezw. den Junkern dieser Waffen, beim Artillerie-
Korps-Kommando abgelegt; allen wurden schriftlich die nämlichen
Fragen gestellt; das Ergebnis ward dem Kriegsministerium vorgelegt. Das
Kadetten-Korps war in der Kommission durch einen Offizier vertreten.
1822 wurde diese Prüfung zu einer förmlichen Wettbewerbsprüfung umgestaltet; dieselbe wurde gegen Ende des Schuljahrs
im Gebäude des Kadettenkorps vor einer Kommission abgelegt, welche
aus dem Korps-Kommandanten als Oberleiter ohne Stimme, einem
Obersten der Artillerie als Vorsitzendem, je einem Stabsoffizier oder
Hauptmann des Generalstabes, des Genie-Korps und der Artillerie,
sowie denjenigen Lehrern bestand, welche die Fächer vorgetragen
hatten. Gegenstand der Prüfung waren alle im Kadetten-Korps
gelehrte Wissenschaften, nämlich „Religion und Sittenlehre und die
Lehre von den dem Militärstande eigenen Pflichten; die deutsche,
lateinische und französische Sprache; Arithmetik, Buchstabenrechnung,

Geometrie, Trigonometrie; Erdbeschreibung, Geschichte, Naturlehre;
Waffen-, Truppen-, Terrain- und taktische Verbindungslehre; Feld-
und permanente Befestigung, Angriff und Vertheidigung fester Plätze;
höhere Mathematik und zwar höhere Gleichungen, unendliche Reihen,
Lehre von den Kurven, Differential- und Integralrechnung, sowie
Anwendung derselben auf krumme Linien; die Mechanik etc." Gleichzeitig erhielten die Unteroffiziere und Kadetten der Artillerie
die Erlaubnis, am Unterricht des Kadettenkorps in denjenigen Fächern
teilzunehmen, welche bei der Artillerie nicht gelehrt wurden.

Die Anstellung der Fahnenkadetten geschah auf Grund des
bei der Wettbewerbsprüfung erhaltenen Ranges, seit 1819 in der
Regel nicht mehr als Offiziere, sondern als Junker. Wer in der Kavallerie zu dienen wünschte, mufste nachweisen, dafs er die Mittel
zur ersten Ausrüstung und die „unentbehrliche" Zulage hatte.

Der militärischen Ausbildung der älteren Zöglinge diente 1823
die Teilnahme an gröfseren Waffenübungen im Lager bei Ingolstadt,
1824 an solchen im Lager bei Nürnberg, welche in mehrfachen
Richtungen für Unterrichtszwecke nutzbar gemacht wurden. Ein anderes Ziel verfolgte Tausch, als er den Antrag stellte, sämtliche Zöglinge während der Ferienzeit im Herbst 1825 ein Lager bei Bene-
diktbeuern beziehen zu lassen, was am 26. August geschah. Es
war der letzte derartige Versuch. Weil die Ungunst des Wetters dazu
nötigte, wurde er nach acht Tagen vorläufig und, nachdem die Zöglinge eine weitere Woche im dortigen Klostergebäude untergebracht
gewesen waren, endgültig aufgegeben und nicht wiederholt.

Tausch hielt die Ferien und die Einwirkungen, denen die Zöglinge
während derselben ausgesetzt waren, für Hemmnisse ihrer Erziehung
und wollte die Kadetten während dieser Zeit, fern von den Zerstreuungen der grofsen Stadt, ungestört der Vorbereitung für ihren künftigen
Beruf leben lassen. Lange genug hatte es nach seiner Meinung gedauert, dafs die Zöglinge, soweit ihre häuslichen Verhältnisse es gestatteten, für die lange Zeit der Vakanz, meist vom 28. August bis
zum 11. Oktober, ihren Familien zurückgegeben wurden. Aber eine
Reihe von Jahren hindurch hatte es aus Rücksicht auf den Haushalt
geschehen und sogar soweit ausgedehnt werden müssen, dafs auch der
früher schwachen Schülern, um ihre Versetzung zu ermöglichen, während dieser Zeit erteilte Nachhilfeunterricht ausgefallen war; man hatte
dadurch nicht nur den Aufwand für den Unterhalt der Beurlaubten, sondern auch die Kosten gespart, welche ehedem das Beziehen von Lagern,

die Reisen etc., die Vermessungsübungen aufserhalb Münchens verursach-
ten. Dafs ihm in dieser Beziehung jetzt die Hände nicht mehr in gleichem Mafse gebunden waren, pafste ganz für die erzieherischen Grundsätze des General von Tausch, welcher immer darnach trachtete, seine
Pflegebefohlenen vom Verkehr mit den Ihrigen und mit der
Aufsenwelt abzuschliefsen, aus der Anstalt ein Kloster zu machen.
Daher hatte er schon 1818 die Ausgänge an Schultagen und behufs
der Teilnahme an Familienfesten ganz aufgehoben, die Rückkehr vom
Sonntagsurlaube auf 5 Uhr Nachmittags festgesetzt, die Besuche bei
ledigen Offizieren und Civilpersonen, wenn sie nicht die Angehörigen
waren, und das Gehen in der Stadt ohne Begleitung der letzteren,
unter Androhung dreimonatlichen Ausgangsverbotes, allen, mit Ausnahme der Fahnenkadetten, ganz untersagt. Dagegen that er manches
für die Unterhaltung im Bereiche der Anstalt, namentlich begünstigte
er die von letzterer veranlafsten Ausflüge und Lustreisen und den
Besuch des Königlichen Theaters. Derselbe war früher unentgeltlich
gewesen, seit 1818 aber mufste er mit 400 Gulden jährlich für eine
Loge im 4. Range bezahlt werden. Als 1825 das neue Haus, welches
an Stelle des abgebrannten getreten war, bezogen wurde, trat eine
Erhöhung auf 600 Gulden ein. Die Kadetten erhielten 15 Sperrsitze
im Parterre. Neben dem deutschen Theater durften die Zöglinge die
itálienische Oper besuchen. Die Benutzung eines 1824 auf Tauschs
Veranlassung als Spiel- und Tummelplatz angekauften Angers, an der
Ecke der Theresien- und Türkenstrafse, der Kaserne gegenüber, unterblieb, weil die Anstalt inzwischen verlegt wurde. Die Bibliothek
wurde, als sie laut Befehl vom 19. Dezember 1825 ihren Inhalt zum
gröfsten Teile an das neubegründete Hauptkonservatorium der Armee
hatte abgeben müssen, vorläufig geschlossen.

Tausch wurde zu jenen Mafsregeln zum Teil durch die Erfahrungen
veranlafst, welche er unter Werneck gemacht hatte. Er meint,[1] „dafs
das Ausgehen möglichst beschränkt werden müsse, weil ein grofser
Teil der Eltern sich mit der Erziehung von Jünglingen nicht abgeben
will noch kann und weil sie mit vielen der Jugend drohenden Gefahren
unbekannt sind, selbst oft über den wichtigsten Teil der Erziehung
unrichtige Ansichten haben und durch ihre Äufserungen das Zutrauen
der Zöglinge auf die im Institute herrschenden Erziehungsgrundsätze
schwächen und dadurch Unzufriedenheit der Zöglinge und eine Menge
moralischer Übel hervorbringen. Auch in physischer Hinsicht lehrte

[1] Schönhueb I. 142.

die Erfahrung die Nachtheile eines in einem Erziehungsinstitute zu
wenig beschränkten Ausganges, denn mindestens hat das Institut am
Montag oder gleich nach einem Ausgangstage mehr Kranke als gewöhnlich." Es sind Ansichten, welche viel Wahres enthalten.

Auf die Auswahl geeigneter Persönlichkeiten zu Inspektionsoffizieren legte Tausch grofsen Wert. Der Verwirklichung seines
Strebens stellten sich aber mancherlei Schwierigkeiten in den Weg.
Geeignete Persönlichkeiten waren selten; häufig mufste genommen
werden, wer sich meldete, und das waren nicht immer die passendsten.
Verheiratete, obgleich sie nicht im Anstaltsgebäude wohnten, wollte
er nicht haben; dadurch ward die Wahl noch beschränkter. Um die
Neigung zu vermehren, wurde 1824 die Zulage von 10 auf 15 Gulden
monatlich erhöht und, um die Kommandierten länger zu fesseln, ward
1826 befohlen, dafs dieselbe nach 2 Jahren auf 20, nach 4 auf 25 Gulden
steigen solle. Wenn die freiwilligen Meldungen fehlten, sollten die
Truppenteile geeignete Offiziere, hauptsächlich solche, welche im Kadetten-Korps erzogen waren, vorschlagen. Von der Berufung von Artillerieoffizieren, welche das Kommando, ihrer meist höheren wissenschaftlichen Bildung wegen, vorzugsweise gern heranzog, mufste auf
Betreiben der Waffe Abstand genommen werden.

Die Tracht der Kadetten erfuhr insofern Änderungen, als 1817
statt der Beinkleider und Kamaschen Tuchpantalons, für Kadetten
blau, für Eleven hellgrau, mit schmalen roten Seitenstreifen, 1822
statt der Schuhe Stiefel eingeführt wurden; die Kost blieb dieselbe,
nur ward seit 1816 sämtlichen Zöglingen an Sonn- und Feiertagen
Milch zum Frühstück gereicht.

In den Strafarten, obgleich manche derselben mit den Anschauungen der Zeit im Widerspruche standen, ward wenig geändert,
die Anwendung aber war eine von Wernecks milder Handhabung
der Strafgewalt wesentlich verschiedene. Es wurde häufig und hart
gestraft, Furcht sollte die Gemüter beherrschen, die Zöglinge von
Zuwiderhandlungen gegen die Vorschriften abschrecken. Durch die
Strenge, welche herrschte, wurde eine äufserliche Ordnung allerdings
in musterhafter Weise zu Wege gebracht und anscheinend ein unbe-
dingter Gehorsam erzielt; derselbe reichte aber nicht weiter, als das
Auge des Vorgesetzten, die Unterordnung unter den Willen desselben
war eine sklavische, Geist und Gemüt der Jugend litten unter dem
drakonischen Regiment.

Eine wirtschaftliche Neuerung war die 1825 erfolgte Einführung eines Taschengeldes von monatlich 2 Gulden, welches die Angehörigen in eine daraus gebildete Kasse zahlten. Dasselbe stand nicht zur Verfügung der Zöglinge, sondern wurde gebraucht, um den Schaden zu ersetzen, welchen diese durch mutwilliges oder unvorsichtiges Verderben und Beschädigen von Gebrauchsgegenständen angerichtet hatten, sowie um die Auslagen für Briefporto, die Kosten für gemeinsame Vergnügungen, soweit diese nicht aus den Mitteln der Anstalt, welche 1823 zu diesem Behufe einen jährlichen Zuschufs von 150 Gulden erhielt, gedeckt werden konnten, etc. zu bestreiten und die Lehrbücher zu beschaffen, welche Eigentum der Kadetten und beim Austritt mitgenommen wurden. Ferner wurde jetzt die erste Ausstattung seitens der Anstalt beschafft und von den Angehörigen des Neueintretenden mit 53 Gulden 22 Kreuzer bezahlt.

Der Gesamtaufwand hatte in den letzten 3 Jahren durchschnittlich 67 700 Gulden erfordert, vovon 12 048 aus Kostgeldern und kleinen Nebeneinnahmen gedeckt wurden; der Staat schofs 55 652 Gulden zu. Die Besoldung des Kommandanten betrug seit dem 1. Januar 1823 3500 Gulden, dazu erhielt er freies Quartier.

1826 wechselte die Anstalt ihr Heim. Das Wilhelmsgebäude ward der von Landshut übersiedelnden Universität überwiesen, die Kadetten kehrten in das Herzogs-Garten-Gebäude vor dem Karlsthore zurück, aus welchem die Marianische Landesakademie in jenes seinen Einzug gehalten hatte. König Ludwig I., welcher am 12. Oktober 1825 seinem Vater auf dem Throne gefolgt war, befahl den Wechsel schleunigst vorzunehmen; die Kadetten wurden daher am 13. August beurlaubt; wer nicht auf Urlaub gehen konnte, ward im neuen Anstaltsgebäude untergebracht; am 1. Januar 1827 wurde dasselbe von deren Gesamtheit bezogen und der unterbrochene Unterricht wieder begonnen. Um Raum zu schaffen, war das Haus in Zeit von 8 Wochen mit einem Aufwande von 23 362 Gulden durch einen 260 Fufs langen, 46 Fufs breiten einstöckigen Anbau vergröfsert. Ein Hauptvorzug des neuen Heims war sein grofser Garten. Schon früher hatte jede Brigade einen kleinen Garten gehabt, welchen sie bebaute; jetzt konnte dieser belehrenden, Geist und Gemüt bildenden Unterhaltung, welche Tausch gern förderte, mehr Spielraum zugewiesen werden.

1827 — 1837.

Mit dem Einzuge trat eine in manchen Stücken geänderte Organisation ins Leben. Tausch hatte eine solche seit längerer Zeit angeregt. Einer seiner Vorschläge ging auf 156 Zöglinge und Einteilung in 3 Kompagnien; von diesen sollten zwei die Ausbildungs-, eine die Vorbereitungsklassen, von den letzteren eine die besseren, die andere die schlechteren Schüler aufnehmen.

Die Beratung erfolgte in einer unter dem Vorsitz des Kriegsminister Maillot de la Treille berufenen Kommission, welcher auch Tausch angehörte; ihr Bericht ist vom 12. August 1826 datiert.

Ein anderer von Tauschs Vorschlägen war darauf hinausgegangen, aus ausgemusterten Kadetten eine Eliten-Lehr-Kompagnie zu errichten, welche neben den Hartschieren den Wachdienst in der Königlichen Residenz versehen, im übrigen aber theoretisch und praktisch zu Offizieren ·weitergebildet und in Wettbewerb mit den Fahnen-Kadetten auf Grund gemeinsamer Prüfungen dazu befördert werden sollten. Er gedachte damit eine Brücke zwischen der klösterlichen Zucht des Kadetten-Korps und dem freien Leben im Regiment, zwischen der Schulbank und dem praktischen Dienst, zu schlagen. Der Plan kam nicht zur Ausführung, es wurde dagegen mit einem anderen seiner Vorschläge ein Versuch gemacht, welcher in der Errichtung einer sogenannten „Junkergarde" bestand. Am 18. Oktober 1827 wurden 18 Fahnenkadetten der 8. Klasse dem Infanterie-Leib-Regiment zugeteilt. Dieselben standen unter Aufsicht des Regiments-Adjutanten, waren neben dessen Wohnung in der Kaserne in zwei Zimmern untergebracht und speisten zusammen in einem Gasthause. Für einen jeden waren monatlich 24 Gulden ausgesetzt, davon wurden 20 für ihren Unterhalt verwendet, 4 ihnen in 5tägigen Teilsummen ausbezahlt. Sie wurden theoretisch und praktisch in allen Dienstverrichtungen und Waffenübungen, in der Heeresverwaltung, im Französischen, im Reiten und in der Pferdekenntnis unterwiesen und im topographischen Bureau verwendet. Ihre Uniform war von der der Kadetten durch gelbe Knöpfe statt der weifsen und durch das Fehlen der Krone an der von diesen getragenen Schirmmütze unterschieden.

Wenige Monate reichten hin um zu beweisen, dafs die Einrichtung ihren Zweck nicht erfüllte. Am 24. April 1827 wurde diese Junkergarde aufgelöst; die Fahnenkadetten traten als Junker in die Regimenter.

Im wesentlichen aber wurden Tauschs Vorschläge verwirklicht. Auf Grund der Königlichen Entschliefsung vom 10. Oktober 1826 hatte das Kadetten-Korps hinfort einen vorgeschriebenen Stand von 150 Zöglingen, „welchen Ansprüche auf Anstellungen im Heere oder in der Junkergarde vorbehalten waren," dann 50 Supernumerar-Zöglinge ohne solche Ansprüche. Von ersteren 150 zahlten 20 je 306, 40 je 204, 30 je 102 Gulden, 60 kein Kostgeld, die letzteren 50 je 360 Gulden; um ihre Stellen durften auch Aus- und solche Inländer sich bewerben, denen früher Anspruch auf Aufnahme nicht zugestanden war.

Der wachsenden Zahl der Kadetten entsprechend, ward die der Brigaden 1827 auf 9, 1827 — 28 auf 10 vermehrt. Dieselben waren aus Zöglingen jeden Alters zusammengesetzt; die Lehrer stiegen mit ihren Klassen auf. Statt des fehlenden Stabsoffiziers wurde ein charakterisierter Hauptmann zum Vorstande der Ökonomie-Kommission verwendet und daneben „im wesentlichen mit der Funktion des Stabsoffiziers betraut."

Der neue Lehrplan war der erste Schritt auf der Bahn, welcher zur Gleichstellung des Kadettenkorps mit anderen öffentlichen Schulen geführt hat. Derselbe ward zunächst für die 4 Vorbereitungs- und die beiden untersten Ausbildungsklassen angeordnet, in denen der Unterricht nach den Vorschriften für die Gymnasien erteilt wurde. Die wichtigste Neuerung war die Einführung des lateinischen Unterrichts. Am 1. Januar 1827 ward damit in der untersten Klasse der Anfang gemacht. Zu den körperlichen Übungen traten im nämlichen Jahre das Turnen, in welchem bis 1833 der bekannte Lehrer der Gymnastik. Professor Dr. Mafsmann, unterwies, das Bajonettfechten und das Schwimmen: der Reitunterricht, nach dem Eingehen der Junkergarde wieder der 8. Klasse erteilt, erlitt dagegen mehrfach Unterbrechungen; 1831 wurden Naturgeschichte, welche in Verbindung mit der Geographie gelehrt ward, und Physik in den Lehrplan aufgenommen, die Teilnahme an letzterem Fache war freiwillig, seit 1835 wurden zu demselben auch Kadetten und Unteroffiziere der Artillerie zugelassen. Ferner wurde seit 1831 die Dienstlehre von neuem vorgetragen. An Waffenübungen wurden mit den 5 unteren Klassen nur Stellungen, Wendungen und Marschieren betrieben, mit den oberen auch die Zugschule. 1828 wurden zum ersten Male wieder von der 7. Klasse Vermessungsarbeiten aufserhalb Münchens vorgenommen, welche jährlich 1200 Gulden kosteten. Der Unterricht im

Terrainzeichnen wurde 1828 von dem im übrigen Militärzeichnen getrennt. Im Schönschreiben wurde nach einer vom Schreiblehrer Katte eingeführten Methode unterrichtet, welche auch dessen Nachfolger sich aneignen mußten. Man kam aber zu keiner Stetigkeit. 1834 fanden wieder Änderungen statt, unter denen die wichtigste das Aufhören des lateinischen Unterrichts und damit ein erneutes Abweichen vom Gymnasiallehrplane war. An Stelle des Religionsunterrichts trat damals für die 7. und 8. Klasse ein Vortrag über Moral für den Kriegerstand; 1835 wurden die Zöglinge für den Geschichtsunterricht nach Glaubensbekenntnissen geschieden.

Hinsichtlich der Aufnahme wurde 1829 bestimmt, daß sie zwischen dem am 8. Oktober vollendeten 10. und dem 15. Lebensjahre stattfinden solle; die Entlassungsprüfung, welcher in der 2. Julihälfte die Wettbewerbsprüfung vorangegangen war, fand zwischen dem 16. und 24. August statt, am 25., dem Namens- und Geburtstage des Königs, wurden die Preise verteilt, wozu seit 1830 jährlich 300 Gulden zur Verfügung standen, und die Anstellung der Fahnenkadetten bekannt gemacht. Während dann für die Mehrzahl der Schüler die bis zum 7. Oktober dauernden Ferien begannen, blieben die Unfleißigen zurück und erhielten auf Kosten ihrer Angehörigen Nachhilfe. Die Lage der Professoren war wesentlich verschlechtert. Sie wurden meist widerruflich angestellt, der Rang der Kollegienräte wurde ihnen nicht mehr erteilt; Gehaltserhöhungen wurden 1828 für unzulässig erklärt, an Stelle derselben traten zuweilen Verrichtungszulagen und außerordentliche Zuwendungen.

Die reichlicheren Mittel gestatteten für die vernachlässigten Sammlungen etwas zu thun. Für den physikalischen Unterricht wurden 1830 für 1500 Gulden Lehrmittel, für den naturgeschichtlichen ward 1831 ein Herbarium beschafft, eine kleine Sammlung von Mineralien war bereits vorhanden; ferner richtete Tausch allmälig einen Modellsaal für Befestigung ein, welchen Prinz Karl von Bayern durch Schenkungen bereicherte.

Der Theaterbesuch wurde 1829, als die Zahl der Vorstellungen vermehrt ward, auf die sechs Wintermonate beschränkt und der Zuschuß, welchen die Anstalt zur Bezahlung der Abonnements und ähnliche Zwecke erhielt, auf 300 Gulden erhöht. Für ihre 15 Sperrsitzplätze zahlte die Anstalt 450 Gulden.

Tausch war ein wissenschaftlich hochgebildeter Mann. Da er

seine Kenntnisse hauptsächlich sich selbst verdankte, so machte er
an den Fleifs und die Ausdauer der Kadetten hohe Anforderungen.
Dafs diese und die daraus hervorgehenden Mafsregeln bei seinen
Zöglingen nur geringen Beifall fanden, ist erklärlich, aber auch in
der öffentlichen Meinung riefen der Geist, in welchem er die Erziehung leitete und vielerlei, grofsenteils sehr übertriebene Gerüchte,
welche über das, was im Innern der Anstalt vorging, über des Kommandanten gesamte Dienstführung und sein Schreckensregiment, über
Unregelmäfsigkeiten im Haushalt und Ordnungswidrigkeiten in der
Verpflegung in weitere Kreise drang, lauten Widerspruch hervor. Die
Beschuldigungen waren anscheinend so begründet, dafs eine Kommission, aus dem Ministerial-Referenten Oberst von Baur und dem
Ober-Kriegs-Kommissär von Chlingensperg bestehend, abgeordnet
wurde um die Anstalt einer genauen Besichtigung zu unterwerfen.

Ihr am 14. April 1830 erstatteter Bericht,[1] so vorsichtig er
gehalten ist, und einer so rücksichtsvollen Sprache er sich befleifsigt,
läfst den General von Tausch und die Art seiner Dienstführung in
einem bedenklichen und vielfach ganz anderen Lichte erscheinen als
die gedruckten Quellen[2] ihn darstellen. Freilich finden sich auch in
letzteren Mitteilungen, welche die Zustände unter Tausch als wenig
erfreuliche bezeichnen. Eine derselben, welche die Bayerische Staatszeitung brachte, war durch einen in anderen öffentlichen Blättern
vielbesprochenen Vorgang veranlafst, bei welchem ein 17 bis 18jähriger
Zögling sich gegen die Ausführung der ihm zugedachten körperlichen
Züchtigung zur Wehr gesetzt hatte. Die Staatszeitung sagte damals,
dafs die Strafe der Schillinge (Rutenstreiche) bei Errichtung des Kadettenkorps im Jahre 1805 eingeführt und von 1826 bis 1832 an 14,
sämtlich Eleven, unter 360 Zöglingen, vollzogen worden sei, dafs die
Strafe nur bei grobem Ungehorsam oder anderen schweren Vergehen
nach vorangegangener Warnung, nie wegen geringer Fehler oder Nach-
lassigkeit, verhängt werde und dafs nie Stockstreiche gegeben würden.[3]
Der Bericht beginnt mit dem von Tausch seinem Wirken zu Grunde
gelegten Erziehungssystem und bezeichnet als die Grundlage desselben strenge Zucht und Ordnung, das Vorbild der künftigen militärischen Laufbahn. „Wenn auch der philosophische Pädagoge bei
diesem System ungern das Prinzip einer väterlichen Erziehung und

---

[1] Geheime Registratur des Kriegs-Ministeriums. Organisation. Fasc. II.

[2] Schönhueb I 129. 159.

[3] Allgemeine Militär-Zeitung Darmstadt 1832, Nr. 25.

die Anregung der in den Tiefen des menschlichen Gemütes liegenden
Triebfedern vermissen möchte, so würde er doch über die konsequente
Durchführung der nur äufsere Erscheinungen zum Zweck habenden
und alle Äufserungen ungeregelter Leidenschaften zurückdrängenden
Erziehungsmittel, sowie über den aus dieser Konsequenz sich ergebenden eigenen Charakter der Ordnungsliebe und einen gewissen
Stoicismus der daraus hervorgehenden Zöglinge erstaunen. Wenn er
ungern sehen möchte, dafs die im jugendlichen Gemüte hervortretenden
Keime eines dem Übeln sich zuwendenden Willens, anstatt durch
eine sorgfältige Behandlung von innen heraus aus dem Grunde ge-
heilt zu werden, durch die strenge Einwirkung militärischer Zucht
eigentlich nur in ihren Erscheinungen nach aufsen verhindert und
zurückgedrängt werden, so mufs es ihn doch wundern, dafs die Resultate dieser Behandlung, wie die Erfahrung bis jetzt zeigte, nicht
unbefriedigend ausgefallen sind, und wenn selbst der Reflex äufserer
Ordnung und äufserer Zucht, wenngleich nicht erwärmend, jedoch er-
leuchtend auf das innere Gemüt wirken."

„Das nämliche System liege dem Unterricht zu Grunde, welcher
mehr unausgesetzte Thätigkeit und stete Beschäftigung bezwecke als
die innere Selbstentwickelung und ein wissenschaftlich selbstthätiges
Treiben anrege. Daher werde das Kadettenkorps als militärische Er-
ziehungs-Anstalt jederzeit eine Masse brauchbarer Individuen liefern
und den mittleren Kopf zu einem brauchbaren Subjekte bilden, wenn
es vielleicht weniger geeignet sei gute Köpfe zu entwickeln, vorzügliche Talente anzuregen und ihre vollständige, durch die Erfahrung
des Lebens zur Reife gedeihende höhere Ausbildung zu fördern."

Tausch wird als ein sehr thätiger, nur seiner Aufgabe lebender,
alles in eigener Person leitender Offizier geschildert: als Beleg für
seine Arbeitsleistung wird die Masse von Vorschriften, Instruktionen
und Anweisungen aufgezählt, welche er behufs Regelung des Dienstes
in der Anstalt und der Obliegenheiten der verschiedenen Arten von
Angehörigen erlassen hatte. Zugleich wird aber bemerkt, dafs die
Schreiberei ins Unendliche gewachsen sei. Es gab kaum eine Lage,
in welche einer von Tauschs Untergebenen kommen konnte, für welche
nicht dessen schriftliche Dienstbefehle Verhaltungsregeln enthalten
hätten, und meist hatte sie wieder Schreiberei im Gefolge.

Aufserdem bietet der Bericht manches, was über die inneren
Verhältnisse der Anstalt Licht verbreitet. So heifst es von den Strafen,
dafs bei den kleineren Zöglingen körperliche Züchtigungen mit der

Rute, jedoch nur, wenn alle anderen Strafmittel ohne Erfolg geblieben seien, angewendet würden. Von den Freiheitsstrafen wurde der Prison-Arrest in einer engen, völlig dunkelen Stube, ungefähr 15 Schuh breit und 20 Schuh tief, vollstreckt; der Sträfling war mit einem ledernen Gurt gefesselt, an welchem sich zwei Schlaufen befanden, mittelst deren seine Hände fest an den Gurt und an den Leib geschlossen wurden, so dafs ihm nur die freie Bewegung der Füfse blieb, um im Bedürfnisfalle durch einen Tritt auf den Fufsboden eine Glocke im Portierzimmer in Thätigkeit zu setzen. „Ein solcher Prison-Arrest kann sich auf die Dauer von drei Tagen erstrecken, die der Bestrafte mit gebundenen Händen zubringen mufs, jedoch wird alle Stunden nachgesehen, damit kein unglückliches Ereignis vorfallen kann." Die Absicht, welche dieser Fesselung zu Grunde lag, war, den Bestraften die Selbstbefleckung unmöglich zu machen, zu welcher in der Dunkelheit seine Einbildungskraft ihn verführen könnte. In gleicher Absicht war streng verboten, Nachts die Hände unter der Bettdecke zu heben. „Da aber der Mensch im Schlafe nicht Herr seiner Bewegungen ist, so ist dem Kadetten gestattet, sich einer über die Schultern hängenden geschlossenen, die Knöchel umfassenden Binde zu bedienen, um die Hände über der Decke zu halten."

Das schon unter Werneck eingeführte Speisen an verschiedenen Tafeln bestand darin, dafs am 1., 2. und 3. Tische die Ausgezeichneten safsen, und dafs die beiden ersten und zuweilen auch der dritte wöchentlich einmal mittags eine besondere Speise erhielten; am 4. Tische ward die gewöhnliche Verpflegung gereicht; dem 5. ward ein Abzug gemacht, „jedoch ohne denselben in den notwendigsten Lebensbedürfnissen zu beschränken." Für die Kadetten der drei oberen Klassen ward der Unterschied der Speisung als Reiz- und Strafmittel nicht gebraucht.

An der Verwaltung fand die Kommission vieles auszusetzen und in manchen Dingen grofse Unordnung. Von der Kost, welche nach den im Lande verbreiteten aus der Anstalt stammenden Kundgebungen, infolge mannigfacher Unrechtfertigkeiten und Unterschleife, schlecht und ungenügend sein sollte, berichtet die Kommission, „sie sei an diesem Tage gut gewesen"; bei Besichtigung der Vorräte fand sie jedoch mehreres so schlecht, dafs dem Kostgeber auferlegt wurde, Besseres zu beschaffen. Die Verpflegung bestand aus Milch und Semmel zum Frühstück, Suppe, Gemüse und Fleisch zum Mittags-, Suppe und Kalbsbraten mit Salat, oder Suppe und Mehlspeise, zum Abendessen und nachmittags um 4 Uhr einem Stück Brot zum goûter; an hohen Festtagen ward Wein und Backwerk gegeben. Ob und in wie weit Tausch bei den vorgekommenen Regelwidrigkeiten persönlichen Gewinn erzielt hat, ist nicht nachzuweisen. In München glaubte man es.

Die Räumlichkeiten im Herzogs-Garten waren trotz des Neubaues ungenügend. Tausch war unausgesetzt bemüht, zu mehren und zu bessern, eine um so schwierigere Aufgabe, als die Zahl der Zöglinge durch die weiter unten zu besprechende Aufnahme von Griechen sich vergröfserte. Schon 1827 war ein angrenzendes Grundstück, auf welchem ein den Erben des Regierungsrat von Prielmayer gehöriges Haus stand, für 16000 Gulden angekauft und letzteres dem Adjutanten als Dienstwohnung überwiesen worden; im Garten desselben war ein zugleich für die Prüfungen benutzter Turnsaal erbaut; das Herzogsgarten-Gebäude ward im nämlichen Jahre durch einen weiteren Anbau erweitert, und es war mancherlei geschehen, um durch Veränderungen der Gartenanlagen, in denen ein Turn- und Schanzhof und ein Exerzierplatz angelegt wurden, dem Wohnhause Licht und Luft zu schaffen; trotzdem waren die Kranken in einem Halbgeschosse untergebracht, die Betten standen im Schlafsaale kaum anderthalb Fufs von einander, und in dem zugleich zum Speisen dienenden Erholungssaale konnten die Kadetten nur dicht zusammengedrängt sich aufhalten. 1834 fand ein weiterer Umbau statt. Es wurde dadurch eine Anzahl dringend notwendiger Zimmer zur Verfügung gestellt, und namentlich wurde der Schlafsaal gröfser, so dafs Tausch auf die bisher von ihm gewünschte Herstellung eines Korpsgebäudes auf dem 1824 angekauften, zuweilen als Spiel- und Übungsplatz benutzten Anger verzichtete; das Herzogsgarten-Gebäude blieb aber trotz aller Bemühungen für seinen Zweck in vielen Stücken ungeeignet.

In die letzten Jahre dieses Zeitraumes fallen wieder Beratungen über Änderung der grundlegenden Einrichtungen. Teils sollten für die bestehenden Verhältnisse feste Allerhöchst gebilligte Vorschriften erlassen, teils diese Verhältnisse zeitgemäfser Neuordnung unterworfen werden. Tausch war schon 1830 beauftragt, Vorschläge zu machen: 1835 legte er dieselben vor: sie umfafsten 200 Bogen in 32 Heften. Was darin von Erziehung und Unterricht handelte, ward zunächst dem Bischof von Riegg in Augsburg zur Begutachtung gesandt; im April 1836 trat unter dem General-Lieutenant von Colonge eine Kommission zur Berichterstattung zusammen, zu deren Mitgliedern auch Tausch gehörte.

Dieser erlebte die Beendigung der Arbeit nicht. Er starb am
7. November 1836 an der Cholera. Von seinen Untergebenen wird
ihm kaum eine Thräne nachgeweint sein. Alles athmete auf. Es war
nicht, wie wenn der Vater von seinen Kindern genommen wird, sondern wie wenn ein hartherziger Aufseher aus der Mitte von Sklaven
scheidet. Gewifs wird er das Rechte gewollt haben, aber seine Wahl
zum Leiter einer Erziehungsanstalt war ein Mifsgriff.

Die Griechen im Kadetten-Korps 1827—1843.

Nirgends anderswo hat das Philhellenentum, welches damals
überall in Deutschland in Blüte stand, so reiche Frucht getragen wie
in Bayern. Dem Sohne des grofsmütigen Freundes der Neu-Griechen,
König Ludwig, dem Prinzen Otto, brachte es eine Königskrone,
welche sich zu einer Dornenkrone gestaltete; dem Kadetten-Korps
eine Anzahl von Zöglingen, deren Zugehörigkeit zur Anstalt, um den
ruhigen Fortgang des Berichtes über die Entwickelung derselben nicht
zu stören, hier abgesondert besprochen werden soll.

Die erste Veranlassung zur Aufnahme war der Wunsch König
Ludwigs, vornehmen aber wenig bemittelten griechischen Familien die
Erziehung ihrer Söhne zu erleichtern. 1826 waren mehrere der letzteren
nach München gesandt, um dort unterrichtet zu werden. Da sie wegen
Mangels an Kenntnis der deutschen Sprache öffentliche Schulen nicht
besuchen konnten, wurden sie in einer Anstalt untergebracht, welche
mit dem Beistande des Königs ein Franzose Dejardin[1] 1825 in
München errichtet hatte, und welche später als „Königlich Griechi-
sches Lyceum" Staatsanstalt wurde. König Ludwig nahm dieselbe
unter seine Obhut und betraute im November 1833 Tausch mit der
Oberaufsicht. Sie gelangte nicht zu rechter Blüte und wurde am
11. (23.) März 1836 durch König Otto aufgelöst.

Aus ihr wurden diejenigen jungen Griechen, welche Soldaten
oder Seeleute werden wollten, sobald ihre sprachliche Ausbildung es
gestattete, in das Kadetten-Korps versetzt. Zum ersten Male geschah
es 1827, wo 5 eintraten, 1828 folgten 4, 1829 7 und am 10. August
1830 befahl der König, um nicht die Aufnahme der Landeskinder zu
beschränken, dafs für die Griechen 10 Plätze eingerichtet werden
sollten, wodurch die Zahl der Zöglinge auf 210 stieg; bald nachher,
als aus jenen 10 Plätzen in Wirklichkeit 14 wurden, betrug sie 214.
Es wurde für die Griechen das Kostgeld von 306 und das doppelte

---

[1] Näheres über diese Anstalt bei Schönhueb, I 149.

Taschengeld mit 48 Gulden entrichtet; für einen Teil derselben zahlte König Ludwig, welcher 6 griechische Knaben und aufserdem 1 Mädchen auf seine Kosten erziehen liefs. Ferner überwies der Griechenverein zu München dem Kadetten-Korps am 19. Oktober 1829 10000 Gulden rheinisch, aus deren 400 Gulden betragenden Zinsen ein griechischer Zögling unterhalten werden sollte. Im Jahre 1887—88 war ein Fahnenkadet Anastasius Theocharis im Genufs. 38, von denen 2 in der Anstalt starben, haben im ganzen dem Kadetten-Korps angehört. Sie mufsten dieselbe Aufnahmeprüfung bestehen wie ihre Kameraden, wurden ebenso behandelt und erhielten den nämlichen Unterricht, nur im Deutschen und im Lateinischen wurden sie bis 1834, als die lateinischen Stunden überhaupt aufhörten, gesondert unterwiesen, aufserdem lernten sie Alt- und Neugriechisch und hatten einen eigenen Religionslehrer. Das Deutsche bereitete den meisten viele Schwierigkeiten; es kam indessen einmal vor, dafs ein griechischer Zögling, allerdings von hervorragender Begabung und der erste in seiner Klasse, auch im Deutschen abwechselnd den 1. und 2. Platz inne hatte.

Verlegenheiten wurden dem Korps-Kommando verschiedentlich dadurch bereitet, dafs die Kostgelder aus Griechenland ausblieben und dafs, wenn Zöglinge entlassen wurden, kein Geld für ihre Heimreise vorhanden war. Daher mufste seit 1840 jeder Neuaufzunehmende in München eine Bürgschaft stellen, welche solche Schwierigkeiten ausschlofs. Im allgemeinen waren sittliches Verhalten, Fleifs und Fortschritte der Griechen durchaus befriedigend; in der Mehrzahl gehörten sie zu den besseren Schülern.

Nach erfolgter Ausmusterung wurden sie, soweit sie nicht der Flotte sich zuwenden wollten, zur Diensterlernung der Artillerie überwiesen, welche in ihrem Vaterlande damals neugebildet wurde; in das bayerische Heer ist keiner eingetreten.

Die letzte Aufnahme fand 1837 statt; 1843, als der griechische Undank die Wohlthaten der „Bavaresen" mit wütender Verfolgung alles Deutschen vergalt. verliefsen die letzten ihres Stammes das gastliche Haus. Einzelne haben dasselbe, wie wir soeben an einem Beispiele sahen, noch später aufgesucht.

1837 — 1848.

Die Umgestaltung des Kadetten-Korps wurde sowohl durch den Tod von Tausch wie dadurch erleichtert, dafs zu dessen Nachfolger ein Mann ganz anderen Schlages berufen wurde. Es war der bisherige

Oberst-Lieutenant und Kornet der Leibgarde der Hartschiere Freiherr
Karl von Griefsenbeck, welcher am 30. Dezember 1836 zum Oberst
und Kommandanten ernannt wurde. Derselbe hatte in jungen Jahren
vor dem Feinde brav gedient, war aber bereits 1812, erst 25jährig,
zur Gendarmerie übergetreten und 1821 zu den Hartschieren versetzt.
Er war ein wohlwollender Mann, von ritterlicher Denkungsart, aber
gebrechlichen Körpers und ohne grofses Verständnis für die Erforder-
nisse seines Amtes. Es wurde ihm, in der lange unbesetzt gewesenen
Stellung als „Stabsoffizier", der bisherige Erzieher des Herzog Max
von Leuchtenberg, Hauptmann Michael Schuh, beigegeben, dessen
Name lange Zeit mit der Geschichte der Anstalt eng verbunden blieb.
Diesem lag ob, „die wesentliche Übereinstimmung aller Teile des
Unterrichts und der Erziehung zu übersehen, die Disziplin und die
Schulgesetze aufrecht zu erhalten, dem Kommandanten in Bezug auf
Lehre und Erziehung Vortrag zu erstatten und ihm auch die Bemer-
kungen und Meldungen des Lehrpersonals zu Händen zu stellen."
Major Schuh bezog eine Wohnung im Gebäude der Anstalt und war
fortan die Seele der letzteren.

Die Verhandlung über die Umgestaltung wurde in einer
Kommission fortgesetzt, an deren Spitze der inzwischen zum funktio-
nierenden Chef des Generalquartiermeister-Stabes ernannte General-
Major von Baur stand, welcher der vorjährigen Kommission als
Mitglied angehört hatte. Ihre Beschlüsse, welche von dem Grundsatze
ausgingen, dafs die Erziehnng am gedeihlichsten wirke, wenn sie mit
väterlichem Wohlwollen, gepaart mit mildem Ernst, geleitet würde,
erhielten, nachdem die Bemerkungen des Bischof von Riegg
gebührende Beachtung gefunden, des Königs Billigung. Sie sind in dem

Reglement vom 20. Oktober 1837

enthalten, welches die Grundzüge der ganzen Einrichtung umfafst und
dem Kommandanten überliefs, im Anschlufs an dieselben, dem Stabsoffizier, dem Erziehungs-, Sanitäts- und Verwaltungspersonal, sowie für
Hausordnung und die Zöglinge, besondere Dienstanweisungen heraus-
zugeben.

Sämtliche Zöglinge wurden in eine „Kadetten-" und eine
„Eleven-Abteilung" geschieden, welche räumlich möglich gesondert
waren. Jede hatte ihren eigenen Schlaf- und Rekreationssaal und ihren
eigenen Spielplatz und bestand aus vier Brigaden, deren Zöglinge von
gleichem Lebensalter waren und zugleich eine Unterrichtsklasse bil-

deten. An der Spitze der Brigade stand ein Inspektions-Offizier; ihn unterstützten zwei Kadetten, welche aus den beiden höchsten Klassen gewählt und bis 1841, wo sämtliche tadelfreie Kadetten der 8. Klasse Fahnen-Kadetten genannt wurden, allein mit diesem auszeichnenden Namen belegt waren. Die nicht als Brigade-Kommandanten verwendeten Inspektionsoffiziere, deren Gesamtzahl auf 13 vermehrt ward, hießen „Reserve-Offiziere." Bei den soldatischen Übungen ward jede der beiden Abteilungen als Kompagnie verwendet, bei denen unter Leitung der Offiziere ausschließlich Fahnen-Kadetten den Dienst als Vorgesetzte thaten. Um die Wahl geeigneter Persönlichkeiten zu Inspektionsoffizieren sicherzustellen, wurde befohlen, daß alljährlich von der Infanterie und Artillerie Offiziere namhaft gemacht werden sollten, welche deren Vorgesetzte zu einer solchen Verwendung empfahlen, und daß letztere ein Beweis allerhöchsten Vertrauens sei. Zugleich ward auf den Grundsatz verzichtet, nur unverheiratete Offiziere zu wählen. Letztere Maßregel ließ sich allerdings hier leichter durchführen als anderswo, weil die Offiziere meist außerhalb der Anstalt wohnten. Es war übrigens angeordnet, daß stets einer derselben in einem in Mitte der Schlafsäle und höher als dieselben gelegenen Kabinet schlief, von wo er den ganzen Raum übersehen konnte. In letzterem verrichteten Aufwärter die Nachtwache; 1847 wurden, um ihrer Aufmerksamkeit sicher zu sein, Kontroluhren aufgestellt.

Äußerlich wurden die Zöglinge dadurch unterschieden, daß die Eleven kornblautuchene Achselbänder (Dragoner) ohne, die Kadetten solche mit rotem Vorstoß und die Fahnen-Kadetten Unteroffizier-Säbel mit wollenem Portepee hatten. Die bisherige Kennzeichnung durch die Farbe der Beinkleider, welche für alle grau wurde, hörte auf.

Der frühere Unterschied in der Beköstigung fiel weg.

Im Verfolg des Strebens, den Zöglingen die mit ihrer Aufsicht beauftragten Persönlichkeiten nicht lediglich als militärische Vorgesetzte, sondern vielmehr als Berater und väterliche Freunde erscheinen zu lassen und namentlich die Inspektionsoffiziere ihnen näher zu bringen, ward diesen größerer Einfluß auf die Erziehung und namentlich den Brigade-Kommandanten eine Stimme bei den regelmäßigen Beratungen über Leistungen und Verhalten ihrer Untergebenen, über Auszeichnungen und Bestrafungen, eingeräumt. Ein früher verliehener Preis für ausgezeichnetes religiös-sittliches Betragen ward seit 1841 nicht mehr gegeben; es hatte sich gezeigt, daß die Wahl allzuleicht fehlgriff.

Das Strafsystem wurde vollständig geändert. Der Säbelarrest, sowie jede äußerlich sichtbare, öffentliche Beschämung oder Entwürdigung herbeiführende Maßregel wurde beseitigt; fortan sollte Unrechtfertigkeiten gegenüber „zuerst väterliche Ermahnung, dann ernste Warnung und Drohung, dann die der Drohung entsprechende, dem Fehler und der Gewohnheit zu Fehlen ernstlich entgegenwirkende, zuerst gelindere, dann härtere Strafe" zur Anwendung kommen. Die Strafen waren: Verweise, unter vier Augen, öffentlich; Stehen an der Wand, während des Unterrichts und der Erholung; Speiseabzug; abgesonderter Platz bei Tisch („Straftisch"); Ausschluß vom Ausgange, dem Besuche des Theaters, wohin die Kadetten, wenn ein Ballet gegeben ward, seit 1841, gleich den Pagen, überhaupt nicht mehr gingen, und anderen Vergnügungen; Arrest (Absonderung unter wissenschaftlicher Beschäftigung); enger Arrest (einsame Abschließung auf 1 bis 8 Tage, bei nur einer Speise, bezw. Suppe und Brot); zeitweise Enthebung von den Verrichtungen der Fahnen-Kadetten. Mit Wandstehen und Speiseabzug wurden nur die jüngeren Zöglinge bestraft. Körperliche Züchtigung bei Eleven der beiden untersten Klassen, welche allen anderen Strafmitteln unzugänglich sein würden, blieb vorbehalten; es ist aber nie davon Gebrauch gemacht worden.

Die Tagesordnung erlitt einige Abänderungen. Der unter Tausch auf die Stunde von 11 bis 12 Uhr verlegte Rapport, an welchen sich das Mittagessen schloß, fand wieder von 9 bis 10 Uhr statt; er brachte eine angemessene Unterbrechung in die um 6 Uhr begonnenen wissenschaftlichen Lehrstunden, welche dann bis 1 Uhr fortgesetzt wurden. Der Nachmittagsunterricht fand im Winter meist von 4 bis 7, im Sommer von 2 bis 5 statt; meist gehörten zwei Stunden körperlichen Übungen.

Der Gesundheitspflege wurde vermehrte Aufmerksamkeit gewidmet. An die Stelle des Krankenaufsehers, eines gewöhnlichen Baders, trat 1840 ein militärärztlicher Praktikant, 1844 ein Unterarzt, welchem gleichzeitig eine Wohnung in der Nähe der Kranken angewiesen wurde. Der ordinierende Arzt erhielt eine Funktionszulage von 300 Gulden. Die Zahnpflege ward sorgsamer geregelt.

Als Ziel des Unterrichts ward die „Befähigung zu Offizieren der Linie" bezeichnet. Den „fähigeren unter ihnen" sollte zugleich „eine solche wissenschaftliche Bildung gegeben werden, daß sie unmittelbar nach ihrem Austritt aus dem Institut sich dem speziellen Studium der Generalstabs-, Artillerie- und Ingenieurwissenschaften widmen konnten."

Die 8 Jahreskurse blieben bestehen. Jeder zerfiel in zwei Semester, vom 8. Oktober bis 16. März und von da bis 25. August; daran schlossen sich die Ferien. Die während derselben früher vorgenommenen Reisen hörten 1840 auf; teils wegen der Kosten, teils weil es angemessener erschien, die Zöglinge während dieser Zeit ihren Familien zurückzugeben, und weil die Verkehrsmittel die Reisen in die Heimat wesentlich erleichtert hatten.

Manche in Beziehung auf den Unterricht eingerissene Mifsbräuche wurden beseitigt; dazu gehörten die zahlreichen Befreiungen von der Teilnahme an einzelnen Vorträgen und der viele Privatunterricht. Der Lehrplan erfuhr mancherlei Abänderungen:

Der protestantische Religionsunterricht wurde seit 1838—39 der 1. und 2., sowie der 3. und 4. Klasse gemeinsam, seit 1848 jeder derselben gesondert erteilt.

Von den Sprachen wurde der französischen, deren Betrieb in der letzten Zeit von wenig genügendem Erfolge begleitet gewesen war, erhöhte Beachtung zugewendet; die englische und die italienische wurden 1837 eingeführt. Die Teilnahme am englischen und italienischen Unterrichte, welche sie selbst zu bezahlen hatten, war den Zöglingen freigestellt. Die italienischen Stunden hörten nach Jahresfrist wegen Mangel an Besuch auf, die englischen wurden seit 1839 auf Kosten der Anstalt gegeben. Das Lateinische wurde 1842—43 für die sechs unteren Klassen wieder eingeführt; die Schüler sollten lernen, einen leichten Klassiker zu verstehen. Zugleich ward angeordnet, dafs den Kadetten, auf Grund zufriedenstellender Leistungen, der Zugang zu den nämlichen Ämtern und Stellen offen stehen solle, wie den von der Teilnahme am Griechischen entbundenen Schülern der Gymnasien nach bestandenem Absolutorium. Man hätte den Unterricht im Lateinischen gern bis in die höchste Klasse fortgesetzt, mufste aber davon absehen, weil in der 7. und 8. Klasse zu viel anderes zu lernen war.

Unterricht in der niederen Mathematik ward den sechs unteren Klassen erteilt; die Teilnahme an den für die 7. und 8. stattfindenden Vorträgen der höheren blieb freiwillig. Sphärische Trigonometrie mufsten seit 1840 alle hören. Die praktischen Übungen bestanden in einer in der Umgegend von München unter Anwendung des Distanzmessers vorzunehmenden Mefstischaufnahme in 1 : 2500, einer in geeignetem Gelände in 1 : 10000, mit vier Mefstischen auszuführenden topographischen Aufnahme nebst Terrainzeichnung, und in einer Aufnahme à la vue.

Physik ward denjenigen Kadetten der 7. und 8. Klasse vorgetragen, welche Artilleristen oder Ingenieure werden wollten, und aufserdem solchen, welche besondere Neigung hatten; Kenntnis der niederen Mathematik einschl. Trigonometrie war Vorbedingung der Zulassung zu diesem Fache.

Zu den Vorträgen über höhere Mathematik und Physik hatten auch befähigte Unteroffiziere der Artillerie und des Genie-Korps Zutritt.

Beim Unterricht in Geographie ward besonderer Wert auf die zeichnende Lehrart gelegt, der in Geschichte begann mit der allgemeinen und ward dann auf die deutsche, unter Hervorhebung der bayerischen, ausgedehnt; der in Naturgeschichte umfafste das Tierreich, welches populär, das Mineral- und das Pflanzenreich, welche elementär und technologisch, für künftige Militärs berechnet, vorgetragen wurden, und zuletzt, bei möglichst wissenschaftlicher Behandlung, die Naturgeschichte des Erdkörpers. Zur Förderung des Unterrichts wurde das Mineralien-Kabinet erweitert und der Besuch der Königlichen Sammlungen angeordnet.

Die Kriegswissenschaften wurden in ihren einzelnen Teilen geschichtlich abgehandelt, und dazu die Waffen- und Modellsammlung, namentlich durch Gegenstände neuerer Art, bereichert; viele Modelle aus dem Gebiete der Befestigungskunst fertigten die Zöglinge in ihren Mufsestunden selbst an. Für den Vortrag der Dienstlehre ward ein Leitfaden gedruckt.

Schreibunterricht fand in allen Klassen nach Kette'scher Lehrart statt. Neben deutscher und englischer Kurrentschrift wurden in den Ausbildungsklassen auch die Schriftgattungen der Militär-Zeichnungskunst nach den Vorschriften des topographischen Bureau und in der 8. das Tabellieren (Anfertigen von Tabellen) gelehrt.

Das Zeichnen umfafste Hand-, Konstruktions-, Plan-, Fortifikations-, Maschinen- und Waffenzeichnen.

Zu den Singstunden wurden möglichst viele Zöglinge herangezogen; die Teilnahme war Bedingung der Erlaubnis zum Erlernen eines Blasinstruments.

Reitunterricht ward der 8. Klasse vom 16. Oktober bis 30. Juni wöchentlich zwei-, seit 1839 dreimal beim Kürassierregiment durch einen Oberlieutenant erteilt, welcher dafür jährlich 60 bis 120 Gulden erhielt; im Juli und August schlofs sich eine theoretische Unterweisung daran.

Waffenübungen fanden im Frühjahr und im Sommer statt. Sie gingen für die vier unteren Klassen, welche keine Gewehre hatten, bis zur Zugschule; für die übrigen umfafsten sie diese, das Bajonettieren und das zerstreute Gefecht. Auch wurden kleine Reisemärsche ausgeführt. 1839 trat für die 8. Klasse das Scheibenschiefsen, welchem das Schiefsen mit Zimmerstutzen als Grundlage diente, sowie Unterricht über die Behandlung der Waffen und in Aufertigung der Patronen hinzu.

1837 wurde die 1825 geschlossene Bibliothek wieder eingerichtet. Den Grundstock bildeten die wenigen noch vorhandenen und 284 vom Hauptkonservatorium, als dort doppelt vorhanden, abgegebene Werke; für Anschaffungen etc. wurden jährlich 100 Gulden bewilligt. Die Bibliothek sollte kriegs- und schönwissenschaftliche, geographische, naturgeschichtliche und Erziehungsschriften und Karten enthalten.

Den Lehrern wurde empfohlen, ihre Vorträge der jugendlichen Fassungskraft, auch der mittelmäfsigen Schüler, angemessen, dabei aber so einzurichten, dafs zugleich höhere Talente dadurch angeregt würden. In stufenweisem Fortschreiten sollte der Verstand gebildet, das Erfindungsvermögen erweckt, das Selbsturteil geschärft, die Liebe für die Wissenschaften hervorgerufen werden. Besonders bei den militärischen Fächern sollte eine praktische Richtung verfolgt werden.

Zur Begründung eines sicheren Urteils über die Leistungen und zum Zweck der Feststellung der Rangordnung, welche bis dahin nach der Zahl der in den schriftlichen Arbeiten gemachten Fehler bestimmt worden war, wurde in jedem Halbjahre eine Anzahl schriftlicher Arbeiten angefertigt und in Gegenwart des Kommandanten oder des Stabsoffiziers eine mündliche Prüfung abgehalten. Die Ergebnisse wurden durch die Zahlen von 5 bis 0 ausgedrückt, wobei 5,0 bis 4,6 vorzüglich, 4,5 bis 3,6 sehr gut, 3,5 bis 2,6 gut, 2,5 bis 1,6 mittelmäfsig, 1,5 bis 0,6 gering, 0,5 bis 0,0 ganz ungenügend bedeutete. Aus den so gewonnenen Fortgangsnoten wurde, als das arithmetische Mittel, die allgemeine Fortgangsnote gezogen.

Das Aufsteigen in eine höhere Klasse war durch die Note „mittelmäfsig" bedingt, diese geringe Anforderung ward 1844 dadurch gesteigert, dafs in den Klassen 1 bis 5 die allgemeine Jahres-Fortgangsnote von 2,2, in der 6. bis 8. von 2,6 verlangt wurde. Sowohl hierzu wie zur Erlangung eines Preises und zum Eintritt in das Heer war erforderlich, dafs in religiös-sittlicher Beziehung die Note „gut"

erlangt war. Seit 1840 blieb diese bei Berechnung der allgemeinen
Fortgangsnote aufser Betracht.

Ein und dieselbe Klasse sollte nur einmal durchgemacht
werden; kein Zögling durfte mehr als einen Jahreskursus wiederholen.
Um zu verhindern, dafs Zöglinge, welche wegen unzureichender Leistungen die Anstalt vorzeitig verliefsen, in das Heer einträten und
auf diese Weise rascher zu ihrem Ziele gelangten, als ihre regelrecht
fortschreitenden Kameraden, schrieb das Reglement vor, dafs jene
nicht früher zu Junkern befördert werden durften als diese.

Die Einrichtung, dafs die zum Aufrücken nur bedingt fähig erachteten Schüler die Ferien benutzen durften, um sich auf eine nach
Beendigung derselben abzuhaltende Prüfung vorzubereiten, von deren
Ausfall die Versetzung abhing, blieb bestehen. Die Prüfung fand
gleichzeitig mit der der Neuaufzunehmenden vom 8. Oktober an statt;
die versetzten Zöglinge kamen erst am 16., wo die Klassenbildung
feststand, von Urlaub zurück.

Die Anforderungen an das Seh- und Hörvermögen der Aufzunehmenden wurden, aus Anlafs der wachsenden Zahl kurzsichtiger
Offiziere, verschärft und genau festgestellt. Zugleich wurden Anordnungen getroffen, um letzteren Gebrechen durch Mafsregeln im eigenen
Hause entgegenzuwirken. Dazu gehörten, neben einer besseren künstlichen Beleuchtung, das Streichen der Wände in den Hör- und Studier-
sälen mit grüner Farbe und das Anbringen von Rouleaux und Mar-
kisen.

Die Aufnahme, welche der Regel nach nur in die 1. und 2. Klasse
erfolgte, setzte ein Alter von mindestens 10 und unter 12 Jahren
voraus. Die Prüfung fand vor einer aus dem Personal der Anstalt
gebildeten Kommission statt.

Die stets wachsenden Ausgaben und der immer gröfsere Andrang
Bedürftiger veranlafsten zu einer Änderung in den Bestimmungen
über die Kostgelder. 1840 ward die höchste Stufe, weil 360 Gulden
jährlich nicht mehr ausreichten, auf 408 erhöht und zugleich bestimmt,
dafs jedesmal, wenn eine derartige Erhöhung stattfände, das Kostgeld
für einen zur Zeit 204 Gulden zahlenden auf 102 herabgesetzt werden
solle. Auf diese Weise konnte man einer gröfseren Zahl Bedürftiger
helfen, ohne die eigenen Kräfte allzusehr in Anspruch zu nehmen;
der Zuschufs, welchen die Anstalt erforderte, ward freilich immer
gröfser. Um für den Einzelnen den Aufenthalt weniger kostspielig
zu machen, waren Griefsenbeck und namentlich der Vorstand der

Ökonomie-Kommission, Hauptmann Ernesti, bemüht, die Ausgaben aus dem Taschengelde zu vermindern, und die Zöglinge zur Schonung ihrer Sachen und überhaupt zur Sparsamkeit anzuhalten.

Für die „Ausmusterungs-Prüfung," eine jetzt eingeführte Bezeichnung, ward eine Kommission bestellt, aus dem Kommandanten als Vorstand, je 1 Stabsoffizier der Infanterie, Kavallerie, Artillerie, des Generalstabes, des Genie- und des Kadetten-Korps als Mitgliedern. 6 Hauptleuten als Prüfenden und denjenigen Lehrern der Anstalt bestehend, welche in den Prüfungs-Gegenständen Unterricht erteilt hatten; ein Inspektionsoffizier führte das Protokoll. An der Prüfung, welche 8 Tage dauerte, durften die Unteroffiziere und Kadetten des Artillerie- und Genie-Korps teilnehmen, seit 1843 wurden auch die Pagen mitgeprüft, welche in letztgenannte Waffengattungen überzutreten wünschten.

Die Kommission hatte zu ermitteln, ob die Befähigung für eine Anstellung im Heere als Junker vorhanden sei; das Urteil ward durch Stimmenmehrheit gefällt.

Die Prüfenden legten letzterer Fragentwürfe vor, aus denen die Kommission wählte; sie bestimmte ferner Referenten und Korreferenten für die Beurteilung der schriftlichen Arbeiten.

Prüfungs-Gegenstände waren:

1. Taktische Wissenschaften: Waffenlehre, Terrainlehre, reine und angewandte Taktik.

2. Befestigungswissenschaften: Feld- und permanente Befestigungskunde, Angriff und Verteidigung von Festungen.

3. Niedere Mathematik: Arithmetik, Algebra, ebene Geometrie, Stereometrie, ebene Trigonometrie.

4. Sprachen: Deutsche und französische.

5. Physik: Anfangs nur für die freiwilligen Teilnehmer am Unterricht und nur als empfehlend, später als verbessernd, wirksam.

6. Dienst: Dienstvorschriften, Militär-Geschäftsstyl, bei den unter 2. genannten Fächern zu berechnen.

7. Höhere Mathematik: Höhere Analysis, höhere Geometrie. Das Ergebnis gereichte anfangs nur zur Empfehlung, später wurde die erworbene Note in die allgemeine Prüfungsnote, diese verbessernd, eingezählt. Für Zuteilung zur Artillerie und zum Genie war der Nachweis entsprechender Kenntnisse erforderlich.

Die Hilfswissenschaften (Geographie, Geschichte und seit 1841 auch Naturgeschichte) waren anfangs vollgültige Prüfungsgegenstände,

1841 wurde bestimmt, daſs die Prüfung in denselben jedesmal in demjenigen Jahre vorgenommen werden solle, in welchem der Unterricht, welcher nicht bis in die höchste Klasse ging, beendet wurde; seit 1844 wurden sie bei der Ausmusterung nicht mehr in Betracht gezogen.

Die in den **freiwilligen Fächern** erlangten Noten wurden den in den vorgeschriebenen erteilten zugezählt und die Summe der Noten durch die Anzahl der vorgeschriebenen Gegenstände geteilt. Es wurden ferner die unter Zuziehung sämtlicher Inspektionsoffiziere festgestellten **Noten über Diensteifer und dienstliche Brauchbarkeit** berücksichtigt und die letzten Jahres-Fortgangsnoten im **Englischen** bezw. **Italienischen**, in den **Fertigkeiten** und **Künsten** der Befähigungsnote empfehlend beigefügt.

Aufserdem wurde, um den Zufälligkeiten des Prüfungsergebnisses zu begegnen, die letzte Jahres-Fortgangsnote der Prüfungsnote zugezählt und aus beiden die Hauptbefähigungsnote gewonnen.

Der Kommission wurden die seitens der Anstalt geführten Nachweise über die sittlichen, geistigen und körperlichen Eigenschaften der Austretenden, sowie die von ihnen gefertigten Zeichnungen, vorgelegt, und aufserdem hatten diese vor ihr die erlangte Ausbildung in den Waffenübungen der Infanterie darzuthun.

Die Kommission schied die Geprüften in „**Anstellungsfähige**" und „**Nichtanstellungsfähige**." Die letztere Bezeichnung sollte anfänglich in der Regel denen zu teil werden, welche eine unter „mittelmäfsig" herabsinkende Befähigungsnote erhielten. Ausnahmen konnten gemacht werden, wenn ein Kadet in einzelnen wichtigen Fächern Vorzügliches leistete oder wenn er bei einem ausgezeichnet guten Betragen zu der Hoffnung besonderer dienstlicher Brauchbarkeit berechtigte. 1839 ward bestimmt, daſs die Befähigungsnote sich über 2,0, also über den Durchschnitt der Mittelmäfsigkeitsnoten, erheben müsse; 1844 ward jene auf die höchste Stufe, auf 2,5, erhöht und daneben, um zu verhindern, daſs ein Zögling irgend ein Fach ganz liegen lasse, vorgeschrieben, daſs in jedem mindestens 1,0 erreicht sein müsse.

Aufser von den für die **Kavallerie** ward auch von den zur **Artillerie** sich Meldenden, nachdem seit dem 19. September 1839 den Offizieren vom Hauptmann abwärts die Verpflichtung auferlegt war ein Reitpferd zu halten, der Nachweis einer Zulage gefordert.

Das **Lehrpersonal** bestand aus „Professoren", welche in den wichtigeren Fächern unterrichteten, „Repetitoren", als welche meist Inspektionsoffiziere wirkten, „Lehrern" für die minder wichtigen Fächer, und „Lehr-Gehilfen" für den Musikunterricht. Letztere erhielten 1839 den Titel „Musiklehrer", der Musikmeister den eines „Musik-Dirigenten". Offiziere, welche wissenschaftlichen Unterricht erteilten, hiefsen stets Professoren; sie erhielten Zulagen von 500 Gulden. Die Gehälter der übrigen Professoren betrugen zwischen 800 und 1200 Gulden, ihrer festen Anstellung mufste eine dreijährige vorläufige vorangehen; die Lehrer empfingen Remunerationen bis zu 700 Gulden. Ihre Anstellung war widerruflich, sie hatten keinen Pensionsanspruch, wie die Professoren, doch durften sie sich, wenn sie sich die Allerhöchste Zufriedenheit erworben hatten, bei physischer Untauglichkeit einer entsprechenden Alimentation für sich und ihre Relikten versichert halten. Die Lage der Lehrer war mithin wenig gesichert; in Wirklichkeit war die der bürgerlichen Professoren nicht viel besser. Denn 1848 war nur noch ein festangestellter vorhanden; er war es seit 1831, nachdem er 4 Jahre lang provisorisch verwendet worden war. Seit dieser Zeit war keine definitive Anstellung erfolgt; man hatte sich darauf beschränkt, den Professoren des Kadetten-Korps im Jahre 1835, anstatt pragmatischer Staatsdienerrechte, Hoffnung auf Pension und, wenn sie im Dienste sterben sollten, ihren Hinterbliebenen die Aussicht auf die nämlichen Pensionen zuzusichern, welche die Nachgelassenen pragmatischer Staatsdiener hatten. Professoren und Lehrer waren zur Erteilung von 24 wöchentlichen Unterrichtsstunden verpflichtet. Inspektionsoffiziere als Repetitoren erhielten Gratifikationen von 60 bis 120 Gulden.

Die ruhige und stete Entwickelung der 1837 getroffenen Anordnungen wurden durch das Sturmjahr 1848 gestört.

Am 20. März überliefs Ludwig I den Thron seinem Sohne, welcher denselben als König Maximilian II Joseph bestieg. Eine seiner ersten Regierungshandlungen war, dafs er laut Armeebefehl vom 31. d. M. einer Anzahl von „alten würdigen Offizieren die verdiente Ruhe zu teil werden liefs." Zu diesen gehörte General-Major von Griefsenbeck, dessen immer gebrechlicher werdender Körper ihm seit längerer Zeit kaum noch gestattete, den Anforderungen seines Amtes nachzukommen. An seine Stelle trat Oberst Moriz von Kretschmann,[1] bis dahin Kommandant des 4. Chevaulegers-Regiments König; am 20. Mai übernahm derselbe die Leitung der Anstalt.

---

[1] Geboren 1790 zu Berlin, in Paris militärisch vorgebildet, von 1808 bis 1814 in französischen, seit 1815, nachdem sein väterlicher Besitz an Bayern gekommen war, in bayerischen Diensten, am 29. April 1868 zu München gestorben.

1848—1851.[1]

Der Geist des Jahres 1848 wandte sich sofort gegen das Kadetten-Korps. Die Umsturzpartei sah in demselben nichts als eine auf Kosten der Allgemeinheit den Sonderinteressen einiger bevorzugten Klassen dienende Anstalt, in welcher die Zöglinge für die Zwecke einer dem Volkswohle schädlichen, die gesunde Entwickelung des Staatswesens hindernden Einrichtung, das Heer, abgerichtet wurden.

Die von aufsen gekommene Anregung entsprach in gewisser Weise den Wünschen der mafsgebenden Kreise. Auch in diesen verlangte man Änderungen. Sie gingen namentlich auf die Errichtung einer Artillerie- und Ingenieur-Schule; auch das wenig Zeitgemäfse der Aufnahmebestimmungen ward nicht verkannt. Neben der Gewohnheit war Mangel an Mitteln ein Hauptgrund, warum hierin bisher nichts geändert war.

Am 20. April 1848 erging der königliche Befehl, auf Grund der Erfahrungen Vorschläge zu machen, „damit dem Talent und dem inneren Berufe für den Militärstand der Zutritt zu dieser Bildungs-anstalt mehr als bisher gesichert, den Anforderungen der Zeit die gebührende Rechnung getragen und ein wahrhafter Fortschritt in der Entwickelung des Instituts erzielt werden könne."

Das Kadetten-Korps legte sehr bald einen Entwurf zu seiner Umgestaltung vor. Der König sprach sich bei dieser Gelegenheit dahin aus, dafs er zu der angeregten Änderung der Bezeichnung „Kadetten-Korps" vorläufig keinen Grund sähe und befahl Prüfung des Entwurfes durch eine Kommission, welche auf kriegsministerielle Anordnung vom 7. Juli 1848 unter dem Vorsitze des General-Lieutenant Wilhelm Freiherrn von Heideck, eines Zöglings und früheren Inspektions-Offiziers des Korps, berufen wurde und aus vier Offizieren, darunter Kretschmann und Schuh, einem Kriegs-Kommissar und einem Auditor, gebildet wurde.

Schon am 5. Mai war befohlen, dafs vorläufig Neuaufnahmen nicht stattfinden sollten. Es folgte nun eine Reihe von Anordnungen, welche nicht zu vollständiger Durchführung gelangten, sondern durch andere gekreuzt und geändert wurden. Auf Grund der Kommissions-vorschläge ward zunächst durch Kriegsministerial-Reskript vom 25. Sep-

[1] Geheime Registratur des Kriegsministeriums. — Acta: Neue Organisation vom Jahre 1850, Fasc. VI.

tember eine Allerhöchste Entschliefsung vom 7. d. M. veröffentlicht, welche verkündete, dafs die Anstalt in Zukunft 3 Kurse enthalten werde, nämlich den 3jährigen des „Militärgymnasiums", den 2jährigen der „Kriegsschule" und den 2jährigen der „Anwendungsschule für Artillerie und Genie". Der Infanterist und der Kavallerist hatten also 5, die Anwärter für Artillerie und Genie 7 Jahr in derselben zuzubringen; mit Rücksicht auf die kürzere Aufenthaltsdauer sollte der Eintritt nach Vollendung des Lehrganges der 1. Gymnasialklasse, also zwischen dem 15. und 17. Jahre, stattfinden; der Aufzunehmende mufste in jedem Prüfungsgegenstande mindestens die mittlere Note gut (3,0) erwerben.

Die Umgestaltung sollte mit Beginn des Schuljahres 1848—49 stattfinden. Laut Kriegsministerial-Reskript vom 12. September hatte dann für die Zöglinge der bisherigen 5. Klasse der modifizierte Gymnasialkurs in Wirksamkeit zu treten, während die der 6. und 7. nach dem früheren Lehrplane weiter unterrichtet wurden. In Beziehung auf den Lehrplan der letzteren ist daher nur hinzuzufügen, dafs die Teilnahme am Unterricht in Physik laut Verfügung vom 27. Oktober allgemein verbindlich und das Prüfungsergebnis bei den Fortgangsnoten gleich dem der übrigen Fächer zur Anrechnung kam, sowie dafs die Zulassung zu den Vorträgen der höheren Mathematik vom Bestehen einer Prüfung abhängig gemacht wurde. Ferner ist zu bemerken, dafs die Trennung beim Geschichtsunterricht auf Grund des Glaubensbekenntnisses am 22. November aufhörte.

Mit dem Schuljahre 1849—50 sollte die allgemeine Bewerbung um Zulassung zum Militärgymnasium eröffnet werden, wobei den Eleven des Kadetten-Korps bei gleicher Befähigung der Vorzug eingeräumt wurde. Sie sollten dafür sorgfältig vorbereitet und ihr Unterricht entsprechend abgeändert werden. Es handelte sich besonders um das Lateinische; die Schüler mufsten mit denen der lateinischen Schulen auf gleiche Stufe gebracht werden und erhielten zu diesem Ende bis zu 2 Stunden täglich Unterricht in der Sprache. Um den Privatfleifs zu leiten und zu fördern, wurden 5 Repetitoren mit je 500 Gulden jährlich und mit der Verpflichtung zu 13 bis 14 wöchentlichen Wiederholungsstunden angestellt; im Sommer waren laut Kriegsministerial-Reskript vom 13. Juni 10 Professoren gegen Bezahlung zum nachmittäglichen Aufsichtsdienste herangezogen. Das Aufrücken in die höheren Klassen sollte nach den zu erlassenden Bestimmungen für die Kriegsschule geregelt werden.

Mit Rücksicht auf die veränderten Verhältnisse und um die Anstalt von der Arbeit, welche die Vorbereitung für den neuen Lehrplan ihr auferlegte, in etwas zu entlasten, ward den Eltern der Zöglinge der 2. bis 5. Klasse anheimgegeben, ihre Söhne für den Eintritt in das Heer anderweit heranbilden zu lassen. In diesem Falle ward ihnen der nämliche Vorzug für den Eintritt in das Militärgymnasium eingeräumt wie den Kadetten; zugleich ward bestimmt, dafs einem jeden Zögling, welcher sich im Genufs einer Freistelle befand, 300, dem, der 102 Gulden Kostgeld zu zahlen hatte, 200, und dem, der 204 zu entrichten hatte, 100 Gulden jährliche Unterstützung, sowie einem jeden behufs Anschaffung bürgerlicher Kleidung 36 Gulden gewährt werden sollten, wenn er sich den betreffenden Vorstudien widmen und zum obersten Drittteil seiner Mitschüler gehören würde. Die Zahlung sollte längstens bis zu demjenigen Lebensalter erfolgen, in welchem die Aufnahme in das Militärgymnasium zulässig wäre. Infolge dieser Anordnung verliefsen 18 Zöglinge das Haus, 3 davon bezogen bis 1852 Unterstützungen.

Die 1. Klasse stand nun der 2. des Gymnasiums gleich; mithin mufste jeder Zögling der 5 unteren Klassen, wenn er Infanterist oder Kavallerist werden wollte, 2, wenn er in die Artillerie oder in das Genie-Korps treten wollte, 4 Jahre länger in der Anstalt bleiben, als bisher nötig gewesen wäre, eine Aussicht, welche die Lehrerfolge beeinträchtigte. Die Zöglinge wie deren Angehörige erhoben laute Klagen und richteten ihre Blicke nach aufsen; der unmittelbare Eintritt in das Heer schien ihnen, zumal bei der Unruhe der Zeit, mehr Aussicht auf Fortkommen zu bieten, und dazu bereitete der Übergang zu dem neuen Lehrplane grofse Schwierigkeiten. Auch gegen die Zweckmäfsigkeit der rasch getroffenen Anordnung wurden erhebliche Bedenken geltend gemacht. So kam es, dafs, laut Kriegsministerial-Reskript vom 4. Januar 1849, durch Allerhöchste Entschliefsung die gethanen Schritte teilweise rückgängig gemacht wurden; nur die 2. und 3. Klasse bereiteten sich auf das Militärgymnasium vor, für die 4., 5. und 6. wurde im wesentlichen der frühere Lehrplan wieder angenommen.

Es trat nun ein neues Provisorium ein, während dessen die Anstalt sich immer mehr leerte und die Verhandlungen wegen der Neugestaltung fortgesetzt wurden. Schon im Mai 1848 waren 18 Fahnenkadetten der 8. Klasse als Unter-Lieutenants ausgeschieden, die der 7. zu Fahnenkadetten, die Eleven der 4. zu Kadetten ernannt. Neuaufnahmen fanden von 1848—1850 nicht statt, 1849—50 waren mithin nur 6, 1850—51 5 Klassen vorhanden. Am 22. Oktober 1849 waren sämtliche Zöglinge in eine Abteilung (s. S. 146) vereinigt worden, die Zahl der Inspektionsoffiziere ward auf 11, den Vorstand der Ökonomie-Kommission und den Adjutanten eingerechnet, vermindert; während der Mobilmachung vom Herbst 1850 aus Anlafs der kurhessischen Wirren, wo, wie schon im Frühjahr 1848 und wie es stets und überall geschieht wenn Krieg in Sicht ist, die aktiven Offiziere in die Truppe zurückzutreten trachteten, waren zwei pensionierte Hauptleute als solche thätig.

Die Vorarbeiten für die Umgestaltung waren von neuem der Kommission unter Heidecks Vorsitz übertragen. Am 2. April 1849 unterbreitete dieselbe dem Könige ihre Vorschläge. Sie gingen auf die Umwandlung des Kadetten-Korps in eine allgemeine Kriegsschule und die Errichtung von zwei „Divisionsschulen" hinaus. Erstere sollte in ein „Militärgymnasium" mit 3jährigem Lehrgange, in welches die Zöglinge mit 15 bis 17 Jahren eintreten und wo sie, ohne Rücksicht auf ihren künftigen Beruf, zum Absolutorium vorbereitet werden sollten, und in eine „Kriegsschule" zerfallen. Letztere hatte die militärische Berufsbildung zu vermitteln; sie sollte eine Abteilung für den Liniendienst mit 2-, eine für Generalstab, Artillerie und Linie mit 4jährigem Kurse umfassen, so dafs die Schüler das Haus mit 22 bis 24 Jahren verlassen würden. Die Divisionsschulen sollten in 4jährigen Kursen Unteroffiziere und Soldaten, welche mit 16 bis 25 Jahren eintreten könnten, zu Offizieren vorbereiten. Man war auf dem besten Wege, ein zweiteiliges Offizier-Korps zu schaffen.

Der König traf keine Entschliefsung, sondern gab den Vorschlag der Kommission am 14. Juni 1849 mit Bemerkungen seines Bruders, des Prinzen Karl, zurück. Dieselben richteten sich namentlich gegen den Eintritt im Alter von 15 bis 16 Jahren, „in welchem heutzutage die jungen Leute mit der Cigarre im Munde die Welt mitregieren wollen" und sich daher schwer an Subordination gewöhnen würden; ferner wollte der Prinz die früheren Interressen der Offiziere und Militärbeamten in betreff der Aufnahme gewahrt wissen. Andere Einwände, welche er erhob, waren nebensächlicher Natur.

In ihrer Erwiederung vom 21. Juni 1850 beharrte die Kommission auf den Grundzügen ihres Entwurfes, für welchen sie geltend machte, dafs der Lehrplan sich eng an den der Landesschulen anschliefse, dem dringenden Bedürfnisse einer Artillerie- und Genieschule abhülfe, in den Divisionsschulen eine Einrichtung schaffe, durch

welche der Mangel an Offizieren gedeckt werden könne und welche
geeignet sei Wetteifer anzuregen, und weil der Entwurf durch Ein-
setzung einer gemeinsamen Prüfungskommission einen einheitlichen
Weg zu gerechter Würdigung aller Offizieranwärter bahne.

In den Sommer des Jahres 1850 fällt ein neues Dringen auf
Umgestaltung des Kadetten-Korps. Es ging von der Kammer der
Abgeordneten aus. Die Kammer der Reichsräte eignete sich die
geäufserten Wünsche nicht an, empfahl aber, die Neuordnung auf
Grund der erfolgten Bekanntmachung nicht länger aufzuschieben.

Die Kommission drang nicht durch; das Kadetten-Korps sollte
als Wohlthätigkeitsanstalt auf dem Grunde seiner bisherigen Einrichtungen erhalten bleiben. Sie trug diesen Forderungen durch einen
neuen, von ihrem Protokollführer, dem nachmaligen Kriegsminister
Hauptmann Freiherrn von Pranckh, ausgearbeiteten Entwurf vom
15. April 1851 Rechnung. Derselbe schlug vor: Aufnahme mit
13 Jahren; 7 Klassen, davon 3 zur Vorbereitung, in denen die allgemeinen, 4 zur Ausbildung, in denen die Kriegswissenschaften gelehrt werden; dann 6, nicht wie bisher 3 Monat Dienst bei der Truppe,
und nicht blofs scheinbar sondern mit allem Ernst, in der Kaserne,
wie jeder andere Unteroffizier oder Soldat; wer „gut" besteht, tritt
als Junker, wer weniger gut besteht als Kadett, aus; alles weitere
Aufrücken hängt von Leistungen ab. Eine Anstalt zum Zweck weiterer
militärischer Ausbildung sei wünschenswert, gehöre aber nicht in das
Kadetten-Korps; die Divisionsschulen werden willkommen geheifsen.

Der bis in das Einzelne ausgearbeitete Plan gelangte ebensowenig
zur Einführung wie seine Vorgänger.

Aus der Zeit von 1848 bis 1851 ist noch zu erwähnen, dafs an
Stelle des Uniformfrack der Waffenrock der Infanterie trat. Die
Kadetten unterschieden sich von den Eleven durch weifse Verstöfse
an den roten Schulterklappen und weifswollene Litzen auf den Ärmel-
aufschlägen. Statt der grauen Hausbeinkleider wurden blaue eingeführt,
die Helme erhielten statt des Schildes eine Sonne.

An Stelle der bisher als Aufwärter verwandten ausgedienten Soldaten traten solche aus den Infanterieabteilungen des 1. Armee-Korps.
Das Kadetten-Korps erblickte darin eine wesentliche Verbesserung.

1851—1856.

Das Endergebnis der langwierigen Verhandlungen war das Bestehenbleiben des Kadetten-Korps unter Aufrechterhaltung der Grundlagen der bisherigen Aufnahmebestimmungen. Die wesentlichste Neuerung war das Fortfallen der beiden untersten und das Hinzutreten von zwei oberen Klassen, welche in erster Linie zur Heranbildung von Artillerie- und Ingenieuroffizieren mittelst eines zweijährigen „Anwendungskurs" bestimmt waren. Diesen hatten aber nicht allein die für jene Waffen in Aussicht genommenen, sondern vielmehr sämtliche Zöglinge durchzumachen. In diesem Ziele lag der Todeskeim der Einrichtung.

Eine Allerhöchste Entschliefsung vom 24. August 1851 [1] bestimmte, dafs, wie bisher 200 Zöglinge, davon 60 in ganzen, 30 in $^3/_4$-, 40 in $^1/_2$-, 20 in $^1/_4$ Freistellen zu bezw. 102, 204, 306 Gulden vorhanden sein und dafs 50 das ganze Kostgeld mit 408 Gulden bezahlen sollten. Freistellen sollten vorzugsweise erhalten: Söhne vor dem Feinde gebliebener sowie infolge Dienstbeschädigung verstorbener oder unbrauchbar gewordener Militärs aller Grade, Söhne von Staatsbürgern aller Klassen, welche sich durch Einzelhandlungen Verdienst um König und Vaterland erworben haben würden; ferner, nach Mafsgabe ihrer Hilfsbedürftigkeit, Waisen und Doppelwaisen unbemittelter und gut gedienter Offiziere und Militär-Beamten, Söhne unbemittelter Offiziere und Militär-Beamten im aktiven und Pensionsstande, wenn deren Dienste diese Berücksichtigung verdienten; endlich, nach Mafsgabe der weiter verfügbaren Stellen, Söhne unbemittelter, durch ihre Dienstleistungen ausgezeichneter Civil-Staatsdiener. In volle Kostgeld-Stellen konnten legitime Söhne aller Staatsbürger aufgenommen werden.

Am 5. Oktober 1851 schenkte Herzog Maximilian von Leuchtenberg 24480 Gulden zur Begründung einer Stiftung von Freiplätzen im Kadetten-Korps für Söhne von Offizieren und Militärbeamten; die Kaiserin-Witwe von Brasilien vergröfserte die Stiftung 1873 durch ein Geschenk von 9180 Gulden.

Die Aufzunehmenden mufsten am 8. Oktober das 12. Lebensjahr zurückgelegt und durften das 15. nicht angetreten haben. Es bestanden 8 Klassen: Die 1. und 2. gingen mit der 3. und 4. der

---

[1] Bestimmungen für die Aufnahme von Jünglingen in das königlich bayerische Cadetten-Corps, München, Joseph Lindauer.

lateinischen, die 3. und 4. mit der 1. und 2. der Gymnasialschule
parallel, die 5. und 6. hatten die Militär-, die 7. und 8. die speziellen
Studien des Artilleristen und des Ingenieurs zu betreiben. Nachweis
genügender Vorkenntnisse, bei 13 Jährigen für die 3., 14 Jährigen für
die 4. Klasse der Lateinschule war unerläßliche Bedingung der Aufnahme; der Fortgang sollte dadurch sichergestellt werden, daß alle
Ungeeigneten rechtzeitig und namentlich vor dem Übergange zum
Fachstudium entlassen würden. Wer bei der Ausmusterung in wissenschaftlicher Befähigung, wie im Betragen „vorzüglich" erhielt, sollte
als Unter-Lieutenant, wer „sehr gut" oder „gut" als Junker, wer
eine geringere Note als Korporal-Kadett austreten.

Die Zahl der Zöglinge war auf 74 gesunken; es ward daher
ausnahmsweise die Aufnahme bis zur 5. Klasse angeordnet, worauf
57 Bewerber eintraten, und verfügt, daß 1851 und 1852 keine Ausmusterung stattfinden solle. Durch diese Bestimmung wurden 9 Zöglinge der 8. Klasse besonders hart berührt; sie hatten noch weitere
2 Jahre in der Anstalt zu verbleiben. Man bildete aus ihnen eine
7. Klasse und gab ihnen die Uniform der Regimenter, für welche sie
bestimmt waren und von denen sie als kommandiert geführt wurden;
ihr Unterhalt wurde aus den für sie verfügbaren Bezügen bestritten.
In der Anstalt erhielten sie, wie demnächst die 7. und 8. Klasse überhaupt, eine freiere Stellung; sie waren räumlich von den übrigen
Zöglingen getrennt, speisten für sich und durften, wenn sie nicht
dienstlich beschäftigt waren, ausgehen, mußten aber abends zu fest-
gesetzter Stunde zu Hause sein; 2 bis 4 von ihnen bewohnten zuerst
im Prielmayer-Hause, seit dem 15. Oktober 1852 aber in dem zu
diesem Zweck angekauften Hause Nr. 1 der Luitpoldstraße, je ein
Zimmer; im nämlichen Hause wohnte ein mit ihrer Überwachung
betrauter Inspektionsoffizier. Man nannte sie meist „Korpsjunker."
Der Lehrgang, welchen sie durchzumachen hatten, hieß der „Anwendungskurs." Später trugen die Zöglinge der 7. und 8. Klasse zur Ka-
dettenuniform den Säbel des Infanterieoffiziers an schwarzlackierter
Loderkoppel, sowie dessen Helm und Mantel, jedoch keine Achselblätter.

Die übrigen Zöglinge wurden in zwei Abteilungen gegliedert,
von denen die untere die 1. bis 3., die obere die 4. bis 6. Klasse umfaßte; seit 1854 hießen dieselben von der 4. Klasse an Kadetten, die
der 1. bis 3. Eleven.

Tagesordnung, Beköstigung, Beurlaubung und Auszeichnung blieben
im wesentlichen wie sie gewesen waren; an Strafmitteln standen zu

Gebote die Entziehung der als Belohnungen zu gewährenden Vergün-
stigungen und der Arrest, welcher, als „einfacher" in Absonderung unter
wissenschaftlicher Beschäftigung oder als „enger" in Einsamkeit und
Dunkelheit, vollstreckt werden konnte. Der als Belohnung gewährte
Sonntagsurlaub, in der Regel nur bis 4 Uhr erteilt, konnte im Winter
um 1 bis 2, im Sommer um 2 bis 4 Stunden verlängert werden, wenn
die als Bedingung geforderten Wochen-Fleifsnoten vorhanden waren.
Sonntags war von 6 bis 8 Uhr morgens Arbeitsstunde, aufserdem
Parade und Besuch des Gottesdienstes. Dem Vergnügen dienten Theaterbesuch und kleine Ausflüge auf das Land; zu Gesellschaften und Bällen,
Maskeraden ausgenommen, konnte Urlaub erteilt werden. 1854 machte
der Leiter des Hoftheaters, als es sich um Erneuerung des Abonnements handelte, Schwierigkeiten; der König befahl aber, dafs es beim
Alten bleiben solle.

In dieser Weise trat das Kadetten-Korps am 3. Dezember 1851
in die Neuordnung ein. Schon vorher hatte Kretschmann von demselben Abschied genommen. Seine Gesundheit, welche seine Leistungen
seit längerer Zeit beeinträchtigt hatte, zwang ihn, um Versetzung in
den Ruhestand zu bitten, welche am 17. November 1851 erfolgte; schon
am 31. August hatte er das Kommando seinem Vertreter, Oberst
Schuh, übergeben.

Der König hatte den Kriegsminister von Lüder beauftragt, als
Nachfolger Kretschmanns einen Mann von streng monarchischer Ge-
sinnung, feiner gesellschaftlicher Bildung und ritterlicher Tournüre
in Vorschlag zu bringen, welcher der Jugend in jeder Hinsicht als
Vorbild dienen könnte. Die Wahl fiel auf Schuh.[1] Den Dienst des
Stabsoffiziers übernahm der 1854 zum Major ernannte Hauptmann des
Generalquartiermeisterstabes Friedrich Buz.

Durch den erwähnten Befehl vom 24. August 1851 war dem
Kadetten-Korps zugleich aufgetragen, den künftigen Lehrplan auszu-
arbeiten. Er ist Schuhs Werk und gelangte 1854—55 zur allmählichen
Einführung.

Als Zweck des Unterrichts bezeichnete er die theoretisch-
praktische Ausbildung zu Offizieren, welche nach dem Verlassen der
Anstalt sofort dienstlich verwendbar sein sollten.

Das am 1. Oktober beginnende Schuljahr zerfiel in zwei Semester,
von denen das erste am Dienstage vor Ostersonntag, das zweite, am

[1] Michael Schuh, 1799 zu München geboren, am 13. Januar 1865 als General-
Lieutenant in Pension zu Vevey gestorben.

11 *

Donnerstage nach Ostern anfangende, am 8. August schlofs. Dann traten
für die 1. bis 5. Klasse Ferien ein, sonst war die Schule nur an Sonn-
und Feiertagen geschlossen; die 7. und 8. Klasse nahm während der
Ferienzeit praktische, die 6. Vermessungsübungen vor.

Dem Unterrichte sollte, soweit es anging, der Lehrplan der
öffentlichen Schulen zu grunde liegen. Abweichungen waren dadurch
veranlafst, dafs die mathematischen, geschichtlichen und geographischen Vorträge, welche für jene auf der Universität fortgesetzt wurden.
im Kadetten-Korps abgeschlossen und ihr Studium hier sogar mit
Rücksicht auf den künftigen Beruf der Schüler erweitert werden,
während auf der anderen Seite für eine Anzahl von Fächern Raum
geschafft werden mufste, deren Betrieb die militärische Ausbildung
forderte. Es wurde daher der Lehrstoff der bürgerlichen Schulen in
Religion, Deutsch, Geschichte, Geographie und Mathematik vollständig
oder darüber hinaus aufgenommen; von den lateinischen Klassikern
aber wurden nur die Prosaiker, nicht die Dichter, zum vollen Verständnis der Schüler gebracht, vom Griechischen wurde ganz abgesehen.

Auf die Lehrmethode für den Unterricht in den Kriegswissenschaften äufserte längere Zeit eine Reise Einflufs, welche Schuh im
Herbst 1852 nach Frankreich und Belgien unternommen hatte. um
die dortigen Militärschulen kennen zu lernen. Er brachte aus Belgien
eine Sammlung aller schriftlichen Arbeiten mit, welche die Zöglinge
der dortigen Militärschule während eines 2jährigen polytechnischen
und eines ebenso langen sich daranschliefsenden Anwendungskurs an-
zufertigen hatten. Die auf diesem Wege erzielte Bildung war eine
sehr schematische, besonders auf mathematische und. Naturwissenschaften gestützte.

Der Stundenplan umfafste:

A. Allgemeine Studien.

Religion und Sittenlehre für Katholiken bezw. Protestanten
(1. bis 6. Klasse).

Deutsche Sprache und Litteratur (1. bis 6. Klasse).

Lateinische Sprache (1. bis 4. Klasse).

Französische Sprache, wobei die Schüler der 1. bis 6. Klasse.
ohne Rücksicht auf ihre Zugehörigkeit zu einer derselben, zu ebenso
vielen Lehrstufen vereinigt wurden; die meistfortgeschrittenen speisten
an einer besonderen Tafel und übten sich hier mit Hilfe der abwechselnd
an den Mahlzeiten teilnehmenden Lehrer in der Unterhaltung. Der
Unterricht der beiden oberen Klassen beschäftigte sich mit militärischen

Gegenständen und war von einem Vortrage über französiche Litteratur begleitet.

Italienische und englische Sprache für besonders Beanlagte der 7. und 8. Klasse.

Geschichte: Allgemeine und deutsche, in Zusammenhange mit
der bayerischen (1. bis 5. Klasse).

Geographie: Allgemeine und eingehendere von Europa, Deutschland und Bayern, mit besonderer Rücksicht auf die oro- und hydro-
graphischen Verhältnisse. Kartenzeichnen nach Konstruktionsmethode
auf Gradnetzen (1. bis 3. Klasse).

Militärgeographie (8. Klasse).

B. Mathematische und naturwissenschaftliche Studien.

Mathematik: Elementare (1. bis 4. Klasse), reine (5. und
6. Klasse), angewandte (7. und 8. Klasse).

Darstellende Geometrie (5. und 6. Klasse), Anwendung derselben (7. Klasse). Schüler, welche nicht folgen konnten, waren nach
Beendigung des Vortrages über Schattenkonstruktionen von der Teilnahme zu entbinden und anderweit zu beschäftigen.

Naturwissenschaften: Naturgeschichte umfassend Zoologie,
Mineralogie, Botanik, Geognosie (4. Klasse); allgemeine und spezielle
Physik (6. Klasse); reine (7. Klasse), unorganische, organische, analytische (8. Klasse) Chemie, letztere nur für dazu Befähigte, für die
übrigen wiederholter Vortrag der reinen; Veterinärkunde, begreifend
Naturgeschichtliches, äußere Pferdekenntnis, Wart, Pflege, Krankheiten
der Pferde, Hufbeschlagskunst (7. und 8. Klasse).

C. Militärische Studien:

Waffenlehre (5. Klasse).

Terrainlehre (5. Klasse).

Reine (6.) und angewandte Taktik (7. Klasse).

Artilleriewissenschaft: Schiefspulver, Hand-, blanke, Schutz-
waffen und deren Anfertigung. Ernstfeuerwerkerei, Geschützrohre und
deren Anfertigung (7. Klasse); Lafetten und Fahrzeuge, Maschinen und
Geräte. Bedienung und Handhabung, Schiefsen und Werfen, Organisation der Artillerie, Gebrauch im Felde, Batteriebau, Gebrauch in und
vor Festungen (8. Klasse).

Feldbefestigung (6. Klasse).

Permanente Befestigung: Allgemeines, Angriff und Verteidigung. Geschichte behufs Darlegung der Systeme (7. Klasse); nötige
Eigenschaften von Festungen, Aufzug und Beherrschung der Werke;

Detail derselben, Minen, Angriff und Verteidigung. Einfluß der Festungen auf die Kriegführung (8. Klasse).

Gegen Ende des Schuljahres besuchte die 7. Klasse die Festung Ingolstadt, bei welcher Gelegenheit auch die Arbeiten und Übungen des Genieregiments für den Zweck der Genietruppenlehre besichtigt wurden, welche letztere Pionierunterricht in Verbindung mit Feldbefestigung (7. Klasse); Mineur-, Sappeur-, Pontonierunterricht (8. Klasse) umfaßte.

Baukunde: Baumaterialien, Baukonstruktion, bürgerliche und Militär-Baukunst (7. Klasse); Kriegsbaukunst, Notwendigstes aus der Straßen-, Wasser- und Brückenbaukunst (8. Klasse).

Dienstlehre: Allgemeines, Rapportstellung, innerer, Garnison- und Felddienst, Verpflegung, Geschäftsstyl (5. bis 7. Klasse).

D. Schreiben, Zeichnen, Aufnehmen.

Schönschreiben (1. bis 3. Klasse).

Handzeichnen (1. bis 6. Klasse).

Militärzeichnen: Geometrische Konstruktionen, topographische Charaktere, Terrain (später nach Modellen und Horizontalkurven), Lavieren, Reduktion von Plänen (4. bis 6. Klasse); Skizzen- und Konstruktionszeichnungen als Anwendung der Vorträge über darstellende Geometrie, Taktik, Artillerie, Befestigungskunst, Genietruppenlehre, Baukunst (8. Klasse).

Aufnehmen: Vorübung mit dem Meßtisch in 1 : 1000, Aufnahme in 1 : 5000 verbunden mit Nivellement, Aufnahme und Darstellung der Erhöhungen und Vertiefungen des Geländes in der gemachten Detailaufnahme in 1 : 5000, Aufnahme nach Schritten und nach dem Augenmaß in 1 : 25000 (6. Klasse); Aufnehmen von Handfeuerwaffen und Gebäuden (7. Klasse), von Artilleriematerial und Maschinen (8. Klasse).

E. Reiten, Waffen- und körperliche Übungen.

Reiten: Zu diesem Zweck wurde im Oktober 1851 durch Abkommandierung aus den Regimentern eine kombinierte Kavallerie-Abteilung des Kadetten-Korps von 28 Dienstpferden unter einem Offizier gebildet. Sie ward sehr bald, nachdem 24 Junker und Unteroffiziere und 6 Kadetten der Artillerie und des Ingenieur-Korps dem Kadetten-Korps zur Teilnahme am Unterricht der 7. Klasse überwiesen waren, um 1 Offizier und 24 Pferde vermehrt. Zuerst wurden sämtliche Kadetten von der 5. Klasse an im Reiten unterwiesen. 1855 aber wurde der Unterricht auf die beiden oberen Klassen beschränkt, und blieben nur 1 Offizier und 24 Pferde kommandiert. Es wurde auf Kürassier- und auf englischen Sätteln, zuerst in der Kürassier-, später in der neuerbauten Maximilian II Reitschule geritten.

Waffenübungen: Unterricht des Soldaten bis zum Eintritt in die Kompagnie ohne Obergewehr (1. und 2.), in der Kompagnie (3. bis 6.) als derjenigen Form, in welcher die 3. bis 6. Klasse bei allen militärischen Übungen, Paraden etc. unter dem Kommando eines Inspektionsoffiziers und unter Zuteilung von Spielleuten der Garnison, ausrückten. Zum Zwecke der Teilnahme an einer gofsen Parade geschah dies zum ersten Male am 31. März 1852, wo eine solche, den Grofsfürsten Michael und Nikolaus zu Ehren, in der Ludwigstrafse stattfand. In der Folge haben die Kadetten an allen gröfseren Paraden der Garnison, in neuerer Zeit namentlich auch an den regelmäfsig Anfang Juni abgehaltenen teilgenommen (3. bis 6.). Bajonnettfechten (4. bis 6.), Schützenunterricht (3. bis 6.), Scheibenschiefsen mit Infanterie-Feuerwaffen (6.), Infanterie-, Kavallerie-, Artillerie- und Pionierübungen, zu welchen letzteren Pioniere der Garnison herangezogen wurden, unter Zelten gelagert, menagiert und der Wachdienst im Lager und am Übungsplatze verrichtet ward (7.): Infanterie-Übungen, Artillerie-Waffenübungen, Ernstfeuerwerkerei (8. Klasse).

Körperliche Übungen: Turnen, seit 1852 unter Leitung eines Offiziers, welchem ein Unteroffizier als Vorturner beigegeben war, Schwimmen (1. bis 8.), Tanzen (1. bis 6), Stofsfechten (4. bis 6.), Hiebfechten (7. und 8. Klasse).

F. Musik. Singen (1. bis 6.), Flöte (2. bis 6. Klasse).

Eine veränderte Gestalt erhielten die einst für so wichtig gehaltenen öffentlichen Prüfungen. Dieselben hatten freilich ihren ursprünglichen Charakter als Schaustellungen der besten durch Ausdehnung der Fragen auf sämtliche Schüler längst verloren, dienten aber trotzdem nur Paradezwecken und erforderten behufs ihrer Vorbereitung eine Menge Zeit; schon Schwachheim hatte 1794 ihre Abschaffung beantragt, und mit dem nämlichen Wunsche waren zu verschiedenen Malen seine Nachfolger hervorgetreten. Dazu kam noch, dafs die Teilnahme des Publikums an ihnen erloschen war. Aber erst der Fortfall einer gleichartigen Einrichtung an den Lateinschulen und Gymnasien veranlafste ihr Aufhören. An die Stelle trat eine Auslegung der von den Zöglingen angefertigten Prüfungsarbeiten, Zeichnungen etc. sowie ihrer Fortgangsnoten und eine Vorstellung in den Waffen- und körperlichen Übungen und in der Musik, wozu die Angehörigen, die Offiziere der Garnison etc. Zutritt hatten.

Dagegen ward eine Prüfung für den Übertritt in die 7. Klasse eingeführt. Dieselbe ward vor einer Kommission abgelegt, welche nach Art der früheren Ausmusterungsprüfungs-Kommission gebildet war und nach den für diese gegebenen Vorschriften verfuhr. Vom Bestehen hing die Beförderung zum Korpsjunker ab. Die zu erfüllenden Bedingungen waren die der früheren Ausmusterungsprüfung. An der Prüfung durften Offizier-Anwärter der Artillerie und des Genie-Regiments teilnehmen, welche, wenn sie bestanden, Erlaubnis erhielten, sämtlichem Unterrichte der 7. und 8. Klasse beizuwohnen, und während dieser Zeit in dienstlicher und disziplinarer Beziehung dem Kadetten-Korps unterstellt waren, jedoch in der Artillerie-Kaserne untergebracht und verpflegt wurden. Wer unter ihnen den Lehrgang befriedigend vollendete, wurde zum Junker befördert.

Die Versetzung in die 8. Klasse hing von einer Prüfung ab, welche durch das Personal der Anstalt vorgenommen wurde.

Eine Ausmusterungsprüfung für die 8. Klasse fand nicht statt; die Rangbestimmung erfolgte auf Grund der Durchschnittsleistung in den beiden letzten Jahren. Diejenigen, welche inzwischen auf Grund ihres Dienstalters in der Truppe zu Unterlieutenants ernannt sein würden, wurden nachträglich, mit dem Range vor ihren früheren Hinterleuten, dazu befördert, wenn sie in Fortgang und Betragen mindestens als „gut" beurteilt waren.

Die Noten wurden 1854 in ein Zahlensystem gebracht, in welchem die Ziffern 15 bis 0 die Gruppen vorzüglich, sehr gut, gut, mittelmäßig, gering, ganz ungenügend bedeuteten; 8, die niedrigste Stufe für „gut" war Bedingung für die Versetzung, wie für die Ernennung zum Junker.

Das Personal bestand aus dem Kommandanten, dem Stabsoffizier, einem Hauptmann als Ökonomie-Kommissions-Vorstand, 14 Ober- und Unterlieutenants der Infanterie als Inspektionsoffiziere, bezw. Adjutant; je 1 Offizier als Lehrer für Taktik nebst Dienstlehre und Militärstil, Artillerie, permanente Befestigung, Civil- und Militärbaukunst, Genietruppenlehre und -Feldbefestigung, darstellende Geometrie und ihre Anwendungen, niedere Mathematik, Chemie, Veterinärkunde (Divisions-Veterinär), topographisches Zeichnen und Terrainlehre (Inspektionsoffizier), ferner dem Kavallerie-Offizier und 1 Offizier des Ruhestandes als Bibliothekar; je 1 Civillehrer für den katholischen bezw. protestantischen Religionsunterricht, für Physik nebst angewandter Mathematik, für reine Mathematik, für niedere Mathematik, für Englisch, für Schönschreiben, für Handzeichnen, für Fechten, für Tanzen; 3 Professoren für Deutsch, Lateinisch und Geschichte; 2 Studienlehrer für Deutsch, Lateinisch, Geographie und Naturgeschichte; 1 Repetitor für Deutsch und Lateinisch, 3 Lehrer für Französisch; 1 Musikdirigent, 5 Musiklehrer. Den Gesundheitsdienst versahen je 1 Arzt, Chirurg, Assistenzarzt. Das Dienstpersonal bestand aus 2 Hausmeistern, 3 Pförtnern, 1 Vorturner (zugleich Bibliothekgehilfe), 1 Laborant des chemischen Laboratoriums, 1 Modellarbeiter und Diener des physikalischen Kabinets, 20 bis 25 Aufwärtern, 2 Krankenwärtern, aus 2 Beleuchtungsdienern im Winter (im Sommer nur 1 Beleuchtungsdiener), 1 Heizer (im Winter), sämtlich Soldaten oder gewesene Soldaten; ferner aus 1 Friseur und einem weiblichen Hauspersonal von 10 Köpfen.

Die Verhältnisse der Civillehrer erfuhren 1853 wesentliche Besserung, indem die fest angestellten denen der Lyceen und Gymnasien gleich behandelt wurden. Einzelne wurden nur nach Mafsgabe ihrer Vorträge etc. bezahlt.

Die Gesamtkosten der Anstalt betrugen z. B. 1853 — 54 111093 Gulden; der Staat hatte nach Abzug der Kostgelder, welche, wenn die Zöglinge vollzählig vorhanden gewesen wären, 37740 Gulden eingebracht haben würden, 77814 Gulden zuzuschiefsen. Die tägliche Beköstigung eines Zöglings war dabei auf 20, die eines Aufwärters auf 18 Kreuzer veranschlagt.

Die Sammlungen wurden bedeutend vermehrt. Es wurden 1851 für die Bibliothek, welche in eine Jugend- und in eine militärische Bibliothek geschieden wurde, 3276 Gulden bewilligt, ein chemisches Laboratorium und ein Kabinet für den Unterricht in der Veterinärkunde, eine Modellsammlung für den Unterricht in der Baukunst und eine Plankammer, in welcher auch ein Teil der Schülerarbeiten niedergelegt ward, errichtet, ein reiches Material für den Vortrag über Pontonierdienst beschafft, die Lehrmittel für die Waffenlehre bedeutend vermehrt. Die Zöglinge fertigten unter Anleitung des Modellarbeiters Schreiner-, Drechsler-Arbeiten etc. für die Sammlungen an. Gönner der Anstalt machten Geschenke.[1]

In diesen Verhältnissen beging das Kadetten - Korps am 1. Juli 1856 unter grofsen Festlichkeiten die Feier seines hundertjährigen Bestehens.[2] Mehr als 2600 Zöglinge waren während dieser Zeit durch die Anstalt gegangen.[3]

[1] Schönhueb I 213.
[2] Leutner zu Wildenburg, die 100jährige Jubelfeier etc., München 1856.
[3] Schönhueb II 57 enthält alle Namen und Angaben in betreff der Lebensschicksale; sowie mehrere summarische Zusammenstellungen I 227.

1857—1859.

Eine ruhige Entwickelung der 1851 geschaffenen Einrichtung war nicht beschieden.[1] Bereits am 1. Januar 1857 ward dieselbe durch eine sehr tief einschneidende Änderung unterbrochen, welche aus dem Wunsche hervorging eine gesonderte Anstalt zur Heranbildung von Artillerie- und Genie-Offizieren zu beschicken. Der „Anwendungskursus" hatte sich nicht bewährt, weil er eine grofse Zahl von Schülern umfafste, welche weder Lust noch Fähigkeit hatten dem Unterricht, der für sie, wenn sie in die Infanterie oder Kavallerie traten, grofsenteils nicht von unmittelbarem Nutzen war, Fleifs zuzuwenden. „Die Erfahrung zeigt, dafs in der 7. und 8. Klasse bestimmte Hebel nötig sind um die jungen Leute zu entsprechender Thätigkeit zu ermuntern" heifst es im Jahresberichte 1855 — 1856.

Durch Allerhöchste Entschliefsung vom 1. Dezember 1856[2] wurden am 1. Dezember 1857 die 7. und 8. Klasse als „Artillerie- und Genie-Schule" vom Kadetten-Korps getrennt und befohlen, dafs der Austritt der übrigen Zöglinge aus der 6. Klasse erfolgen solle.

Da die gegenwärtige Artillerie- und Ingenieur-Schule ihr Bestehen von diesem Tage an rechnet, werden wir ihre fernere Geschichte unter dieser Überschrift verfolgen.

In betreff des Kadetten-Korps ward gleichzeitig verfügt, dafs dasselbe den Zweck verfolgen solle, den Offizieren aller Waffen als Pflanzschule zu dienen, dafs aber den Zöglingen bis zum Beginn der eigentlichen Berufsstudien die Möglichkeit nicht benommen werden solle, in die ihrem Alter entsprechende Klasse einer Studien-Anstalt überzugehen. Es wurden daher, wie früher, die 1. bis 4. Klasse der 3. und 4. der Lateinschulen bezw. der 1. und 2. der Gymnasien möglichst gleichgestellt, in der 5. begann die Berufsbildung.

Die Zahl der Zöglinge betrug 170, davon hatten 30 ganze, 30 ³/₄-, 30 ¹/₂-, 30 ¹/₄-Freistellen, zu je 102, 204, 306 Gulden, 50 entrichteten das volle Kostgeld mit 408 Gulden. Wer vor Beendigung seiner Studien freiwillig austrat, hatte, wenn er in ausländische Dienste ging, nach Mafsgabe der genossenen Freistelle für die auf ihn verwendeten

---

[1] Die Darstellung der Verhältnisse bis zum Jahre 1866 beruht meist auf den Akten der Geheimen Registratur des Kadetten-Korps: für später, wo solche nicht mehr erstattet wurden, auf den Korps-Akten.

[2] Verordnungsblatt Nr. 25 vom 2. Dezember 1856.

Erziehungskosten Ersatz zu leisten. Neben dem Kostgelde war beim Eintritt die Ausstattung mit 62 Gulden 55 Kreuzern und fortlaufend ein Taschengeld von vierteljährlich 6 Gulden zu bezahlen.

Die Bestimmungen in betreff der Aufnahme blieben im wesentlichen die früheren, Ausländer waren indessen von derselben ausgeschlossen und es wurden etwas mehr Kenntnisse der niederen Algebra verlangt als in den entsprechenden Klassen der Lateinschulen gelehrt ward.

Zur Feststellung des Lehrplans für jedes Schul-, der Vortrags- und Stundeneinteilung für jedes Halbjahr ward eine Studien-Kommission aus dem Personal der Anstalt, mit dem Kommandanten als Vorstand, gebildet.

Der Unterricht umfaßte:

In den vier unteren Klassen: Deutsch, Lateinisch. Französisch, niedere Mathematik. Geographie, Geschichte, Naturkunde, Schreiben nach Vorschriften, Planzeichen.

In den beiden oberen Klassen: Waffenlehre, reine und angewandte Taktik, Terrainlehre, Befestigungskunst — insbesondere Feldbefestigung und Pionierdienst, dann allgemeines der permanenten Befestigung, des Angriffes und der Verteidigung von Festungen, Militärgeographie, Dienstlehre, Planzeichen und Aufnehmen. Deutsch, Französisch, Englisch, niedere und Anfangsgründe der höheren Mathematik, Hauptlehren der Physik und Chemie.

Außerdem in allen Klassen: Religion, Handzeichnen. Turnen, Schwimmen, Fechten, Tanzen.

Im Reiten wurden die 5. und 6., in der Musik alle, welche Neigung und Anlagen hatten, unterrichtet.

Das Aufrücken erfolgte in der Regel auf Grund der Fortgangsnoten; zum Übertritt in die 5. Klasse ward jedoch eine Prüfung und, am Schluß des Schuljahres der 6., vor einer Kommission die Ausmusterungsprüfung abgelegt. Wer letztere bestand. trat als Junker in das Heer oder in die Artillerie- und Genie-Schule: wer nicht bestand, durfte, wenn er nicht schon früher einen Kursus wiederholt hatte, was während des Aufenthaltes in der Anstalt nur einmal erlaubt war, den der 6. noch einmal durchmachen; im anderen Falle ward er als Gemeiner oder ganz entlassen. Wer nicht 5' 7'' maß und sonst genügte, konnte im militärischen Kanzlei- oder Verwaltungsdienste angestellt werden: erreichte er später die erforderliche Leibeslänge, so konnte er Offizier werden.

Die Neugestaltung, welche bereits am 1. Januar 1857 erfolgte,
bot wenig Schwierigkeiten. Sie war seit längerer Zeit vorbereitet und
General Schuh hatte den Lehrplan selbst entworfen. Seine Vorschläge,
vom 23. Februar 1856 hatten im wesentlichen die Genehmigung des
Kriegsministeriums gefunden, welches nur die Dienstlehre und das
Militärzeichnen eingeschränkt, die Veterinärkunde ganz ausgeschlossen
und bestimmt hatte, daſs den Waffenübungen in der Hauptsache nur
die für die Bewegung im Freien bestimmten Stunden gewidmet werden
sollten. Der Lehrplan ist ausführlicher in

Reglementäre Bestimmungen vom 20. Oktober 1858[1]

enthalten. Er schreibt für das vom 1. Oktober bis 9. August während
Schuljahr die bisherige Einteilung und in betreff der Lehrgegenstände Nachstehendes vor:

Religion, nach Glaubensbekenntnissen getrennt: jede Klasse
wöchentlich 2 Unterrichts-, 1 Vorbereitungsstunde;

Deutsch: jede Klasse 3 Unterrichts-, 1 Vorbereitungsstunde,
von der 5. an mit Unterricht in der Litteratur verbunden;

Lateinisch: in der 1. und 2. 5 Unterrichts-, 4 Vorbereitungsstunden, in der 3. je 4, in der 4. je 3 Unterrichts- bezw. Vorbereitungsstunden.

Arithmetik: in der 1. und 2. je 5, in der 3. je 2 Unterrichts-
bezw. Vorbereitungsstunden. Ebene Geometrie einschl. Stereometrie:
in der 1. und 2. 2 Unterrichts-, 3 Vorbereitungs-, in der 3. je 3, in
der 4. je 5, in der 5. und 6., wo auch die Grundzüge der sphärischen
Geometrie vorgetragen wurden, im Semester 2 Unterrichts- bezw. Vorbereitungsstunden.

Die Ferienzeit zwischen der 5. und 6. Klasse ward zu Vermessungsarbeiten benutzt, welche grofsenteils aufserhalb Münchens
vorgenommen wurden. Es wurde auf dieselben grofser Wert gelegt:
1865 erging eine neue ausführliche Vorschrift über ihre Gestaltung.

Höhere Mathematik, die Einleitung zur Differentialrechnung
und die Elemente der analytischen Geometrie umfassend, ward den
befähigten Schülern der 6. Klasse im 2. Halbjahre in 3 Unterrichts-,
6 Vorbereitungsstunden vorgetragen; die übrigen wiederholten während
dieser Zeit.

---

[1] Diese sind metallographiert (in Folio); aber weder unterschrieben, noch mit
einer Zeit- oder Ortsangabe versehen. Das hier Gegebene ist einem in der Geheimen
Registratur des Königl. Kriegsministeriums befindlichen Exemplare entnommen.

Geschichte: in den 3 unteren Klassen je 2, in der 4. je 3 Unterrichts- bezw. Vorbereitungsstunden; in der 1. und 2. ward allgemeine, in der 3. und 4. deutsche und bayerische, sämtlich bis zur Gegenwart, vorgetragen.

Allgemeine Geographie: in der 1. Klasse 2 Unterrichts-, 2 Vorbereitungs-, in der 2. von jeder Art 2 Stunden. Aufserdem ward der 6. im 2. Halbjahre Militär-Geographie vorgetragen; die Lehraufgabe, für welche 2 Unterrichts-, 2 Vorbereitungsstunden angesetzt waren, umfafste ein sehr weites, schwerlich zu bewältigen gewesenes Lerngebiet.

Naturwissenschaften: in der 4. Klasse 2 Unterrichts-, 2 Vorbereitungsstunden für Zoologie, Mineralogie, Botanik, Geographie; in der 5. im 2. Halbjahre je 2 Stunden Physik; in der 6. im 1. Halbjahre 3 bezw. 2 Hydrostatik, Hydrodynamik, Aërostatik, schwingende Bewegungen der Körper, Optik, Magnetismus, Elektrizität; im 2. Chemie; zahlreiche Versuche unterstützten die Vorträge. Für die Chemie standen zu diesem Zweck und für die Sammlungen 300, für die Physik 200, für die mineralogische Sammlung und Versuche beim naturgeschichtlichen Unterricht 15 Gulden zu Gebote.

Für den Unterricht im Französischen waren die Zöglinge wie früher nach ihren Leistungen in sechs Abteilungen geteilt, von denen jede 2 Unterrichts- und 2 Vorbereitungsstunden hatte: für das Englische waren in der 6. Klasse 2 bezw. 1 Stunde bestimmt.

Militärwissenschaftlicher Unterricht:

Für die 5. Klasse im 1. Halbjahre Waffenlehre je 6, Terrainlehre je 2, Feldbefestigung und Pionierlehre je 2; im 2. Halbjahre reine Taktik je 5;

Für die 6. reine Taktik im 1. Halbjahre je 4, im 2. angewandte je 2, permanente Befestigung das ganze Schuljahr hindurch je 2;

Für beide Klassen Dienstlehre je 1 Unterrichts und Vorbereitungsstunde.

Im Schönschreiben wurden die 1. und 2. Klasse 4, die 3. im 1. Halbjahre 6 Stunden wöchentlich geübt.

An den 2 wöchentlichen Handzeichenstunden nahmen sämtliche Zöglinge teil; Hauptgegenstand war Landschaftszeichnen, für minder Beanlagte Ornamentenzeichnen und Lavieren. Seit 1863 — 64 ward die Lehrweise von Dupuis zu Grunde gelegt. Das Militärzeichnen begann im 2. Halbjahre in der 3. Klasse mit 6 Stunden, welche auch in den höheren zu Gebote standen.

Turnen, wozu Voltigierpferd, Reck, Barren, Wurf- oder Ger-
stangen, Springstangen, Strickleitern, Taue, Sandsäcke mit Schnüren
vorhanden waren, und Schwimmen, welches 400 Gulden als Beitrag
zur Militär-Schwimmanstalt und 120 für den Vorschwimmer erforderte,
wurde in allen, Tanzen von der 2., Fechten, wobei die Anstalt
270 Gulden zur Erhaltung des Geräts gab und etwaiger Mehrverbrauch
aus den Taschengeldern gedeckt wurde, von der 6. Klasse an, Reiten
in den beiden oberen, letzteres in 3 Wochenstunden, betrieben.

In den Militärübungen (Infanterieexerzieren, Felddienst, Scheibenschiefsen, Bajonettfechten) wurde die 1. und 2. Klasse wöchentlich
3, die 3. bis 6. im 1. Halbjahr 3, im 2. 6 Stunden geübt. Für die
6. fanden im 2. Halbjahr Kavallerieübungen (Satteln, Zäumen,
Pferdewartung, Gebrauch des Seitengewehres und Exerzieren) und als
Artillerieübungen besonders Exerzieren am Geschütz, sowie nach
der Ausmusterungsprüfung eine 13tägige Pionierübung statt.

Musik wurde im bisherigen Umfange getrieben; Unterricht im
Flötenblasen erhielten auf Kosten der Anstalt durchschnittlich immer
25 Zöglinge.

Beilage XIV nennt die Lehrbücher, welche damals dem Unterrichte zu Grunde lagen. Die Titel beweisen, dafs die Wahl eine rein
sachliche, von Rücksichten auf die Glaubensbekenntnisse nicht beein-
flufste war; beispielsweise wurden die Lehrbücher der Geschichte von
Kohlrausch und Pütz gebraucht.

Die Belohnungen bestanden in der Erlaubnis zu Sonn- und
Feiertagsbesuchen in der Stadt, sowie des Theaters, von Abendgesell-
schaften in Privathäusern etc.; Teilnahme an den Landpartieen, welche
die Anstalt unternahm; Beurlaubung während der Ferien, welche auch
Ostern und Pfingsten für einige Tage stattfand; Ernennung zu Klassen-
ältesten und Fahnenkadetten, sowie in Preisen für wissenschaftlichen
Fortgang; die Strafen in Verweisen, unter vier Augen oder öffentlich; Stehen während der Mahlzeiten und des Eigenstudiums, auf die
1. und 2., während der Erholung auf die 1. bis 3. Klasse anwendbar;
Speisen an einem Straftische; Arrest (Absonderung unter Teilnahme
an den wissenschaftlichen Beschäftigungen, Beschränkung der Abend-
kost auf Suppe und Brot, Vorenthaltung etwaiger Extraspeisen beim
Mittagstisch) oder der bis zu 8 Tagen zu verhängende enge Arrest
(einsame Abschliefsung, bei nur einer Speise Mittags, Suppe und Brot
Abends); Ausschlufs von der Teilnahme an Vergnügungen, welche
Strafe mit achttägiger Versetzung in eine Strafabteilung verbunden

werden konnte; zeitweise Enthebung von den Verrichtungen als Fahnenkadett.

Die Offiziere hatten das Recht, von diesen Strafen, die mehr als Erziehungsmafsregeln wirkenden zu verhängen; der enge Arrest, das Speisen am Straftisch, die Versetzung in die Strafabteilung und die Enthebung der Fahnenkadetten blieben dem Kommandant vorbehalten; Professoren und Lehrer durften Ermahnungen und Warnungen erteilen; was damit nicht abgethan war, brachten sie durch Klagebücher zur Kenntnis des Kommandanten. Wochennoten, welche sie ausstellten, dienten letzterem als Anhalt bei Belohnungen oder Strafen. Wenn ein Schüler Anordnungen der Lehrer während des Unterrichts nicht Folge leistete, so hatten sie denselben dem diensthabenden Aufsichtsoffizier zuzuführen.

Die Angehörigen empfingen durch die Zeugnisse regelmäfsig Kenntnis vom Fortgange der Kadetten; wenn besondere Mitteilungen zu machen waren, so erfolgten diese, falls nicht Gefahr im Verzuge war, nach Monatsschlufs durch die Brigade-Kommandanten. Die früheren Besuchsstunden für Angehörige waren seit einigen Jahren weggefallen; wenn aber Kadetten krank waren, so hatten die Eltern etc. Zutritt zu ihnen, durften sie auch bei sich durch ihre Ärzte behandeln lassen.

Zur Rangbestimmung wurden „Skriptionen" angefertigt und mündliche Halbjahrsprüfungen vor der Studienkommission vorgenommen. Man bestimmte, in welchen Gegenständen geprüft werden solle. Die Zöglinge wurden drei Tage vorher in Kenntnis gesetzt. Welche Fragen der Einzelne zu beantworten hatte, wurde durch das Los bestimmt. Auf Grund der Ergebnisse wurden die Fortgangsnoten erteilt; sie wurden den Zöglingen mitgeteilt und dienten als Anhalt für die Verteilung der im Gesamtwerte von 180 Gulden gegebenen Preise, zu deren Erlangung Vorbedingung war, dafs das sittliche Verhalten befriedigte. Sie wurden sowohl für Fortgang im wissenschaftlichen Unterricht, wie für Geschicklichkeit im Schreiben und Zeichnen gegeben und bestanden in Büchern, Instrumenten, Karten und Diplomen. Zu jedem Preise gehörte ein Zeugnis. Es wurden gegeben:

in jeder der vier unteren Klassen für je 6 Schüler 1 Preis und 2 Diplome für allgemeinen Fortgang in allen wissenschaftlichen Gegenständen, 1 Diplom für den ersten Fortgangsplatz in jeder Klasse und in jeder Wissenschaft;

in der 5. und 6. Klasse für allgemeinen wissenschaftlichen Fortgang je 1 Preis und 2 Diplome;

in der 1., 2., 3. Klasse je 2 Preise und 2 Diplome für Schönschreiben, in der 5. und 6. ebensoviel für militärisches und Handzeichnen.
Für die Versetzung aus der 1., 2., 3. und 5. Klasse wurde bezw.
in Religion, Deutsch, Lateinisch, Mathematik, Waffen-, Terrain-, Dienstlehre und Feldbefestigung mindestens die Note 8 (gut), in den übrigen
6 (mittelmäfsig) und als allgemeiner Jahresfortgang 8 gefordert. Wer
diese nicht erlangte, konnte in den Ferien versuchen, das Fehlende
nachzuholen und sich nach Beendigung derselben von neuem prüfen
lassen.

Aus der Studienkommission hatte jedes Jahr ein Mitglied
auszuscheiden, durfte aber von neuem verwendet werden. Sie hatte
sich gutachtlich über alle Gegenstände des Unterrichts zu äufsern, um
welche sie befragt wurde oder welche sie selbst der Erwägung wert
erachtete, und hatte ihre Stimmen bei allem abzugeben, was sich auf
Versetzung, Ausmusterung und sonstige Beurteilung der Schüler bezog.
Bei ihren Sitzungen wurde Protokoll geführt, welches alljährlich dem
Kriegsministerium vorgelegt ward; bei dieser Gelegenheit hatte der
Kommandant sich über die Verhandlungen gutachtlich zu äufsern.

Die Kommissionen für die Übertritts- und Ausmusterungs-
prüfung, aus 6 Stabsoffizieren des Heeres bestehend, wurden jedesmal
besonders bestellt. Die Examinatoren (Lehrer, welche den Unterricht
erteilt hatten) reichten dem Korps-Kommandanten, welcher den Vorsitz führte, Vorschläge für die Fragen ein, welche von sämtlichen
Prüflingen schriftlich zu beantworten waren. Dieselben mufsten so
gestellt sein, dafs sich aus der Lösung ein vollständiges Urteil in
betreff der Befähigung ergab. Ausnahmsweise konnte mündliche Prüfung angeordnet werden.

Für das Bestehen der Offiziersprüfung, wovon sowohl der Übertritt in die Artillerie- und Genie-Schule, wie die Rangbestimmung
abhing, wurde gefordert: Note 8 für Betragen, Diensteifer und Dienstbrauchbarkeit und als allgemeine Prüfungsmittelnote; in mindestens
$^2/_3$ aller Prüfungsgegenstände mufste die 8 erreicht werden; in keinem
sollte sie unter 6 sein. Die Kommission durfte bei vorzüglichem Betragen, Diensteifer und Dienstbrauchbarkeit Nachsicht üben, wenn die
Mittelnote nur 7 und keine Einzelnote weniger als 5 betrug. War
ein solcher Prüfling im Mittel unter 6 geblieben, so konnte er noch
einmal mündlich befragt werden und, wenn er dann genügende Kenntnisse zeigte oder die mangelhaften Leistungen durch Krankheit oder
unfreiwillige Beurlaubungen veranlafst waren und Hoffnung blieb, dafs

der Betreffende sich bemühen werde, das Versäumte nachzuholen, so durfte noch weitergehende Nachsicht geübt werden. Die Kommission hatte also sehr freie Hand.

Die Gehälter der Offiziere und Militärbeamten waren denen im Heere gleich; der Kommandant erhielt, wenn er mindestens Oberst war, 300 Gulden Zulage, keine Rationen, Wohnung oder Quartiergeld; die kommandierten Offiziere im 1. und 2. Jahre 180, im 3. und 4. 240, vom 5. an 300, die als Lehrer verwendeten 300 bis 500 Gulden Zulage. Die Verwendung als Aufsichtsoffizier erfreute sich keiner grofsen Beliebtheit; eine kriegsministerielle Bekanntmachung vom 10. März 1858 betonte von neuem, dafs sie ein Beweis des Vertrauens sei, niemand durfte sie ablehnen. Es sollten, womöglich, unverheiratete Infanterieoffiziere genommen werden; einzelne wohnten in der Anstalt.

Die Besoldungen der Civillehrer waren den an den Staatsschulen gezahlten gleich: der Professor erhielt 800 bis (nach 25jähriger Dienstzeit) 1200 Gulden, der Studienlehrer 600 bis 1000 Gulden, die übrigen Remunerationen.

Die Beköstigung geschah durch eigenen Haushalt. Sie bestand aus 1 Quart unabgerahmter Milch und einer 5lötigen Kreuzersemmel zum 1., je einem Stück Weckenbrot zum 2. Frühstück und zur Vesper, Suppe, Fleisch und Gemüse Mittags, Fleisch (oder Braten) und Salat oder Ragout oder Mehl- oder Milchspeise Abends, zu beiden Mahlzeiten Weckenbrot nach Bedarf. An Sonn- und Feiertagen trat dazu Mittags eine Zuspeise (Wurst, Karbonade, Schinken, Braten etc.), bei festlichen Gelegenheiten noch Wein und Biskuit; am Freitage und an sonstigen Fasttagen ward Fastenspeise gegeben. Der „Französische Tisch" erhielt zweimal wöchentlich eine Zuspeise.

Für Vergnügungszwecke standen 500 Gulden zur Verfügung; aufserdem leistete die Kasse Zuschüsse, wenn Landpartieen gemacht wurden, oder wenn Zöglinge, welche keinen Urlaubsort hatten, während der Ferien eine Reise unternahmen; ferner waren wie bisher 600 Gulden für die Theaterplätze ausgeworfen.

Für die Bibliothek standen jährlich 300 und aufserdem für Zeitschriften 100 Gulden zu Gebote; von Zeitungen durfte nur die „Neue Münchener" für das Bureau gehalten werden.

1859 — 1868.

Neue Störung brachte die durch den italienischen Krieg von 1859 veranlaßte Mobilmachung. Nachdem im Hinblick auf eine solche bereits im Februar der Unterrichtsplan der 6., dann auch der der 5. Klasse Änderungen unterworfen war, wurden im April 20 Kadetten der 6., im Mai 22 der 5. Klasse als Junker in das Heer versetzt, 24 neuaufgenommene Zöglinge, meist aus den Gewerbeschulen, im Alter zwischen 16 und 19 Jahren, traten, auf Grund eines am 20. Mai genehmigten Antrages, in eine neugebildete 6. Klasse. Auch die Ausmusterung der 4. Klasse wurde erwogen und ihr Lehrplan entsprechend abgeändert; da die Entlassung aber nicht erfolgte, ward beim Unterricht der Klasse, welche die allgemeinen Fächer rascher erledigt hatte, später mehr Zeit auf die Kriegswissenschaften verwendet; auch erhielt sie laut kriegsministeriellen Reskripts vom 17. August 1859 ausnahmsweise Reitunterricht.

Der Unterricht jener 6. Klasse erfolgte nach einem besonderen Lehrplane. Er erstreckte sich auf Französisch, niedere Mathematik, Physik, Waffenlehre, reine und angewandte Taktik, Feld- und permanente Befestigung, Pionierdienst und Militär-Geschäftsstil; einige Schüler lernten Englisch. Die mit dieser Klasse gemachten Erfahrungen bewiesen, wie der Jahresbericht 1859—60 hervorhebt, daß die Erziehung zum Offizier mit Aussicht auf Erfolg nur auf zweierlei Weise geschehen könne, entweder, indem man Knaben in reiferem Alter behufs gemeinsamer Ausbildung und Erziehung vereinige oder, indem man Jünglinge, welche gemeinwissenschaftliche Bildung erworben hätten, in das Heer eintreten und demnächst auf Fachschulen unterrichten ließe.

Das Allgemeine des Unterrichts betreffend, regte ein königliches Handschreiben am 31. Januar 1860 die Frage an, ob nicht das Kadettenkorps beim Vortrage der Mathematik zu hohe Anforderungen mache. Die Anstalt glaubte dieselbe verneinend beantworten zu können.

Beim Reitunterricht wurde seit 1859 die nach dem österreichischen General von Edelsheim benannte Lehrart zu Grunde gelegt, welche darauf hinzielt, durch vermehrte gymnastische Übungen, Freireiten und Nehmen von Hindernissen, körperliche Gewandtheit, Mut und Entschlossenheit zu fördern.

Um Zeit für den Unterricht zu gewinnen, ohne daß der Erholungszeit Abbruch geschähe, fielen je 1 Vorbereitungsstunde für Religion und Naturgeschichte und 1 Exerzierstunde fort.

In diesem und den nächsten Jahren nahmen zuerst die Prinzen Ludwig und Leopold, dann auch Prinz Otto an den Waffenübungen der Kadetten teil. Laut Befehl vom 18. Juli 1860 erhielten die Kadetten die neueingeführte Gürtelkuppel mit Patrontasche und statt der Achselklappen scharlachrote Achselwulste.

Seit dem 1. Oktober 1861 werden einem durch Allerhöchste Entschliefsung vom 14. August d. J. ins Leben gerufenen „Fonds für Militär-Freiplätze im Kadetten-Korps", welche Söhnen von Offizieren und Militärbeamten zu teil werden, aus dem Offizier-Unterstützungsfonds alljährlich 6000 Gulden überwiesen, wovon die eine Hälfte für obigen Zweck verwandt, die andere, nebst dem Gewinn aus dem Verkaufe des Militär-Handbuches, bis zur Ansammlung eines hinreichenden Stiftungsvermögens zum Kapital geschlagen wird. Zu letzterem trat damals, mit der Bestimmung sofortiger Zinsverwendung, ein Überschufs aus Beiträgen zu einem dem Prinzen Karl von Bayern geschenkten Ehrensäbel mit etwa 2500 Gulden, sowie am 21. Dezember 1863 eine Stiftung des General von Kretschmann im Betrage von 3000 Gulden zur Gründung eines Viertel-Freiplatzes für Söhne bayerischer Offizierswitwen.

Am 1. Oktober 1862 ward die Beköstigung der Kadetten einem Unternehmer übertragen.

Im Schuljahre 1862—63 wurde, wie bei der Kriegsschule, das Telegraphieren als freiwilliger Lehrgegenstand in den Unterrichtsplan eingefügt.

Am 19. November 1864 trat nach langer gedeihlicher Wirksamkeit General von Schuh in den Ruhestand. Er wurde durch den Oberst Ferdinand Ritter von Malaisé, einen Artillerieoffizier, ersetzt.

Am 13. Dezember 1864 ward bestimmt, dafs die Prüfungskommissionen in ihrem Urteile in Zukunft nicht durch Notenziffern gebunden, sondern dieses positiv, ohne Berufung auf Ausnahmebestimmungen, abgeben sollten. Die Auswahl der Lehrbücher, welche bis dahin der Studienkommission obgelegen hatte, wurde im nämlichen Jahre dem Kommandanten übertragen, welcher die Kommission zu Rate zu ziehen hatte.

Die beim Unterricht im Französischen von neuem gemachte Erfahrung, dafs die Civillehrer die Ordnung in den Stunden aufrecht

12 *

zu erhalten nicht vermochten, liefs im Schuljahre 1865—66 darauf
Bedacht nehmen, möglichst nur solche Aufsichtsoffiziere zu verwenden,
welche zugleich im Französischen unterrichten könnten. Diese sollten
schon nach einem halben Jahre die Zulage von 240 und nach weiteren
zwei Jahren eine solche von 300 Gulden erhalten. Der Stand an
Lehrern der Sprache wurde am 25. September auf zwei regelmäfsige
und einen Aushilfelehrer festgesetzt. Gleichzeitig wurden zwei Offizieren zu ihrer Fortbildung Reisestipendien von je 150 Gulden bewilligt.

Im nämlichen Jahre wurde das Verhältnis, in welchem die Leistungen in den einzelnen Wissenschaften bei der Ausmusterungs-
prüfung in Rechnung gestellt werden sollten, neu geordnet und
dabei Militär-Geographie und englische Sprache unter die Prüfungs-
gegenstände aufgenommen. Es sollten als abgesonderte Fächer zählen:
Waffenlehre; reine und angewandte Taktik in gleicher Geltung; Terrainlehre, Militär-Geographie, Aufnehmen ebenso; Befestigung als
Feldbefestigung mit Pionierdienst, permanente mit Angriff und Verteidigung von Festungen; Dienstlehre als Dienstvorschriften, Felddienst-
vorschriften, Militär-Geschäftsstil; Deutsch, Französisch, Englisch im
Verhältnis 5 : 4 : 1; Algebra, ebene Trigonometrie; ebene Geometrie,
Stereometrie; Physik und Chemie wie 3 : 1; besondere Disziplinen der
Mathematik. Bei gleicher wissenschaftlicher Befähigung gaben gewisse
körperliche Fertigkeiten den Vorrang.]

Die wissenschaftlichen Leistungen der Zöglinge hatten
sich seit 1857 gehoben. Während der mittlere Fortgang 1855—56
nur 9,8 war und auch der Jahresbericht 1856—57, obgleich die Note
10,00, also „gut" erreicht war, Klage führte und diese durch die hohe
Zahl von 29 begründete, welche den Lehrgang ihrer Klasse wiederholen
mufsten, stieg die Note 1862—64 auf 10,6; 1864—65 war sie wieder
10,1. Als segensreich auf die Leistungen einwirkend, ward die Übertrittsprüfung zur 5. Klasse bezeichnet.

Der Krieg vom Jahre 1866 unterbrach den ruhigen Fortgang
des Kadettenkorps von neuem. Infolge der am 10. Mai ausgesprochenen Mobilmachung traten am 20. 25 Fahnenkadetten als Unterlieutenants, 28 Kadetten als Junker, ohne eine Prüfung abgelegt zu haben, aus.

Die aus der 5. Klasse der Infanterie und Kavallerie Überwiesenen
hatten von Oktober 1866 bis April 1867 einen nachtrag-
lichen Lehrkurs beim Kadettenkorps durchzumachen. Sie wurden
in Waffen- und Terrainlehre, reiner und angewandter Taktik nebst
Felddienst, Feld- und permanenter Befestigung, Dienstlehre, militäri-

schem Geschäftsstil, Französisch, Physik, Chemie, militärischem Zeichnen, Reiten, Turnen und Fechten unterrichtet. Eine abgehaltene
Schulprüfung zeigte ungenügende Ergebnisse; trotz geringer Ansprüche
konnten 4 der Geprüften nur als „mittelmäfsig" bezeichnet werden.
Die in die Sonderwaffen getretenen Zöglinge wurden auf der Artillerie-
und Genie-Schule weitergebildet.

Seit dem 1. Juli hatte auch der Unterricht der 4. Klasse eine
mehr militärische Richtung erhalten. Von den beim Ausmarsch in
das Feld zum Zurückbleiben verurteilten Offizieren wurden die ge-
wohnten Bitten um Ablösung vorgetragen; soweit es anging, wurden
sie genehmigt. An Stelle der Ausscheidenden traten Offiziere des
Ruhestandes. Der Kommandant ward als Delegierter in das österreichische Hauptquartier entsendet. Die gewohnte Ablegung öffentlicher
Proben der körperlichen Leistungen etc. unterblieb und eine feierliche
Preisverteilung fand nicht statt; es waren bereits Mafsregeln angeordnet,
welche in Beziehung auf das Kadetten-Korps ergriffen werden sollten,
wenn München vom Feinde besetzt werden würde.

Der Ausgang des Krieges hatte zur Folge, dafs aus den damaligen
Gegnern Freunde und Bundesgenossen wurden, deren bewährte Heereseinrichtungen unmittelbar nachher auf die bayerischen Verhältnisse
übertragen wurden. Eine der daraus hervorgehenden Einrichtungen
war die „Inspektion der Militär-Bildungsanstalten", welcher
auch das Kadetten-Korps unterstellt wurde. Die Stellung dieser durch
Allerhöchste Entschliefsung vom 18. Dezember 1866 geschaffenen
Behörde wird Gegenstand abgesonderter Besprechung sein. An ihre
Spitze trat am 7. Februar 1867 Oberst von Malaisé; derselbe wurde
in seiner Stellung an der Spitze des Kadetten-Korps durch Oberst
Max Hebberling, früher Kommandant der Kriegsschule, ersetzt.

1868—1874.

Die infolge der Ereignisse des Jahres 1866 ergangenen Neube-
stimmungen über die von den Offizieranwärtern zu erfüllenden Bedingungen hatten eine tief einschneidende Änderung des Lehrplans
im Kadetten-Korps zur Folge. Eine solche war schon seit einigen
Jahren erwogen.[1] Nachdem am 14. Mai 1864[2] die Realgymnasien
anders eingerichtet waren, hatte das Kadetten-Korps sich mit der

---

[1] Jahresbericht des Kadetten-Korps für 1863—64.
[2] Regierungsblatt Nr. 26.

Frage beschäftigt, ob sich empfehlen würde, den eigenen Lehrplan
dahin zu ändern, dafs ein Zögling, nachdem er die zweite Klasse durchgemacht hätte, in ein Realgymnasium übertreten könne. Dieselbe war
verneint und ebensowenig war für zweckmäfsig erachtet worden, den
Unterricht der höheren Klassen dem für jenes vorgeschriebenen mehr
anzupassen. Als aber durch Verfügung vom 22. März 1868[1] angeordnet worden war, dafs ein jeder Offiziers-Aspirant vor seiner Ernennung zum Offizier die Kriegsschule zu besuchen habe und damit die
Erteilung militärwissenschaftlichen Unterrichts im Kadetten-Korps
gegenstandslos geworden war, stand der Verwirklichung des lange
gehegten Wunsches, den Unterricht im Kadetten-Korps übereinstimmend mit einem derjenigen zu gestalten, welche an den beiden Arten
der öffentlichen gelehrten Schulen Geltung hatten, nichts mehr entgegen.
Mit Rücksicht darauf, dafs der Lehrstoff, welchen die Realschulen
behandeln, die bessere Vorbereitung für den Unterricht in den Kriegswissenschaften gewährt, wurde das Lehrprogramm dieser Anstalten
gewählt.

Es erging daher am 2. April 1868 eine Allerhöchste Entschliefsung,[2] welche anordnete, dafs der Unterricht in den vier
oberen Klassen des Kadetten-Korps in Zukunft nach Anleitung der
Verordnung für die technischen Lehranstalten vom 14. Mai 1864 erteilt
werden und dafs die Absolutorialprüfung des Kadetten-Korps demnächst
dieselbe Geltung haben solle, wie die der Realgymnasien. Da der
Zugang zur 4. Klasse der letzteren das Absolutorium der Lateinschule
zur Voraussetzung hatte, so wurden gleichzeitig die beiden unteren
Klassen des Kadetten-Korps der 3. und 4. Klasse der Lateinschule
gleichgestellt, und da zum Lehrplane der letzteren der Unterricht im
Griechischen gehörte, gelangte dieser auch in den Lehrplan des
Kadetten-Korps; die Übertrittsprüfung zur 5. Klasse fiel natürlich fort.

Eine weitere Folge der Anwendung der für die Realgymnasien
geltenden Vorschriften war, dafs auch im Kadetten-Korps seit 1868
zum Zwecke des Übertritts in die 3. Klasse eine Absolutorialprüfung abgelegt werden mufste.

Die Verfügung vom 21. März 1868 ordnete ferner an, dafs diejenigen Zöglinge des Kadetten-Korps, welche auf Grund der Absolutorialprüfung für „Besonders befähigt" erklärt werden würden, zu Offiziers-
Aspiranten 1., die für „Befähigt" erklärten zu solchen 2. Klasse

1 Verordnungsblatt Nr. 13.
2 Verordnungsblatt Nr. 17.

ernannt werden, solche aber, welche nicht allein in wissenschaftlicher
Beziehung, sondern auch wegen ihrer Charaktereigenschaften, militärischen Stellung und Fertigkeiten sich ganz besonderer Bevorzugung
würdig erweisen würden, zur Anstellung als Unter-Lieutenants in Vorschlag gebracht werden sollten. Alle aber, ohne Ausnahme, sollten
nach halbjähriger Dienstzeit den militärwissenschaftlichen Kurs der
Kriegsschule besuchen und dort die Austrittsprüfung ablegen. Von den
Verhältnissen der Offiziers-Aspiranten wird bei der Kriegsschule weiter
die Rede sein.

Die Einführung des Lehrplans war bereits vorbereitet.
Am 25. September 1867 hatte ein kriegsministerieller Befehl angeordnet, dafs mit Beginn des Schuljahres 1867—68 die 1. Klasse den
Unterrichtsplan der 3. Lateinklasse vollständig, die 2. den der 4. mit
Ausschlufs des Griechischen annehmen solle: die für letztere dadurch
verfügbar werdende Zeit ward benutzt, um die Klasse im Lateinischen
auf eine der 4. Klasse der Lateinschule entsprechende Höhe zu bringen.
Die 3. hatte den Lehrplan der 1. Klasse, die 4. den der 2. des Realgymnasiums anzunehmen. Geringe Abweichungen des Kadetten-Lehr-
plans von dem für die Realgymnasien geltenden blieben bestehen.
Wir kommen auf dieselben zurück. Der Reitunterricht fand seit der
am 1. August 1868 geschehenen Einrichtung einer Militär-Equitations-
anstalt bei dieser statt.

Als Übergangsbestimmung war am 25. März 1868 vom
Kriegsministerium angeordnet, dafs die 6. Klasse am Schlufs des
Schuljahres 1867—68 die Prüfung nach den bisherigen Vorschriften
ablegen, dafs aber auf ihre Beförderung bereits die Bestimmungen
vom 22. März Anwendung finden und dafs die Schüler erst nach
halbjährigem Dienst bei der Truppe zu Offizieren vorgeschlagen, nach
einjährigem in die Artillerie- und Genie-Schule eintreten sollten.
Die 5. Klasse, welche nach dem alten Lehrplane zu unterrichten war,
hatte im Jahre 1869 gemeinsam mit den Kriegsschülern eine Ausmusterungsprüfung zu bestehen, deren Ausfall ihren Armeerang bestimmte: im übrigen sollte sie wie die 6. behandelt werden. In
der Folge hatten die für die Kriegsschüler am 22. März gegebenen
Vorschriften auch auf die Zöglinge des Kadetten-Korps Anwendung.

1868—69 nahmen letztere an einem den ersteren gehaltenen
Vortrage über Militär-Strafrecht teil.

Die Störung, welche der Krieg vom Jahre 1870—71 für das
Kadetten-Korps im Gefolge hatte, war verhältnismäfsig unbedeutend.

Sie bestand hauptsächlich darin, dafs unmittelbar nach Verkündigung des Mobilmachungsbefehls die Schlufsprüfung erfolgte. Da jene am 16. Juli verfügt wurde, diese aber, welche zugleich die erste Absolutorialprüfung war, ohnehin nur einige Wochen später abgehalten sein würde, so ward die Ausmusterung der 6. Klasse nur wenig verfrüht. Aufserdem wurden die übrigen Klassen etwas zeitiger beurlaubt. Dieselben kehrten aber, nachdem am 23. September die gewöhnliche Aufnahmeprüfung vorgenommen worden war, am 1. Oktober auf die Schulbank zurück. Die 5. Klasse hatte dringend gebeten, sie auch zu entlassen und sich erboten, nach Beendigung des Krieges ihre Studien wieder aufzunehmen, und das Kommando hatte diesen Wunsch höheren Ortes vorgetragen; es war aber mit dem Hinzufügen geschehen, dafs derselbe nicht befürwortet werden könne; dementsprechend war ein abschläglicher Bescheid ergangen.

Bald nach dem Kriege von 1870—71 entsprachen die Zustände im Kadetten-Korps nicht in allen Stücken den berechtigten Anforderungen.[1] Mehrere zu Tage tretende Erscheinungen gaben den vorgesetzten Behörden Grund zu ernsten Erwägungen. Zu jenen gehörte namentlich ein am 31. Dezember 1871 verübter grober Unfug, welcher veranlafste, dafs 4 Zöglinge der höheren Klassen entfernt wurden. Die Inspektion der Militär-Bildungsanstalten fand die Ursachen, wenn auch der Geist der Zeit mitschuldig sein möchte, in den Mängeln der Erziehung. In erster Linie wurden dafür die Inspektionsoffiziere verantwortlich gemacht, „welche seit langer Zeit nicht auf der Höhe ihrer Aufgabe gestanden hätten, nicht Erzieher sondern Aufseher gewesen seien. Es solle nicht bestimmten Personen ein unmittelbarer Vorwurf, noch der Versuch gemacht werden, durch einen Wechsel unter diesen der Wiederkehr ähnlicher Auftritte vorzubeugen; Personalveränderungen würden nur teilweise abhelfen; es bedürfe vielmehr einer veränderten Erziehungsweise und moralischer Einwirkung auf die Zöglinge," äufserte die Inspektion. Es wurde daher ein Vortrag über Militär-Moral, welcher der 5. und 6. Klasse in 2 Wochenstunden gehalten ward, in den Lehrplan eingefügt. Derselbe wurde einem dafür besonders geeigneten Offizier, dem Oberlieutenant Eugen Keller vom 1. Artillerie-Regiment, obgleich er damals noch dem 3. Cötus der Kriegs-Akademie angehörte, gegen ein Honorar von 16 Gulden monatlich übertragen. Später sollte den Vortrag, in Ver-

---

[1] Geheime Registratur des Kriegsministeriums: Schulen S. 2. b.

bindung mit dem über Dienstlehre zu haltenden, ein Inspektionsoffizier übernehmen. Letzteres geschah im März 1876.

Die am 16. August 1872 erlassene Verordnung über die Ergänzung der Offiziere des stehenden Heeres, welche in Zukunft, wie bei der „Kriegsschule" gezeigt werden wird, im Wesentlichen nach preufsischem Muster erfolgen sollte, bestimmte, dafs die Zöglinge des Kadetten-Korps, wenn sie die Ausmusterungs-Prüfung bestanden hätten und sonst geeignet wären, zu Portepeeführichen ernannt werden sollten. Als solche hatten sie mindestens fünf Monate zu dienen, bevor sie zur Kriegsschule zugelassen wurden.

Am 20. Januar 1873 trat Oberst Hebberling[1] in den Ruhestand, ihn ersetzte Oberst Anton Orff.

Am 31. Mai jenes Jahres erhielten die 4 oberen Klassen den Yatagan zu dem für sie eingeführten Infanteriegewehr M/69, die 2 unteren den Infanteriesäbel M/39; die Klassen 2 bis 6 dazu die Säbeltroddel der fünf ersten Kompagnien der Infanterieregimenter; am 1. September ward befohlen, dafs das Bestehen der zum Eintritt in die 4. Klasse abzulegenden Prüfung auch zum Dienst als Einjährig-Freiwilliger berechtigen solle.

Inzwischen hatten die Verteuerung aller Lebensbedürfnisse und die stetig gewachsenen Anforderungen an die wissenschaftlichen Leistungen des Kadetten-Korps, welche Geld kosteten, auf den Haushalt desselben ungünstig eingewirkt und den Staatszuschufs immer höher geschraubt. Das Kriegsministerium beantragte daher am 25. Mai 1874 beim Könige die Kostgelder zu erhöhen. Für die ¼ Freistellen sollten 675, für die ½ 450, für die ¾ 225 und für die Vollpensionäre 900 Mark (die Einführung dieser Münze stand bevor und man befürchtete davon weitere Preissteigerung) Kostgeld gezahlt werden.. Wenn die Änderung durchgeführt sein würde, rechnete man auf eine Einnahme von 53812 statt 38760 Mark. Bereits am 28. d. M. genehmigte der König den Vorschlag.

1874—1884.

Das Jahr 1874 brachte den Realgymnasien durch die am 20. August erlassene, laut Allerhöchster Entschliefsung vom 3. Oktober auch auf das Kadetten-Korps anzuwendende Schulordnung eine veränderte

---

[1] Starb am 10. August 1888 zu München als General-Major a. D.

Einrichtung, indem sie dieselben, durch Hinzufügung von zwei unteren Lehrstufen, aus vier- zu sechsklassigen Schulen machte; jene Lehrstufen unterschieden sich von der bisherigen 1. und 2. Lateinklasse hauptsächlich dadurch, daß kein G r i e c h i s c h getrieben wurde. Infolge davon hörte dieser Unterricht im Kadetten-Korps wieder auf.

Die Entlastung war für dasselbe um so erwünschter, als sein Lehrplan umfassender war als der des Realgymnasiums. Der neben den dort gelehrten Gegenständen hier zu erteilende Unterricht im Militärzeichnen ward freilich durch Kriegsministerial-Reskript vom 22. Oktober 1875 auf Anfertigung von Situationsplänen, unter Ausschluß der Terraindarstellung, beschränkt und fiel seit dem 22. Februar 1878 mit Rücksicht auf den Lehrplan der Kriegsschule ganz fort: es blieben aber Schönschreiben, Dienstlehre, Gesang, Schwimmen, Tanzen, Fechten, Reiten, Waffenübungen und Geographie, welche letztere dort nur in den beiden unteren, hier bis einschl. 5. Klasse vorgetragen ward.

Fernere A b w e i c h u n g e n von den an jenen Anstalten geltenden Einrichtungen waren, daß die Lokation der Schüler und eine Eintrittsprüfung beibehalten wurden. Die Absolutorialprüfung ward auch in den dem Kadetten-Korps eigentümlichen Fächern abgelegt.

Mit Beginn des Schuljahres 1874—75 für die beiden unteren Klassen in Wirksamkeit getreten, war der Lehrplan 1879—80 zum ersten Male der allein gültige. Seine Einführung war endgiltig am 12. März 1875 befohlen worden. Wir kommen auf denselben zurück.

Da der Bedarf der Truppenteile an Offizieren es wünschenswert erscheinen ließ, deren Verwendung beim Kadetten-Korps möglichst einzuschränken, wurde am 24. Juli 1876 beschlossen, auch O f f i z i e r e des R u h e s t a n d e s als A u f s i c h t s o f f i z i e r e heranzuziehen: die Gesamtzahl derselben wurde am 3. November d. J. versuchsweise von 12 auf 10 herab-, am 16. A u g u s t 1877 auf 11 festgesetzt.

Am 27. D e z e m b e r 1876 ward O b e r s t O r f f zum Kommandeur des 1. Feld-Artillerie-Regiments, O b e r s t A l e x a n d e r v o n F r e y b e r g, ebenfalls aus der Artillerie hervorgegangen, langjähriger Adjutant des verstorbenen Prinzen Karl von Bayern, zu dessen Nachfolger ernannt.

Die normale A n z a h l d e r Z ö g l i n g e hatte seit 1857 170 betragen. Es war von derselben indes nicht selten abgewichen. Zuweilen war sie nicht erreicht, zuweilen um mehr als 10 überschritten worden. Sie wurde am 18. Juli 1878 auf 180 festgesetzt.[1] Davon sollten 35

---

[1] Geheime Registratur des Kriegsministeriums: Schulen S. 2. b. Fasc. XIII.

ganze Freistellen haben, 50 das volle Kostgeld von 900 Mark bezahlen; ¾ Freistellen zu 225 Mark sollten 25, halbe zu 450 ebenso viele und ¼ Freistellen zu 675 Mark 45 Zöglinge haben. Die Mittel zu der reicheren Ausstattung mit Freistellen standen durch Ersparnisse zu Gebote, welche Feldmarschall Freiherr von Manteuffel bei der Verpflegung der nach dem Kriege von 1870—71 in Frankreich verbliebenen Besatzungstruppen gemacht hatte. Auf Bayerns Anteil kamen 3374000 Mark, davon wurden 435000 Mark bestimmt, um aus dem Erträgnisse Kostgelder für Kadetten zu bezahlen. Der Väter Verdienst sollte noch der späten Nachkommenschaft zu gute kommen.

Für einen jeden Zögling war aufserdem das frühere Taschengeld mit jährlich 48 Mark zu bezahlen, ganz unbemittelten Waisen konnte es erlassen werden: alle hatten die erste Ausstattung selbst zu beschaffen, welche in 8 leinenen oder baumwollenen Hemden, ebensoviel Unterbeinkleidern aus gleichem Stoff, 12 Paar baumwollenen Socken, 12 weifsleinenen Taschentüchern, 8 leinenen Handtüchern, 2 Paar Halbstiefeln, 1 Paar Haus- und 1 Paar Tanzschuhe bestand.

Die Altersgrenze, über welche hinaus der Aufenthalt in der Anstalt nicht dauern durfte, ward auf 20 Jahr bestimmt. Es war dies eine Beschränkung, welche früher nicht bestanden hatte; dafür ward innerhalb derselben mehrmaliges Wiederholen ein und derselben Klasse, welches früher grundsätzlich unzulässig, als Ausnahme aber trotzdem zuweilen gestattet gewesen war, allgemein zugestanden.

Das Schuljahr dauerte vom 1. Oktober bis zum 8. August, dann traten Herbstferien ein; aufserdem fiel der Unterricht vom 23. Dezember mittags bis zum 2. Januar und vom Freitag vor Palmsonntag bis zum Montage nach der Osterwoche aus.

Im inneren Dienst trat eine wesentlich andere Verteilung der Geschäfte ein, als am 1. Oktober 1878, als fachkundiger Berater des Kommandanten, ein Schulmann die Leitung des gesamten wissenschaftlichen Unterrichts übernahm. Die Obliegenheiten des Stabsoffiziers, soweit derselbe Studien-Inspektor war, gingen auf den Kommandeur selbst über: ersterer hatte den gesamten Dienstbetrieb zu überwachen, die Verwaltung zu besorgen und den Kommandeur zu vertreten; wenn es sich um die Beurteilung der Zöglinge handelte und wenn der Kommandeur es sonst für zweckmäfsig erachtete, hatte er Sitz und Stimme in dem noch zu erwähnenden Lehrerrate.

¹ Armee-Verordnungsblatt Nr. 36.

1884—1888.

Der auf den vorstehend mitgeteilten Bestimmungen und ihren Abänderungen beruhende

Lehrplan

ward neuerdings durch eine am 28. Juli 1884 erlassene Schulordnung[1] festgestellt. Dieselbe ist eine Übertragung der „Schulordnung für die Realgymnasien im Königreich Bayern vom 26. August 1874" auf das Kadetten-Korps „unter den durch die militärischen Verhältnisse dieser Anstalt gebotenen Modifikationen," wie ein vorgedruckter Vermerk sagt.

Der Lehrplan weicht von dem durch Ministerial-Reskript vom 12. März 1875 vorgeschriebenen in nachstehenden Punkten ab:

Der Eintretende durfte damals am 1. Oktober bei der Aufnahme in die 1. Klasse das 13., in die 2. das 14. Lebensjahr nicht erreicht, bei ausnahmsweise gestattetem Eintritt in die 3. Klasse das 15. Lebensjahr nicht überschritten haben. Diese Grenzen wurden jetzt höher gesteckt. Damals genügte aber der Besuch der Klasse; jetzt mußte nachgewiesen werden, daß derselbe erfolgreich gewesen und die Berechtigung zum Aufrücken in die höhere Klasse erworben sei. Dagegen kannte die ältere Schulordnung eine „abgekürzte" Aufnahmeprüfung nicht.

An Unterrichtsstunden wurden damals in der 5. und 6. Klasse 1 Wochenstunde in der Religion weniger, dagegen mehr erteilt: Unterricht im Militärzeichnen und zwar in der 5. Klasse im Winter 4, in der 6. das ganze Jahr hindurch 4. im Schönschreiben wie im Gesange in der 1. und 2. Klasse je 1.

Ferner hatten damals die 1. und 2. Klasse das ganze Jahr hindurch, die übrigen im Sommer 1 Stunde Exerzierunterricht mehr. Auch hat die Schulordnung von 1874 durch die Anstellung eines Studiendirektors und die aus der Errichtung des Lehrerrates hervorgegangenen Einrichtungen Änderungen erfahren.

Der Lehrplan ist der gegenwärtig geltende. Er schreibt vor:

Aufgabe des Unterrichts ist „mit steter Rücksicht auf den Zweck des Kadetten-Korps als einer Erziehungsanstalt für künftige

---

[1] Reglementäre Vorschriften für das Königlich Bayerische Kadetten-Korps. Zweiter Teil. Schul- und Prüfungs-Vorschriften. München 1884. Druck der F. O. Hübschmannschen Buchdruckerei (C. Lindner).

Offiziere eine höhere allgemeine Bildung und zugleich die geeignete Vorbereitung zum selbständigen Studium der exakten Wissenschaften zu gewähren." Derselbe ist „in der Weise zu erteilen, daß nicht bloß die vorgeschriebenen Kenntnisse und Fertigkeiten gelehrt, sondern daß vorzüglich die intellektuelle, moralische und körperliche Ausbildung gepflegt, und — im Hinblick auf den künftigen Beruf der zu Bildenden — geistige und körperliche Selbständigkeit und Ausdauer · berücksichtigt und erzielt werden."

Das Kadetten-Korps schließt an die 3. Klasse der Lateinschulen und hat sechs Jahreskurse (1. bis 6. Klasse), sein Absolutorium befähigt zum Eintritt in das Heer als Offiziers-Aspirant, zum Eintritt in die technische Hochschule und zum Besuch der Universität zum Zwecke derjenigen Studien, welche nicht in den Kreis der Theologie, der Jurisprudenz und der Medizin fallen.

Verteilung des Unterrichtsstoffes:

Lehrgegenstände. Wöchentliche Unterrichtsstunden

An allen Realgymnasien
obligatorisch.

Klasse	I	II	III	IV	V	VI
Religion	2	2	2	2	2	2
Deutsch	2	2	2	2	3	3
Lateinisch	8	8	6	6	6	5
Französisch	4	4	3	3	3	3
Englisch	—	—	4	3	3	3[1]
Arithmetik	3	—	—	—	—	—
Mathematik und darstellende Geometrie	—	5	7	6	6	6
Physik	—	—	—	2	2	2
Naturgeschichte	2	2	—	—	—	—
Chemie und Mineralogie	—	—	—	—	2	3
Geschichte	2	2	3	3	2	2
Geographie	2	2	—	—	—	—
Zeichnen	4	4	4	4	4	4
Turnen[2]	4	4	2	2	2	2[3]
Summe:	33	35	33	33	35	35

Am Kadettenkorps
aufserdem obligatorisch[3] Klasse I

	I	II	III	IV	V	VI
Geographie	—	—	1	1	1	—
Schönschreiben	2	2	1[4]	—	—	—
Dienstlehre	1	1	1	1	2	2
Gesang	2	2	1	1	1	1
Schwimmen	$^0/_3$	$^0/_3$	$^0/_3$	$^0/_2$	$^0/_2$	$^0/_2$
Tanzen	$^2/_0$	$^2/_0$	$^2/_0$	$^2/_0$	$^1/_0$	$^1/_0$
Fechten	—	—	2	2	2	2
Reiten	—	—	—	—	—	3
Exerzieren	1	1	3	3	3	3
Summe:	$^8/_9$	$^8/_9$	$^{11}/_{13}$	$^{10}/_{10}$	$^{10}/_{11}$	$^{12}/_{13}$
Gesamtsumme:	$^{41}/_{42}$	$^{43}/_{44}$	$^{44}/_{45}$	$^{43}/_{43}$	$^{45}/_{46}$	$^{47}/_{48}$

[1] Die Fahnenkadetten haben aufserdem in den Wintermonaten allabendlich
eine Stunde Unterricht in französischer Unterhaltung.
[2] Die 1. und 2. Klasse der Realgymnasien hat nur 2 Stunden Turnunterricht.
[3] Bei den Bruchzahlen bezeichnet der Dividend das 1., der Divisor das zweite
Halbjahr.
[4] Nur für Ungeübte.

Ziele des Unterrichts.

A. Obligatorisch.

Deutsch: In den beiden unteren Klassen Grammatik; in den
oberen Bildung des Ausdruckes in mündlicher und schriftlicher Rede;
Stilistik, Rhetorik und Poëtik sind in den Vortrag zu verflechten; die
Litteraturgeschichte ist zu behandeln und in der obersten Klasse sind
die Hauptthatsachen der empirischen Psychologie und die wichtigsten
Lehren der formalen Logik zu erläutern. In allen Klassen Auswendiglernen und schriftliche Ausarbeitungen. Auch beim übrigen Unterricht
ist auf richtigen Ausdruck hinzuwirken.

Lateinisch: In den unteren Klassen steht die Grammatik, in
den oberen die Lektüre im Vordergrunde. Letztere erstreckt sich von
Cornelius Népos in der 1. bis zu Cicero, Tacitus und Horaz in der
6. Klasse. Schriftliches Übersetzen; Auswendiglernen, besonders Ho-
razischer Oden.

Französisch: in den beiden oberen Klassen in französischer
Sprache zu erteilen; hier wird auch ein Abrifs der Litteraturgeschichte
gegeben; Aufbau auf fester grammatikalischer Grundlage zum Zweck
des Sprechens und Schreibens.

Englisch: in der 6. Klasse in englischer Sprache.

Arithmetik und Mathematik: 1. Klasse Arithmetik; 2. Anfangsgründe der Algebra (3)[1] und der Geometrie (2); 3. Algebra (3) bis zu den Gleichungen des 1. Grades mit mehreren Unbekannten, Geometrie (4) bis einschl. Lehre vom Kreise; 4. aus der Algebra (3) Gleichungen des 2. Grades, Logarithmen, Progressionen etc., aus der Geometrie (3) Auflösung planimetrischer Aufgaben, Stereometrie; 5. aus der Algebra (2) Kombinationen, binomischer und polynomischer Satz, Reihen, Gleichungen höherer Grade, ebene und sphärische Trigonometrie (2), darstellende Geometrie (2); 6. niedere Analysis (2), Wiederholung (2), darstellende Geometrie (2).

Physik: 4. Klasse Mechanik der drei Aggregatzustände, Akustik, soweit experimentelle oder graphische Begründung ausreicht; 5. Wärme, Elektrizität, Magnetismus, von letzterem jedoch nur die Grundbegriffe; 6. Optik und mathematische Behandlung physikalischer Aufgaben.

Naturgeschichte: 1. Klasse Botanik, 2. Zoologie, wobei es mehr auf Gründlichkeit als auf Umfang des Vortrages ankommt.

Chemie und Mineralogie: in beiden Klassen Grundbegriffe, Metalloide, stöchiometrische Übungen; Kennzeichnung der Mineralien, Grundzüge der Krystallographie.

Geschichte: in den unteren Klassen im Anschluſs an das Leben berühmter Männer und zwar in der 1. bis Ende des Mittelalters, in der 2. bis zur Gegenwart, in beiden mit besonderer Berücksichtigung Bayerns; in den oberen eingehendere Behandlung und zwar in der 3. alte, in der 4. mittlere, in der 5. und 6. neuere, bezw. bis zum Siebenjährigen Kriege und bis zur Gegenwart; überall unter eingehender Behandlung der deutschen und der bayerischen Geschichte, in der 6. auch der des bayerischen Heeres. Der Vortrag hat das sittliche Gefühl der Schüler anzuregen.

Geographie, für welche ein Fachlehrer angestellt ist: 1. Klasse auſsereuropäische Erdteile; 2. Europa, besonders die Nachbarstaaten Deutschlands; 3. wie in der 1. unter besonderer Berücksichtigung der physikalischen Verhältnisse, von Erzeugnissen, Handel, Kolonien; 4. wie in der 2. mit vermehrter Rücksicht auf Oro- und Hydrographie, statistische Verhältnisse, Erzeugnisse, Handel, Wehrkraft, geistige Kultur.

Zeichnen: in allen Klassen freihändig, in den oberen auch Linearzeichnen.

---

[1] Die eingeklammerten Ziffern bezeichnen die Wochenstunden.

Turnen nach den „Vorschriften für das Turnen der Infanterie": Frei-, Gewehr-, Rüstübungen, aufserdem Voltigieren; die 5. und 6. Klasse werden auch als Lehrer ausgebildet.

Dienstkenntnis, um die Zöglinge in den Stand zu setzen, dafs sie nach dem Austritt den Anforderungen des Dienstes der Truppe alsbald nachkommen können. Für die beiden oberen Klassen sind damit Vorträge über die Moral des Soldatenstandes, eine militärische Pflichtenlehre als besonderer Zweig der allgemeinen Sittengesetze, zu verbinden.

Schönschreiben: deutsche und englische Kurrentschrift, Schnellschrift, griechische Schrift als Wiederholung der in der Lateinschule erhaltenen Anweisung.

Gesang für Beanlagte.

Schwimmen: in der Militär-Schwimm-Schule.

Tanzen als Anstandsübung und zum Erlernen der im geselligen Leben üblichen Tänze.

Fechten, auch Stofs- und Hieb-.

Reiten in der Equitations-Anstalt.

Militärische Übungen:

a) Exerzieren: für die nicht mit dem Gewehr Bewaffneten (1. und 2. Klasse) bis zur Einstellung in die Kompagnie, für die übrigen bis einschliefslich Unterricht in der Infanterie-Kompagnie; die Zöglinge der 6. Klasse werden bis zum Zugführer, die der 5. und 6. auch im Anweisen und Kommandieren ausgebildet.

b) Scheibenschiefsen für die 6. Klasse; zur Vorbereitung dient das Schiefsen der oberen Klassen mit Zimmergewehren.

B. Fakultativ.

Stenographie, deren Anwendung bei Arbeiten in einem anderen Lehrfache, welche der Kontrolle des Lehrers unterliegen, verboten ist. Es nehmen durchschnittlich 70—80 Kadetten teil.

Instrumental-Musik, Unterricht im Flötenspiel auf Kosten der Anstalt wird auch jetzt noch erteilt. Es ist ein Lehrer angestellt, welcher wöchentlich 9 Stunden zu geben hat und dafür monatlich 30 Mark erhält.

Die Wahl der Lehrbücher erfolgt durch den Lehrerrat; zur Einführung bedarf es der Genehmigung des Inspekteurs der Militär-Bildungsanstalten. Diktieren des Lehrstoffes ist nicht gestattet.

Bedingungen für die Aufnahme in die 1. Klasse sind: Das zurückgelegte 12., das nicht überschrittene 14. Lebensjahr und der Besitz derjenigen Kenntnisse, welche der Besuch der drei untersten

Klassen der Lateinschule gewährt. Bewerbung um Aufnahme in die 2. Klasse ist zulässig bis zum vollendeten 15. Jahre, welches beim Eintritt nicht überschritten sein darf: sie ist bedingt durch den Nachweis derjenigen Kenntnisse, welche durch den Besuch des 1. Kursus eines Realgymnasiums oder der 4. Klasse der Lateinschule erworben werden. Bei ausnahmsweiser Aufnahme in die 3. Klasse darf das 16. Lebensjahr nicht überschritten sein und es müssen die Kenntnisse nachgewiesen werden, welche der Besuch des 2. Kursus des Realgymnasiums oder der 5. Klasse der Lateinschule gewährleistet. Einige Sonderbestimmungen in betreff der von Lateinschülern im Französischen und in der Naturgeschichte nachzuweisenden Kenntnisse werden bei den Prüfungsvorschriften erwähnt werden.

Es genügt jedoch nicht, dafs der Schüler die betreffende Klasse besucht hat, sondern er mufs das Zeugnis beibringen, dafs er zum Aufrücken in die nächst höhere Klasse unbedingt befähigt ist. In diesem Falle findet eine „abgekürzte", im anderen, wenn der Bewerber trotzdem ausnahmsweise zugelassen wird, sowie für solche, welche eine der genannten Lehranstalten überhaupt nicht besucht haben, eine „vollständige" Aufnahmeprüfung statt. Schüler humanistischer Lehranstalten und Gymnasien, denen die Erlaubnis zum Vorrücken unbedingt verweigert wurde, dürfen im nämlichen Kalenderjahre für die der höheren Klasse entsprechende Klasse des Kadetten-Korps nicht geprüft werden. Die Aufnahme erfolgt in der Regel nur bei Beginn des Schuljahres.

Das Schuljahr, welches am 1. Oktober beginnt, zerfällt in zwei Semester, von denen das 1. am letzten Februar, das 2. am 8. August endet. Der Unterricht fällt, aufser an Sonn- und Feiertagen, vom 23. Dezember mittags bis einschl. 2. Januar, von Freitag vor Palmsonntag abends bis Montag nach der Osterwoche und am Fastnachts-Dienstage aus.

Schriftliche Arbeiten, soweit sie die Auflösungen bestimmter Aufgaben oder Ausarbeitungen sind, werden in der Regel nur unter den Augen des Lehrers und nur ausnahmsweise aufser der Stunde gemacht.

Von Zeit zu Zeit werden zum Zweck der Rangbestimmung, nach Anordnung des Lehrerrats (s. u.) und Genehmigung durch die Inspektion der Militär-Bildungsanstalten, unangesagte Aufgaben (Klausurarbeiten ohne Benutzung von Hilfsmitteln, „Skriptionen") bearbeitet, welche, neben den sonstigen Leistungen der Schüler, Anhaltspunkte für die Zeugnisse geben. Aufgaben über Religion und im Zeichnen

werden nicht gestellt. Das Benutzen unerlaubter Hilfsmittel wird
disziplinär und durch Erteilen der letzten Note bestraft.

Die Ergebnisse der Skriptionen und der mündlichen Leistungen
werden durch Fortgangsnoten ausgedrückt, in denen zur Kennzeichnung dieser Arbeiten, sowie der mündlichen Halbjahrs- bezw. Jahres-
Gesamtleistungen seit 1874 folgende Abstufungen angewendet werden:

10 — 9	sehr gut	I.
8 — 7 — 6	gut	II.
5 — 4 — 3	mittelmäfsig	III.
2 — 1	ungenügend	IV.

Die „Lokation" (den Leistungen entsprechende Rangordnung)
wird, mit Rücksicht auf die Verhältnisse des Kadetten-Korps als einer
militärischen Bildungsanstalt, beibehalten.

Am Ende des 1. Halbjahres wird eine Fortgangsnote mit Worten
erteilt, am Ende des 2. wird aus den Fortgangsnoten der Schulaufgaben
und den Aufzeichnungen der Lehrer über die mündlichen Leistungen
das arithmetische Mittel gezogen und das Ergebnis mit Worten und
Ziffern in die Jahreszeugnisse eingetragen.

Die Fortgangsnoten werden, unter Vorsitz des Kommandeurs,
durch den diesem beigegebenen Offizier, den Studieninspektor, die
Lehrer der betr. Klasse und den zuständigen Offizier (Brigade-Kommandant) ermittelt; zur Feststellung der Fleifs- und Betragensnoten werden
auch die übrigen Inspektionsoffiziere herangezogen.

Die Entscheidung in betreff der am Schlufs des Jahres stattfindenden Preisverteilung steht dem Kommandeur allein zu.

Die Beurteilung der Fähigkeit zum Vorrücken in die nächst
höhere Klasse erfolgt durch den Lehrerrat. Das Vorrücken nicht
hinreichend befähigter Schüler soll zwar mit Strenge verhindert, es
soll aber mit allen Mitteln getrachtet werden, auch die schwächeren
Schüler so weit zu fördern, dafs sie die gestellten Bedingungen erfüllen.
Schüler, bei denen letzteres am Schlusse des Schuljahrs zweifelhaft
war, werden bei Beginn des nächsten Jahres, nachdem sie die Ferien
zu weiterer Arbeit haben benutzen können, einer entscheidenden Nachprüfung unterworfen. Ausnahmsweise kann der Kommandeur eine
sechswöchige Probezeit in der höheren Klasse bewilligen; fällt sie
ungünstig aus, so erfolgt Rückversetzung, wenn nicht Entfernung aus
der Anstalt geboten ist. Dieselbe tritt für diejenigen ein, welche nach
zweijährigem Besuch einer Klasse die Versetzungsreife nicht erlangt

haben. Das Wiederholen eines Lehrkursus ist, abgesehen von Ausnahmen in ganz besonders berücksichtigungswerten Fällen, während des Aufenthalts in der Anstalt nur ein Mal zulässig.

Am Schlufs des 1. Semesters, wie des Schuljahres, werden Zeugnisse ausgestellt, in denen die Leistungen in den einzelnen Lehrfächern und die Urteile über Fleifs und Betragen durch die Noten I bis IV oder die entsprechenden Worte ausgedrückt sind; eine allgemeine Note wird nicht erteilt.

Privatunterricht als Nachhilfe darf nur unter besonderen Verhältnissen erteilt werden.

Am Schlufs des Schuljahrs finden in der früheren Weise die Ausstellung der Arbeiten der Schüler, die Vorstellungen in den körperlichen Übungen und in Musik und die Preisverteilung statt. Dabei pflegt die Anstellung der zur Entlassung Kommenden im Heere bekannt gemacht zu werden.

Die Zöglinge der 6. Klasse haben sich der Absolutorialprüfung zu unterziehen. Die mit der Absicht auf Beförderung zum Offizier zu dienen in das Heer Tretenden, werden, wenn sie in jeder Hinsicht genügen, zu Portepeefähnrichen ernannt. Sie bezeichnen vor ihrem Austritt drei Truppenteile verschiedener Garnisonen, bei denen sie einzutreten wünschen. Wenn sie sich für eine Spezialwaffe melden, haben sie auch ein Infanterieregiment zu nennen. Wer in die Kavallerie oder Feldartillerie zu treten beabsichtigt, hat eine entsprechende Zulage nachzuweisen.

Die Prüfung zerfällt in zwei Teile, in die reinwissenschaftliche des Realgymnasiums und in eine militärische. Erstere (mündlich und schriftlich) findet vor einer Kommission statt, welche aus dem Kommandeur als Vorstand und den Lehrern für Religion, die sprachlichen Fächer, Mathematik, Realien, Naturwissenschaften und das Zeichnen als Mitgliedern besteht, und über den Ausfall der Prüfung entscheidet. Die militärische Prüfung wird durch die Oberstudien- und Examinations-Kommission abgehalten, welche sodann über die Befähigung zum Portepeefähnrich urteilt.

Die schriftliche Absolutorialprüfung umfafst:

Am 1. Tage: eine deutsche Ausarbeitung (7—11 Uhr) und eine Aufgabe aus der deskriptiven Geometrie oder Stereometrie (3—5).

Am 2.: eine Übersetzung aus dem Deutschen in das Französische (7—10) und eine solche in das Englische (3—6).

13 *

Am 3.: Aufgaben aus den mathematischen Fächern (7—11) und aus der Chemie und Mineralogie (3—5).

Am 4.: eine Übersetzung aus dem Deutschen in das Lateinische (7—11) und Aufgaben aus der Physik (3—5).

Die Prüfung wird durch einen freien Tag unterbrochen.

Die Aufgaben werden durch die Oberstudien etc.-Kommission, mit Ausschluſs des Kommandeurs des Kadetten-Korps, festgesetzt und verschlossen dem Vorstande der Prüfungskommission behändigt, welcher die Eröffnung unmittelbar vor der Bekanntgabe in Gegenwart der Prüflinge vornimmt.

Wer die Mehrzahl der schriftlichen Arbeiten „ungenügend" bearbeitet hat, wird von der mündlichen Prüfung ausgeschlossen. Diese erstreckt sich auf Übersetzung und Erklärung je einer Stelle aus den in der 6. Klasse behandelten römischen, französchen und englischen Schriftstellern, die Übersetzung einer noch nicht gelesenen leichteren Stelle eines römischen, französischen und englischen Prosaikers, Beantwortung von Fragen aus dem mathematischen Lehrstoff der 6. Klasse, aus Chemie und Geschichte, wobei Auswahl der Schriftsteller und Themata dem prüfenden Lehrer überlassen sind. Es ist dies der, welcher den Gegenstand in der obersten Klasse vorgetragen hat. Die übrigen Mitglieder dürfen Fragen thun.

In der Geschichte wird übersichtliche Kenntnis der hauptsächlichsten Thatsachen der allgemeinen Weltgeschichte und genauere Kenntnis der römischen, griechischen und deutschen, aus der bayerischen werden besonders die Teile verlangt, welche in das Gebiet der allgemeinen und der deutschen Geschichte eingreifen.

Das Urteil über die Reife zum Besuch einer Hochschule wird durch „Befähigung" oder „Nichtbefähigung" ausgedrückt. Auf dasselbe haben auch die an den Prüflingen während ihrer Studienzeit gemachten Beobachtungen Einfluſs. Wer im Deutschen und auſserdem in drei anderen Fächern „ungenügend" erhält oder in einem Gegenstande völlige Unwissenheit bekundet, kann das Reifezeugnis nicht erhalten. Bei Stimmengleichheit entscheidet der Vorstand. Dieser hat ein aufschiebendes Veto, wenn er glaubt, daſs der Mehrheitsbeschluſs auf irrigen Voraussetzungen fuſst. In diesem Falle entscheidet das Kriegsministerium.

Die Absolutorialprüfung darf nach Jahresfrist wiederholt werden.

Die Prüfung in den Waffen und gymnastischen Übungen

erstreckt sich auf geschlossenes Infanterie-Exerzieren (Ausbildung im Trupp), Reiten, Turnen, Stofs- und Hiebfechten.

Die Beschlüsse der Oberstudien- und Examinations-Kommission in betreff der Geeignetheit zum Portepeefähnrich lauten auf „besonders befähigt", „befähigt", „nicht befähigt."

Zum Eintritt in die Artillerie- und Ingenieurwaffe ist die Hauptnote II („gut") in der Mathematik erforderlich.

Die obere Leitung des sämtlichen Unterrichts liegt dem Kommandeur ob, welchem zur Vertretung und Unterstützung ein älterer Offizier beigegeben ist. Hauptaufgabe des letzteren sind die dienstliche und militärische Ausbildung und die Überwachung der Zöglinge; als fachmännischer Beirat des Kommandeurs amtet einer der Lehrer als „Studiendirektor." Den wissenschaftlichen Unterricht erteilen Offiziere, Gymnasialprofessoren und Studienlehrer, welche entweder am Kadetten-Korps angestellt oder demselben durch die Inspektion der Militär-Bildungsanstalten überwiesen werden. Die Zahl der wöchentlichen Lehrstunden, zu deren Übernahme ein Lehrer angewiesen werden kann, beträgt 20 für einen als wissenschaftlichen Lehrer verwendeten Offizier und einen Professor, 22 für einen Studienlehrer.

Unterricht in denjenigen Fächern, welche Gegenstand der Absolutorialprüfung sind, dürfen indessen nur solche Lehrer erteilen, welche ihre Befähigung zum Lehramte durch die Ablegung der vorgeschriebenen Prüfungen nachgewiesen haben. Offiziere können solchen daher im allgemeinen nicht erteilen.

Zum Zweck der Beratung über alle wichtigeren Angelegenheiten der Schule werden in jedem Halbjahre mindestens zwei Lehrerkonferenzen abgehalten. Mitglieder des Lehrerrates, in welchem der Kommandeur den Vorsitz führt, sind alle wissenschaftlichen Lehrer; Hilfslehrer und Assistenten können zu den Konferenzen zugezogen werden.

Die Vornahme der Prüfungen erfolgt durch die oben erwähnte Kommission, in welcher ein Erzieher das Protokoll führt. Die disziplinare Überwachung bei den Prüfungen geschieht ebenfalls durch Erzieher, auch ist ein Mitglied der Kommission bei den schriftlichen Prüfungen anwesend. Die Plätze der Prüflinge werden durch das Los bestimmt.

Bei der Aufnahme und bei den Nachprüfungen ist Note 5 diejenige, welche die Erfüllung der unerläfslichen Bedingungen bezeich-

met. Die Aufnahmeprüfung erstreckt sich, wenn sie „abgekürzt"
wird, für die 1. Klasse auf Deutsch, Lateinisch und Arithmetik in den
für die drei unteren Klassen der Lateinschule vorgeschriebenen Ausdeh-
nungen; für die 2. auf Deutsch, Lateinisch, Arithmethik, und zwar in den
für das Lehrziel des 1. Kursus des Realgymnasiums oder der vier unteren
Klassen der Lateinschule geltenden Grenzen, ferner auf Französisch
und Naturgeschichte nach Mafsgabe des Lehrplans des 1. Realgymna-
sial-Kurses; bei ausnahmsweiser Aufnahme in die 3. Klasse, wofür
aufserdem gefordert wird, dafs am betreffenden 1. Oktober das 15. Lebensjahr nicht überschritten ist, auch Deutsch, Lateinisch, niedere
Mathematik in dem für den 2. Kursus des Realgymnasiums oder der
5. Klasse der Lateinschule vorgeschriebenen Umfange, sowie auf
Französisch und Naturgeschichte in der für den 2. Kurs des Realgymnasiums verlangten Ausdehnung. Die abgekürzte Prüfung ist
in der Regel nur schriftlich; sie kann durch eine mündliche ergänzt
werden.

Die vollständige Prüfung begreift sämtliche Lehrgegenstände
der entsprechenden Klassen des Realgymnasiums bezw. der Lateinschule
unter sinngemäfser Anwendung der für die abgekürzte geltenden
Bestimmungen.

Der Gebrauch unerlaubter Hilfsmittel hat die Erteilung der
letzten Note, im Wiederholungsfalle Ausschliefsung von der Prüfung
zur Folge.

Die Kommission scheidet die Bewerber in „Befähigte" und „Nichtbefähigte"; zu den letzteren werden diejenigen gezählt, welche voraussichtlich nicht im stande sein würden, dem Unterrichte zu folgen.

Die Nachprüfung, welche am Ende der Ferien vorgenommen
wird, ist nur schriftlich; sie erstreckt sich auf alle Unterrichtsgegenstände, in denen die Anforderungen nicht erfüllt wurden. Der Gebrauch
unerlaubter Hilfsmittel schliefst vom Vorrücken in die nächst höhere
Klasse aus.

Macht ein Zögling sich bei der Absolutorialprüfung einer
Unredlichkeit schuldig, so entscheidet die Kommission, ob ihm für
das betreffende Lehrfach die Note ungenügend gegeben werden oder
ob er von weiterer Teilnahme ausgeschlossen werden soll. Keinenfalls
darf er zum Portepeefähnrich vorgeschlagen werden.

Lehrordnung.

Im Anschlufs an die Schulordnung von 1874 ward am 31. März 1879 vom Korps - Kommandeur Generalmajor Freiherrn von Freyberg eine „Instruktion für die Lehrer des Königlichen Kadetten-Korps"[1] erlassen, welche ein übersichtliches Bild von den Verhältnissen derselben giebt: Die Lehrer unterstehen in dienstlicher und persönlicher Hinsicht dem Inspekteur der Militär - Bildungsanstalten, in Sachen des Unterrichts und der Erziehung dem Kommandeur des Kadetten-Korps; der Studiendirektor, welcher aktiver Lehrer sein mufs, ist mit der „Oberleitung über sämtliche Lehrer der formalen Wissenschaften betraut." Derselbe hat die Lehrstunden zeitweise zu besuchen und im Bedürfnisfalle auf die Steigerung der Leistungen der Unterrichtenden unmittelbar einzuwirken und die schriftlichen Arbeiten zu revidieren. Den Stundenplan entwirft der Kommandeur mit , seinem Beistande.

Der Lehrer mufs beim Eintreffen der Schüler zu den Stunden im Unterrichtsraume bereits anwesend sein und darf denselben nach Beendigung der Stunde erst verlassen, wenn die Zöglinge sich entfernt haben. Bewerbern um Aufnahme in das Kadetten-Korps darf er keinen Privatunterricht erteilen, Zöglingen, welche der Nachhilfe bedürfen, sei es während der Schulzeit, sei es in den Ferien, nur ausnahmsweise mit Genehmigung des Kommandeurs. Bleiben seine Ermahnungen fruchtlos, so zeigt er unfleifsige etc. Schüler zur Bestrafung an; bei fortgesetztem Ungehorsam während des Unterrichts führt er den Betreffenden aus der Klasse und übergiebt denselben dem Offizier vom Dienst, welcher ihn in Arrest versetzt und Meldung macht. Festangestellte Lehrer bedürfen zur Verheiratung der dienstlichen Bewilligung des Inspekteurs. Als eine wichtige Aufgabe der Lehrer wird bezeichnet, dafs sie die Schüler anweisen, wie sie zweckmäfsig studieren sollen. Schon die jüngeren Schüler sollen einzelne Abschnitte durch Eigenstudium erlernen.

Zur Vorbereitung auf den Unterricht dienen Stunden, welche unter Aufsicht der Offiziere vom Dienst stehen und als dem „Eigenstudium" gewidmet bezeichnet werden. Schulaufgaben, von denen oben die Rede gewesen ist, werden besonders im Sprachunter-

---

[1] München 1879. Druck der J. S. Hübschmannschen Buchdruckerei (C. Lintner).

richt und in der Mathematik gestellt; in den übrigen Fächern soviel
als die Zeit gestattet. Macht sich bei einem Zöglinge das Bedürfnis
einer **Nachhilfe** bemerklich, so hat der Lehrer dies frühzeitig zur
Sprache zu bringen, damit im Einverständnis mit der Familie das
Nötige veranlafst werden kann.

Ist ein Zögling genötigt, **während des Unterrichts das Zimmer zu verlassen**, so ruft der Lehrer durch ein Glockenzeichen den
„Aufwärter vom Passen" herbei, welcher denselben zu begleiten hat.

Der Lehrer bringt **Klagen und Anzeigen** durch ein dazu be-
stimmtes Buch zur Kenntnis des Kommandeurs.

Die Lehrer beurteilen die Schüler durch Wochennoten, nach
deren Ausfall die Sonntags-Vergünstigungen bemessen bezw. Strafarbeiten angefertigt werden.

Ferienaufgaben werden nur soweit gegeben, dafs sie mit täglich einstündiger Arbeit erledigt werden können.

Innerer Dienst.

Sämtliche Zöglinge sind in 6 Brigaden[1] eingeteilt, von denen
jede einer Unterrichtsklasse entspricht, so dafs die 1. Klasse zugleich
die 1., die 6. die 6. Brigade bildet. **Brigade-Kommandant** ist ein
Inspektions-Offizier; er ist der „Erzieher in moralischer, intellectueller
und physischer Hinsicht." Ein Wechsel in der Person des Brigade-
Kommandanten wird thunlichst vermieden, damit die Zöglinge so lange
als möglich unter der Obhut des nämlichen Erziehers bleiben. Es
war dies früher leichter durchführbar als jetzt, die Offiziere blieben
häufig viele Jahre hindurch in ihrer Stellung und seit 1876, wo der
starke Bedarf des Heeres an Offizieren, verbunden mit dem Wunsche,
solche, welche wegen Felddienstunbrauchbarkeit zur Disposition gestellt
waren, angemessen zu verwenden, die Kommandierung einzelner zum
Kadetten-Korps veranlafste, war es noch weniger schwer, als gegenwärtig, wo die Heranziehung von Offizieren des Ruhestandes eingeschränkt ist und die dem aktiven Heere angehörigen kürzere Zeit,
in betreff deren jedoch eine allgemein giltige Vorschrift nicht besteht,
in ihrem Verhältnisse bleiben.

Die Brigade-Kommandanten werden in ihrer Dienstführung durch
Fahnen- und nötigenfalls durch Mitaufsichts-Kadetten unterstützt. Sie

[1] Instruktion für die Brigade-Kommandanten vom 1. April 1880, durchgesehen
im Mai 1886 (handschriftlich).

vermitteln den Verkehr zwischen der Anstalt und den Angehörigen
der Zöglinge und lassen ersteren, wenn Fleifs oder Betragen nicht genügen, monatliche Auszüge aus den Fleifsnoten und den Kommando-
strafen zukommen. Den Briefwechsel und den Postverkehr der Zöglinge
überwachen sie nach weiter unten zu erwähnenden Vorschriften.

Diejenigen Inspektionsoffiziere[1] (Erzieher), — eine Benennung,
welche seit 1884, ohne durch eine besondere Verfügung eingeführt zu
sein, an Stelle der vorher angewendeten „Aufsichtsoffizier" getreten
ist, — welche nicht Brigade-Kommandanten sind, finden, aufser im
„Hauptdienst", als Lehrer in körperlichen Übungen, bei Kommissionen etc. Verwendung. Die Befehligung eines Offiziers zum Kadetten-
Korps ist immer als Beweis besonderen Vertrauens anzusehen. Das
nächste Ziel seiner Bemühungen soll die Erziehung seiner Zöglinge
zu moralisch tüchtigen Menschen sein. Er soll sich bestreben, dieses
Ziel durch Liebe, aber Liebe ohne Schwäche, nicht durch Erwecken
von Furcht, zu erreichen. Die Inspektionsoffiziere erhalten eine Zulage
von 36 Mark monatlich.

Die unmittelbaren Vorgesetzten der Inspektionsoffiziere sind
der Korpskommandeur und der demselben zur Unterstützung und Vertretung beigegebene Offizier (Hauptmann oder Major).

Die Strafbefugnis des Inspektionsoffiziers, deren Anwendung
Ermahnungen und Warnungen voranzugehen haben, erstreckt sich auf:

1) Verweise: unter vier Augen, vor der Abteilung.

2) Stillstehen während der Rekreation: anwendbar auf alle Zöglinge, die 5. und 6. Klasse ausgenommen, jedoch nur in gröfseren Abteilungen: für die 5. tritt Strafexerzieren unter Aufsicht von Fahnenkadetten an die Stelle.

3) Weiter Arrest: Absonderung bei wissenschaftlicher Beschäftigung, früher von der 1. bis 4. Klasse stehend verbüfst; in der Regel
von 7³₄ bis 8³₄ Uhr abends, an der 5. und 6. Klasse in einem besonderen Zimmer, vollstreckt.

4) Strafdiät: Entziehen des Fleisches oder der Mehlspeise beim
Abendtische; nach dem Theaterbesuch oder dem Schwimmen nicht
zu verhängen; für die 5. und 6. Klasse nicht zulässig, überhaupt mit
grofser Vorsicht anzuwenden. In Verbindung mit weitem Arrest darf
der Inspektionsoffizier Strafdiät nur für einen Abend anordnen.

---

[1] Allgemeine Instruktion für die Inspektions-Offiziere (Erzieher) vom 1. April
1880, revidiert im Dezember 1885 (handschriftlich).

Die Überwachung des täglichen Lebens der Zöglinge liegt den Offizieren vom Hauptdienste[1] ob. Ihre Thätigkeit ist um so wichtiger, als die Inspektionsoffiziere, also auch die Brigade-Kommandanten, nicht im Anstaltsgebäude wohnen, die unausgesetzte Berührung mit den Zöglingen, wie sie an den meisten anderen militärischen Erziehungsanstalten stattfindet, mithin fortfällt. Die Räumlichkeiten des Kadettenhauses gestatten nicht, die Erzieher dort unterzubringen. Den Hauptdienst versehen täglich zwei Inspektionsoffiziere; dem einen ist die Kadetten- (3., 4., 5., 6. Klasse), dem anderen die Eleven-Abteilung (1., 2. Klasse) unterstellt. Der Dienst wechselt in der Weise, dafs der Offizier am 1. Tage von 7 Uhr früh bis 1 Uhr mittags, am 2. von 1 Uhr mittags bis 8¾ Uhr abends in der Kadetten-Abteilung den Hauptdienst hat, den 3. frei ist, am 4. und 5. während der nämlichen Tagesstunden den Hauptdienst in der Eleven-Abteilung und unmittelbar anschliefsend bis zum anderen Morgen Nachtinspektion hat.

Der Offizier der Nachtinspektion hält sich in dem nahe am Schlafsaale liegenden Dienstzimmer („Jour-Zimmer“) auf; er ist stets angekleidet. Auf dem erleuchteten und im Winter geheizten Schlafsale ruhen die Kadetten unter der Obhut von Aufwärtern, welche dieselben unausgesetzt zu beobachten haben, damit sie nicht etwa unbedeckt schlafen, und ihnen Kleidungsstücke reichen, wenn ein Bedürfnis zum Aufstehen nötigt. Gesondert von den Kadetten schläft dort auch einer der pensionierten Unteroffiziere, welche zum Zweck der Wahrnehmung von Verwaltungsgeschäften angestellt sind.

Während der oben genannten Tageszeiten haben die Offiziere vom Hauptdienste die ihnen anvertrauten Abteilungen, aufser während der Unterrichtsstunden, unausgetzt zu überwachen. Die Nacht bringt auch derjenige, welcher nicht Nachtinspektion hat, im Jour-Zimmer zu.

Tagesordnung: Es wird stets um 5 Uhr aufgestanden. Das Waschen findet im Schlafsaale statt, aufserdem ist Gelegenheit zu Fufs- und zu Vollbädern vorhanden. Um 5 Uhr 25 Minuten wird im Speisesaale das Morgengebet gesprochen. Dann folgt das erste Frühstück und von 6 bis 7 Eigenstudium in einem Hör- oder in dem gröfseren Kadettensaale unter Aufsicht eines Offiziers; es ist dabei äufserste Stille geboten, ausnahmsweise kann jedoch mehreren gestattet werden, leise gemeinsam zu repetieren. Von 7 Uhr 5 Minuten bis 9 ist wissenschaftlicher Unterricht. Die Stunde von 9 bis 10 ist dem

[1] Instruktion für die Offiziere vom Hauptdienste vom 1. April 1880, revidiert am 14. Januar 1886 (handschriftlich).

2. Frühstück, der Erholung, mancherlei häuslichen und wirtschaftlichen Geschäften, dem Baden (sechs Wannen) und dem Rapport gewidmet, welcher zunächst von dem Brigade-Kommandanten und dann von einem der höheren Vorgesetzten abgehalten wird und zur Erledigung allgemeiner und persönlicher Angelegenheiten dient. Von 10 bis 12 Uhr ist Unterricht, dann folgt das Mittagessen und bis 1 Uhr Erholung. Die Stunden von 1 bis 7, um 4 durch das Vesperbrot für kurze Zeit unterbrochen, gehören wieder dem Unterricht oder dem Eigenstudium, um 7 Uhr wird zu Nacht gegessen, dann ist Erholung und um 8³⁄₄ Uhr gemeinsames Nachtgebet, worauf zu Bett gegangen wird. Zwischen je zwei Lehrstunden sind 5 Minuten Pause.

Vor und nach den beiden Hauptmahlzeiten wird gebetet. Ein Zögling, welchen der ältere Offizier vom Hauptdienste, ohne Rücksicht auf sein Glaubensbekenntnis und auf die Klasse zu welcher er gehört, bestimmt, welcher aber an diesem Tage nicht mit Arrest oder Strafdiät belegt sein darf, spricht das vorgeschriebene Gebet nebst dem Vaterunser; ist er Katholik, auch den englischen Grufs.

Fahnen- oder Mitaufsichts-Kadetten legen die Speisen vor, das Fleisch wird in der Küche zerschnitten. Dort überwacht der jüngere Offizier vom Hauptdienste während der Mahlzeiten die Verteilung der Speisen, der ältere führt im Speisesaale die Oberaufsicht.

An Sonn- und Feiertagen findet von 6 bis 8 Uhr früh Eigenstudium, dann Kirchgang und um 12 Uhr die Entlassung der Beurlaubten statt. Die Dauer des Urlaubs richtet sich nach den Censurklassen. Die 2. bildet die Grundregel. Wer ihr angehört, kann im Winter bis 6, im April, Mai und Juni bis 7, im Juli bis 8 beurlaubt werden; die 1. darf 1 Stunde länger ausbleiben, die 3. mufs 1, die 4. 2 Stunden früher zu Hause sein.

Den Zurückbleibenden ist der Nachmittag zur Erholung, zu Spaziergängen unter Aufsicht des Offiziers vom Hauptdienste freigegeben.

Im Theater stehen während der 6 Wintermonate zu 3 wöchentlichen Vorstellungen je 15 Plätze zur Verfügung, wofür monatlich 200 Mark gezahlt werden.

Eingehenderes über die Ausnutzung des Tages ergiebt die umstehende Stundeneinteilung vom 1. Juni 1888.

T bedeutet Tour für Haarschneiden, Fußbad, Uniformaustausch, Bibliothek; die nicht ausgefüllten Stunden sind für das Eigenstudium bestimmt.

6/7	5/6	4/5	3/4	2/3	1/2		11/12	10/11	9/10	8/9	7/8		Stunden
Relig	Natur gesch.	Handz.					Latein	Geogr.	T	Arithm	Franz.		1
	Deutsch	Latein	Singen				Geogr.	Algeb.		Franz.	Latein		2
Exerzieren	Relig.	Turnen	Handzeichnen				Algeb.	Gesch.		Latein	Geom.		3
Exerzieren		Geom.	Turnen				Englisch			Latein			4
Exerzieren	Turnen	Geogr.	Geom.	Zeichn.			Physik	Chemie		Darst. Geom.	Gesch.		5
Exerzieren	Dienst- kunde		Reiten				Latein	Schiefs	Anal. O.	Mil. M.			6
Schwimmen		Turnen					Gesch.	Latein		Franz.	Deutsch		1
Schwimmen		Handz.	Turnen				Latein	T	Gesch.	Geom.			2
Schwimmen		Geogr.					Franz.	Engl.		Latein			3
Relig.	Geogr.		Franz.				Algebra			Deutsch			4
Schwimmen		Fechten		Handz.			Deutsch	Schiefs	Trigon.	Franz.			5
Gesch.	Latein	Fechten	Rep. Math.	Handz.			Physik	Chemie		Relig.	Engl.		6
Schwimmen		Handz.	Singen				Arithm.	Relig.		Franz.	Latein		1
Relig.	Latein	Franz.	Handzeichnen				Relig.	Algebra		Natur gesch.	Franz.		2
Schwimmen		Latein	Fechten				Engl.	Deutsch	T	Algebra	Geom.		3
Schwimmen		Fechten	Geom Zeichnen				Gesch.	Franz.		Latein			4
Relig.	Latein		Engl.				Physik	Darst. Geom.		Gesch.	Franz.		5
Schwimmen		Reiten					Gesch.	Deutsch	Anal. O.	Deutsch			6
Exerzieren		Turnen					Gesch.	Natur gesch.		Latein	Schön- schreib.		1
Exerzieren	Turner	Singen	Handz.				Geogr.	Deutsch		Latein	Gesch.		2
Exerz.	Relig.	Turnen	Engl.				Franz.	Gesch.		Geometrie			3
Exerz.	Relig.		Singen				Dienst- kunde	Algebra	T	Latein			4
Exerz	Fechten	Engl.	Latein	Handz.			Latein	Deutsch		Relig.	Dienst- kunde		5
Exerz	Fechten	Franz.	Reiten				Physik	Chemie		Darst. Geom	Deutsch		6
Turnen	Deutsch	Latein			Singen		Geogr.	Latein		Latein	Schön- schreib.		1
Schwimmen		Turnen					Algebra	Natur gesch.		Franz.			2
Schwimmen			Singen				Engl.	Franz.		Latein			3
		Turnen		Handzeichnen			Physik	Stereo- metrie	Schiefs	Franz.	Gesch.		4
Schwimmen		Algebra					Latein	Algebra	T	Trigonometrie			5
Singen	Turnen	Algebra	Handz.	Geom. Zeichnen			Latein		Algebra	Franz.			6
Schwimmen				Handz.			Arithm., Latein		Dienst- kunde	Franz.			1
Schwimmen			schönschreiben				Dienst- kunde	Geom.		Latein			2
		Fechten	Handzeichnen				Deutsch	Algebra	Schiefs	Gesch.	Dienst- kunde		3
Schwimmen		Fechten					Physik	Engl.		Geom.	Gesch.		4
Singen	Engl.	Turnen					Chemie	Latein		Algebra	Mil. M.		5
Schwimmen		Engl.	Turnen				Darst. Geom.	Chemie	T	Engl.	Franz.		6

Das tägliche Leben der Kadetten ist ferner durch „Vorschriften für das Verhalten der Zöglinge," München 1884.[1] der „Hausordnung", geregelt.

Die Vorschriften bezeichnen Treue und Gehorsam dem Monarchen und seinen Vertretern, worauf Subordination und Disziplin sich gründen, als die erste Pflicht der Kadetten; wahre Religiösität soll ihnen helfen dieselbe zu erfüllen, das Gefühl wahrer Ehre und ein edler Gemeingeist sollen sie durchdringen, unbedingte Erfüllung erhaltener Befehle soll bei allen ihren Handlungen ihnen Richtschnur sein. Glaubt ein Kadett Anlafs zur Beschwerde zu haben, so hat er diese, nach vollzogenem Befehl, in der Regel bei dem nächsthöheren Vorgesetzten desjenigen anzubringen, von welchem er ungerecht behandelt zu sein glaubt; er darf sie aber auch dem Hauptmann oder dem Kommandeur vortragen. Meldungen und Gesuche gehen zunächst an den Fahnenkadett vom Dienst, in besonderen Fällen dürfen sie höheren Vorgesetzten unterbreitet werden, gemeinsame Bitten können nach erhaltener Erlaubnis durch zwei Zöglinge vorgebracht werden.

Die von den Kadetten zu erweisenden Ehrenbezeugungen sind die für die Soldaten vorgeschriebenen. Die beim Erscheinen der Hausordnung für das Innere der Anstalt in einzelnen Fällen vorgeschriebenen Verbeugungen werden nicht mehr gemacht.

Der Besuch von Restaurants etc. in der Stadt ist nur Fahnenkadetten gestattet, welche da verkehren dürfen, wo es von Offizieren geschieht; den übrigen Zöglingen ist es auch in Gesellschaft älterer Personen untersagt. Fufsreisen in den Ferien sind nur in Begleitung solcher Personen erlaubt.

Tabakrauchen und Schnupfen ist untersagt; Tragen von Augengläsern wird auf Antrag des Arztes gestattet.

Eigene Uniformen dürfen innerhalb der Anstalt nicht angelegt werden; eine Uhr zu führen wird in der Regel nur Zöglingen der 5. und 6. Klasse gestattet; die der 1., 2., 3. und 4. Klasse dürfen überhaupt kein Geld, die der 5. und 6. höchstens 1 Mark in unmittelbarem Besitze haben. Was sie aufserdem besitzen, verwaltet der Brigade-Kommandant.

Sonntag und Donnerstag wird die Wäsche gewechselt; Kleider, Wäsche etc. werden, da Wohnzimmer den Kadetten nicht zur Verfügung stehen, in einer verschliefsbaren Deckelschublade unter dem Bette aufbewahrt, die Bücher und Hefte in einem Fache des im Re-

[1] Druck der F. S. Hübschmannschen Buchdruckerei (C. Lintner).

kreations- und Studiersaale befindlichen Bücherkasten; das Waschen
geschieht im Schlafsaale; das Reinigen von Kleidern, Schuhwerk und
Armatur ist in der Regel Sache der Aufwärter. Diese werden von
den Zöglingen mit „Sie", die beiden Hausmeister und der als Vorturner
kommandierte Unteroffizier mit „Herr" angeredet; umgekehrt gebührt letzteren als Kadetten die Anrede „Herr" und „Sie", als Eleven
„Sie".

Briefe an jüngere Verwandte oder Freunde müssen durch die
Hand der Eltern etc. gehen; alle Briefe, welche die Kadetten versenden,
werden durch ihre Vorgesetzten der Post übergeben; auswärts wohnenden
Eltern ist wenigstens allmonatlich und aufserdem zu Geburts- und
Namenstagen zu schreiben.

Die Angehörigen der Kadetten empfangen über deren Verhalten
durch die ihnen zugehenden halbjährigen und Schlufszeugnisse regelmäfsig Nachricht; aufserdem wird ihnen Mitteilung gemacht, wenn
Fleifs oder Betragen unerwünschte Veranlassung dazu geben.

Aus den Regeln für das Verhalten im Hörsaale mag bemerkt
werden, dafs, wenn ein Schüler fürchtet vom Schlafe übermannt zu
werden, er vom Lehrer die Erlaubnis erbitten darf, eine Zeitlang zu
stehen.

Die Aneignung deutlicher und nicht zu kleiner Handschrift
wird durch verschiedene Vorschriften gefördert, ebenso dienen besondere
Anstandsregeln dazu, die Kadetten an gute Sitten bei den Mahlzeiten zu gewöhnen.

Die Erholungszeit wird, nach Jahreszeit und Wetter, im
Studiersaale oder im Hofraume verbracht. Dort beschäftigen sich die
Kadetten mit Zeichnen, Lesen, anständigen Spielen, wobei Karten
und Würfel, sowie das Spiel um Einsätze, und wären es nur Marken,
untersagt sind; hier mit Spielen, welche die körperliche Bewegung
befördern oder wenigstens nicht ausschliefsen. Es stehen eine Kegel-
bahn und ein Krocketspiel zur Verfügung; für die älteren Kadetten
ist ein Konversationssaal mit Billard vorhanden. Im Winter pflegt
für die Fahnenkadetten allabendlich von 7¾ bis 8¾ Uhr eine französische Unterhaltungsstunde unter Leitung eines der Lehrer
der Sprache stattzufinden.

Die Behandlung der Kranken erfolgt im Krankenzimmer; Besuche zu empfangen, wird nur ausnahmsweise gestattet.

Die Fahnenkadetten reden ihre Mitzöglinge, sobald sie als
Vorgesetzte auftreten, mit „Sie" an; es steht ihnen das Recht zu, Ver-

weise als Strafe zu erteilen, doch haben sie davon jedesmal sofort
Meldung zu erstatten. Die Kadetten haben dem Namen eines Fahnenkadetten, wenn sie letzteren mit demselben anreden, stets „Fahnenkadett" vorzusetzen und ihn „Sie" zu nennen.

Beköstigung. •

Die Verpflegung beruht auf „Akkordbedingungen für die Kost-
bereitung und Kostabgabe im Königlich Bayerischen Kadetten-Korps,"
welche am 1. September 1885 zwischen der Administration der
Militär-Bildungsanstalten und dem Unternehmer abgeschlossen wurden.
Ihr wesentlicher Inhalt ist:

Die gewöhnliche Tageskost besteht aus erstem Frühstück (Kaffee[1]
und zwei Semmeln), zweitem Frühstück (eine Semmel), Mittagessen
(Suppe, Rindfleisch mit warmem Gemüse und einem Stück Weckenbrot), Vesperbrot (ein Stück Weckenbrot, dazu an Sonn- und Feiertagen ein Apfel oder anderes Obst) und Abendessen (Fleischsuppe,
Braten mit Salat, ein Stück Weckenbrot und Bier,[2] für die drei oberen
Klassen je ½, die unteren je ¼ Liter; statt Braten darf eingemachtes
Fleisch etc. oder Butter und Käse, dreimal wöchentlich muſs Kalbs-
oder Rindsbraten gegeben werden). An Sonn- und Feiertagen tritt
zum Mittagstisch eine Mehl- oder eine zweite Fleischspeise mit Sauce
oder kaltem Gemüse oder eine Beilage, wie Bratwürste in der Suppe.
Am Freitage giebt es lediglich Fastenspeise, an den Namens- und Ge-
burtstagen des Königs und der Königin, zu Neujahr und Fastnacht,
am Weihnachts-, Oster- und Pfingst-Sonntage, sowie am Kirchweih-
tage Wein und Biscuit oder Torte, am Oster-Sonntage morgens „das
in München übliche Geweihte."

Die am Weihnachtsabend in der Anstalt weilenden Kadetten
erhalten Lebkuchen, Nüsse, Kastanien und Äpfel und die Theater-
besucher vor dem Abmarsch zur halben Brotgebühr jedesmal einen
Apfel, eine Wurst oder dergleichen.

Die dem Unternehmer zu zahlende Vergütung wird alljährlich
auf Grund der im verflossenen Jahre amtlich festgestellten Marktpreise
nach einem genau vorgeschriebenen Berechnungsverfahren bestimmt;
1887—88 betrug sie 1,08 Mark für den Tag und den Kopf; das Bier
wird auſserdem bezahlt. Während der groſsen Ferien unterbleibt die

---

[1] Am 1. Dezember 1874 aus Anlaſs der in München wütenden Cholera statt
der Milch eingeführt.

[2] Seit 1. Oktober 1876 verabreicht.

Zahlung: Weihnachten und Ostern wird für die Beurlaubten ein Abzug gemacht. Sämtliches Gerät, Feuerung und Beleuchtung liefert die Anstalt. Der Unternehmer ist verpflichtet, auf Grund eines Sonderabkommens, den Inspektionsoffizieren Frühstück-, Mittag- und Abendessen zu liefern und die Hausdienerschaft zu speisen.

Zur Erläuterung folgt ein Speisezettel für die Woche von Montag den 16. bis Sonntag den 22. Juli 1888:

	Mittag:	Abend:
Montag:	Reissuppe, Rindfleisch, Linsen.	Banadelsuppe,[1] Zungenwurst, Kartoffelschnitzel.
Dienstag:	Nudelsuppe, Rindfleisch, Wirsing.	Fleckelsuppe, Kalbsbraten, grüner Salat.
Mittwoch:	Brotsuppe, Boeuf à la mode, ganze Kartoffel.	Griessuppe, Geräuchertes, Erbsenpuree.
Donnerstag:	Geriebene Teigsuppe, Rindfleisch, gelbe Rüben.	Semmelsuppe, Kalbsbraten, grüner Salat.
Freitag:	Erbsensuppe, gefüllte Karpfen.	Brennsuppe, gestutzte Nudeln, Kirschenkompot.
Samstag:	Rollgerstensuppe, Rindfleisch, grüner Salat.	Brotsuppe, Lunge eingemacht, ganze Kartoffel.
Sonntag:	Gebackene Erbsen, Rindfleisch, geröstete Kartoffeln, Weichselkuchen.	Einlaufsuppe, Schinken, Maccaroni.

Persönliches.

Als Kommandeure haben an der Spitze der Anstalt, nach Freybergs Abgange, welcher am 20. März 1884 zum Präsidenten des General-Auditoriats ernannt wurde, der Oberst Emil von Schelhorn und, nachdem dieser am 16. April 1888 als Generalmajor in den Ruhestand getreten, der Oberst-Lieutenant Wilhelm Freiherr von Massenbach gestanden.

Einen vollständigen Nachweis über die Zahl der Zöglinge zu geben, welche seit 1856 der Anstalt angehört haben, ist dem Verfasser nicht möglich.

Vom 6. Oktober 1860 bis zum 1. Oktober 1878 waren 525 aufgenommen, 535 ausgetreten, davon 412 nach bestandener Prüfung,

[1] Eine Brotsuppe.

32 auf eigenes Ansuchen, 6 wegen körperlicher Gebrechen, 13 durch den Tod, 27 wegen schlechter Führung, 40 wegen mangelhafter wissenschaftlicher Leistungen. Die Zahl der letzteren hat sich nach Einführung der Absolutorialprüfung des Realgymnasiums erheblich vermehrt. Von 279 seit dieser Zeit Ausgetretenen bestanden dieselbe 178, 71 erhielten das Zeugnis nicht, und zwar 12 wegen schlechter Führung, 35 wegen mangelhaften Fortganges und 17 aus verschiedenen Gründen, meist weil sie nicht im Stande waren, dem Unterricht zu folgen. Die meisten scheiterten an Latein und Mathematik. Eine andere Angabe sagt, daß von 37 in den Jahren 1870/71 bis 1879/80 wegen mangelnden Fortganges ausgeschiedenen 21 im Lateinischen, 14 in Algebra, 20 in Geometrie nicht genügt hatten. [1]

Von 1875/76 bis 1887/88, wo die Zahl der Zöglinge zwischen 169 und 187 war, sind 424 zu-, 401 abgegangen. Von letzteren kamen 182 zur Infanterie, 68 zur Kavallerie, 61 zur Artillerie, 7 zu den Pionieren; 17 wandten sich nach abgelegter Absolutorialprüfung bürgerlichen Berufszweigen zu, 36 wurden auf eigenes Ersuchen, 13 ohne solches entlassen, 8 schieden durch den Tod, 9 wegen Krankheit aus. [2]

Den mancherlei Hemmnissen und Schwierigkeiten, welche dem Kadetten-Korps von jeher, und in neuerer Zeit noch sichtbarer als früher, aus der Beschaffenheit der ihr zu Gebote stehenden ungenügenden und vielfach für den Zweck wenig geeigneten Räumlichkeiten erwuchsen, wird binnen kurzem abgeholfen werden. Auf dem Marsfelde, nahe der Stadt, sind grofsartige Bauten in der Ausführung begriffen, welche bestimmt sind die sämtlichen, der Inspektion untergebenen Militär-Bildungsanstalten aufzunehmen.

---

[1] Geheime Registratur des Kriegsministeriums: Schulen 8. 2. b. Fasc. XIII.
[2] Tagebuch des Kadetten-Korps.

3. Die Artillerie- und Ingenieur-Schulen.

A. Vor dem Jahre 1756.

In Bayern stand bereits die Kunst der Büchsenmacherei, der Anfang der Artilleriewissenschaft, auf einer hohen Stufe. Sowohl in den mächtigen, damals freien Städten, welche innerhalb der jetzigen blau-weifsen Grenzpfähle liegen, wie in den Heeren der bayerischen Herzoge wurde sie mit Eifer und mit Erfolg betrieben.

Nach dem Vorbilde Kaiser Karls V, eines der ersten Begründer von Artillerie-Schulen, liefs Herzog Wilhelm IV[1] in seinem Zeughause zu München um das Jahr 1526 geeignete Leute die Geschützbedienung und was dazu gehörte erlernen und Herzog Maximilian, welchem der dreifsigjährige Krieg den Kurhut eintrug, errichtete ebendort im Jahre 1600 eine eigene Büchsenmeisterschule, in welcher mit der Ausübung der Kunst deren Lehre verbunden ward. Hundert ausgewählte Soldaten wurden dort in der Handhabung und in der Bedienung des Geschützes, im Gebrauche des Quadranten, des Hebezeuges und anderer Vorrichtungen, und im Schiefsen nach dem Ziele, im Granatieren, Petardieren, Feuerwerkern und in der Mineurwissenschaft unterwiesen. Am ausgedehntesten war der Unterricht in der Feuerwerkerei „zu Schimpf und Ernst"; ein uns erhaltenes Buch „Münchens Feuerbuch, das heifst Artillerie-Kunst" etc. vom Jahre 1591 zeigt, was man alles darunter begriff. Den Unterricht erteilten der im Hauptmannsrange stehende Zeugwart und die geschworenen oder auch die gewöhnlichen Büchsenmeister. Er trug gute Früchte. In dem bald nachher ausbrechenden Kriege machten die bayerischen Artilleristen durch die Genauigkeit ihres Schiefsens sich einen guten Namen, und der Kurfürst sorgte dafür, dafs ihr Stamm nicht ausstarb. 1646 ordnete er an, dafs 40 ausgesuchte Soldaten zu Ingolstadt in der Büchsenmeisterei unterrichtet würden und im Dezember jenes Jahres bestanden diese ihre Probe mit gutem Erfolge bei der Beschiefsung und Einnahme von Weifsenburg.

---

[1] Schönhueb a. a. O., S. 2. — Geschichte der k. b. Artillerie- und Ingenieur-Schule, von K. von Oelhafen, Premier-Lieutenant, München 1882, S. 5.

Einen grofsen Schritt weiter ging Kurfürst **Max Emanuel**[1] (1680 — 1726), welcher Bayerns stehendes Heer begründete. Sein Streben ging dahin, den von ihm seit 1682 errichteten Fufs- und Reiterregimentern eine ebenbürtige Artillerie an die Seite zu setzen. Dazu erachtete er als notwendig, den Angehörigen dieser Waffe eine wissenschaftliche Ausbildung zu teil werden zu lassen. Er fand zwei für dieses Vorhaben geeignete Gehülfen in seinen beiden Oberstuckshauptleuten Adam **Burkhart von Pürkenstein** und Stephan **Koch**. Ersteren ernannte er zum Oberfeuerwerksmeister an einer **Artillerie- Schule**, deren Errichtung er durch Dekret vom 6. Mai 1685 anordnete; Pürkensteins Kenntnisse in der Chemie und der Feuerwerkerei waren ihm vom Türkenkriege des Jahres 1683 her bekannt.

Zweck der Schule war Heranbildung von Inländern, eine Eigenschaft, auf welche man im Interesse der Geheimhaltung der ihnen geoffenbarten Geheimnisse grofsen Wert legte, zu Konstablern, Büchsenmeistern, Büchsenmeisterlehrlingen, Büchsenmeisterkorporalen und Feuerwerkern. **Vorbedingung** der Aufnahme war Kenntnis des Lesens, Schreibens und Rechnens. Am 17. Januar 1686 wurde die Anstalt mit 50 Schülern, welche jeder einen Monatssold von 7 Gulden bezogen, eröffnet. Der Magistrat zu München mufste für ihre Unterbringung sorgen, das Hofbauamt nach Angabe des Oberfeuerwerksmeisters eine Laborierhütte für sie erbauen. Der **Unterricht** zerfiel in einen theoretischen und einen praktischen Teil; er wurde in zwei Klassen, dem Aspiranten-Kurs für die neueingetretenen und der Büchsenmeisterschule für die mehr vorgeschrittenen, erteilt. Die Lehrer waren meist Feuerwerker. Der erste Kurs umfafste die Mathematik bis zur Lehre von den Proportionen; aufserdem wurden die Schüler behufs Vorbereitung auf das Studium der Geometrie mit der Handhabung von Lineal und Zirkel bekannt gemacht. Der praktische Unterricht erstreckte sich auf das Exerzitium mit dem kleinen Gewehr und die Bedienung der Geschütze. In der höheren Klasse wurden vorgetragen: die Lehre von den Wurzelgröfsen, das Berechnen des Inhalts geometrischer Körper und Flächen, die Anfertigung und der

---

[1] „Bestrebungen des Kurfürsten Max Emanuel von Bayern, den wissenschaftlichen Geist in seinem Heere durch Errichtung einer Artillerie-Schule (1685) zu heben, sowie deren Erfolge (1685—1730)." Vortrag des k. b. Oberst-Lieutenants a. D. und Vorstand des Armee-Museums Würdinger, abgedruckt in „Veröffentlichungen der Akademie der Wissenschaften in München, philosophisch-historische Klasse," 3, München 1885. Der Verfasser fufst auf Urkunden, welche a. a. O. S. 356 ff. genannt sind.

Gebrauch der Kaliberstäbe, die Anwendung der Kubiktafeln zur Bestimmung der Durchmesser von Eisen-, Blei- und Steinkugeln und zur Berechnung des Spielraums, die Kenntnis der Größenverhältnisse der Geschützrohre und ihrer Zubehör, der Gebrauch des Quadranten und der Aufsätze zum Richten und Feuern beim Kern- und Elevationsschuss, sowie zum Zweck des Werfens von Granaten, Feuerkugeln und Bomben; ferner Chemie, soweit sie bei der Untersuchung des Pulvers, der Bestandteile des Brandzeuges, unter welchem das griechische Feuer vorkommt, und des Geschützmetalles notwendig ist; ein Artillerieoffizier unterrichtete in Mathematik und im Bau von Pulvermühlen und Stückgiefsereien. Im Laboratorium wurde die Anfertigung aller Arten von Ernst- und Kunstfeuer gezeigt. Das schulmäfsige Schiefsen mit besonderer Rücksicht auf die Durchschlagskraft und den Einflufs des Geländes, sowie der Batteriebau, wurden praktisch gelehrt.

Nach beendeter Lehrzeit mufste der Schüler zur Probe aus einem 16-Pfünder drei Schufs auf 1000 und 1500 Schritt abgeben. „Trifft er, so ist er gut; fehlt er, so soll er weiter lernen: das ist der alte Brauch," sagt die Vorschrift. Nach bestandener Prüfung erhielt der Büchsenmeistergesell seinen Lehrbrief und ein Besteck (Reifszeug) mit den für die Artillerie nötigen einfachen Instrumenten. So ausgerüstet, zog er in der Friedenszeit in die Städte und Märkte, die Bürger zu Konstablern abzurichten, und verpflanzte auf diese Weise seine Kunst in alle Teile des Landes. Es ist aufbewahrt, dafs Hauptmann Kränzl 1703 in Ingolstadt zwanzig, der Büchsenmeister Hans Maier 1705 in Waldeck in der Oberpfalz fünfundvierzig Schülern solchen Unterricht erteilt hat. Maier blieb dort vierzig Jahre lang thätig.

Der ungestörte Betrieb der Münchener Schule dauerte nur drei Jahre. Am 28. Juli 1689 ward ihr Meister Pürkenstein mit fünfzehn seiner bestausgebildeten Gesellen vom Kurfürsten zum Heere an den Rhein berufen, wohin auch Koch abging; 1691 nahm Pürkenstein als Stücklieutenant am Feldzuge in Piemont teil. Dafs die Schule nicht ganz einging, zeigen ein Befehl, welcher 1691 dem Oberfeuerwerksmeister Halli auftrug, zehn Mann zu Büchsenmeistern abzurichten und die erneute Übernahme der Schulleitung durch Pürkenstein nach beendetem Kriege im Jahre 1699. Dann waren ihre Tage gezählt; der Stückhauptmann Koch fiel am 21. Juni 1703 vor Rattenberg, Pürkenstein kam 4. April 1704 bei einer Explosion im Laboratorium ums Leben, und bald nachher machte die österreichische Besitzergreifung des Landes der Anstalt ein völliges Ende.

Der segensreiche Einfluſs aber, den sie auf die Tüchtigkeit der bayerischen Artillerie ausgeübt hat, machte sich noch lange nachher, sowohl in den Erfolgen der Truppe und ihrer Führer beim Gebrauch der Geschütze wie in den schriftstellerischen Leistungen ihrer Lehrer und Schüler, bemerkbar.[1]

Versuchen zur Begründung einer Ingenieurschule begegnen wir im Anfange des 18. Jahrhunderts. Die erste derselben wird im Jahre 1703 erwähnt. Sie zählte neun Schüler, an ihrer Spitze stand Hauptmann Bartlmä Bauer, das Zeugamt lieferte das für den Unterricht erforderliche Material.[2] Weiteres ist über dieselbe nichts bekannt. Der Krieg wird ihrem Bestehen ein rasches Ende bereitet haben.

Der zweite Versuch[3] ward 1752 zu Ingolstadt gemacht, wo ein Schanzmeister, welcher dafür eine Besoldung von 400 Gulden empfing, an der Universität Vorlesungen über die Ingenieurkunst hielt.

Ein dritter Versuch folgte 1752,[4] als der beim Kadetten-Korps erwähnte Plan in Ingolstadt eine Offizier-Bildungsanstalt einzurichten, fehlgeschlagen war. Der Ober-Inspektor der Ingenieure, Oberst-Lieutenant Maximilian Jakob Grot de Grote, damals in Straubing als Baudirektor beim Kasernenbau thätig, entwarf auf Befehl des Hofkriegsrats „Observationspunkte zur Errichtung eines Ingenieurkursus" in seiner Garnison und erteilte den dorthin befehligten Kadetten Unterricht in Arithmetik, Geometrie, Planzeichnen, Feldmessen und Ingenieurkunst; zwei Fähnriche unterstützten ihn. Die Schüler wohnten in der Kaserne, standen in dienstlicher Beziehung unter dem dortigen Regimentskommando und nahmen, wenn sie nicht durch den Unterricht in Anspruch genommen waren, am Exerzieren, dem Regiments- und Wachdienst teil. Minder Bemittelten wurden die Reiſszeuge geliefert. Von Zeit zu Zeit wurden im Beisein sämtlicher Offiziere der Garnison Prüfungen abgehalten, und allmonatlich erstattete der Direktor dem Hofkriegsrat zu München Bericht über den Fortgang der Schüler.

Mit Errichtung des Kadetten-Korps hörte der Kurs, welcher nicht mit hinlänglichen Mitteln ausgestattet war, auf.

[1] Würdinger a. a. O. S. 361 ff.

[2] Geschichte der Entwickelung der bayerischen Armee seit zwei Jahrhunderten von Friedrich Münich, Hauptmann im k. b. Infanterie-Regiment König Ludwig, München 1864, S. 52.

[3] Dr. C. Prantl, Geschichte der Ludwig-Maximilians-Universität zu Ingolstadt, Landshut und München. München 1872. I, S. 544. Mederer erwähnt das Vorkommnis in den Annales Ingolstadiensis Academiae, Ingolstadt 1782, nicht.

[4] Schönhueb, a. a. O. S. 11.

B. Die kurpfälzische Ingenieur-, später Artillerie- und Ingenieur-Schule zu Mannheim, 1763—1789.

Besseren Fortgang hatte eine vom Kurfürsten Karl Theodor von der Pfalz, einem Fürsten, unter dessen Regierung, wie wir unter „4. Anderweite Einrichtungen etc." sehen werden, in seinem Stammlande manche, militärische Unterrichtszwecke verfolgende Anordnungen geschahen, errichtete Bildungsanstalt.[1] Dieselbe bezweckte ursprünglich nur, den Ersatz an Ingenieuroffizieren zu liefern, deren man für die vorhandenen festen Plätze, namentlich die Festungen Mannheim, Düsseldorf und Jülich. dann aber auch für eine Anzahl von Burgen und Schlössern, welche zu Verteidigungszwecken dienen sollten, bedurfte. Bis zur Errichtung der Schule hatten die Offiziere und Offizieranwärter sich die erforderlichen Kenntnisse entweder durch den Besuch der Schule zu Metz, wozu die Regierung Beihilfen leistete, oder durch den Unterricht seitens älterer Offiziere und durch Selbststudium verschafft. Die Ausbildung, welche sie auf diese Weise erwarben, genügte nicht. Der Chef des Ingenieur-Korps, Oberst-Lieutenant von Pfister,[2] stellte dies durch eine Prüfung fest, welche er im Februar 1762 mit drei Bewerbern um Verwendung im Ingenieurkorps abhielt, von denen einer in Metz ausgebildet war. Sie hatte so bedenkliche Ergebnisse, daß er dieselben zur Kenntnis des Kurfürsten brachte und Vorschläge zur Besserung der bestehenden Verhältnisse damit verband. Karl Theodor überwies diese den übrigen Dienstbehörden zur Begutachtung und erließ dann unter dem 5. Februar 1763 eine an den kommandierenden General-Feldzeugmeister Prinz Johann zu Pfalz-Birkenfeld gerichtete Entschließung, durch welche die Errichtung einer Ingenieur-Schule angeordnet wurde und zwar „dergestalten, daß

1) die sich hier befindenden Ingenieur-Candidaten sowohl, wie alle künftig aufgenommen werdende dergleichen Candidaten, welche Ihre Churfürstliche Durchlaucht in Pension halten, um die mathema-

---

[1] Allgemeine Militär-Zeitung. Darmstadt 1886. Nr. 26—27: „Die kurpfälzische Ingenieur-Schule zu Mannheim", nach den Akten des Königlich Bayerischen KriegsArchivs, bearbeitet von Kleemann. k. b. General-Major und Direktor der KriegsAkademie.

[2] Gestorben auf einer Dienstreise zu Mannheim als General-Lieutenant und Chef des Kurpfälzisch-Bayerischen Ingenieur-Korps am 12. Januar 1800.

tischen Wissenschaften zu erlernen, dem Ingenieur-Corps, damit dessen Chef auf ihre Conduite und Lehre das Auge haben, — von Zeit zu Zeit examiniren — ihren Fleifs untersuchen — die Fleifsigen durch Ruhm aufmuntern — die Nachlässigen aber ernstlich vermahnen könne, ein für alle Mal angewiesen, sodann

2) diesen angehenden Ingenieuren der Titel als Ingenieur-Cadets beigelegt und eine simple Uniform von dem Ingenieur-Corps zu tragen erlaubt werden solle."

Ihr Unterricht war dem „die erforderlichen Fähigkeiten besitzen sollenden" Ingenieur-Lieutenant von Pfister[1] übertragen. Bei diesem hatten sie sich wöchentlich vier Mal einzufinden und zunächst den „cursum mathematicum" von Belidor zu erlernen. Wenn sie in der Theorie etwas erfahren seien, solle ihnen die Praktik beigebracht und sie „an allhiesigem Festungsbau, in dem Aufnehmen, Ausarbeitung und Ausrechnung der geometrischen Risse theoretisch und praktisch unterrichtet werden. Da ihnen dabei das Fort und Faible der Festung Mannheim bekannt werden würde, so hatten sie den Eid der Verschwiegenheit abzulegen": insonderheit durften sie keine Festungspläne abgeben.

Bei diesen Vorträgen hatten sich auch die Kadetten der übrigen in Mannheim garnisonierenden Regimenter einzufinden, „um etwas von den mathematischen Wissenschaften, besonders diejenigen Theile, welche zu ihren anzuhoffenden Offiziers-Chargen erfordert werden, zu erlernen, wie denn auch den Lieutenants und Fähnrichs, welche Lust tragen, von den Kriegstheilen etwas zu wissen, der Zutritt zu gestatten ist."

Es wurden ferner ein „Quartier oben dem Heidelberger Thor" und zur Beheizung desselben sechs Wagen Brennholz angewiesen. Der unter Aufsicht und Direktion seines Bruders als Instruktor angestellte Lieutenant von Pfister erhielt eine Zulage von monatlich 20 Gulden; der Unterricht war unentgeltlich. Der Gouverneur führte die Oberaufsicht. Der Chef des Ingenieur-Korps reichte, um Mifsgriffe bei der Anstellung und Beförderung der Ingenieur-Offiziere zu verhüten, vierteljährlich Konduiten- und Kapazitäts-Listen ein.

Nachrichten über die Erfolge dieser Anordnungen fehlen.

Eine am 19. Dezember 1776 ergangene „Hauptverordnung und respective Instruction für dasige Haupt- und übrige Schulen

---

[1] Bruder des Obrist-Lieutenant, in Metz ausgebildet: 1775 als Kapitän und Vorstand der Schule gestorben.

der Genie- und Artillerie"[1] faßte die Ausdehnung der Mannheimer
und die Errichtung von weiteren Schulen in Düsseldorf und in Jülich
ins Auge. Letztere kamen aber nicht zu stande. Zunächst fehlte es
an Lehrern, dann erfolgte die Vereinigung von Pfalz und Kurbayern,
wodurch ganz andere Verhältnisse geschaffen wurden. Man begnügte
sich damit, befähigte Korporale aus den anderen Garnisonen zum
Zweck des Schulbesuches nach Mannheim zu versetzen. Die Erweiterung der dortigen Anstalt aber ward ausgeführt.

Die Verordnung bestimmte als Lehrgegenstände: „einen vollständigen cursum mathematicum über alle Wissenschaften so einem
Ingenieur- oder Artillerieoffizier zu wissen nöthig sind, als die Rechenkunst, sowohl in Zahlen als in Buchstaben oder sogenannte Algebra;
die Geometrie, eingeschlossen die Planimetrie, Trigonometrie und
Stereometrie, die Mechanik, die Hydraulik und Fortifikation nebst
dem Angriff und der Vertheidigung der Festungen, die Artillerie und
was dazu gehörig, als Bomben zu werfen, besonders aber die Kunst,
Minen anzulegen, und deren verschiedene Wirkungen, das behörige
Zeichnen zu und von allen diesen Stücken und endlich die Physik
oder Naturlehre, soviel als zu der Artillerie einschlägig sein kann,
sodann die Metallurgie, insoweit es zur Stückgießerei nöthig ist. Und
damit gleich eingeführt und beibehalten werden könne, so sollen zur
Grundlage Unterbergers und Belidors Lehrbücher, die insoweit hinreichend sind, genommen und zu den Wissenschaften, so nicht darinnen enthalten sind, ein guter Autor genommen werden."

Weiter heißt es, daß, „da bisher in Acht genommen worden,
daß man die Theorie mit der Praxi nicht genug verbunden hat, so
befehlen Ihre Churfürstliche Durchlaucht, daß der Vorsteher dieser
Hauptschule, nach Maßgabe als er einen behörigen Theil der Theorie
absolvirt hat, derselbe solchen auch in der Praktik demonstriren und
daher in den Sommermonaten auf dem Felde zeigen, wie man die
Weiten von dem einen Orte zu dem andern finden, wie die Weite
und Größe zu benehmen seien, wie man ganze Gegenden auf die beste
Art aufnehmen, ferner wie Polygons und auch ganze Feldverschanzungen
zu traciren seien, wie man Lager abstecken und Tranchéen aufwerfen
solle, besonders aber soll in der Zeit, da die Artillerie exerzirt wird,
praktisch gezeigt werden, wie Batterien vor Kanons und Böller zu
bauen; die Weiten, wornach man Bomben wirft, zu berechnen, besonders aber, wie die Minen anzulegen seien (als welches mit größtem

---

[1] Kriegsarchiv A. VII. l. c. 1782—98, abgedruckt bei Kleemann a. a. O.

Fleiſs eingeführt werden muſs) und deren verschiedene Effecten. Überhaupt muſs also die Theorie in allen Theilen und Arbeiten, so im Felde und Belagerungen vorkommen können, praktisch demonstrirt werden."

Ferner ward vorgeschrieben, daſs nicht, wie bisher geschehen, ein jeder Ingenieur- oder Artillerie-Offizier nur diejenigen Fächer und Wissenschaftszweige, erlernen solle, welche seine eigene Waffe angingen, sondern daſs „sämmtliche nachgesetzte Offiziere, sowohl von der Artillerie als Ingenieur, hinfür diese Schule, der man auch den Namen Hauptschule der Genie beigelegt hat, frequentiren und den ganzen cursum anhören und erlernen sollen." Alle sollten nach der gleichen Lehrart unterrichtet werden und die nämliche wissenschaftliche Ausbildung erhalten, „mafsen Ihre Churfürstliche Durchlaucht alles Ernstes hiemit befehlen, daſs alle mathemathischen Wissenschaften, welche nach einem untrüglichen System in dieser Hauptschule vorgetragen werden, in der nämlichen Lehrart nicht allein hier, sondern auch zu Düsseldorf und Jülich weiter sollen fortgesetzt, und alle und jede bis zu den niedrigen Graden, in so weit es einen Jeden angehen kann, darinnen sollen unterrichtet werden."

Alle zu den Ingenieurs bisher wirklich angenommenen Kadetten sollten für die Artillerie und das Genie gleichmäfsig ausgebildet und keiner sollte „employiret oder befördert" werden, der nicht in einer Prüfung den Besitz der erforderlichen Kenntnisse nachwiese. Die Wahl der Waffe stand den Bestandenen nicht frei; der Kurfürst wollte, auf Grund der ihm zu erstattenden Gutachten, jeden derjenigen zuteilen, für welche er sich am besten eigene. Wenn ein Kurs mit dem Unterricht in einer der vorbenannten Wissenschaften vollendet war, so ward in demselben in Gegenwart sämtlicher Offiziere vom Genie eine Prüfung abgehalten, über welche höheren Orts berichtet wurde. Ferner fand alljährlich vor den nämlichen Zuhörern ein Hauptexamen statt, über welches der Gouverneur berichtete. Wer gar keine Talente oder durch Faulheit und Leichtsinn gar keine Progressen gemacht hatte, sollte entlassen werden. Daneben ward eingeschärft, keine zu jungen Kadetten anzunehmen, „sondern wenigstens solche, die gut schreiben und in der Arithmetik und Geometrie schon etwas gethan haben und also die behörigen Zeichen von guten Talenten und Fähigkeiten von sich geben."

Aufser den Offizieranwärtern hatten alle Feuerwerker, deren weitere Beförderung von ihrem Verhalten auf der Schule abhängig gemacht

wurde, dieselbe zu besuchen; desgleichen befähigte Korporale und
Büchsenmeister der Artillerie.

Soweit die Rücksicht auf den Hauptzweck der Anstalt und der
Raum es zulassen würden, konnten auch die Kadetten anderer Truppenteile und wifsbegierige Offiziere zugelassen werden; besonders aber
sollten sämtliche Offiziere der Regimenter sich angelegen sein lassen,
von den praktischen Übungen Nutzen zu ziehen und sich fleifsig dabei
einfinden, ohne den Vorsteher oder die Lernenden zu stören.

Weil aber die Zahl der letzteren grofs und ihr wissenschaftlicher
Standpunkt ein verschiedener sein würde, so sollte dem Vorsteher ein
Repetitor als Instruktor zugesellt werden, welcher den Vortrag der
ersteren am folgenden Tage mit den Schülern zu wiederholen und die
dunkel gebliebenen Stellen in deren Köpfen aufzuhellen hatte.

Die Zuhörer hatten „alles genau und deutlich aufzuschreiben, was
ihnen angewiesen worden." Besonders mufste dies der Repetitor thun,
damit aus seiner Niederschrift die übrigen die ihrige ergänzen könnten.

Montag, Mittwoch und Freitag waren die eigentlichen Lehrtage.
An diesen wurden morgens die zum Besuch der Schule zugelassenen
Regiments-Offiziere und Kadetten, nachmittags die Angehörigen der
Artillerie und des Genie unterrichtet. Die anderen drei Tage waren
die Wiederholungstage. Der Winter gehörte den Vorträgen, der Som-
mer ihrer Erläuterung auf dem Felde.

Den Prüfungen, zu denen alle im Dienst befindlichen Militär-
personen, welche die nötigen Kenntnisse besafsen, als Zuhörer eingeladen wurden, hatten nicht nur die Kadetten etc., sondern auch sämtliche Subalternoffiziere der Artillerie und des Genie sich zu unterwerfen. Es wurden bei dieser Gelegenheit zunächst die Hefte der
Schüler einer Durchsicht unterzogen, „damit man gewifs sei, dafs sie
alle gleich haben"; dann wurden sie über die vorgetragenen Sätze,
„die man nicht vorhergesagt", befragt und schliefslich wurden ihnen
Aufgaben zu schriftlicher Bearbeitung erteilt, welche „ohnverbefsert"
dem Kriegsminister eingereicht wurden. Das Generalkommando erhielt
halbjährlich Kapazitätslisten.

Wenn die Stelle eines Offiziers vom Korps des Genie, worunter
sowohl Artilleristen wie Ingenieurs verstanden sein sollten, frei wurde,
so sollte dieselbe, ohne Rücksicht auf das Dienstalter, jedesmal der
Fähigste erhalten.

Auf Gleichförmigkeit und Einheitlichkeit des Unterrichts ward
der gröfste Wert gelegt. Der Vorsteher hatte daher vor Beginn des

Unterrichts den Entwurf seines Vortrages durch das Gouvernement dem Generalkommando einzureichen. Es war beabsichtigt, denselben, sowie die vom Vorsteher in jedem Falle ebenfalls zu meldenden Abänderungen, auch den in Aussicht genommenen Schulen in Düsseldorf und Jülich mitzuteilen.

Der nächste Vorgesetzte des Vorstehers war der Gouverneur oder, in Vertretung, der Kommandant von Mannheim; Aufsichtsbehörde das Kriegsministerium. Den Waffenkommandos stand keinerlei Einwirkung auf die Schule zu.

Auf Grund dieser Verordnung trat die „Hauptkriegsschule" im Frühjahr 1777 ins Leben. Vorsteher wurde anstatt des verstorbenen Pfister der Ingenieur-Lieutenant Manger, welcher 1785 in dieser Stellung verstarb, mit einer Gesamtbesoldung von 700 Gulden; Repetitor der Feuerwerker Bechtold von der Mannheimer Artillerie-Kompagnie, mit einer monatlichen Zulage von 10 Gulden. Man nahm keinen Anstofs daran, dafs dieser Unteroffizier die Offiziere unterrichtete. Der erste Kurs bedurfte 2jährigen Unterrichts für den Vortrag der mathematischen Wissenschaften, im 3. sollte, nach einem Berichte Mangers, zum Fachstudium übergegangen werden. Wenn ein Kurs zu Ende war, ward ein neuer gebildet. Nach Mangers Tode übernahm der als General-Lieutenant verstorbene Oberst-Lieutenant Schwaigel die Leitung. Es standen ihm zwei Repetitoren zur Seite. Der Unterricht erstreckte sich jetzt auf Artillerie, Befestigungskunst, Mathematik, Taktik und Zeichnen.[1]

Als Lehrmittel wurden die Schriften von Struensee über Kriegsbaukunst, Euler, Leblond und Struensee über Artillerie, Vallière über Minen, Tielke über Feldingenieurkunst benutzt.

Weitere Nachrichten über die Anstalt fehlen. Sie bestand bis zur Errichtung der Militär-Akademie (vgl. S. 75) im Jahre 1789.

C. Die artilleristischen Unterrichtsanstalten 1786—1826.

Als Kurfürst Karl Theodor 1777 sämtliche Wittelsbachischen Lande unter seinem Szepter vereinigte, fand er in München einen „mathematischen Lehrkurs" für Unteroffiziere vor,[2] über welchen weitere Nachrichten fehlen. Er hob denselben auf, sah sich aber bald

---

[1] Oelhafen, a. a. O. S. 9.
[2] Oelhafen, a. a. O. S. 9.

veranlaßt, auf Ersatz zu denken. Am 16. Juni 1782 erging der Befehl zur Errichtung einer Artillerie-Unteroffizier-Schule in München,[1] welche im Mai 1786 unter der Leitung des Oberst-Lieutenant Andreas Eisenmann, früher Aufsichtsoffizier und Lehrer am Kadetten-Korps, eröffnet und 1788 nach Ingolstadt verlegt wurde. Eisenmann war nicht die geeignete Persönlichkeit; es wird über seinen Dünkel und sein starres Festhalten an vorgefaßten Meinungen geklagt; bei der ersten 1787 abgehaltenen Schulprüfung hatte er Wind gemacht und seinem Vorgesetzten nur Paradepferde vorgeführt; im folgenden Jahre zeigte sich bei der nämlichen Gelegenheit, daß von den 93 Schülern nach 2jährigem Unterricht 9 garnichts gelernt hatten und 4 noch nicht einmal die Grundrechnungsarten verstanden. Die Verlegung nach Ingolstadt erfolgte, außer mit Rücksicht auf die Vorzüge des Ortes, um die Anstalt seiner Leitung zu entziehen. 1796 ward in drei Klassen unterrichtet. Lehrgegenstände waren Artillerie, Geometrie, Artillerie- und Planzeichnen, Rechnen, Schreiben. Bei der Prüfung dieses Jahres wurden jeder Klasse 4 Preise im Gesamtwerte von 157½ Gulden gegeben.

Die Schule krankte an mancherlei Mängeln und Gebrechen. Daß dieselben höheren Ortes nicht unbekannt waren, zeigt ein Plan vom 29. November 1793 zur Umgestaltung; derselbe empfahl namentlich, die Theorie mehr mit der Praxis zu verbinden.

Den Anlaß zur Aufhebung gab aber erst die 1799 erfolgte Umformung der Militär-Akademie. Als in jenem Jahre Rumfords gut gemeinte aber unzweckmäßige Schöpfung neugestaltet und die zur Ausbildung von Unteroffizieren bestimmte 3. Abteilung derselben am 13. Oktober aufgehoben ward, wurde, unter Leitung des nachmaligen Kommandanten des Kadetten-Korps, damaligen Hauptmann Georg Tausch und unter Oberaufsicht des Artillerieoberst Freiherrn von Hallberg, in München beim Artillerie-Regiment eine Garnison-Schule für 12 bis 14 „Eleven" gebildet, in welche 9 Zöglinge jener Abteilung übertraten. Sie ward am 30. April 1805, als an Stelle der Militär-Akademie das Kadetten-Korps trat, aufgehoben; ihre 13 Eleven wurden am 3. Mai in das letztere aufgenommen.[2]

Über die Artillerie-Eleven-Schule hat Verfasser ebensowenig Näheres erfahren, wie über eine Artillerie-Schule, welche der

---

[1] Kriegs-Archiv: Artillerie-Schulen, A VII. 1. c.
[2] Kriegs-Archiv, VII. 1. a.

verdienstvolle Chef der Artillerie, General-Lieutenant v. Manson,[1] für den Unterricht der Lieutenants seiner Waffe in den mathematischen Wissenschaften und im Artilleriezeichnen errichtete. Vermutlich ist mit letzterer der Unterricht gemeint, welcher den jungen Offizieren in den Regimentern zu ihrer Fortbildung erteilt wurde.

Als nach Beendigung der napoleonischen Kriege die Verhältnisse es gestatteten der wissenschaftlichen Ausbildung der Waffe von neuem Aufmerksamkeit zu schenken, wurde in München beim Artillerie-Regiment im Jahre 1816, ähnlich wie 1799, eine Anzahl „Eleven" angestellt, welche in einer Artillerie-Schule zu Unteroffizieren oder auch zu Offizieren herangebildet werden sollten. Es waren unter denselben alle Stände vertreten, Söhne von Stabsoffizieren und von Bedienten; teils wohnten sie bei den Eltern, teils in der Kaserne. Der Versuch, aus so verschiedenartigen Bestandteilen in einer für die Jugenderziehung so wenig geeigneten Umgebung, brauchbare Vorgesetzte zu machen, schlug wiederum fehl. Hallberg, welcher der Sache lebhaftes Interesse widmete, bemühte sich vergeblich um dieselbe. So bat er am 12. Februar 1820, den Eleven durch einen Feldpater, „welcher für ein Jahresgehalt von 600 Gulden nichts thäte, als Sonn- und Feiertags eine Messe lesen," Religionsunterricht geben zu lassen; seine Bemühungen waren erfolglos. Am 21. Oktober 1821 befahl der König die allmählige Aufhebung. Die Ungeeigneten sollten entlassen, die Beibehaltenen, sobald sie körperlich brauchbar sein würden, in den Gewehrstand eingereiht und zu 6jähriger Kapitulation verpflichtet werden. 1823 wurden nochmals 2 Zöglinge angestellt, 1824 waren deren 67 vorhanden, darunter 41 für den Dienst mit der Waffe noch nicht geeignete. 1826 wurden die beim 1. Artillerie-Regiment[2] noch vorhandenen 12 Eleven teils als Unterkanoniere dem Regiment zugeteilt, teils ihren Eltern zurückgegeben.[3]

Wie ungünstig die Einrichtung an mafsgebender Stelle beurteilt wurde, zeigt ein Einzelfall aus dem Jahre 1832.[4] Am 13. November bat durch Vermittelung des General von Hallberg, welcher bereits aufser Dienst war, ein Revierförster, seinen Sohn mit der Anwartschaft

---

[1] Geboren 1724 in der Provence, seit 1800 in bayerischen Diensten, gestorben am 5. Januar 1809 zu München.
[2] Die Artillerie bildete seit 1824 zwei Regimenter.
[3] Münich a. a. O. S. 399.
[4] Geheime Registratur des Kriegsministeriums: XIV, Militär-Schulen, Artillerieregimenter etc.

auf Beförderung anzunehmen, und Hallberg benutzte diesen Anlafs, dem Könige die Wiedereinführung des Instituts der Artillerie-Zöglinge zu empfehlen. König Ludwig forderte das Gutachten des Kriegs-ministeriums, welches General von Weinrich am 24. November erstattete. In demselben heifst es u. a.: „Dem General von Hallberg müssen die Resultate des 1816 bis 1826 bestandenen Institus aus dem Gedächtnisse gekommen sein, welches nur noch wegen seiner verderb-lichen Folgen in der Erinnerung lebt. Einer dieser unglücklichen Eleven hat sich selbst entleibt, einige sind in Straf- und Korrektions-häusern, einer ist im Zuchthause, einige sind desertirt und wieder andere wurden wegen übeler Konduite entlassen. Von den noch im Regiment befindlichen, nun schon erwachsenen, Zöglingen kann aller-dings nach der Mehrzahl behauptet werden, dafs sie intelligent sind und eine gewisse Brauchbarkeit entwickeln, doch läfst sich auch nicht verkennen, wie sehr sie in ihren moralischen und religiösen Gesinnungen zurück sind und welcher Mangel an Gemüt-lichkeit bei ihnen als Folge ihrer höchst einseitigen und verwahrlosten Erziehung getroffen wird. Ihr häufiger Verkehr als Kinder mit Sol-daten jedes Alters, verschiedener Sitten und Gesinnungen, hatte diese Knaben mit Begriffen und Erfahrungen vertraut gemacht, die sie selbst in späteren Jahren nur noch frühzeitig genug würden kennen gelernt haben. Ihre Imagination wurde entzündet und verführte nach und nach Manchen zu Handlungen, die ihnen noch jetzt ihr Dasein ver-bittern mögen." Der Bericht sagt ferner, dafs die Einrichtung beträcht-liche Kosten verursacht habe, für welche der Etat keine Mittel böte, und dafs sie mit den Aufgaben, welche das Regiment zu erfüllen habe, unvereinbar sei. Nur als gesonderte Anstalt liefse sie sich ins Werk setzen. Die meisten Zöglinge seien Kinder von Eltern gewesen, „welche froh waren, wenn diese das gelieferte Brod nach Hause brachten und sich um deren sonstiges Ergehen nicht kümmerten." Weinrich be-zeichnete die Einrichtung als „ein Grab der Jugend" und der König sprach bereits am 26. d. M. aus, dafs sie nicht wiederaufleben solle.

Mit der kriegsministeriellen Darlegung steht eine andere Be-hauptung,[1] dafs aus den Artillerie-Eleven nach bestandener Konkurs-prüfung mit dem Kadetten-Korps mancher tüchtige Artillerie-Offizier hervorgegangen sei, nicht in Widerspruch. Zu Offizieren brachten es übrigens nicht Viele.

---

[1] J. Schmoelzl, Oberst z. D., Die bayerische Artillerie, München 1878. (Eine gedrängte Abhandlung.)

Die „Dienstvorschriften" vom Jahre 1823, welche allgemein die Errichtung von Regimentsschulen für die Offizieranwärter anordneten, fanden bei den Artillerieregimentern erweiterte Anwendung, indem bei einem jeden derselben eine „Offizier-École" gebildet ward, in welcher sämtliche Lieutenants in höherer Mathematik, Chemie und der deskriptiven Zeichnungskunde unterrichtet wurden.[1] Auch machten die jüngeren Offiziere einen einjährigen Lehrgang bei den technischen Anstalten (Ouvrierswerkstätten, Gewehrfabrik, Geschützgiefserei, Pulverfabrik, Salpeterraffinerie, Munitionslaboratorium) durch.

D. Die Artillerie- und Ingenieur-Schule 1857—1888.

Nachdem dem Wunsche der Sonderwaffen, eine Fachbildungsanstalt zu besitzen, in welcher Offizieranwärter und junge Offiziere in den Berufswissenschaften unterrichtet würden, im Jahre 1851 durch die Einrichtung des Anwendungskurs beim Kadetten-Korps (S. 161) eine vorläufige notdürftige Abhülfe zu teil geworden war, ward derselbe in ganzem Umfange am 1. Januar 1857 durch die Eröffnung einer

Artillerie- und Genie-Schule 1857—1866

erfüllt,[2] für welche eine Allerhöchste Entschliefsung vom 1. Dezember 1856[3] die grundlegenden Bestimmungen gab.

Die Schule sollte vom Kadetten-Korps vollständig, auch räumlich, getrennt sein und lediglich der Heranbildung von Artillerie- und Genieoffizieren dienen. Diese hatte in einem, der 6. Klasse jener Anstalt sich anschliefsenden zweijährigen Kursus zu erfolgen. Die Zahl der Teilnehmer richtete sich nach dem Offiziersbedarfe der Waffen.

Leiter der Schule blieben jedoch der Kommandant und der Stabsoffizier des Kadetten-Korps; unter ihnen unterrichteten drei Hauptleute in den Hauptlehrgegenständen, die sonstigen Vorträge wurden durch Lehrer des Kadetten-Korps gehalten; ein Ober-Lieutenant der Artillerie war Aufsichtsoffizier. Der Kommandant, der Stabsoffizier und jene drei Hauptlehrer bildeten die Studien-Kommission.

---

[1] Schmölzel, S. 19.

[2] Die Schrift des Premier-Lieutenant von Oelhafen, aus Anlafs des 25jährigen Bestehens der Schule herausgegeben, enthält über manche Verhältnisse, namentlich über die persönlichen, Ausführlicheres, als hier gegeben ist.

[3] Verordnungsblatt Nr. 25 vom 2. December 1856.

Lehrgegenstände waren: Artilleriewissenschaft; Befestigung, Festungskrieg und Genietruppenlehre; Baukunde, Fortsetzung der höheren Mathematik bis einschl. Statik und Mechanik, Maschinenlehre, darstellende Geometrie mit ihren Anwendungen; Physik und Chemie, vollständig in ihrer Anwendung auf Artillerie- und Genie-Wissenschaft; Zeichnen (Plan-, Artillerie-, Fortifikations-, Maschinen-, architektonisches) und Aufnehmen; Französisch, wobei vorzugsweise Verständnis der Militär-Lehr- und Handbücher angestrebt werden sollte: Reiten; Waffen- und praktische Übungen, nach Mafsgabe der wissenschaftlichen Fächer und ohne diese zu beeinträchtigen im 2. und 4. Halbjahre, die Waffenübungen insbesondere bei dem in München garnisonierenden Artillerie- und beim Genie-Regiment in Ingolstadt.

Der Eintritt geschah als Junker; wer nach dem Gutachten der Studienkommission ferner genügte, wurde nach Jahresfrist, keinesfalls aber später als seine Altersgenossen bei der Infanterie und Kavallerie, Unter-Lieutenant und nach Vollendung des Kurs als solcher seiner Waffe überwiesen. Am 2. Oktober 1861 ward jedoch befohlen, dafs die Beförderung zu Offizieren lediglich mit Rücksicht auf den Bedarf des Heeres erfolgen solle.

Um den Kadetten, welche, nachdem sie das Korps durchgemacht, zwischen dem Eintritt in die Infanterie oder Kavallerie und einer neuen 2jährigen Schulzeit zu wählen hatten, die letztere Wahl nicht zu verleiden, ward ihnen, neben dem obigen Beförderungsvorzuge, eine Beihilfe zu späterer Beschaffung des von den Artillerie-Offizieren zu haltenden Reitpferdes in Aussicht gestellt und befohlen, dafs die Schule den Anstaltszwang, von welchem schon die Schüler des Anwendungskurs einigermafsen entbunden gewesen waren, so weit zu vermeiden habe, als der Besuch der Vorträge und die notwendige Hauspolizei es gestatteten. Die Schule verblieb im Junkerhause, dem Hause Luitpoldstrafse Nr. 1 (S. 162).

Am 1. Januar 1857 ward die 1. Klasse zunächst aus sämtlichen Schülern der bisherigen 7. Klasse des Kadetten-Korps, welche in jener ihren Lehrgang zu beenden hatten, die 2. aus den von der 8. Klasse den Sonderwaffen zu überweisenden bisherigen Fahnen-Kadetten und denjenigen Unteroffizieren gebildet, welche bisher am Unterricht der Klasse teilgenommen hatten.

In Zukunft sollten, laut kriegsministerieller Verfügung, die letzteren, um zur neuen Lehranstalt zugelassen zu werden, die erforderlichen Kenntnisse in einer beim Regiment abzuhaltenden Vorprüfung die nämlichen Anforderungen nachweisen, welche in der Ausmusterungs-prüfung im Kadetten-Korps verlangt wurden.

Zur Teilnahme an einem entsprechenden Lehrkurse konnten auch, lediglich zum Zweck weiterer militärischer Ausbildung, nach ihrer Ausmusterung aus dem Korps, Zöglinge zugelassen werden, welche nicht für die Artillerie oder das Genie bestimmt waren; von dieser Erlaubnis machten 1857−58 drei Junker der Infanterie Gebrauch. Aufserdem war Offizieren der Garnison München der Besuch einzelner Vorlesungen freigegeben. 1858−63 nahmen ferner 1 Pionier- und 1 Infanterieoffizier, sowie 3 Infanterie-Portepee-Kadetten aus Württemberg an der gesamten Ausbildung teil.

Die neueintretenden Junker wurden nach ihrer Ausmusterung aus dem Korps zunächst zwei Monate lang bei einem der in München garnisonierenden Artillerie-Regimenter in den gewöhnlichen Dienst-verrichtungen unterwiesen; dann begann ihr wissenschaftlicher Unter-richt, welcher für den 2. Kurs bereits am 1. Oktober 1857 seinen Anfang genommen hatte; derselbe wurde durch 8tägige Osterferien unter-brochen und am 6. August geschlossen. Darauf folgten praktische Übungen; 1858 bestanden dieselben in einem Besuche von Ingolstadt und in 6tägigen Artillerieübungen beim 1. Artillerie-Regiment in München.

Wöchentlich fanden 14 Stunden Vorträge, 10 Stunden graphische Übungen, 12 Stunden Selbstudium in den Arbeitssälen, davon 6 unter Leitung der Lehrer, statt; aufserhalb dieser Zeit lagen der Unterricht im Englischen, Reiten, Fechten und Turnen.

Die Mobilmachung des Jahres 1859 veranlafste, dafs am 8. April der gesamte 2. Kurs und am 25. Mai 6 Unterlieutenants, welche den 1. besuchten, behufs Eintritts bei ihren Regimentern entlassen wurden. Infolge davon fand 1859−60 statt des vollständigen 2. Kurs nur ein solcher für Genieoffiziere statt, in welchem hauptsächlich Baukunde, permanente Fortifikation und Genietruppenlehre vorgetragen wurden, Artillerie, darstellende Geometrie, Chemie und Physik nur insoweit, als es zum Verständnis dieser Fächer unumgänglich notwendig erschien. Aufserdem bestand ein 1. Kurs. 1860−61 ward der Unterricht wieder planmäfsig erteilt.

1860 besichtigten die Artillerieschüler des 1. Kurs das Giefs- und Bohrhaus zu Augsburg; 1863 ward von sämtlichen Schülern des 2. Kurs eine Aufgabe aus der Feldbefestigung an dem Dorfe Oberföhring bei München praktisch gelöst und darauf graphisch und praktisch bear-beitet; im nämlichen Jahre nahmen dieselben an gröfseren Artillerie-

Schiefsübungen teil, und 1864 hielt der gleichnamige Kurs ein schul-
mäfsiges Schiefsen mit verschiedenen Geschützen ab.

Bei Errichtung der am 1. November 1858 eröffneten Kriegsschule
(s. unten) war bestimmt worden, dafs die in der Austrittsprüfung
allgemein als befähigt anerkannten Schüler zur Beförderung in der
Artillerie und im Genie nur gelangen könnten, wenn sie sich auch in
denjenigen Fächern als unterrichtet erwiesen, welche für die Ausmusterungsprüfung des Kadetten-Korps vorgeschrieben waren, an der
Kriegsschule aber nicht gelehrt wurden. Es waren Militärgeographie,
weitere Ausführung der niederen und Anfangsgründe der höheren Mathematik und die Hauptlehren der Physik und Chemie. Später wurde
die höhere Mathematik, als nicht für alle Schüler der Sonderwaffen
unabweisbar erforderlich, aufser Betracht gelassen. Um aber den Anwärtern für diese Waffen Gelegenheit zur Aneignung der geforderten
Kenntnisse zu bieten und ihre gleichmäfsige Vorbildung zu sichern,
wurde vom Kriegsministerium am 28. Juni 1865 bestimmt, dafs die
betreffenden Kriegsschüler während des Sommerhalbjahres einen Wiederholungskurs der niederen Mathematik und, nebst den aus der Pagerie
in die genannten Waffen Eintretenden, einen vorläufig eingerichteten,
auf den Kriegsschulbesuch folgenden, die Monate Oktober bis Februar
begreifenden „Vorbereitungskurs" durchmachen sollten. Infolge-
dessen mufsten die Pagen bis Ende September, die Zöglinge des
Kadetten-Korps bis Ende Februar bei ihren Abteilungen zum Dienst
einrücken und die Jahreskurse der Schule am 1. März beginnen. Letztere schlossen für die Angehörigen der Artillerie Ende Januar, für die
des Genie Mitte März des 2. darauf folgenden Jahres.

Die Beurteilung der Leistungen der Schüler war Sache einer
Kommission, welche aus dem Korps-Kommandanten, je einem Stabsoffizier der Artillerie, des Geniestabes, der Infanterie, des General-
Quartiermeister-Stabes und den beiden rangältesten Mitgliedern der
Studienkommission der Schule bestand. Die Kommission hatte diejenigen zu bezeichnen, welche besonderer Bevorzugung würdig waren oder
so wenig befriedigten, dafs sie einen Lehrgang zu wiederholen hatten.
Ersteren ward durch Allerhöchste Entschliefsung vom 27. Februar 1866
bevorzugte Beförderung zum Unter-Lieutenant oder, wenn diese schon
erfolgt war, ein Betrag von 300 Gulden — sei es zur Beschaffung
eines Reitpferdes, sei es zum Zweck einer, nach 3jähriger zu voller
Zufriedenheit zurückgelegter Dienstzeit anzutretenden Reise — in
Aussicht gestellt. Die Kommission stützte ihre Beurteilung auf die

Zeugnisse der Studien - Kommission und auf die von den Schülern gefertigten Arbeiten, konnte aber auch Prüfungen anordnen.

Am 1. Oktober 1861 ward mit der Schule ein Entwurfskurs
verbunden, mit dem Zweck Unter-Lieutenants vom Genie, welche die
Normalkurse befriedigend durchgemacht hatten, in Entwürfen aus der
bürgerlichen, Militär- und Kriegsbaukunst zu üben. Derselbe dauerte
bis zum Beginn des Rekrutenexerzierens im März. Das erste Mal waren
7 Offiziere kommandiert. Für ihren Unterricht ward ein Offizier vom
Genie als Assistent für die Baukunde angestellt, unter dessen Leitung
sie täglich 8 Stunden zu arbeiten hatten.

1866 — 1870.

Die Ereignisse des Jahres 1866 unterbrachen die Thätigkeit der
Schule vom 12. Mai bis zum 21. Oktober.

Als dieselbe wieder aufgenommen wurde, gestaltete sie sich zunächst von den geltenden Vorschriften abweichend.

Es wurden nämlich an letzterem Tage drei Klassen eingerichtet:

ein Vorbereitungskurs für die bei der Mobilmachung ernannten
Unter-Lieutenants, welche aus der 5. Klasse des Kadetten-Korps oder
aus der Kriegsschule hervorgegangen waren;

ein militär-technischer Kurs für die aus dem nämlichen
Anlasse ernannten Unter-Lieutenants, welche auf polytechnischen Lehranstalten in Mathematik und Naturwissenschaften genügend vorgebildet
waren, denen aber die Kenntniss militarischer Wissenschaften fehlte,

ein normaler Kurs für die Schüler, welche denselben bereits
1865 — 66 besucht hatten, für vorjährige Zöglinge der 6. Klasse des
Kadetten-Korps und für geeignete Schüler des letzten Kriegsschulkurs.

Es waren im ganzen 53 Schüler, sämtlich bereits Unter-Lieutenants; aufserdem befanden sich deren 60 bei den Truppenteilen, welche
zunächst dort unterwiesen und gröfstenteils, nach bestandener Vorprüfung, 1867 einberufen wurden.

Für die Beurteilung der Schüler wurden laut Beschlufs der Ober-
Studien- und Examinations-Kommission vom 27. Oktober 1868 die
für die Realgymnasien vorgeschriebenen Bezeichnungen (vorzüglich,
sehr gut, gut, mittelmäfsig, gering) eingeführt.

Am 1. April 1867 ging der Vorbereitungskurs in einen Kurs
I A über, der bisherige 1. Kurs hiefs nun I B. Die Vorträge wurden

15 *

für alle drei Kurse am 16. Juli 1867 beendet; die Artillerieschüler gingen auf das Lechfeld, die vom Genie nach Ingolstadt: demnächst gingen alle zu ihren Truppenteilen.

Am 1. Oktober wurden zwei normale Kurse gebildet: in Kurs I traten die bisherigen Schüler von I A, in Kurs II die von I B. Mit Rücksicht auf den wissenschaftlichen Standpunkt der Schüler und auf die bevorstehende Einführung des Lehrplans für die Realgymnasien beim Kadetten-Korps wurde der Lehrplan in nachstehender Weise festgestellt:

I. Kurs:

Darstellende Geometrie: Parallel- nnd Central - Projektion, Schattenlehre (160 Stunden).

Höhere Mathematik: Analytische Geometrie in der Ebene und im Raume (85 Stunden): Analysis (Elemente der Differentialrechnung und deren Anwendung auf einige Gegenstände der Geometrie, Elemente der Integralrechnung, Anwendung der Geometrie und Mechanik) (105 Stunden).

Chemie: Metalle, organische Verbindungen (70 Stunden).

Befestigung: Permanente, provisorische (95 Stunden), Festungskrieg (45 Stunden).

Artillerie: Schiefspulver, Ballistik (38 Stunden).

Baukunst: Schöne Baukunst, Baumaterialienlehre (50 Stunden).

Französische und fakultativ englische Sprache.

II. Kurs:

Mechanik: Reine Mechanik, Elemente der Statik und Dynamik, angewandte Mechanik, Mechanik flüssiger und fester Körper (210 Std.).

Physik: Wärmelehre, Optik, Elektrizität, Mafs und Messen (70 Stunden).

Befestigung: Minen und Minenkrieg, angewandte Befestigung, Einflufs fester Plätze auf die Kriegführung, Genietruppenlehre, Dienst der Geniewaffe bei der mobilen Armee (105 Stunden).

Artillerie: Ballistik, Feuerwaffen, Schiefsen und Werfen, Lafetten und Fahrzeuge, Geräte und Maschinen, Organisation, Taktik, Dienst im Festungskriege, Geschichtliches (170 Stunden).

Baukunde: Baukonstruktionslehre, Militär-, Kriegsbaukunst, Elemente der Strafsen-, Eisenbahn-, Brücken- und Wasserbaukunde (160 Stunden).

Französische und bezw. englische Sprache.

Die Genieschüler waren nur verpflichtet, die Vorträge über Einleitung in die Ballistik, Taktik der Feldartillerie, Dienst der Artillerie im Festungskriege und Geschichte der Artillerie zu hören; für Artilleristen war die Teilnahme am Unterricht über Baukunst nicht geboten.

Im geometrischen, Fortifikations-, Artillerie- und Bauzeichnen (560 Stunden) wurden beide Kurse unterrichtet.

Laut Kriegsministerial-Reskript vom 18. Februar 1867 waren „Vorträge über Rechtskunde", welche ein Auditor hielt, zu den Unterrichtsgegenständen getreten.

Praktische Übungen fanden statt: Aufnehmen von Maschinen und Maschinenteilen (4 Tage), im chemischen Laboratorium (19 Nachmittage), artilleristisch-physikalische und physikalische Arbeiten im Geniefache, Höhenmessungen (19 Nachmittage), aus dem Gebiete der Feldbefestigung (7 Tage), Besuch von Ingolstadt etc. (8 Tage), der Artillerie-Anstalten (17 Tage), Aufnehmen des Artilleriematerials (13 halbe Tage), Lechfeldübungen im Schiefsen und im Batteriebau (ein Monat).

Reitunterricht ward wöchentlich zweimal (seit 1868 in der Equitationsanstalt) erteilt.

Der Entwurfskurs ward auf 6 Wochen beschränkt, während deren der Detailentwurf eines Militärgebäudes mit Plänen und Kostenanschlägen zu bearbeiten war.

Eine abermalige Abweichung von diesen Bestimmungen ward durch die am 2. April 1868 befohlene Gleichstellung des Kadetten-Korps mit den Realgymnasien und die in Folge davon für die 5. und 6. Klasse jener Anstalt getroffenen Anordnungen, sowie durch die Bestimmung für Offiziers-Aspiranten vom Jahre 1868 (s. unter „Kriegsschule") und das dadurch herbeigeführte Hinausschieben der Eröffnung normaler Kurse bei der Artillerie- und Genieschule um ein Jahr, veranlafst.

Die dadurch verfügbar gewordene Zeit und Lehrkräfte wurden nämlich benutzt, um 1868—69 und 1869—70 je einen „Hilfskurs" für Offiziere einzurichten, welche 1866 ohne militärwissenschaftliche Vorbildung in die Artillerie und das Genie eingetreten waren und eine solche noch nicht erlangt hatten. Wer das 30. Lebensjahr überschritten und wer seine Ausbildung auf einer Universität oder anderen höheren Lehranstalt erworben hatte, konnte von der Teilnahme entbunden werden. Die fernere Beförderung der ersteren sollte nur von der Beurteilung durch die Vorgesetzten abhängig sein; die letzteren hatten sich gemeinsamer Prüfung mit den aus dem Hilfskurs Austretenden zu unterziehen.

1868—69 fand daher ein Hilfskurs für 17 Artillerie-, 4 Genieoffiziere und ein II. Kurs statt, in welchen 12 bezw. 2 des I. Kurs
1867—68 aufrückten, 1869—70 ein Hilfskurs für 14 bezw. 1 und ein
I. Kurs für 7 Offiziere, 6 Junker der Artillerie, bezw. je 1 des Genie.

Lehrgegenstände im Hilfskurs waren: in beiden Halbjahren
Artillerie- und Baukunde mit je 12, Befestigung mit je 8, Taktik mit
je 3, aufserdem im 1. Mechanik und Terrainlehre mit je 2, Chemie
und Waffenlehre mit je 4, im 2. Physik mit je 4 Wochenstunden.

Der Unterricht der normalen Kurse war, abgesehen von einer
noch zu erwähnenden Abweichung beim I. Kurs im 2. Halbjahr
1869—70, der regelmäfsige; für den I. kam ein Vortrag über das
neue Militär-Strafgesetz und die neue Militärstrafgerichtsordnung hinzu.

Auch die praktischen Übungen wurden nicht im beabsichtigten Umfange vorgenommen: 1867—68 schlofs mit Rücksicht auf
den Mangel an Artillerieoffizieren bei den Regimentern der II. Kurs
schon Ende Juni, worauf die Teilnehmer an demselben zu den Regimentern zurückkehrten; die des I. wohnten im August den Übungen
auf dem Lechfelde bei. 1869 war der Unterricht am 24. Juli beendet.
Um den Besuch des Lechfeldes zu ermöglichen, ward auf die Reise
nach Ingolstadt verzichtet; die Genieoffiziere des II. Kurs nahmen an
den Übungen ihres Regiments und vom 1. Oktober an am 6wöchent-
lichen Entwurfskurs teil.

Für 1869—70 war den Lehrern aufgegeben, ihre Vorträge so
einzurichten, dafs dieselben am 10. Juli beendet seien, weil dann die
Schüler nach dem Lechfelde abgehen sollten, und es waren daher für
den I. Kurs im 2. Halbjahre der Unterricht in Baukunde für die Artilleristen, die Exerzierübungen und der Reitunterricht weggefallen.
Der Lehrgang war mithin beendet, als am 16. Juli der Mobil-
machungsbefehl die Schüler auf das Feld berief, für welches sie
gearbeitet hatten. Die Schule wurde aufgelöst.

Sie war durch Allerhöchste Entschliefsung vom 18. Dezember
1866 der „Inspektion der Militär-Bildungsanstalten" untergeben und
dadurch, von der Verbindung mit dem Kadetten-Korps gelöst, selbständig geworden. Als am 7. Februar 1867 ihr bisheriger Kommandant Generalmajor von Malaisé mit der Leitung jener
Behörde betraut worden war, trat an seine Stelle der Major Otto
Kleemann vom Geniestabe.

Mit Beginn des Schuljahres 1867—68 siedelte die Schule aus
dem Junkerhause in die noch jetzt von ihr benutzten Räume in der

Herzog Max-Burg über. Die Zahl der Aufsichtsoffiziere ward
auf 2, 1 von der Artillerie, 1 vom Genie, festgesetzt.

1871 — 1886.

Ein Kriegsministerial-Reskript vom 30. Juli 1871 befahl, dafs
die Artillerie- und Genie-Schule auf Grund der geltenden Bestimmungen ihre Wirksamkeit wieder zu beginnen habe. Am 29. d. M.
war an Stelle des mit der Leitung der Kriegs-Akademie betrauten
Major Kleemann der Major Viktor Gramich vom 3. Artillerie-
Regiment zum Kommandanten ernannt.

Das Schuljahr 1871—72 begann seine Thätigkeit mit zwei normalen Kursen: den I. bildeten Offiziere, welche 1870 aus dem Kadetten-
Korps oder aus der Kriegsschule in das Heer getreten waren, der II.
setzte sich aus Schülern des letzten I. zusammen. Am 13. Februar
1872 ward befohlen, dafs vom 1. April an die Anstalt den Namen
„Artillerie- und Ingenieur-Schule", ihr Kommandant „Direktor" heifsen solle. Zu den beiden Aufsichtsoffizieren trat ein
dritter; sie unterstützten die Lehrer und leiteten unter Aufsicht derselben den Zeichenunterricht: einer versah den Adjutantendienst.

Die am 16. August 1872 erlassene „Verordnung über die Ergänzung der Offiziere des stehenden Heeres" bestimmte, dafs, gelegentlich der bei Schlufs der Unterrichts auf der Kriegsschule abzuhaltenden
Offiziersprüfung, die Artilleristen und Pioniere auch in höherer
Mathematik (darstellende Geometrie, niedere Analysis, analytische
Geometrie), Physik und Chemie geprüft werden sollten. Die Bestimmung ward durch Allerhöchste Entschliefsung vom 19. April 1878
aufgehoben.

Der Lehrplan der Anstalt hatte die Studienkommission schon
1868 veranlafst, Änderungen desselben in Vorschlag zu bringen,
welche damals nicht genehmigt wurden. 1872 trat sie von neuem
mit solchen hervor und erlangte nun, dafs mit dem Schuljahr
1872—73 (Kriegsministerial-Reskript vom 24. Oktober 1872) Geschichte der Kriegskunst für das 1. Halbjahr des I. Kurs mit 2, angewandte Taktik nebst Kriegsspiel und Geodäsie für beide Halbjahre
des II. mit je 2 Wochenstunden aufgenommen wurden, wogegen die
Stundenzahl für darstellende Geometrie von 8 auf 4 herabgesetzt ward.
Zugleich wurde für die Ingenieuroffiziere ein für ihr Bedürfnis geeigneter, von einem Aufsichtsoffizier zu haltender Vortrag über Artillerie

eingerichtet und angeordnet, dafs bei dem gleichen Vortrage für die
Artilleristen der technische Teil sich auf die wissenschaftlichen Grundsätze für die Herstellung des Materials zu beschränken, dagegen die
Lehre vom Schiefsen und von der Verwendung der Waffe im Kriege
entsprechend auszudehnen seien. Das hier zu Tage tretende Bestreben,
dem praktischen Bedürfnisse des Truppenoffiziers vermehrte Rechnung
zu tragen, sprach sich auch in der Begründung der Vorschläge aus.
Die Kommission sagte, dafs die Geschichte der Kriegskunst die Grundlage für das Verständnis der Kriegsgeschichte und damit für die
Entwickelung der Kriegswissenschaften bilde, dafs die so spät unter
die Lehrfächer aufgenommene Taktik der wichtigste Teil des militärischen Wissens überhaupt sei. Mit dieser Grundanschauung ist allerdings nicht ganz in Einklang zu bringen, wenn weiter behauptet ward,
dafs dasjenige, was über Geodäsie an der Kriegsschule vorgetragen
wurde, für den Artillerie- und Genieoffizier nicht genüge und dafs
die Einführung dieser Wissenschaft als besonderer Unterrichtsgegen-
stand Bedürfnis sei.

Der Vortrag der Taktik erhielt 1881 dadurch eine weitere Förderung, dafs alljährlich dreitägige Übungen im Terrain angeordnet
wurden, durch welche den Teilnehmern Gelegenheit gegeben werden
sollte, selbständige Entschlüsse in Beziehung auf Truppenverwendung
zu fassen, Befehlserteilung und Meldeverkehr zur Darstellung zu bringen
und das Wechselverhältnis von Zeit und Raum zu erkennen.

Der Reitunterricht fand in den Wintermonaten wöchentlich
2mal statt.

Eine fernere Änderung des Lehrplans ward durch Kriegs-
ministerialreskript vom 16. August 1875 genehmigt. Sie bezweckte
den Schulbesuch abzukürzen, um die Offiziere möglichst wenig dem
praktischen Dienste zu entziehen und die Verschiedenheit der mathematischen und naturwissenschaftlichen Kenntnisse zwischen Real- und
Humanschülern auszugleichen. Es ward der Schulschlufs des II. Kurs
auf den 31. März festgesetzt, und es wurden Vorträge über die Anfangsgründe der darstellenden und der analytischen Geometrie, sowie
der Analysis und der Naturwissenschaften, dem Plane des Realgymnasiums entsprechend, eingeführt, wogegen die Fachprüfung für
die Zulassung zur Schule vorläufig, später laut Allerhöchster Entschliefsung vom 19. April 1878[1] endgiltig, unterblieb. Infolge der

---

[1] Verordnungsblatt Nr. 18.

Beschränkung des II. Kurs auf ein Halbjahr ward statt der Bezeichnung „Kurs" seit 1878—79 „I., II., III. Semester" angewandt. Gleichzeitig ward der „Entwurfskurs" auf 10 Wochen ausgedehnt. Am 26. Oktober d. J. wurde ferner der Fortfall der praktischen Übungen in Physik und Chemie, die Vermehrung der Wochenstunden in darstellender Geometrie auf 6 und die der täglichen Vortragsstunden allgemein um 1 befohlen. Der Sprachunterricht fand seit 1873—74 in zwei nach den Kenntnissen gebildeten Abteilungen statt.

Den Lehrern der militärischen Fachwissenschaften ward ihre Aufgabe dadurch erleichtert, dafs 1886 die höchsten Instanzen beider Waffen angewiesen wurden, der Schule Mitteilungen über alle die Waffen betreffenden Neuerungen und Einrichtungen zu machen, welche derselben nicht durch das Kriegsministerium zugehen würden.

Sehr wichtig war die durch Kriegsministerial - Reskript vom 11. Dezember 1878 genehmigte Abhaltung einer besonderen Schiefsübung auf dem Lechfelde, welche 1879 an Stelle der Teilnahme an den Schiefsübungen der Regimenter trat. Die Direktion erachtete erstere für wünschenswert, weil die Schüler nicht, wie in Preufsen, mit diesem Dienstzweige durch mehrjährige Zugehörigkeit zur Truppe bereits bekannt waren, sondern erst in denselben eingeführt werden sollten und die Schiefsübung für sie daher eine Ergänzung des Vortrages zu bilden hatte. Dieselbe fand in der Dauer von 6 Tagen im 2. Semester statt, es wurden 100 Granaten und 50 Schrapnels gewährt, Bedienung etc. wurden von den gerade auf dem Lechfelde anwesenden Truppen gestellt, es nahmen nur die Artilleristen teil.[1] An die Schiefsübung schlossen sich nach- wie vorher Besuche der Geschützgiefserei zu Augsburg und der Festung Ingolstadt.

Der praktischen Berufsbildung der Ingenieure dienten Verwendungen im Dienste der Pioniertruppe.

Der Mangel an genügender mathematischer Vorbildung, welcher sich an der Schule von vornherein fühlbar gemacht hatte, veranlafste die Direktion für das I. Semester 1879—81 zunächst eine Repetition der niederen Mathematik anzuordnen, eine Mafsregel, welche am 29. November 1879 vom Kriegsministerium dahin genehmigt wurde, dafs die niedere Mathematik fortan als „obligatorischer Gegenstand" in den Lehrplan einzutreten habe. Es ward darunter begriffen: „Wiederholung der Arithmetik und Algebra anbindend an die Lehre

---

[1] Ausführliches bei Oelhafen, S. 54 ff.

von den Gleichungen, arithmetische Reihen erster und höherer Ordnung, geometrische Reihen, Funktionslehre (niedere Analysis) in ihrer Anwendung auf das praktische Bedürfnis und in einer Behandlungsweise, durch welche dem Lehrer für Mechanik zweckmäfsig in die Hand gearbeitet wird. Trigonometrie und ihre Anwendung, Wiederholung der nothwendigsten Partien der Geometrie und Stereometrie."

Niedere und höhere Mathematik kamen nun als Berufswissenschaften in Rechnung, bisher hatten sie nur als Hilfswissenschaften gezählt. Sie erhielten 5 wöchentliche Vortragsstunden, in denen im I. und II. Semester die niedere und die Einleitung der höheren Mathematik erledigt wurden; im III. folgte letztere mit 4 Wochenstunden.

Auf Grund dieser Änderungen gestaltete sich der Lehrplan in nachstehender Weise:

	Wochenstunden		
1. Berufswissenschaften: Semester:	1.	2.	3.
Artillerie { Artilleristen	5	4	5
Artillerie { Ingenieure	2	—	—
Baukunde für Ingenieure	5	4	5
Befestigung und Pioniertruppenlehre	4	4	4
Angewandte Taktik und Kriegsspiel	—	4	3
Mathematik { niedere	5	2	—
Mathematik { höhere	—	3	4
II. Hilfswissenschaften:			
Geschichte der Kriegskunst	2	—	—
Darstellende Geometrie	5	5	—
Mechanik	—	2	5
Chemie	2	2	—
Physik	—	—	4
Geodäsie	—	—	3
Französisch	2	2	2
Englisch (fakultativ)	2	2	2
3. Zeichnen:			
Artilleristisches (nur für Artillerie)	4	3	4
Befestigungskunde	4	3	4
Baukunde (nur für Ingenieure)	4	6	6
Artillerie	35	36	40
Ingenieure	37	39	42

Nach preufsischem Vorbilde, welches seit 1866 immer mehr zum
Muster diente und seit Aufrichtung des deutschen Reiches als solches
dienen mufste, ward durch Kriegsministerial-Reskript vom 12. Mai
1875 eine Berufsprüfung angeordnet, in welcher die aus der Schule
tretenden Artillerie- und Ingenieuroffiziere bezw. Portepeefähnriche
ihre wissenschaftliche Reife für den erwählten Waffenberuf nachzuweisen
hatten. Erst nach dem Bestehen wurden die bis dahin „aufseretats-
mäfsigen" Sekond-Lieutenants zu „Artillerie-" bezw. „Ingenieur-Offizieren" ernannt und zum Genufs des höheren Gehalts der letzteren
zugelassen. Die Prüfung fand vor der Oberstudien- und Examinations-
Kommission statt, das Prüfungsgeschäft leitete jedoch eine von der
Inspektion der Militär-Bildungsanstalten berufene Spezial-Prüfungs-
Kommission, welche aus den den betreffenden Waffen angehörenden
Mitgliedern erstgenannter Kommission und so vielen Stabsoffizieren
oder älteren Hauptleuten bestand, dafs 7 Mitglieder, darunter 4 Artilleristen und 3 Ingenieure, vorhanden waren: der älteste führte den
Vorsitz. Die Prüfung war schriftlich. Die Aufgaben wurden aus
„Fragecyklen" entnommen, welche die Lehrer derart aufzustellen
hatten, dafs sie das ganze Lehrgebiet umfafsten und für eine oftmalige
Auswahl eine reichliche Anzahl von Aufgaben enthielten. Drei Tage
vor Beginn der Prüfung trat die Kommission zusammen, bestimmte
für die einzelnen Fächer Referenten (Lehrer) und Korreferenten sowie
die Fragen, welche, verschlossen mit Bezeichnung des Gegenstandes
und des Zeitbedarfes, der Direktion überwiesen wurden. Dieser lag
die Leitung der Prüfung ob; die Bearbeitung der Aufgaben wurde
durch ein Mitglied der Kommission und durch einen Aufsichtsoffizier
überwacht. Die auf die Prüfung zu gründenden Urteile wurden der
Genehmigung des Königs unterbreitet; in den Jahren 1877 und 1878
bestimmten sie, in Gemäfsheit des § 19 der Vorschrift über die Ergänzung der Offiziere des stehenden Heeres vom 16. August 1872,
den Rang der Offiziere; durch Allerhöchste Verfügung vom 2. Februar 1879 ward dies abgestellt.[1]

Das zuerst probeweise angewandte Prüfungsverfahren erhielt mit
einigen Änderungen durch eine vom Kriegsministerium am 12. März
1879[2] genehmigte „Vorschrift für die Berufsprüfung etc." seine
Bestätigung. Ein Jahr später, am 15. März 1880, ward bestimmt,
dafs die Prüfung in zwei Teilen und zwar am Schlufs des 2. und

---

[1] Verordnungsblatt Nr. 7.
[2] Kriegsministerial-Reskript Nr. 3057.

3. Semesters (April, bezw. Juli), jedesmal in den betreffenden Vortragsgegenständen, stattzufinden habe. Das Bestehen war Bedingung für
den Übertritt in das 3. Semester, bezw. für das Verbleiben in der Waffe.
Die Zahl der Schüler war sehr verschieden. Am stärksten
war der Kurs 1873—75, an welchem die im Juli 1870 und Februar
1871 aus dem Kadetten-Korps Entlassenen und einige andere teilnahmen. Es waren 41 Artilleristen und 5 Ingenieure. Die Zahl der
letzteren war ebenfalls in den einzelnen Kursen eine sehr wechselnde,
zuweilen betrug sie nur 2. Auch eine Gesamtzahl von nur 7 Teilnehmern
an einem Kurs findet sich. Am 20. November 1879 ward befohlen,
dafs die Zahl von 20 Hörern für einen Kurs nur in besonderen Fällen
überschritten werden solle. Der Zudrang zur Artillerie war damals
im Verhältnis zum Abgange so bedeutend, dafs im Herbst 1879 aus
Mangel an offenen Stellen 13 Portepeefähnriche nicht befördert werden
konnten. Mehrere Offizieranwärter erbaten und erhielten damals die
Versetzung zur Infanterie und zur Kavallerie. Im Juli 1880 war der
ganze Kurs 1879—81 zu Offizieren befördert.

Die Erfolge der Anstalt waren stets sehr gute; nur in ganz ver-
einzelten Fällen wurde das Ziel von den Schülern nicht erreicht.

Die Direktoren waren seit dem 21. Juli 1877 der Major Eugen
Malaisé, seit dem 12. November 1881 der Oberst-Lieutenant August
du Jarrys Freiherr von La Roche, seit dem 12. September 1883
Oberst-Lieutenant Karl Kriebel, welche darauf sämtlich Regiments-
kommandos übernahmen. Am 29. Juli 1886 folgte Oberst-Lieutenant
Max von Hartlieb genannt Wallsporn. Die Direktoren gehörten
sowohl der Feld- wie der Fufsartillerie an.

1886—1888. [1]

Die Notwendigkeit einer Neugestaltung der Schule, deren
Einrichtungen den in manchen Beziehungen veränderten Verhältnissen
des Heeres nicht überall mehr entsprachen, hatte sich seit längerer
Zeit fühlbar gemacht. Die am 23. Februar 1881 erfolgte Trennung
der Offizierkorps der Feld- und Fufs-Artillerie; der infolge der Entwickelung der Taktik und der Technik erweiterte und deshalb ein
anderes Studium erfordernde Wirkungskreis der Ingenieur-Offiziere;
der Ausfall des Garnison-Bauwesens aus ihrem Dienstbereiche und die

---

[1] Geheime Registratur des Kriegsministeriums: Acta Schulen S. 2. b. Fasc. IV.
V. Registratur der Artillerie- und Ingenieur-Schule.

dadurch gewährte Möglichkeit, den „Entwurfskurs", welcher mit dem
1. Juli 1886 aufhörte, abschaffen zu können; der Wunsch, die Offiziere zunächst, wie in Preußen, praktische Diensterfahrung erwerben
und sie nicht unmittelbar aus der Kriegs- in die Fachschule übertreten
zu lassen; die geringe Zahl von Ingenieur-Anwärtern, welche gestattete
die Zahl der Kurse zu verringern; endlich der Wunsch, den Waffen-
inspektionen vermehrten Einfluß auf den Gang der Ausbildung ihrer
Offiziere zu gewähren — waren die Ursachen, welche die Notwendigkeit einer Neubearbeitung der geltenden Vorschriften begründeten und
auf dieselbe einzuwirken hatten.

Für diese Bearbeitung ward eine Kommission bestellt, deren Berichterstatter, der Direktor der Schule, Oberst Kriebel, sich in
Berlin über die Einrichtungen der gleichnamigen dortigen Anstalt
unterrichtete, und deren Entwurf am 19. Juli 1886 die Allerhöchste
Genehmigung erhielt, am 28. d. M. als „Organisationsplan"
vom Kriegsministerium zur Kenntnis des Heeres gebracht wurde. [1]

Er bezeichnet als Zweck der Anstalt den außeretatsmäßigen
Sekond-Lieutenants des Artillerie- und Ingenieur-Korps, eintretenden
Falles auch Portepeefähnrichen, Gelegenheit zur Aneignung der für
den Dienst ihrer Waffen erforderlichen fachwissenschaftlichen Kenntnisse zu geben und sie zur Ablegung der Berufsprüfung zu befähigen,
von deren Bestehen die Beförderung zu Artillerie- bezw. Ingenieuroffizieren abhängig ist.

Sitz der Schule blieb die Herzog Max-Burg in München; es
können 45 Schüler Aufnahme finden.

Sie ist der Inspektion der Militär-Bildungs-Anstalten
unterstellt: die Festsetzung und Änderung des generellen Lehrplans
und der Prüfungsvorschrift bleibt dem Kriegsministerium vorbehalten;
zu Anträgen, welche diese Gegenstände oder sonst wesentliche Einrichtungen berühren, bedarf jene des Einvernehmens der Waffen-Inspektionen. Letztere sind befugt, dergleichen Anträge ihrerseits an die
Inspektion zu richten, die Prüfungsarbeiten und Jahresberichte einzusehen und der Inspektion etwaige Bemerkungen darüber mitzuteilen.
Die Festsetzung der Lehrpläne, die Auswahl der Lehrmittel etc. erfolgen im Einvernehmen mit den Waffen-Inspektionen durch die
Inspektion.

---

[1] Organisationsplan für die Königl. bayerische Artillerie- und Ingenieur-Schule,
München 1886.

An der Spitze der Anstalt steht ein Stabsoffizier der Artillerie oder des Ingenieur-Korps als Direktor, welchen in der disziplinaren, polizeilichen und ökonomischen Leitung Direktionsoffiziere (Premier-Lieutenants), in Unterrichtsangelegenheiten, als beratendes Organ, eine Studien-Kommission, unter seinem eigenen Vorsitze aus 4 Lehrern der Anstalt (Militär- oder Zivil-) und je 1 Stabsoffizier der Artillerie und des Ingenieur-Korps bestehend, unterstützt.

Den Unterricht erteilen Militär-Lehrer, angestellte Zivillehrer (etatsmäfsige Professoren), Honorar-Lehrer und Direktions-Offiziere.

Der Eintritt erfolgt in denjenigen Kurs, welcher in dem auf die Ablegung der Offiziers-Examens folgenden Jahre beginnt; für Ingenieure wird alle 2 Jahre ein Kurs gebildet, so dafs ein Teil der Besucher bereits 1 Jahr älter ist.

Die Vorlesungen beginnen am 1. Oktober und finden, soweit es das Bedürfnis der Feld- und Fufs-Artillerie und des Ingenieur-Korps erheischt, getrennt statt.

Der Artilleriekurs dauert 1½ Jahr und umfafst drei Semester, von denen das 1. und 3. je 6 (Oktober bis März), das 2. 3½ Monate (April bis Mitte Juli) dauert. Nach Beendigung des 2. wird der 1. Teil der Berufsprüfung abgelegt, dann folgt ein praktischer Kursus, worauf die Schüler in der Regel bis zu Beginn des 3. beurlaubt werden. Nach Schlufs des 3. wird der 2. Teil der Berufsprüfung abgelegt. Nach dem Ergebnisse der Prüfung macht die Prüfungs-Kommission diejenigen Offiziere namhaft, welche zur Verwendung in bevorzugten Dienststellungen, bezw. im technischen Dienste, empfohlen werden. Aus letzteren wählt die Waffen-Inspektion einzelne, denen eine weitere Ausbildung an der technischen Hochschule zugedacht ist.

Der Ingenieurkurs umfafst 4 Semester. Von diesen währen das 1. und 3. je 6 (Oktober bis März), das 3. und 4. je 3½ Monate (April bis Mitte Juli). Nach Beendigung des 2. finden die Berufsprüfung und sodann praktische Übungen, hierauf in der Regel Beurlaubung bis zum 1. Oktober, statt. Die Schlufsprüfung wird unmittelbar nach Beendigung des 4. Semesters abgelegt. Nach Mafsgabe des Ausfalls der Prüfung wird in Beziehung auf die Ingenieur-Offiziere ebenso verfahren, wie in betreff der Artillerieoffiziere vorgeschrieben ist.

Der Umfang des Unterrichts geht aus dem Lehrplane (s. unten) hervor; die Methode lehnt sich, mit gebührender Berücksichtigung der Stellung der Lernenden, an die applikatorische; dem Unterricht ist stets eine praktische, auf den Dienst hinzielende Richtung zu geben, auf

selbständiges Denken, Entwickelung der Urteilskraft, Entschlufsbereit-
schaft und bewufste Anwendung des Erlernten hinzuarbeiten und die
Theorie mit der Praxis zu verbinden.

Der Lehrer soll daher nicht einen rein akademischen Vortrag
halten, sondern in regen mündlichen Wechselverkehr mit seinen
Zuhörern treten; zahlreiche den kommandierten Offizieren aufzutragende
Anwendungen und mündliche Erörterungen sollen helfen den Lehrstoff
zu deren geistigem Eigentume zu machen. Auch ohne den Ton des
Repetierens und Examinierens anzuschlagen, wird der Lehrer auf diese
Weise erkennen, ob er verstanden ist und so zugleich eine Grundlage
für die Beurteilung der Offiziere gewinnen. Diktieren und mechanisches
Nachschreiben dürfen nicht vorkommen.

Weihnachten, Ostern, Pfingsten finden bezw. 8, 14, 5 Tage
Ferien statt.

Der Lehrplan[1] bestimmt, dafs dem Unterricht dasjenige Mafs
von Kenntnissen als Grundlage zu dienen hat, welches in der Offiziersprüfung gefordert werden kann und entsprechend der Mindest-Dienst-
zeit nach Ablegung desselben erweitert und befestigt ist: Lücken in
diesem Wissen dürfen nicht zu einer Wiederholung des Kriegsschul-
Lehrstoffes veranlassen, sondern müssen durch eigenen Fleifs beseitigt
werden.

Die Angehörigen der Feld-, bezw. Fufsartillerie und des Ingenieur-
Korps bilden je eine Unterrichtsabteilung, können jedoch für
einzelne Fächer vereinigt werden.

Für den Unterricht der Artilleristen stehen etwa 61, für den der
Ingenieure ungefähr 74 Wochen zur Verfügung; die Zahl der wöchentlichen Unterrichtsstunden soll 30 nicht wesentlich überschreiten, sie
sind möglichst gleichmäfsig auf die einzelnen Tage zu verteilen. Dabei
ist die Dauer eines theoretischen Vortrages auf 1 bis 2, des Zeichen-
unterrichts auf mindestens 2, der applikatorischen Übungen in Physik
und Chemie auf höchstens 3 Stunden zu bemessen und ein angemessener Wechsel zwischen mehr oder weniger anstrengenden Fächern
anzustreben.

Das Nähere über den Lehrstoff und dessen Verteilung
ergiebt die nachstehende Tabelle, in welcher einige nach Einführung
des Lehrplans eingetretene Abänderungen bereits berücksichtigt sind:

---

[1] Genereller Lehrplan für die K. Bayerische Artillerie- und Ingenieur-Schule.
Als Manuskript gedruckt. München 1886.

A. Übersicht der Vorträge.

Gegenstand (Semester:)	Feld-Artillerie			Fufs-Artillerie			Ingenieure			
	1	**2**	**3**	**1**	**2**	**3**	**1**	**2**	**3**	**4**
Artillerie-Wissenschaften										
Ballistik	2	3	5	—	3	5	—	—	—	—
Artillerie-Material und Konstruktionslehre	4	3	—	4	3	—	—	—	—	—
Festungskrieg	—	—	3	4	4	—	—	—	—	—
Artillerie	—	—	—	—	—	—	3	3	—	—
Fremde Artillerie und Organisation	—	—	2	—	—	2	—	—	—	—
Ingenieur-Wissenschaften										
Fortifikation	2	2	—	4	4	5	4	4	—	—
Ingenieur-Technik	—	—	—	—	—	5	5	5	5	5
Festungskrieg	—	—	—	—	—	—	—	—	2	2
Geschichte des Festungskrieges	—	—	—	—	—	3	—	—	3	—
Wasserbau	—	—	—	—	—	—	—	—	2	2
Feld-Ingenieurdienst	—	—	—	—	—	—	—	—	2	2
Taktik	3	3	3	3	3	—	3	3	—	—
Mathematik	6	6	7	6	6	7	6	6	7	7
Physik	2	2	1	2	2	1	2	2	1	1
Chemie	2	2	—	2	2	—	2	2	1	1
Theorie des Aufnehmens und Planzeichnen	—	—	—	—	—	—	—	2	2	—
Geometrisch-artilleristisches Zeichnen	2	2	2	2	2	2	—	—	—	—
Geometr.-architektonisches Zeichnen	—	—	—	—	—	—	—	—	3	3
Fortifikations-Zeichnen	—	—	—	1	1	—	2	3	4	5
Französische Sprache	2	2	2	2	2	2	2	2	2	—
Reiten	2	—	2	—	—	—	—	—	—	—
Im ganzen:	27	27	27	30	32	27	31	32	31	27
Englische Sprache (Freiwillig.)	2	2	2	2	2	2	2	2	2	—
Pferdekenntnis (Freiwillig.)	2	—	2	2	—	2	2	—	2	—

Seitliche Gruppenbezeichnungen: Berufswissenschaften (Artillerie-Wissenschaften, Ingenieur-Wissenschaften); Sonstige obligatorische Lehrgegenstände.

B. Übersicht der praktischen Übungen und Besichtigungen.

		Feld-Artillerie			Fufs-Artillerie			Ingenieure			
	Semester:	1	2	3	1	2	3	1	2	3	4
a. Im Verlaufe des theoretischen Unterrichts:	Ort:										
1. Besichtigung der Artillerie-Werkstätten des Artillerie-Depots, des Armee-Museums und der Oberfeuerwerkerschule	München	—	2	—	—	2	—	—	2	—	—
2. Fortifikatorische Übungen im Terrain	bei München	—	2	—	—	—	—	—	2	—	—
3. Taktische Übungen im Terrain	„	—	2	—	—	2	—	—	2	—	—
4. Übung im Krockieren . .	„	—	2	—	—	—	—	—	—	—	—
5. Besichtigung größerer industrieller Etablissements, von Hoch- und Wasserbauten .	„	—	—	—	—	—	—	—	2	1	1
6. Architektonische Besichtigung von Kunstbauten . .	„	—	—	—	—	—	—	—	—	1	—
7. Besuch des Übungsplatzes des Eisenbahn-Bataillons .	„	—	—	—	—	—	—	—	—	↓	1
8. Rekognoszierungs-Übung im Terrain	„	—	—	—	—	—	—	—	—	—	2
9. Übung in der Feldtelegraphie	„	—	—	—	—	—	—	—	—	—	4
Im ganzen:			**8**			**4**			**18**		

		Feld-Artillerie	Fufs-Artillerie	Ingenieure
b. Nach Schlufs des 2. Semesters:				
1. Fortifikatorische Besichtigung der Festung. Besichtigung der technischen Institute der Artillerie und des Spezial-Artillerie-Belagerungs-Trains; wenn die Gelegenheit sich bietet, Beiwohnen einer Garnison-Festungs- od. einer Armierungsübung . . .	Ingolstadt	3	6	—
2. Besuch der Schiefsübungen der Feld- und Fufs-Artill. und	Lager Lechfeld	—	—	3
3. einer Übung der Militär-Schiefsschule		—	—	1
4. Übung im Terrainaufnehmen				
α. Vorübungen	bei München	—	—	6
β. Hauptübungen . . .	aufserhalb Münchens	—	—	14
5. Für eine größere häusliche Arbeit aus der Fortifikation und Taktik einschliefsl. der Rekognoszierung im Terrain	bei München	14	14	—
6. Aufnahme von Artilleriematerialien im Geschützpark der Oberfeuerwerkerschule . .	München	5	5	—
7. Übung in der Feldtelegraphie	„	—	4	4
Im ganzen:		**22**	**29**	**28**

Eine Verfügung über

Ziel und Stoff der einzelnen Unterrichtsfächer,

welche in dem generellen Lehrplane den vorstehenden Übersichten folgt, soll das oft kaum zu vermeidende Übergreifen des einen Lehrers in das Bereich des anderen möglichst verhindern. Zu diesem Ende ist nachstehende Abgrenzung vorgeschrieben:

Ballistik (Feld- und Fuſs-Artillerie, 1. und 2. Semester): Theoretische Ballistik (kurze geschichtliche Einleitung, Elemente der inneren und äuſseren Ballistik); innere Ballistik (von der treibenden Kraft, Bewegung des Geschosses im Rohre); äuſsere Ballistik (Flugbahn im luftleeren Raume, Luftwiderstand, Methoden zur Berechnung der ballistischen Kurven und Anwendung einzelner derselben, Verhalten rotierender Langgeschosse); praktische Ballistik (Entstehung und Einrichtung der Schuſstafeln, Treffwahrscheinlichkeit, Geschofswirkung).

Gegen Schluſs des 3. Semesters wird beiden Gattungen der Waffe angewandte Ballistik (Anforderung an die Wirkung sämtlicher Geschütze, Schuſsarten und Schieſsregeln) vorgetragen; einer jeden Gattung in Beziehung auf die eigenen Geschütze eingehend, die anderen werden kurz erörtert. Beide werden aber mit den Methoden, auf welchen das Schieſsverfahren beruht, abweichenden Methoden wichtiger Nachbarstaaten, Fortschritten in der Leistungsfähigkeit der Geschütze, womöglich im Vergleich zu denen fremder Artillerien, Flugbahn und Geschofswirkung der Handfeuerwaffen bekannt gemacht.

Zweck des Vortrages ist: systematische Einführung in die Kriegskunst. Der Vortrag über

Artillerie-Material und Konstruktionslehre (Feld- und Fuſs-Artillerie, 1. Semester) setzt allgemeine Kenntnis des eigenen Artillerie-Materials voraus. Bezüglich des Pulvers dienen ihm die Vorträge über Ballistik und Chemie zur Ergänzung. Er behandelt Schiefspulver, Geschosse, Zünder, Lafetten, Protzen, Fahrzeuge, bei allen das Material, Anfertigung, Prüfung, Untersuchung etc. In Verbindung mit dem Vortrage stehen Besichtigungen der Anstalten, in denen die betr. Gegenstände hergestellt werden.

Der Festungskrieg wird verschieden behandelt. Während er den Feld-Artilleristen (3. Semester) nur einen Einblick in die leitenden Grundsätze und ein Gesamtbild des Kampfes um eine Festung giebt, soll er die Offiziere der Fuſs-Artillerie (1. und 2. Semester) für diejenigen Obliegenheiten vorbereiten, welche ihnen innerhalb ihres künftigen Wirkungsbereiches (bis einschl. detachiertem Hauptmann im Kriege bezw. bei Friedensübungen) zufallen können. Daneben aber hat der Vortrag ein Gesamtbild des Kampfes um eine Festung zu geben; er mufs also die Handhabung aller dem Festungskriege eigenartigen Kampfmittel und die Verwendung aller dazu berufenen Truppen zum Verständnis bringen.

Artillerie wird den Ingenieuren im 1. und 2. Semester vorgetragen um sie mit der Verwendung der Waffe beim Kampfe um Befestigungen vertraut zu machen. Der Unterricht erstreckt sich auf Material (Normalkonstruktionen der eigenen Artillerie), Schiefsen (Elemente der theoretischen Ballistik, angewandte Ballistik einschl. Feuerwaffen). Gebrauch der Artillerie beim Kampfe um Feldbefestigungen, im Festungskriege, bei Küstenverteidigung. Der Unterricht wird durch den Besuch des Lechfeldes ergänzt.

Fremde Artillerie und Organisation hören sämtliche Artillerieoffiziere im 3. Semester. Es werden die französische, englische, russische, italienische, österreichische und, abgekürzt, die Artillerie der kleineren europäischen und der vereinigten Staaten von Amerika behandelt.

Das Hauptziel des Vortrages über Fortifikation, welcher den Offizieren der Feld-Artillerie im 1. und 2. Semester gehalten wird, ist ihnen Kenntnis von den leitenden Grundsätzen und den fortifikatorischen Einrichtungen zu geben. Der Unterricht erstreckt sich auf eine kurze geschichtliche Darstellung der Entwickelung der beständigen Befestigungskunst, auf die Einrichtung der gegenwärtigen Kampfgegenstände, auf die vorläufige Feldbefestigung und auf die des Bewegungskrieges (Schlachtfeldverschanzung). Übungen im Gelände fördern das Verständnis für die Einrichtungen im Bewegungskriege. Dem Unterrichte dient ferner der Besuch von Ingolstadt.

Die Offiziere der Fufs-Artillerie hingegen, welche alle drei Semester hindurch Vorträge über Befestigungskunst hören, sollen durch dieselben eingehende Kenntnis der fortifikatorischen Einrichtungen erhalten, wie sie für den Dienst ihrer Waffe beim Angriff und bei der Verteidigung erforderlich ist, wobei jedoch alles durch die eigentliche Kriegsarbeit Entstehende dem Vortrage über Festungskrieg vorbehalten bleibt. Der Unterricht, welcher durch den Besuch von Ingolstadt und durch Erörterung fortifikatorischer Fragen im Gelände unterstützt wird, behandelt hiernach die für die artilleristische Verteidigung bestimmten Anlagen in ihrer Gesamtheit und im Einzelnen, in bleibender und in vorläufiger Bauausführung. Er hat aufserdem die geschichtliche

Entwickelung der ständigen Befestigungskunst darzustellen und das Verständnis fortifikatorischer Zeichnungen zu fördern.

Dem Ingenieur soll der im 1. und 2. Semester zu erteilende Unterricht ein sicheres Wissen auf jedem Gebiete der Befestigungskunst gewähren. Der Vortrag wird durch das Fortifikationszeichnen unterstützt und hat dem über Ingenieur-Technik vorzuarbeiten. Feldfortifikatorische Übungen im Gelände sind bestimmt ihn zu fördern. Der Unterricht in der

Ingenieur-Technik in den beiden ersten Semestern soll die Offiziere, im Hinblick auf das praktische Bedürfnis, mit den Elementen der Bautechnik, den nötigsten Baumaterialien und der Lösung einfacherer Aufgaben der Festigkeitslehre bekannt machen. Es gelangen daher die Festigkeitslehre, die Lehre von den elementaren Baukonstruktionen in Holz, Mauerwerk und Eisen, und die Baumaterialien-Lehre zum Vortrage, welcher durch den Besuch in Ausführung begriffener Bauten und gewerblicher, zur Bautechnik in näherer Beziehung stehender Anlagen unterstützt wird. Im 3. und 4. Semester werden diejenigen bautechnischen Einrichtungen behandelt, über welche der Postenoffizier bei Bearbeitung der Spezialentwürfe und Kostenanschläge und bei der Bauleitung unterrichtet sein mufs, und zwar alle Konstruktionen, welche in der Befestigungskunst angewendet werden, gründlich, die übrigen oberflächlicher. Der Vortrag wird in derselben Weise wie in den vorangehenden Semestern durch Anschauung gefördert, umfafst Steinbau, Spezialkonstruktionen und inneren Ausbau, Erdbau und Pflanzungen, Strafseneisenbahn und Brückenbau, bautechnische Einrichtungen der Festungswerke, Festungsdienst der Ingenieuroffiziere, Baubetrieb in Festungen. Der Unterricht für Ingenieure im

Festungskriege in den beiden letzten Semestern soll dieselben mit ihrem Dienst in und vor Festungen bekannt machen und daher, nach kurzer Kennzeichnung der verschiedenen Angriffsarten, die im Frieden und bei der Armierung zu treffende Vorbereitung, den förmlichen Angriff, die Abweichung des Angriffs bei Festungen ohne detachierte Forts, bei Sperrforts und bei Küstenbefestigungen, und die Mafsregeln des Verteidigers behandeln. Der Unterricht stützt sich auf den über Artillerie erteilten. Der Vortrag ist an dem Beispiele einer mit detachierten Forts versehenen Festung zu erläutern. Die Vorlesung über

Geschichte des Festungskrieges hören Fufs-Artilleristen und Ingenieure gemeinsam im 3. Semester. Dieselbe beginnt mit der Einführung der Feuergeschütze, wird aber erst mit der der gezogenen Geschütze eingehender und legt den Hauptnachdruck auf Besprechung einzelner Perioden aus berühmten Belagerungen. Beim Unterricht über

Wasserbau für Ingenieure im 3. und 4. Semester werden dessen Bautechnik (Baumaterialien, Vor- und Hilfsarbeiten, einzelne Ausführungen und Werke, die bei verschiedenen Aufgaben zur Anwendung kommen) und seine Aufgaben (Wasser als Gegenstand des Verbrauches, als Kommunikationsmittel, in seinen schädlichen Einflüssen und deren Bekämpfung) behandelt. Der Unterricht im

Feld-Ingenieurdienst für Ingenieure (3. und 4. Semester) bereitet für eine Kriegsthätigkeit als Feld- oder Festungs-Pionier und zur Verwendung bei Eisenbahn- und Telegraphen-Truppen vor. Der Besuch des Übungsplatzes des Eisenbahn-Bataillons und Rekognoszierungsübungen, sowie Übungen in der Feld-Telegraphie, zu denen zum Teil auch die Fufs-Artilleristen herangezogen werden, unterstützen den Vortrag. Der Unterricht in der

Taktik (für Feld-Artilleristen in allen drei, für Fufs-Artilleristen und Ingenieure in den beiden ersten Semestern), bestimmt ihr taktisches Urteil auszubilden und durch wiederholten Vortrag der für die einzelnen Waffen vorgeschriebenen Formen das Verständnis für deren Bedeutung und Anwendung zu festigen, umfafst in den beiden ersten Semestern Ordre de Bataille, Truppeneinteilung, Kriegsmärsche und Marschsicherungsdienst, Zustand der Ruhe und Sicherung während derselben, Gefecht, Befehle, Meldungen und Berichte. Es werden mit demselben praktische Übungen verbunden.

Für die Feld-Artilleristen erhält der Unterricht im 3. Semester eine Vervollständigung durch applikatorische und Kriegspielübungen. Aufserdem wird eine Geschichte des Feldkrieges vorgetragen. Der Unterricht in

Mathematik beginnt mit einer Wiederholung der niederen Mathematik und umfafst im 1., 2. und 3. Semester für sämtliche Offiziere: Reine Mathematik (Algebra und unentbehrlichste Lehren der niederen Analysis, Hauptlehren der ebenen Geometrie, Trigonometrie und Stereometrie und im Hinblick auf die ferneren Lehrziele, als Ersatz für analytische Geometrie, eine möglichst vollständige Koordinaten-Theorie), Einführung in die Differentialrechnung und deren Anwendung, Einführung in die Integralrechnung, Mechanik (Allgemeine Begriffe, Gleichgewicht von Kräften in der Ebene und im Raume,

Schwerpunkt, einfache Maschinen, gleichförmige und gleichförmig beschleunigte Bewegung, einfache Maschinen mit Berücksichtigung von Bewegungswiderständen, Pendel, Bewegung eines Systems von Punkten, rotierende Bewegung, Arbeit einer Kraft, lebendige Kraft.

Dazu für Ingenieure (4. Semester) aus der reinen Mathematik Fortsetzung und Anwendung der Integralrechnung, aus der Mechanik Seilpolygon, Kettenlinie, ausführliche Begründung der Lehre von der Festigkeit der Materialien, elastische Linie, Trägheitsmomente, Fachwerksysteme, Hydrostatik, Hydraulik. In der

Physik gelangen für sämtliche Offiziere, drei Semester hindurch, eine Einleitung, Dynamik und Statik, Molekularkräfte, Hydrostatik und Hydrodynamik, Aërostatik und Aërodynamik, Magnetismus, Elektrizität, Wärmelehre, Akustik und Optik zum Vortrage. Der für Ingenieure im 4. Semester fortgesetzte Unterricht hat Erweiterung und Vertiefung des Vorangegangenen zum Zwecke. Aus dem Gebiete der

Chemie werden sämtlichen Offizieren (1. und 2. Semester) eine Einleitung, die wichtigsten neueren theoretischen Lehren, eine Abhandlung über die einzelnen Stoffe (Nichtmetalle, Metalle etc.), Kali-Industrie, explosible Stoffe, Eisenindustrie, Kupfer- und Kanonenmetall etc. vorgetragen.

Einer Auswahl von Offizieren soll aufserdem nach Möglichkeit Gelegenheit zu praktischer Übung in den Lehrgebieten der Physik und Chemie gegeben werden. Die

Theorie des Aufnehmens, in welcher die Ingenieure im 1. und 2. Semester unterrichtet werden, hat sich mit denjenigen Arbeiten zu beschäftigen, welche dem Ingenieuroffizier beim Festungsbau und im Belagerungskriege zufallen können, und sie mit der Anordnung gröfserer topographischer Aufnahmen, unter Hinweis auf trigonometrische und geometrische Netzlegung, bekannt zu machen. Der Unterricht wird mit praktischen Aufnahmen verbunden. Das

Geometrisch-artilleristische Zeichnen, in welchem die Artilleristen alle drei Semester hindurch geübt werden, soll ihnen das Verständnis für derartige Zeichnungen verschaffen und sie in den Stand setzen, solche nötigenfalls selbst anfertigen su können. Der Erwerb mechanischer Fertigkeit ist Nebensache. Dabei wird die Lehre von der orthographischen Projektion vorgetragen. Auch findet Aufnehmen nach der Natur statt. Der Unterricht im

Geometrisch-architektonischen Zeichnen, welchen die Ingenieure im 3. und 4. Semester erhalten, soll sie die Anwendung der Projektionsarten und wichtigsten Schattenkonstruktionen lehren, ihnen eine genügende Kenntnis der Schönbaukunst zu eigen und sie mit den Gesetzen bekannt machen, welche auf Gebäude Anwendung finden, deren Herstellung in den Wirkungskreis des Ingenieuroffiziers fallen kann (Festungsthor mit Wache, Wallmeisterwohnung etc.).

Das Fortifikations-Zeichnen soll den Offizieren der Fufs-Artillerie (1. und 2. Semester) einerseits das völlige Verständnis solcher Zeichnungen vermitteln, andererseits sie in den Stand setzen, einfache Konstruktionen selbst herzustellen; aufserdem dient der Unterricht als Applikation der Vorträge über Befestigungskunst. Für die Ingenieure, für welche er durch ihre ganze Schulzeit geht, umfafst er in den beiden letzten Semestern Aufgaben aus dem Gebiete der fortifikatorischen Spezial-Konstruktion mit besonderer Berücksichtigung der Einzelheiten des inneren Ausbaues und demnächst die Aufstellung eines generellen Entwurfes einfacher zusammenhängender fortifikatorischer Anlagen.

Planzeichnen, mit Krokiren verbunden, bezweckt, die Offiziere der Feldartillerie wie die Ingenieure in ihren auf der Kriegsschule erworbenen Fertigkeiten weiter zu fördern. Zweck des Unterrichts in der Französischen Sprache, welcher nur im 4. Semester ausfällt, ist deren praktische Aneignung, besonders im mündlichen Gebrauche.

Reitunterricht wird in der Equitations-Anstalt erteilt. Es erhalten solchen die Feldartilleristen fortlaufend; für die Fufsartilleristen und die Ingenieure finden bei sich bietender Gelegenheit, so regelmäfsig während der Zeit, während welcher die Kriegschule nicht belegt ist, kürzere Kurse statt.

Am Unterricht im Englischen beteiligten sich vom Kurs 1886—88: 16, vom Kurs 1887—89: 6; an dem in der Pferdekenntnis bezw. 13 und 11 Zuhörer.

Die beim applikatorischen Unterricht sich ergebenden Arbeiten können sowohl kurze, während des Unterrichts zu bewältigende, wie häusliche sein; auch ist zulässig, an Stelle der letzteren die Vorbereitung auf einen mündlichen Vortrag aufzugeben.

Zum Zweck einheitlicher Durchführung des vorstehend skizzierten generellen Lehrplans, dienen spezielle, welche in getrennten Abschnitten die vollständige Angabe der Vortrags- und Übungsgegenstände, sowie deren Einteilung in Hauptabschnitte und Unterabteilungen, die Zeiteinteilung und die im einzelnen zu befolgende Methode enthalten und die Lehrbücher etc. nennen.

Wenn nicht ein dem Zwecke entsprechendes Lehrbuch zu Grunde gelegt werden kann, so hat der Lehrer ein erweitertes Inhaltsverzeichnis seines Vortrages auszuarbeiten, welches den Hörern die übersichtliche Auffassung erleichtert und vom Nachschreiben bezw. Diktieren entlastet.

Die Prüfungen[1] ("Berufsprüfung") erstrecken sich auf alle obligatorischen Lehrgegenstände, in denen Unterricht erteilt ist; in den freiwilligen Disziplinen werden sie für diejenigen Offiziere abgehalten, welche sich dazu melden. Sie finden schriftlich und, abgesehen von bestimmten häuslichen Arbeiten, unter Klausur vor der "Prüfungs-Kommission für Sekond-Lieutenants der Artillerie und des Ingenieur-Korps" statt, zu welcher 4 Artillerie-, 3 Ingenieur-Offiziere gehören. Mitglieder der Studien-Kommission sollen in der Regel nicht Mitglieder, Lehrer der Schule dürfen es nie sein.

Zum Bestehen der Prüfung ist erforderlich, daſs sowohl im Gesamtdurchschnitt der Censurwerte, wie in einer jeden der Berufswissenschaften die Ziffer 3 ("befriedigend") der von 5 ("vorzüglich gut") bis 1 ("ungenügend") sich abstufenden Censurskala erreicht ist. Die Durchsicht der Arbeiten geschieht zuerst durch den Lehrer, dann durch den Referenten der Kommission; jeder urteilt selbständig.

Wenn ein Offizier vorzüglich bestanden hat, so kann er zu Allerhöchster Belobung in Vorschlag gebracht werden. In betreff eines Nichtbestandenen kann beantragt werden,

daſs er nicht wieder zur Prüfung zugelassen werde, daſs ihm der wiederholte Besuch des nächsten Kursus gestattet werde, daſs er ohne erneuten Schulbesuch die Prüfung noch einmal ablegen dürfe, daſs er ausnahmsweise als bestanden erachtet werde.

Obige Bestimmungen sind mit Beginn des Schuljahres 1886 in Kraft getreten; im Hinblick auf die in Aussicht stehenden Änderungen waren bereits 1885 neue Schüler nicht einberufen, so daſs 1885—86 nur ein II., 1886—87 nur ein I. Lehrgang vorhanden war. An letzterem nahmen 20 Sekond-Lieutenants der Artillerie, 5 vom Ingenieur-Korps teil; den ersteren hatten 24 bezw. 3 Schüler gebildet.

---

[1] Prüfungs-Vorschrift für die Artillerie- und Ingenieur-Schule. München 1886 (als Manuskript gedruckt).

4. Anderweite Einrichtungen behufs Heranbildung von Offizieren bis zur Errichtung der Kriegsschule im Jahre 1858.

.

Im 18. Jahrhundert und in noch früherer Zeit konnte im kurbayerischen Heere von Anforderungen an wissenschaftliche Bildung
der Offizieranwärter umsoweniger die Rede sein, als die Stellen unter
Karl Albrecht käuflich geworden waren und es das ganze Jahrhundert
hindurch blieben. Sein Nachfolger, welcher auf die dem Hof-Kriegsrate
bei jedem Verkaufe zu zahlenden Prozente nicht verzichten wollte, begnügte sich, die Beförderung gleichzeitig von der Erfüllung einiger
Forderungen an die dienstliche Brauchbarkeit abhängig zu machen
und in dem Dienstreglement von 1774 Bestimmungen in betreff
der Offizieranwärter zu geben, welche aber nach allen zeitgenössischen
Berichten über die Beschaffenheit des bayerischen Offizier-Korps, wie
namentlich auch die neueren Regimentsgeschichten solche geben, kaum
beachtet sein können. Die Vorschrift lautete: „Die Cadetts sollen sich
bemühen, die Kriegskunst gründlich zu erlernen. Nun sind viele andere
Künste und Wissenschaften, besonders die Kriegsbaukunst und was
dazu erforderlich ist, die Historie und Geographie etc. dergestalt mit
der Kriegskunst verknüpft, daß man ohne deren Beyhülfe ohnmöglich
einen richtigen Begriff davon erhalten kann: die Cadetts sollen sich
also alles Ernstes dahin verwenden, das, was sie nur immer können,
von obigen Künsten und Wissenschaften, auch fremden Sprachen und
ritterlichen Übungen zu erlernen; und so ihnen von ihren Staabs- und
Ober-Offizieren hiezu Gelegenheit verschafft würde, bey Vermeidung
ganz ohnfehlbarer Cassation, sich nicht dagegen setzen, vielmehr ihre
Stunden fleißig frequentiren und alle ihre Kräfte zu ihrer Perfectio-
nirung aufbiethen. Wie denn bey ihrer Beförderung einzig und allein
auf diejenigen Bedacht genommen werden wird, welche sich vor anderen
besonders auszeichnen." Eine Verfügung vom 19. Juli 1788, welche
als Altersgrenzen für die Ernennung zum Fahnenjunker das vollkommen
erreichte 15., zum Unter-Lieutenant das 16. Lebensjahr bestimmt, sagt
ausdrücklich, daß durch den Diensteintritt „die Erziehung meistenteils
unterbrochen werde." Auf die Gewinnung eines besseren Offizierersatzes,

als vielfach vorhanden war, zielte ein 1804 erlassener Befehl, daſs die Regimenter „ihre Kadetten nur aus gut veranlagten und beleumundeten Offizier- und anderer distinguierten Staatsdiener Söhnen entnehmen sollten."

In Kurpfalz hatten die Verhältnisse günstiger gelegen. Die Stellen waren nicht käuflich. Wir haben gesehen, daſs die Mannheimer Akademie Gelegenheit zu militärwissenschaftlicher Ausbildung gab; das 1778 im Druck erschienene Reglement für die dortige Artillerie verlangte von jedem Offizier derselben, daſs er die Rechenkunst, Geometrie, Trigonometrie, Stereometrie, Mechanik, Befestigungskunst nebst der Lehre von Angriff und Verteidigung der Festungen. Physik, Zeichnen und Artilleriewissenschaft nebst Kenntnis von Anlegung und Wirkung der Minen vollständig inne habe, und Kurfürst Karl Theodor, welcher jenes Reglement erlassen hatte, befahl am 25. Januar 1793, nachdem beide Kurlande unter seinem Szepter vereinigt waren, daſs diejenigen Kapitäns, Lieutenants und Unter-Lieutenants der Artillerie, welche in der Waffe zu verbleiben gedachten, sich auf eine Prüfung vorzubereiten hätten, von deren Abhaltung jedoch nichts bekannt ist.

Auch die früheste, am 28. November 1808 ergangene Verordnung über einen bei den Regimentern einzuführenden Schulunterricht überlieſs es den Kadetten, für den Erwerb einiger fachwissenschaftlicher Kenntnisse, in betreff deren aber bestimmte Anforderungen nicht gestellt waren, selbst zu sorgen.[1] Am 25. Januar 1816 schrieb ein Reskript[2] vor, daſs die Regimenter nur solche Kadetten annehmen sollten, welche sich über erworbene Kenntnisse ausweisen könnten, und es finden sich Beispiele, wo erstere letztere unterrichten lieſsen. Beim 14. Linien-Infanterie-Regiment in Aschaffenburg hatte ein Ober-Lieutenant im militärisch-topographischen Zeichnen unterwiesen. Als er um eine Zulage und um ein Buch bat, welches er für diesen Zweck benutzen wollte, wurde ihm vom Kriegsministerium am 22. Juni 1821 bedeutet, daſs er nichts bekommen könne; es würden dann mehr solche Anforderungen gemacht werden, wie vom 7. Regiment bereits geschehen sei.

Im Jahre 1823 ordneten die „Dienstvorschriften für die k. b. Truppen aller Waffengattungen" die Errichtung von Regimentsschulen an, in deren 1. oder niederer Klasse Unter-

---

[1] C. v. Schelhorn, Die königlich bayerische Kriegsschule in den ersten 25 Jahren ihres Bestehens, München 1883, S. 15.

[2] Geheime Registratur des Kriegsministeriums: Schulen, S. 2. b, Fasc. XIV.

offiziere und Mannschaften in den Elementarwissenschaften unterrichtet wurden, während die 2. oder höhere Klasse weitere Ziele
verfolgte. Letztere zerfiel wieder in zwei Abteilungen. Die 1. besuchten
sämtliche Unteroffiziere, Kadetten und Junker, die 2. diejenigen unter
diesen, welche Anlage und Lust für die zu lehrenden Gegenstände
besafsen. Der Unterricht ward während der 6 Wintermonate erteilt,
doch hatte jede Klasse täglich nur eine Stunde. Lehrgegenstände
waren: Für die 1. Abteilung Lesen als Fortsetzung des Unterrichts
auf der niederen Stufe; mit Ausdruck lesen, wozu die besten Werke
über vaterländische Geschichte benutzt wurden; nach dem Vorsprechen
geläufig Schreiben; Tabellieren; Aufsetzen von Meldungen; die vier
Rechnungsarten mit Brüchen und die Regel de tri; Erklärung der De-
finitionen der reinen Geometrie, insofern solche zur Verständigung der
Vorschriften für die Waffenübungen erforderlich sind; Erklärung der
Figuren und Pläne dieser Vorschriften, sowie der technischen Ausdrücke derselben. Die 2. Abteilung ward in reiner Geometrie,
Algebra bis zu den quadratischen Gleichungen, Zeichnen von taktischen
Evolutionen, Situationszeichnung und Erklären der Zeichen der letzte-
ren, nebst einer Terrainlehre, soweit sie dem Fassungsvermögen der
Schüler und den Grenzen des Unterrichts angemessen sein würde,
vaterländischer Geographie sowohl in statistischer wie besonders in
physischer und klimatischer Beziehung, Kriegsgeschichte und einer
Darstellung der militärischen Verhältnisse derselben, Felddienst nach
den darüber gegebenen Vorschriften und nach den besten Autoren,
Feldfortifikation, insofern sie besonders die Benutzung der natürlichen
Terrainverhältnisse für die Sicherung der Truppen, als Anlage von
Verhauen, Sperrung der Defileen und Barrikadierung von Strafsen,
Häusern, Brücken etc. betrifft, unterwiesen; für Kavallerie und Fuhr-
wesen kam Kenntnis und Pflege der Pferde hinzu. In der guten
Jahreszeit sollte militärisches Aufnehmen nach Schritten und nach
dem Auge, Abstecken von Lagerplatzen für die Front eines Regiments
und Auflösung geometrisch-praktischer Aufgaben mit Mefsstangen und
der Mefskette oder nach Schritten geübt werden. Lehrbücher und
Karten lieferte leihweise die Regimentsbibliothek; Schreib- und Zeichen-
material konnte für Unbemittelte aus den Schulgeldern bezahlt werden.
Den Unterricht erteilten zwei Offiziere, der eine in der 1., der
andere in der 2. Abteilung der höheren Schule, welche von allem
Dienst, Wachen und scharfe Kommandos ausgenommen, befreit waren.

1842 ward gerügt, dafs bei den Kavallerie-Regimentern der Unterricht der 1. Abteilung dem Aktuar übertragen war. Alljährlich sollten Prüfungen stattfinden und niemand zum Offizier vorgeschlagen werden, der nicht beide Klassen der höheren Schule besucht und in den Prüfungen Belege über seine Fortschritte gegeben oder in einer besonderen Prüfung dargethan hätte, dafs ihm die dort gelehrten Gegenstände vollständig geläufig seien.

Die ungünstigen Beförderungsverhältnisse liefsen befürchten, dafs die Offizieranwärter das in den Regimentsschulen Erlernte vergessen könnten, bevor sie die Epauletten erhielten. König Ludwig befahl daher am 26. April 1827, dafs „die aus dem Kadetten-Korps in das Heer getretenen Junker, sowie jene Junker und Regimentskadetten, welche über den in der 2. Klasse der höheren Regimentsschule vorgeschriebenen Unterricht erweislich hinausgerückt wären," von der ferneren Teilnahme am Unterricht zwar befreit sein, aber jährlich zweimal, im Januar und im Juli, in der Stereometrie, ebenen Trigonometrie, Waffenlehre, Taktik, Terrainlehre und Terrainbeurteilung geprüft werden sollten. Diese „Junkersprüfung" fand bei den Regimentern statt und war schriftlich. Jedes der vier Divisionskommandos gab die Fragen, welche von einer Kommission aufgestellt waren. Diese erteilte auf Grund der Ausarbeitungen die Noten; das Regiment trug die letzteren in die Sitten- und Fähigkeitsnoten: die Division berichtete über die Prüfungen an das Ministerium.

Am 7. März 1840 ward die Vorschrift geändert. Die Prüfung ward im März an allen Divisionssitzen zur nämlichen Zeit abgehalten. Das Kriegsministerium sandte die Fragen; das betreffende Schreiben ward vor Beginn der Prüfung in Gegenwart der Schüler entsiegelt. Gegenstand derselben waren Stereometrie, Trigonometrie, Waffenlehre, elementare und angewandte Taktik, Terrainlehre, Feldbefestigung, Militärstil. Ständige Mitglieder der Kommission waren der Ingenieur-Stabsoffizier der Division, ein Offizier der Genie-Direktion, 2 Adjutanten von Generalen; dazu wurden noch andere Offiziere kommandiert. Die Korrektur der Arbeiten geschah durch Referenten und Korreferenten bei versammelter Kommission, welche letztere die Noten (ausgezeichnet, sehr gut, genügend, mittelmäfsig, mangelhaft) bestimmte. Eine Hauptnote mit einer der beiden letzteren Bezeichnungen galt als Beweis nicht vorhandener Reife. Wer eine solche zweimal hintereinander erhielt, ward aus der Beförderungsliste gestrichen. Aufser der wissenschaftlichen Befähigung waren vollkommene theoretisch-

praktische Kenntnis der Dienstobliegenheiten und des Mannschafts-
unterrichts, standesgemäfse Sitten und gute Führung Bedingung für
die Beförderung.

Die Einrichtung litt unter mehreren erheblichen Mängeln und
Härten. Lehrplan und Prüfung deckten sich nicht; ungenügende Noten
späterer Jahre — und es gab Junker, welche die Prüfung zehnmal abgelegt hatten — konnten den früher für reif Erklärten, welcher nicht
inzwischen zur Beförderung gelangt war, von solcher ganz ausschliefsen;
die Erfolge des Unterrichts litten darunter, dafs ein und derselbe
Lehrer in allen Fächern unterrichtete, dafs Vorbildung und die persönlichen Verhältnisse der Schüler sehr verschieden waren, dafs die
Vortragszeit eine sehr beschränkte war und dafs der Besuch der Schule
den sonstigen Dienstverrichtungen nachstand. Die Zahl der Regiments-
Kadetten aber war nicht unbedeutend; der Stand betrug 1847 14 beim
Infanterie-, 8 beim Kavallerie-Regiment, 7 beim Jäger-Bataillon.

Die Einwirkung der Ereignisse vom Jahre 1848 veränderte die
Zustände im Offizier-Korps vollständig. Die Errichtung neuer Truppenteile und die Verabschiedung zahlreicher älterer Offiziere, welche den
Anforderungen der Zeit zu genügen nicht mehr im Stande waren, bewirkten, dafs die vorhandenen Junker, sowie deren Nachwuchs aus dem
Kadetten-Korps und im Heere, rasch vergriffen waren. Man war genötigt Studenten, der schlechten Aussichten wegen ausgeschiedene Kadetten etc. (diese teilweise auf Widerruf) und gut gediente Unteroffiziere, bei denen man in den Anforderungen an wissenschaftliche
Bildung sich nötigenfalls mit den Leistungen der unteren Stufe der
höheren Regimentsschule begnügte, zu Offizieren zu ernennen. Es ward
für ausreichend erachtet, wenn einem solchen Anwärter bezeugt wurde,
dafs er im Stande sein werde das ihm Fehlende nachzuholen.

Als im Jahre 1850 die früheren Zustände hergestellt waren,
traten die alten Prüfungsvorschriften von neuem in Kraft: aufser der
Junkersprüfung war noch eine solche im praktischen Dienst und in
den Waffenübungen zu bestehen. Aufserdem mufsten die Offiziere des
Regiments mit der Beförderung einverstanden sein.

5. Die Kriegsschule.[1]

1858—1859.

Das Jahr 1858 brachte Abhülfe der geschilderten Mifsstände. Die einleitenden Schritte beginnen 1855. Damals beauftragte König Maximilian II. den ihm nahestehenden General-Major Ludwig Freiherrn von der Tann-Rathsamhausen mit Erstattung eines Gutachtens über die Unterrichts-Einrichtungen des Heeres. Dasselbe sprach sich über die oberen Klassen der Regimentsschule ungünstig aus; sie genügten ihrem Zwecke nicht; ihre Schüler ständen den aus dem Kadetten-Korps Hervorgegangenen an allgemeiner wie an fachwissenschaftlicher Bildung nach. Daraufhin erhielt der Kriegsminister Generalmajor von Manz Befehl Vorschläge zu anderweiten Einrichtungen zu machen. Dieselben wurden schon im November jenes Jahres eingereicht und liefen darauf hinaus die damals im Preufsen für die Divisionsschulen geltenden Vorschriften einzuführen. Sie wurden gut geheifsen und in ihren Grundzügen durch königliche Genehmigung vom 22. November 1856 angenommen. Ihrer thatsächlichen Einführung stellte sich aber, neben den aus dem Übergange an sich hervorgehenden Schwierigkeiten und der Notwendigkeit die erforderlichen Geldmittel zu beschaffen, das Bedenken entgegen, dafs in Preufsen zur nämlichen Zeit die Absicht vorlag, die Divisionsschulen anders zu gestalten. Es wurden daher zunächst nur die für das Kadetten-Korps geplanten Änderungen zur Ausführung gebracht, von denen früher die Rede gewesen ist.

Als alle Hemmnisse beseitigt waren, erschien am 30. Juli 1858 eine neue Verordnung über die Ergänzung der Offiziere. Dieselbe bestimmte, dafs die Schulen bei den Heeresabteilungen nur noch die Heranbildung zu Unteroffizieren und deren Fortbildung als solche zum Zweck haben und dafs für die Friedens-Ergänzung der Offiziere aus den Unteroffizieren, Regiments-Kadetten und Soldaten, nachstehende Vorschriften zur Anwendung kommen sollten:

„a) Jeder in das Heer Eingetretene, welcher zur höheren Beförderung gelangen will, hat zunächst in einer Prüfung den wissenschaftlichen Anforderungen nach dem hier beifolgenden Programm zu entsprechen.

[1] Schelhorn, a. a. O. S. 25.

Ausnahmsweise können auch schon länger dienende Unteroffiziere und Kadetten vor zurückgelegtem 25. Lebensjahre zu einer solchen Prüfung zugelassen werden.

b) Nach bestandener Prüfung und mindestens einjährigem Waffendienste werden die Offiziers-Aspiranten aller Waffengattungen'in die zu München ausschliefslich für militärische Lehrgegenstände zu errichtende Kriegsschule berufen.

c) Die in einer Schlufsprüfung an der Kriegsschule dargelegte wissenschaftliche, dann die nach den Verordnungen für die Vorschläge der zur höheren Beförderung geeigneten Individuen nachgewiesene sittliche und dienstliche Befähigung, gewähren zunächst die Aussicht auf Beförderung zum Junker oder Offizier."

Das Prüfungsprogramm forderte an Kenntnissen:

1. Mathematik:

a) Arithmetik. Numerieren, Rechnungsarten mit unbenannten, einfach benannten und mehrfach benannten Zahlen, gewöhnlichen und Dezimalbrüchen; Kopfrechnen; Verhältnisse und Proportionen.

b) Algebraische Analysis: Rechnungsarten mit allgemeinen Zahlenausdrücken; Potenzen und Wurzeln; imaginäre Ausdrücke; Gleichungen, einschliefslich der höheren, welche sich auf solche des 2. Grades zurückführen lassen; arithmetische und geometrische Proportionen; Logarithmen; arithmetische und geometrische Progressionen; Zinseszinsen- und Rentenrechnung.

c) Geometrie: Ebene Geometrie; Linien und Winkel überhaupt; Eigenschaften der Dreiecke; Parallellinien, Eigenschaften der Parallelogramme und Gleichheit der geradlinigen Figuren; Lage und Gröfse der geraden Linien in bezug auf den Kreis; Verhältnisse der Linien, Ähnlichkeit und Verhältnisse der Figuren; Messung der geraden und Kreislinien sowie der Winkel; Berechnung der ebenen Figuren, Teilung derselben durch Konstruktion; Konstruktion algebraischer Ausdrücke. — Stereometrie: Von der Lage gerader Linien gegen Ebenen und der Ebenen unter sich; von den körperlichen Winkeln und dem dreiseitigen Ecke; Eigenschaften der geometrischen Körper überhaupt; Berechnung der Oberflächen der vorzüglichsten geometrischen Körper; Vergleichung und Ähnlichkeit, dann Berechnung des körperlichen Inhalts der geometrischen Körper.

d) Trigonometrie: Trigonometrische Funktionen; Winkel und Bogenfunktionen überhaupt; Zurückführung der Funktionen stumpfer und erhabener Winkel auf jene von spitzen Winkeln; Bedeutung der

Funktionen negativer Winkel; Funktionen zusammengesetzter oder vielfacher Winkel; Erklärung und Gebrauch der trigonometrischen Tabellen. — Ebene Trigonometrie. Beziehungen zwischen den Seiten und Winkeln eines Dreiecks: Berechnung der Dreiecke.

e) Alle vorstehend bezeichneten Teile der elementaren Mathematik angewendet auf Aufgaben.

3. Deutsche Sprache: Eine gute, deutliche Handschrift: Fertigkeit in Abfassung freier Aufsätze historischen Inhaltes und im Briefstil, ohne Fehler gegen die Rechtschreibung sowohl als gegen den Satzbau, beim Briefstil mit Beobachtung der üblichen Courtoisie: mündlicher, ausdrucksvoller Vortrag.

3. Lateinische Sprache: Übersetzen und historisches Erklären von C. Julii Caesaris Commentarii de bello gallico.

4. Französische Sprache: Die ganze Formenlehre; geläufiges Lesen; Übersetzen vom Deutschen in das Französische und umgekehrt.

5. Geschichte, allgemeine: des Altertums, der Staaten Asiens, Afrikas, Europas; des Mittelalters von der Auflösung des weströmischen Reiches bis zur Entdeckung Amerikas; der neueren Zeit bis zur Gegenwart. Deutsche: Ältere, bis auf Karl den Grofsen; bis zur Reformation; bis jetzt. Bayerische.

6. Geographie: Vorbegriffe aus der mathematischen; Verteilung von Land und Meer; Vorbegriffe zur Oro- und Hydrographie; Beschreibung der fünf Erdteile, von jedem die horizontalen Dimensionen, Oro- und Hydrographie, politische Einteilung; von Europa noch die Beschreibung der einzelnen Staaten in Beziehung auf ihre natürlichen und politischen Verhältnisse; eingehende Beschreibung von Deutschland in Beziehung auf seine natürlichen Verhältnisse, politische Einteilung von Deutschland, politische und statistische Verhältnisse der einzelnen deutschen Bundesstaaten; Beschreibung von Bayern in Beziehung auf seine topischen und physikalischen, auf die Volks- und Staatsverhältnisse und auf die Einteilung und Wohnplätze.

Gleichzeitig veröffentlichte das Verordnungsblatt die

Organisatorischen Bestimmungen für die Kriegsschule,

deren wesentlicher Inhalt der nachstehende ist:

Die Schule hatte zwei Lehrkurse, von denen der erste 1, der zweite $\frac{1}{2}$ Jahr dauerte. Die Schülerzahl sollte in der Regel 30 nicht überschreiten. Die Anmeldung zu der bei der Schule vorzunehmenden

Zutrittsprüfung erfolgte am 1. März beim Kriegsministerium. Unter den dabei einzureichenden Papieren befanden sich die Arbeiten einer Vorprüfung, welche beim Eintritt in die betreffende Heeresabteilung vorzunehmen war. Die Teilnahme an der Zutrittsprüfung war in der Regel nur einmal gestattet. Nach Mafsgabe der in derselben nachgewiesenen Befähigung und der zulässigen Schülerzahl, und mit Rücksicht auf die am 1. September durch die Dienstesstellen vorzulegenden Dienstes- und Fähigkeitslisten, bestimmte das Ministerium die Einberufung. Für die Leitung der dem letzteren unmittelbar unterstellten Schule war ein Oberst oder Oberst-Lieutenant, für die Aufsicht waren 3 Lieutenants, für den Unterricht Offiziere des Heeres in der nötigen Zahl, für die Verwaltung war ein Unterquartiermeister bestimmt.

Der Unterricht umfafste: Waffenlehre; reine und angewandte Taktik; Terrainlehre; Befestigungskunst, insbesondere Feldbefestigung mit Pionierdienst, dann Allgemeines der permanenten Befestigung, des Angriffs und der Verteidigung der Festungen; Dienstlehre; Militärzeichnen, verbunden mit praktischen Übungen im Rekognoszieren und Aufnehmen; gymnastische Übungen.

Die Austrittsprüfung, nach Abschlufs des 2. Kursus, entschied über die Befähigung zur Beförderung und über den Rang. Wer nicht genügte, durfte den Kursus nur dann wiederholen, wenn erwiesenermafsen unverschuldete Umstände den Fortgang behindert hatten. Wer bestanden hatte, konnte in der Artillerie und im Genie nur dann zur Beförderung gelangen, wenn er sich auch noch in denjenigen Lehrgegenständen als unterrichtet erwies, welche für die Ausmusterungsprüfung des Kadetten-Korps vorgeschrieben waren: Militärgeographie, weitere Ausführung der niederen und Anfangsgründe der höheren Mathematik, Hauptlehren der Physik und Chemie.

Nächst den Kriegsschülern sollten bei der Beförderung zu Junkern die im Topographischen Bureau verwandten Unteroffiziere berücksichtigt werden. Die Möglichkeit durch diese Anstalt, ohne die Erfüllung der sonst für die Beförderung zum Offizier vorgeschriebenen Bedingungen, zu solcher zu gelangen, war vorhanden, bis 1872 die Ernennung allgemein vom Besuche der Kriegsschule und dem Bestehen der Offizierprüfung abhängig gemacht wurde.

Um Härten zu vermeiden, welche der Übergang für bereits Dienende herbeiführen konnte, ward am 7. September bestimmt, dafs diejenigen, welche 1858 in der wissenschaftlichen Prüfung genügt hätten, die Kriegsschule nicht durchzumachen brauchten und dafs alle

übrigen, vor Veröffentlichung der Bestimmungen in das Heer Eingetretenen, bei nachgewiesener dienstlicher Befähigung für höhere Beförderung, in den Jahren 1858 bis 1860 auch dann in die Kriegsschule gelangen könnten, wenn sie mittelmäfsige Leistungen in anderen
Fächern durch vorzügliche Leistungen in Mathematik und im Deutschen
ausglichen; Kenntnis des lateinischen Sprache ward von ihnen nicht
gefordert.

Ein kriegsministerieller Erlafs vom 22. Oktober 1858 bestimmte, dafs der Unterricht alljährlich am 1. Oktober beginnen, der
1. Kurs am 31. August schliefsen, der September für praktische Übungen
bestimmt sein, der 2. Kurs am 31. März beendet werden solle. Der gesamte Lehrstoff sollte auf drei Semester verteilt werden. Der Kommandant hatte Rechte und Strafbefugnis eines Regiments-Kommandanten.
Lehrer in den vier Hauptfächern waren Hauptleute der Infanterie oder
der technischen Waffen; für den Unterricht in Dienstlehre, den Waffenübungen und der Gymnastik, für die Beaufsichtigung der Schüler und
den Adjutantendienst waren zwei Infanterie-Lieutenants kommandiert.
Die Lehrer bildeten unter Vorsitz des Kommandanten die Studien-
kommission, welche den Lehrgang und die Unterrichtsweise zu ordnen,
die Vorschläge einzelner Lehrer zu Veränderungen im Lehrplane zu
würdigen, die Lehrbücher zu wählen, die Aufnahmeprüfung zu besorgen
hatten. Wer von den Mitgliedern nicht zu der Kommission für die
Austrittsprüfung gehörte, legte seine Wahrnehmungen über Fleifs,
Fähigkeiten und Haltung der Schüler bei der Schlufsabstimmung dar.

Die Kriegsschüler waren kaserniert und führten gemeinsame Menage; ein Inspektionsoffizier wohnte mit ihnen zusammen. Das Unterpersonal stellten die Garnisons-Kompagnieen, bezw. Truppenteile der
Garnison München.

Die Anstalt, zu deren Kommandanten der Oberst Clemens
Schedel vom Generalquartiermeister-Stabe ernannt wurde und als
deren Errichtungstag das „Militär-Handbuch" amtlich den 1. November bezeichnet, trat bereits am 1. Oktober 1858 insofern ins
Leben, als die Offiziere in München zusammenkamen, um die Einrichtungen für deren Eröffnung zu treffen. Das Kriegsministerium
hatte für diesen Zweck Direktiven gegeben, welche vorschrieben, dafs
der Lehrplan, im Interesse einer möglichst gleichmäfsigen militärwissenschaftlichen Ausbildung sämtlicher Offiziere, innerhalb des vorgeschriebenen Rahmens in thunlichsten Einklang mit dem beim Kadettenkorps für die Kriegswissenschaften bestehenden Unterricht zu

bringen sei. Die Zutrittsprüfung war nach Anleitung der dort geltenden Normen abzuhalten; es sollte bei derselben aber auch die ganze
Persönlichkeit im Hinblick auf die künftige Befähigung zum Offizier
in Betracht gezogen werden. Die Prüfung konnte daher auch mündlich stattfinden, und für die Zulassung sollten nicht die Censuren
allein in Betracht kommen.

Am 1. Dezember 1858 begann der Unterricht. Zur Zutrittsprüfung konnten nur 17 Unteroffiziere (von der Infanterie 7, Kavallerie 2, Artillerie 9) einberufen werden; dieselben hatten sämtlich
bestanden. Es wurde täglich je 1 Stunde Taktik, Waffenlehre, Feldbefestigung vorgetragen, 2 Stunden gehörten der Terrainlehre und dem
Zeichnen, $1/2$ der Gymnastik, 1 dem Exerzieren, 3 dem Eigenstudium.
Der Dienst währte von 6 Uhr früh bis 6 Uhr abends, dann durften
die Kriegsschüler bis 9 Uhr ausgehen, $1/4$ Stunde später mußten sie
zu Bett sein. Die Kriegsschüler waren in einem Gebäude an der
Sendlinger Landstrafse untergebracht, welches da lag, wo jetzt der
Pallast des Prinzen Leopold sich befindet.

Die Mobilmachung des Jahres 1859 machte dem Kursus ein
vorzeitiges Ende. Am 30. April wurde die Anstalt geschlossen.

1859 — 1866.

Die Mobilmachung und die starke Vermehrung des Heeres, welche
sich an dieselbe anreihte, hatten einen so zahlreichen Bedarf an Offizieren zur Folge, dafs nicht allein die am 30. April 1859 entlassenen
Kriegsschüler, sondern auch 66 weitere Offizieranwärter, welche im
März die Zutrittsprüfung bestanden hatten, im Mai zu Unterlieutenants
befördert werden mußten. Sie alle, oder wenigstens die letzteren, in
die Kriegsschule zu berufen, war schon deshalb nicht möglich, weil
es an Lehrkräften und Räumlichkeiten fehlte, welche letztere so beschränkt waren, dafs die Schüler zuerst in ihren Wohnzimmern und
seit 1862—63 auf dem Turn- und Fechtsaale speisen mußten; nur mit
grofser Mühe waren 35 Schüler unterzubringen. Aufserdem war bereits eine Menge anderer junger Leute vorhanden, welche auf Beförderung warteten. Dieselben hatten freilich, aus Anlafs der Mobilmachung eingetreten, der Forderung einjährigen Waffendienstes vor
der Zulassung zur Schule nicht genügt; es mufste aber mit Rücksicht
auf die Verhältnisse darüber hinweggesehen werden.

17 *

Im Oktober fand die Zutrittsprüfung statt. 87 Bewerber nahmen
teil. 41 genügten unbedingt: 30 wurden einberufen, 11 mufsten sich
gedulden; von den 46 Nichtbestandenen wurden 22 ganz abgewiesen,
24 durften die Prüfung wiederholen.

Im November wurde die Anstalt wieder eröffnet. Die Leitung
hatte, bis am 7. Januar 1860 Oberst-Lieutenant Eduard Lutz,
der spätere Kriegsminister, zum Kommandanten ernannt war, der älteste Lehrer Hauptmann Hugo Diehl. Beim Unterrichte stellte sich
heraus, dafs der vorgeschriebene Lehrstoff sehr wohl in einem Jahre
zu bewältigen sei. Es wurde daher am 28. September 1860 die schon
bei Entwerfung des Schulplans erwogene Einrichtung eines einzigen
einjährigen Lehrganges angeordnet und befohlen, dafs das Schuljahr
regelmäfsig am 1. Oktober beginnen solle. Die Vorträge hörten im
Juli auf; an sie reihten sich die Schlufsprüfung und die praktischen
Übungen. Anfang September erfolgte in der Regel die Rückkehr zu
den Regimentern.

Im Lehrplane trat bei Eröffnung des Kursus 1859—60 insofern
eine Änderung ein, als ein Vortrag über Militär-Verwaltungs- und
Rechnungswesen, von einem Beamten des Kriegsministeriums gehalten,
hinzukam. Es ward nun in Waffenlehre 6, Taktik 5, Befestigung 6,
Terrainlehre und Zeichnen 12, Verwaltungs- und Rechnungswesen 2,
Exerzieren und Gymnastik je 6 Stunden, im ganzen also 43 Stunden
wöchentlich unterrichtet; dazu kamen täglich 3 Stunden Eigenstudium.
1860—61 wurde die Zahl der Taktikstunden wieder auf 6 erhöht.
Da 2 Stunden Dienstlehre neu aufgenommen wurden, stieg die Zahl
der wöchentlichen Unterrichtsstunden auf 46; 1861—62 kam je
1 Stunde für Militär-Geographie und für Kriegsgeschichte hinzu,
während 1 für Befestigung fortfiel. Zur Teilnahme am Unterricht in
Militär-Telegraphie, welche nach dem System des Amerikaners James
Swaim seit Beginn des Schuljahres 1862—63 erteilt wurde, waren
sämtliche Kriegsschüler verpflichtet. Wie lange derselbe stattgefunden
hat, ist aus den Akten nicht ersichtlich; nach 1866 ist er nicht mehr
erwähnt.

Dieses Anwachsen des Lehrstoffes war Ursache, dafs, als es sich
1863 um die Ausarbeitung von Bestimmungen für den Dienstbetrieb
handelte, der an Stelle des am 24. August 1862 zum Kommando eines
Infanterie-Regiments berufenen Lutz getretene Major Maximilian
Hebberling, ebenfalls ein Infanterieoffizier, sich von neuem für einen

zweiten halbjährigen Kursus aussprach; der Antrag ward jedoch nicht genehmigt.

Der Lehrplan erfuhr aber dadurch eine Beschränkung, daſs am 18. März 1864 der Lehrer für Verwaltung etc. Kriegskommissär Schneider starb und, weil ein Ersatz nicht zu Gebote stand, sein Vortrag fortfiel; ein Teil desselben, das Rechnungswesen, wurde in die Dienstlehre eingeschlossen. Für Schüler, welche in die Artillerie oder das Genie zu treten wünschten, kam im nächsten Jahre der sommerliche Wiederholungskurs für niedere Mathematik hinzu, dessen schon gedacht ist (S. 226); er hatte 5 Teilnehmer.

Es wurde damals der Gedanke erwogen, den Kavallerieschülern, welche seit 1861 — 62 am Reitunterricht der Artillerie- und Genie-Schule teilnahmen und mit Rücksicht auf diesen von einigen Zeichen- und Turnstunden entbunden waren, eine Sonderausbildung zu geben, indem man sie im wissenschaftlichen Unterricht, in den damit zusammenhängenden praktischen Übungen und in den Prüfungen ihren Kameraden ganz gleichstellte, sie aber in den körperlichen und in den Waffenübungen von diesen trennte. Die Ausführung wurde durch die Ereignisse des Jahres 1866 gestört.

Die praktischen Übungen bestanden in einem Besuche von Ingolstadt, wo zugleich Pionierarbeiten getrieben wurden, des Schiefs-platzes und der technischen Anstalten der Artillerie, dem Beiwohnen von Exerzierübungen der Garnison München und Aufnahmeübungen aufserhalb der Stadt; auf letztere wurden etwa 3 Wochen verwandt, auf den Ausflug nach Ingolstadt etwa 2.

Zu den Waffen- und den gymnastischen Übungen kam 1860 — 61 das Schiefsen mit den Infanteriegewehren, jeder Schüler that 30 Schufs und hatte gewisse Bedingungen zu erfüllen; 1861 — 62 das Vorüben mit Zimmergewehren, von denen für 5 Schüler eins zu Gebote stand. Auch wurden dieselben im Führen der Schiefsbücher geübt. Seit April 1863 wurden sie sämtlich im Bajonettieren, seit dem Sommer des nämlichen Jahres auch im Schwimmen unterrichtet.

Für die Abhaltung der Schlufsprüfungen erliefs das Kriegs-ministerium 1860 eine Vorschrift, welche festsetzte, daſs dieselben durch eine aus dem Kommandanten als Vorsitzendem, je 1 Major des Generalquartiermeister-Stabes, der Infanterie und der Artillerie und dem ältesten Offizier der Studienkommission der Kriegsschule als Mitgliedern bestehende Prüfungskommission schriftlich, nach Gut-dünken derselben in einzelnen Fällen auch mündlich, vorzunehmen

seien. Fragen und Aufgaben waren so zu stellen, daß ihre Bearbeitung
den Grad des Verständnisses der Schüler und ihrer Fähigkeit zur
praktischen Verwertung des Erlernten klar entnehmen ließe. Die
Korrektur hatte hauptsächlich die richtige Auffassung, logische Darstellung und Anschauungsweise des nur für den Wirkungskreis des
Subalternoffiziers Vorgetragenen zu beurteilen. Die Prüfung erstreckte
sich auch auf die Waffenübungen der Infanterie einschl. Kommandieren,
Anweisen und Abrichten, Bajonett-, Stoß- und Hiebfechten und Turnen.
Die moralische und militärische Haltung während der Schulzeit war
bei der Schlußabstimmung in Betracht zu ziehen.

Zunächst fanden die erlassenen Vorschriften noch nicht ausnahms-
lose Berücksichtigung. Für die Kavallerie, welche von jeher gewohnt
gewesen war, an ihren Offiziersersatz geringere wissenschaftliche Anforderungen als die anderen Waffen, oder gar keine, gemacht zu sehen,
fanden noch am 3. November 1861 Abweichungen statt, indem von
den beiden dem Kurs angehörigen Schülern der Waffe schon an
diesem Tage der eine zum Offizier, der andere zum Junker ernannt
wurde. Am 28. Juli 1863 ordnete das Kriegsministerium an, daß,
zum Zweck der Beförderung in streng nach dem Verdienst bemessener
Reihenfolge, letztere alljährlich zu melden sei.

Das Jahr 1866 ward Veranlassung, daß diese Einrichtungen, ehe
sie recht Wurzel gefaßt hatten, durch andere ersetzt wurden.

1867 — 1868.

Infolge der am 10. Mai 1866 befohlenen Mobilmachung
ward die Kriegsschule am 13. geschlossen. Die aus der letzteren
Entlassenen, sowie die in der im März stattgehabten Zutrittsprüfung
Bestandenen, waren im nächsten Jahre bis auf einen Offiziere geworden.

Die Erfahrungen des Feldzuges und seine politischen Ergebnisse
nötigten jetzt zu grundsätzlicher Änderung des Wehrsystems und der
für die Heranbildung der Offiziere maßgebenden Bestimmungen. Der
Ausgangspunkt für die letzteren ward eine die Verordnung vom
30. Juli 1858 aufhebende Allerhöchste Entschließung vom
18. Dezember 1866,[1] welche die Kriegsschulen der schon erwähnten
Inspektion der Militär-Bildungsanstalten unterstellte und gleichzeitig
verfügte: „Die Kriegsschule erhält zwei Lehrkurse von der Dauer je
eines Jahres und sind die angewandte niedere Mathematik, die Natur-

---

[1] Verordnungsblatt vom 22. Dezember 1866, Nr. 66.

wissenschaften und die französische Sprache in das Lehrprogramm aufzunehmen." Zum Kommandanten der Kriegsschule wurde am 7. Februar 1867 der schon genannte Oberst-Lieutenant Hugo Diehl, bisher Generalstabs-Chef beim Generalkommando München, ernannt, welcher nebst zwei Inspektionsoffizieren sofort alle Einrichtungen zu treffen hatte, damit die Anstalt im Herbst eröffnet werden könne.

Es sollte dies zunächst mit einem I. Kurs ("Vorbereitungskurs") geschehen, in welchem der Unterricht in den allgemeinen Wissenschaften zum Abschlufs zu bringen war. Für einen II., welcher lediglich der militärwissenschaftlichen Ausbildung zu dienen hatte, waren weder geeignete Schüler, noch genügende Räumlichkeiten vorhanden. Im März ward die Zutrittsprüfung abgehalten, infolge deren von 46 Bewerbern 26 die Befähigung zum Eintritt zuerkannt wurde. An Kenntnissen wurden gefordert: [1]

In der Mathematik:

a) Arithmetik und Algebra: Gewöhnliche Arithmetik bis zu den zusammengesetzten Verhältnissen und Proportionen und deren Anwendung zur Lösung praktischer Aufgaben. Allgemeine Arithmetik bis einschl. Potenzen, Wurzeln, Logarithmen. Algebra bis zu den Gleichungen 2. Grades mit mehreren Unbekannten. Analysis: arithmetische und geometrische Reihen, Zinseszinsen und Rentenrechnung.

b) Ebene Geometrie: vollständig.

Im Deutschen: Guter logischer, mündlicher und schriftlicher Ausdruck.

Im Lateinischen: Übersetzen und historisches Erklären von Caesar, bellum gallicum.

Im Französischen: Geläufiges Lesen, Formenlehre bis einschl. unregelmäfsige Verba und innerhalb dieser Grenzen Übersetzen aus jeder der beiden Sprachen in die andere.

Alte Geschichte (bis 476 n. Chr.).

Geographie: Darlegung der fünf Erdteile; Europa im allgemeinen; Deutschland im besonderen; Aufsereuropa, soweit die Kenntnis zur allgemeinen Bildung gehört.

Am 1. Oktober 1867 ward die Kriegsschule laut Befehl vom 25. September auf diesen Grundlagen wieder eröffnet; es traten 26 Schüler ein, welche von Professoren des Kadetten-Korps nach

[1] Ausführlich bei Schelhorn, S. 47.

einem vom Kriegsministerium gegebenen vorläufigen Lehrplane unterrichtet wurden. Im November siedelte die Anstalt in ausreichendere Räumlichkeiten der Herzog Max-Burg über, in denen sie sich noch gegenwärtig befindet.

1868 — 1869.

Am 21. März 1868 wurden anderweite

Bestimmungen für Offiziers-Aspiranten der aktiven Armee erlassen, deren wesentlicher Inhalt der nachstehende war:

Wer Offizier werden will, mufs zunächst Offiziers-Aspirant werden. Es giebt deren 1. und 2. Klasse. Die der 2. Klasse heifsen „Kadetten", rangieren zwischen Sergeant und Feldwebel, tragen das Junkers-Portepee, werden von Untergebenen „Herr" angeredet; ihre Ernennung erfolgt durch den Kommandanten der betr. Heeresabteilung. Die der 1. heifsen „Junker", rangieren zwischen Feldwebel und Unter-Lieutenant, werden von Vorgesetzten und Untergebenen „Herr" angeredet; ihre Ernennung erfolgt durch das Kriegsministerium. Die der 2. haben die Bezüge der Sergeanten etc., die der 1. die der Feldwebel etc., beide eine Zulage von monatlich 15 Gulden.

Jeder Offiziers-Aspirant hat in den an das Kadetten-Korps und den Vorbereitungskurs anschliefsenden „militärwissenschaftlichen Kurs" der Kriegsschule zu treten. Dieser dauert ein Jahr. Am Schlufs findet vor der Ober-Studien- und Examinations-Kommission eine Prüfung statt, von deren Ablegung nur Auszeichnung vor dem Feinde befreit. Sie entscheidet über die Befähigung zum Eintritt in den Offizierstand überhaupt und über den Armeerang der gemeinsam Geprüften. Diese werden in „Besonders Befähigte", „Befähigte", „Nicht Befähigte" geschieden; letztere sind von der Beförderung ausgeschlossen.

Offiziers-Aspiranten 2. Klasse, welche die Befähigung nachgewiesen, werden zu solchen 1. Klasse oder, beim Vorhandensein offener Stellen, zu Unter-Lieutenants befördert.

Wehrpflichtige und Freiwillige, welche das Absolutorium eines bayerischen Human- oder Realgymnasiums besitzen, können nach halbjährigem Dienste im Heere zu Offiziers-Aspiranten 2. Klasse ernannt werden und haben als solche in den militärwissenschaftlichen Kurs einzutreten. Diejenigen, welche ein solches nicht besitzen, dienen ein Jahr im Heere, besuchen dann nach bestandener Aufnahmeprüfung den Vorbereitungskurs, werden, wenn sie wiederum bestanden haben, Offiziers-Aspiranten 2. Klasse und treten dann in den militärwissenschaftlichen Kurs.

Der in Beziehung auf die Zöglinge des Kadetten-Korps gegebenen Bestimmungen ist S. 182 gedacht.

Der Verbleib in der Artillerie und im Genie und die dazu erforderliche Zulassung zur Artillerie- und Genie-Schule wurden davon abhängig gemacht, dafs die Prüfung die erforderliche Befähigung nachwiese. Der betr. Offiziers-Aspirant 1. Klasse that vor dem Eintritt in die Schule ½ Jahr Dienst bei der Truppe.

Der Besitz des Zeugnisses „Besonders befähigt" sollte demnächst Bedingung der Zulassung zum Besuch der Kriegs-Akademie sein, eine Bestimmung, welche 1873 geändert wurde (s. Kriegs-Akademie).

Durch Kriegsministerial-Reskript vom 25. März 1868 ward die Zahl der Teilnehmer an einem Vorbereitungskurs vorläufig auf 20 und der Beginn des letzteren auf den 1. März festgesetzt; am nämlichen Tage sollte der militärwissenschaftliche eröffnet werden. Beides geschah zum ersten Male am 1. März 1869. Inzwischen erhielten die von der Studienkommission beratenen Lehrprogramme für beide Kurse am 19. September 1868 die kriegsministerielle Genehmigung.

Der für den Vorbereitungskurs bestimmte Unterricht, welcher die nicht vollendete Gymnasialbildung der Schüler thunlichst ergänzen und letztere zugleich auf ihren Beruf vorbereiten sollte, umfafste Mathematik in 6, Deutsch in 2, Französisch in 6, Geographie in 2, Geschichte in 3, Chemie in 2, Physik in 4, Freihand- und Anfänge des topographischen Zeichnens in 4, Exerzieren in 3, Schiefsen mit Zimmergewehren in 1, Turnen, Stofs- und Bajonettfechten in je 3, Reiten in 2 Wochenstunden; im Sommer traten 10 für Schwimmen, Felddienst etc. hinzu. Das Schuljahr zerfiel in 2 Semester zu 19 Wochen. Dem Eigenstudium waren 19, im Sommer, falls kein Schwimmunterricht stattfand, 23 Wochenstunden gewidmet; im Winter waren 67, im Sommer 73 wöchentliche Beschäftigungsstunden.

Der militärwissenschaftliche Kurs ward bei gleicher Wochenzahl unterrichtet in Taktik 6, Waffenlehre im 1. Semester 3, im 2. 2, Befestigungskunst 5, Terrainlehre im 1., Militärgeographie im 2. Semester je 2, Vermessen (theoretisch) im 1. 2, Militärzeichnen im 1. 6, im 2. 5, Dienstlehre und Kompagnieführung 2, Französisch 2, Exerzieren 3, Schiefsen mit Zimmergewehren 1, Turnen, Stofs- und Hiebfechten, Bajonettfechten, Reiten je 3 Stunden wöchentlich, wozu im Sommer 11 Stunden für Schwimmen, Aufnehmen, Felddienst etc. kamen. Dem Eigenstudium waren im Sommer 17, im Winter 26 Stunden gewidmet, so dafs die Beschäftigung 72 bezw. 66 Stunden währte.

In den Monaten August und September fanden für den militärwissenschaftlichen Kurs praktische Übungen im Pionierdienst, Aufnehmen und Schiefsen statt; die Schüler des Vorbereitungskurs nahmen an den Übungen ihrer Regimenter teil.

Der Reitunterricht fand bei der Equitations-Anstalt statt; der Umfang der Aufgabe, welche letzterer Anstalt aus der grofsen ihr zugewiesenen Schülerzahl erwuchs, veranlafste bald, dafs die Teilnahme des Vorbereitungskurs am Reiten auf die Schüler der berittenen Waffen beschränkt wurde.

_____

Um durch die für 1869 angeordnete Verlegung des Eröffnungstages vom 1. Oktober auf den 1. März diejenigen 1867 in den Vorbereitungskurs getretenen 22 Schüler, welche die Übertrittsprüfung bestanden, und 13 Offiziers-Aspiranten 2. Klasse, welche den neuen Anforderungen bereits genügt hatten, nicht zu benachteiligen, ward für diese in der Zeit vom 1. Oktober 1868 bis 1. März 1869, wo ein Vorbereitungskurs nicht vorhanden war, ein militärwissenschaftlicher abgehalten. In diesem trat zu den sonstigen Lehrfächern der beim Kadetten-Korps erwähnte Vortrag eines Auditors über einige Gegenstände des Staatsverwaltungs- und des Militär-Strafrechtes (S. 183).

Die Zahl der Inspektionsoffiziere war bei Beginn dieses Kurs auf 3 erhöht worden. Um für die Beurteilung der Schüler während der Besuchszeit möglichst sichere Unterlagen zu haben, ordnete Oberst-Lieutenant Diehl deren dreimal abzugebende Beurteilung durch die Lehrer an. Dieselbe hatte mittelst der eingeführten Notenziffern (s. Inspektion der Militär-Bildungs-Anstalten) in tabellarischer Form stattzufinden, welche durch Bemerkungen zu erläutern waren.

_____

Die Bestimmungen vom 21. März 1868 wurden am 13. November 1868 auf Einjährig-Freiwillige, welche nach vollendeter einjähriger Dienstzeit zum Dienen auf Beförderung zugelassen werden würden, ausgedehnt, indem angeordnet ward, dafs diejenigen unter ihnen, welche das Absolutorialzeugnis besäfsen, sofort zu Offiziers-Aspiranten 2. Klasse ernannt und in den militärwissenschaftlichen Kurs eintreten könnten; dafs aber diejenigen, welche das Zeugnis nicht besäfsen, zunächst, nach bestandener Zutrittsprüfung, den Vorbereitungs- und später den militärwissenschaftlichen Kurs durchzumachen hätten.

Auf Grund dieser Ermächtigung traten bei Eröffnung der Kriegs-schule am 1. März 1869 2 in den Vorbereitungs-, 14 in den militär-wissenschaftlichen Kurs; ersterer zählte 37, letzterer 29 Schüler. Daneben war der seit 1. Oktober 1868 bestehende militärwissenschaft-liche Kurs vorhanden. In den Vorbereitungskurs waren also, mit Rücksicht auf die stattgehabte Hinausschiebung des Eröffnungstermines, mehr als die Normalzahl von 30 Schülern aufgenommen; es ward aber am 24. Mai 1869 von neuem ausgesprochen, dafs dies in Zu-kunft nicht mehr geschehen solle. Man wollte damit dem wachsenden Zudrange von Bewerbern ohne Absolutorialbildung entgegenwirken. In Beziehung auf den militärwissenschaftlichen Kurs ward am 26. Fe-bruar 1869 bestimmt, dafs, vom Schuljahre 1870—71, an 30 die höchste Zahl der Schüler einer Klasse sein solle; wenn mehr vorhanden wären, sollten Parallelklassen eingerichtet werden. Übrigens hatten die Zutrittsprüfungen zum Vorbereitungskurse ungünstige Ergebnisse ge-habt; von 99 im März 1868 und im Januar 1869 zugelassenen Be-werbern waren nur jene 37 einberufen.

Zum Kommandanten der Schule war an die Stelle des zum General-quartiermeisterstabe zurückversetzten Oberst Diehl am 8. Januar 1869 der Major Graf Maximilian Verri della Bosia von demselben Stabe ernannt worden; am 4. Februar war ein 4. Inspektionsoffizier berufen.

Der ältere militärwissenschaftliche Kurs legte gemeinsam mit der 6. Klasse des Kadetten-Korps im Juli die Offiziersprüfung ab; für die Schüler des jüngeren fanden zunächst Artillerieübungen statt, dann nahmen beide Kurse an Pionier- und darauf an Aufnahmeübungen teil, welche mit Rücksicht auf die grofse Zahl der Schüler in zwei Abteilungen vorgenommen wurden. Am 15. September traten die des älteren zu ihren Truppenteilen über, die des jüngeren wurden für 14 Tage beurlaubt; die des Vorbereitungskurs befanden sich seit dem 1. August im praktischen Dienst.

1869 — 1870.

Am 1. Oktober 1869 begann zum ersten Male der regelmäfsige Gang der Schule mit den am 1. März aufgenommenen Schülern eines Vorbereitungs- und eines militärwissenschaftlichen Kurs.

Es wurden jetzt auch einige Verhältnisse geordnet, welche dessen noch bedurften. Am 29. September 1869 verfügte das Kriegsministerium, dafs, wenn Offiziers-Aspiranten 2. Klasse sich auf der Kriegsschule als zur Beförderung ungeeignet erwiesen, Meldung zu erstatten sei, worauf eintretenden Falles die Entlassung aus der Anstalt verfügt werden würde. Die Enthebung von der Eigenschaft als Offiziers-Aspirant blieb in diesem Falle ebenso Sache des betr. Abteilungskommandos, wie sie es war, wenn ein Kriegsschüler in der Abgangsprüfung als „nicht befähigt" bezeichnet ward, ohne dafs die Prüfungskommission denselben zur Wiederholung des Schulbesuches empfohlen hätte.

Ferner bestimmte das Ministerium am 15. Oktober 1869, dafs die Normalzahl von 30 Schülern für die militärwissenschaftlichen Parallelkurse nötigenfalls um je 5 überschritten werden dürfe und dafs die verfügbaren Plätze an Infanterie, Kavallerie, Artillerie und Genie so weit als thunlich im Verhältnis von 40 : 8 : 15 : 3 zu verteilen seien. In jeder Waffe hatten die aus der Pagerie und dem Kadetten-Korps hervorgegangenen Offiziere und Offiziers-Aspiranten 1. und 2. Klasse den ersten Anspruch; dann folgten die Offiziers-Aspiranten 2. Klasse und Einjährig-Freiwilligen mit Gymnasialabsolutorium 1. oder 2. Note, dann Offiziers-Aspiranten 2. Klasse, welche mit 1. oder 2. Note aus dem Vorbereitungskurse getreten waren, dann Offiziers-Aspiranten 2. Klasse und Einjährig-Freiwillige mit Gymnasialabsolutorium 3. Note, dann Offiziers-Aspiranten 2. Klasse, welche den Vorbereitungskurs mit 3. Note verlassen hatten. Ergaben diese Bestimmungen gleiches Anrecht, so entschied zuerst das Dienst-, dann das Lebensalter. Gleichzeitig wurden die Kommandanten der Artillerie und des Genie-Regiments angewiesen, nur solche Anwärter auf Beförderung anzunehmen, welche durch das Absolutorialzeugnis eines Realgymnasiums oder in anderer Art sich über den Besitz der für den Eintritt in die Artillerie- und Genie-Schule erforderlichen mathematischen und naturwissenschaftlichen Kenntnisse ausweisen könnten.

Am 1. Februar 1870 ward Oberst-Lieutenant Graf Verri della Bosia zum Kommandanten der Kriegsakademie ernannt und durch Major Joseph Fleischmann, einen Infanterieoffizier, ersetzt.

Am 2. d. M. ward befohlen, dafs die Prüfung zum Übertritt aus dem Vorbereitungs- in den militärwissenschaftlichen Kurs nicht mehr vor der Ober-Studien- und Examinations-Kommission, sondern durch das Kommando der Kriegsschule, unter Zuziehung der Studienkommission der letzteren, vorzunehmen sei.

Am 1. März 1870 traten in den Vorbereitungskurs 20, in den militärwissenschaftlichen 66 Schüler. Von den letzteren stammten 15 aus dem Vorbereitungskurse. 12 Zöglinge des letzteren, welche nur mit Note III bestanden hatten, waren, nebst einer Anzahl gleichwertig begutachteter Offiziers-Aspiranten 2. Klasse aus den Regimentern, für 1871 — 72 zurückgestellt; die übrigen 10 Vorbereitungsschüler von 1869 — 70 hatten die Prüfung nicht bestanden.

Dem Aufenthalte der Eingetretenen in der Anstalt machte die Mobilmachung gegen Frankreich, deren erster Tag der 17. Juli 1870 war, ein frühes Ende. Von den 453 Schülern, welche bis dahin an den Lehrkursen der Kriegsschule überhaupt teilgenommen hatten, starben in diesem Kriege 25 den Tod des Helden.

1871—1880.

Am 1. August 1871 trat das Kommando der Kriegsschule, welches am 29. Juli dem Major Eberhard vom 12. Infanterie-Regiment übertragen war, wieder in Wirksamkeit und am 17. August ward befohlen, dafs am 1. September zwei militärwissenschaftliche Parallelkurse für diejenigen Offiziere eröffnet werden sollten, welche behufs der Mobilmachung aus dem gleichnamigen Kurse entlassen waren. Ihr Unterricht sollte Ende Februar 1872 schliefsen. Am 5. September traten 45 Unterlieutenants und 2 Junker in die Schule; von den Fehlenden 19 waren 7 todt, 7 bei dem Besatzungsheere in Frankreich, 5 nicht mehr Offiziere oder es überhaupt nicht geworden. Die Eingetretenen machten zunächst eine Aufnahmeübung aufserhalb Münchens durch; am 1. Oktober begann der wissenschaftliche, am 1. November der Reitunterricht. Der Vortrag über Militär-Strafrecht etc. blieb bis zum 1. Januar 1872, der über Militär-Geographie noch länger ausgesetzt. In der 2. Hälfte Februar 1872 fand die Offiziersprüfung statt.

Am 1. März 1872 wurde ein Vorbereitungskurs mit 13 Unteroffizieren, ein militärwissenschaftlicher mit 37 Offiziers-Aspiranten
und ein solcher in zwei Parallelkursen mit 79 Unter-Lieutenants eröffnet. An dem Offizierskurse nahmen die vom Kurs 1871
bis 1872 ausgeschlossen gewesenen Unter-Lieutenants der in Frankreich
stehenden 2. Infanterie-Division, einige frühere Landwehr-Offiziere,
welche in das aktive Heer eingetreten waren, die Absolventen des
Vorbereitungskurs 1869—1870 und die 1870 aus der Pagerie und
dem Kadettenkorps ausgemusterten Offiziere teil. Dem Unterricht
lagen die Lehrprogramme von 1868 zu Grunde. Für die im normalen
militärwissenschaftlichen Kurse befindlichen Schüler der Artillerie und
der Pioniere fand auch der sommerliche Wiederholungskursus in
Mathematik statt (S. 261).

Die praktischen Übungen der militärwissenschaftlichen Kurse
wurden in nachstehender Weise abgehalten: Vom 1. bis 10. August
Infanterie-Exerzieren, Scheibenschiefsen, Artillerieübungen; vom 12.
bis 22. Besuch von Ingolstadt und der dortigen Pionierübungsplätze,
wovon die Artilleristen und Pioniere teilweise entbunden waren; dann
bis Ende des Monats Anwohnen der Truppenübungen der Garnison
München unter Leitung der Taktiklehrer; im September Übungen
im Terrainaufnehmen aufserhalb Münchens, woran jedoch, weil die
vorhandenen Lehrmittel und Lehrkräfte nicht ausreichten, nur die
für das Fach befähigten Schüler teilnahmen, während die anderen
vom 11. September bis 10. Oktober bei verschiedenen Truppenteilen
Dienst thaten. Das letztere geschah seitens der Schüler des Vorbereitungskurs vom 21. August bis 10. Oktober. Wer nicht gerade
beschäftigt war, wurde beurlaubt. Am 14. Oktober wurden die Vorträge fortgesetzt.

Inzwischen aber war eine Reihe von Veränderungen eingetreten,
durch welche die bayerischen Heereseinrichtungen im Allgemeinen
und die der Schule ins Besondere den preufsischen immer ähnlicher
gestellt wurden.

Am 1. April 1872 waren laut Allerhöchster Entschliefsung
vom 13. Februar an Stelle der Offiziers-Aspiranten 1. und 2. Klasse
(Junker und Kadetten) Portepeefähnriche mit dem Range zwischen
Feldwebel (Wachtmeister) und Sergeant getreten; der Kommandant
hatte den Titel Direktor erhalten; im Etat der Militärbildungsanstalten
erschien die Kriegsschule mit 1 Direktor (Stabsoffizier), 6 Aufsichtsoffizieren (kommandierte), 1 Hausmeister, 2 Portiers, 1 Schreibgehilfen

und 10 Hausdienern; das Unterpersonal ward nicht mehr von den Garnisonkompagnien oder Truppenteilen gestellt, sondern es waren widerruflich angestellte versorgungsberechtigte Civilanwärter.

Am 16. August 1872 aber erschien eine neue „Verordnung über die Ergänzung der Offiziere des stehenden Heeres," welche sich in den meisten Punkten mit der gleichnamigen preufsischen, demnächst mitzuteilenden Verordnung vom 31. Oktober 1861 deckte. Von dieser unterschied sie sich indessen, wie schon beim Kadetten-Korps erwähnt ist, sehr wesentlich in den allgemeinwissenschaftlichen Anforderungen, deren Erfüllung Vorbedingung für die Zulassung zur Offizierslaufbahn war, indem sie das Absolutorium eines bayerischen humanistischen oder Realgymnasiums oder einer als gleichstehend anerkannten Lehranstalt der übrigen deutschen Bundesstaaten verlangte. Wenn dasselbe zweifelhaft erscheinen liefse, ob ein Anwärter für Artillerie oder Ingenieur-Korps im Besitz der erforderlichen mathematischen Kenntnisse sei, so habe der Truppenteil ihn darin zu prüfen. An Stelle des Abiturientenzeugnisses durfte in Ausnahmefällen eine Prüfung treten. In einer solchen war den nämlichen Ansprüchen zu genügen, welche durch das Abgangszeugnis verbürgt waren, in Mathematik und Naturwissenschaften wurde das Lehrprogramm des Realgymnasiums zu Grunde gelegt. Artilleristen und Pioniere mufsten in Mathematik mindestens das Zeugnis „gut" erwerben. Es ward befohlen bei dieser Prüfung mit besonderer Strenge zu verfahren, „damit dieselbe nicht das Mittel biete, junge Leute von inferiorer Begabung und Strebsamkeit mit Umgehung der normalen Vorschriften als Offiziersaspiranten in die Armee zu bringen." Fernere Abweichung von den preufsischen Vorschriften waren, dafs der Nachweis der allgemeinwissenschaftlichen Reife, sei es durch Zeugnis, sei es durch Prüfung, vor zurückgelegtem 21. Lebensjahre, also 1½ Jahre früher als dort, geliefert werden und dafs die in der Offizierprüfung Bestandenen in einer ferneren 6monatlichen Dienstzeit das Offiziers-Dienstzeugnis erwerben mufsten. Erst dann durften sie zur Wahl gestellt und zur Beförderung in Vorschlag gebracht werden.

Als Übergangsbestimmung ward am 28. Oktober 1872 vom Kriegsminister angeordnet, dafs Besitzer eines Absolutoriums ohne Rücksicht auf ihr Lebensalter zu Portepeefähnrichen vorgeschlagen werden dürften, während diejenigen, welche weder im Besitz eines solchen waren noch sich im Vorbereitungskurs befanden, bis zum 1. Oktober 1874 die Portepeefähnrichs-Prüfung nach dem Programm

der bisherigen Zutrittsprüfung ablegen, oder sich an der Ende Februar 1873 abzuhaltenden Übertrittsprüfung des Vorbereitungskurs
beteiligen durften. Von letzterer Erlaubnis machten 12 Unteroffiziere
und Soldaten, von denen 5 bestanden, von ersterer im Februar 1874
32 Unteroffiziere, von denen 17 genügten, Gebrauch; 11 wiederholten
den Versuch im Oktober 1874, dieses Mal wurden 5 für befähigt erklärt, 6 schieden aus dem aktiven Dienststande aus.

Dieser Vorbereitungskurs war der letzte; 9 von 13 Schülern
genügten in der Prüfung, aber nur 2 in dem Grade, dafs sie sofort
zum militärwissenschaftlichen Kurs zugelassen wurden; die übrigen
mufsten, mit Rücksicht auf den grofsen Andrang besser Vorbereiteter,
ein Jahr warten.

Noch immer befanden sich im Heere viele 1870—71 ernannte
Offiziere, welche den wissenschaftlichen Anforderungen nicht genügt
hatten. Zu ihrer Ausbildung wurden 1873 und 1874 wiederum
militärwissenschaftliche Kurse eingerichtet. An der Kriegsschule
bestanden daher

1873—1874 2 normale Kurse für 81 Portepeefähnriche etc. und
1 Offizierskurs mit 36 Teilnehmern, darunter 5 Sekonde-Lieutenants
der Reserve, welche als Hospitanten zugelassen waren, um sich für
den Eintritt in das stehende Heer vorzubereiten,

1874—1875 2 normale für 86 und 1 Offizierkurs für 38 Besucher,
unter den letzteren befanden sich 3 Reserveoffiziere. Die Zulassung
der letzteren, welche am 29. Oktober 1872 vom Kriegsministerium
genehmigt war, wurde 1876, weil kein Offizierskurs mehr bestand und
die Teilnahme am Fähnrichskurse unzulässig erschien, für die Zukunft
als unthunlich erklärt.

In den Normalkursen war mithin die auf 35 festgesetzte Schülerzahl (S. 267) um je 8 überschritten. Trotzdem waren 25 Portepeefähnriche auf 1 Jahr zurückgestellt. Es waren deren 111 angemeldet und ein
dritter Parallelkurs liefs sich wegen Mangel an Raum und an Lehrkräften nicht einrichten. Die grofse Schülerzahl veranlafste eine
Menge von Schwierigkeiten und Hemmnissen. Es bedurfte der vollen
Hingabe der Vorgesetzten und Lehrer an ihre Aufgabe und eines ver-
ständigen Fleifses bei den Schülern, um dem Zwecke der Schule in
solcher Weise zu genügen, wie es nach den ziffermäfsigen Ausweisen
über die Lehrerfolge geschehen ist.

Der grofse Andrang von Portepeefähnrichen etc. veranlafste aber,
dafs nach Schlufs des Offizierskurs 1874—75 von fernerer Berufung

eines solchen abgesehen wurde, obgleich es, nachdem 200 ohne militärwissenschaftliche Vorbildung ernannte Sekond-Lieutenants eine solche seit 1871 durch die Kriegsschule erlangt hatten, deren noch immer gab. Den letzteren wurde vom Kriegsministerium am 8. Januar 1875 anheimgestellt, die erforderlichen Kenntnisse ohne solche Hülfe zu erwerben und sich dann zur Ablegung der Prüfung zu melden. Es geschah dies 1876 von 24, 1877 von 11 Offizieren des stehenden Heeres und 1 Reserveoffizier, 1878 von 2 Berufsoffizieren und 23 Angehörigen des Beurlaubtenstandes; auch in der Folge beteiligten sich Mitglieder des letzteren, welche überzutreten wünschten, regelmäfsig an der Prüfung.

Bei den Einberufungen war eine Vorschrift zur Nachachtung gekommen, welche das Kriegsministerium am 26. März 1874 erlassen hatte. Dieselbe bestimmte, in Abänderung der Vorschrift vom 15. Oktober 1869 (S. 268), dafs nach einander berufen werden sollten: die mit Note I und II aus der Pagerie und dem Kadetten-Korps hervorgegangenen und diejenigen Portepeefähnriche etc., welche höheren als Gymnasialstudien obgelegen hätten; solche, welche auf dem Gymnasium oder in der Fähnrichsprüfung I und II erhalten hätten; solche, welche mit III aus der Pagerie, dem Kadetten-Korps oder von einem Gymnasium entlassen wären; solche, welche die Fähnrichsprüfung mit III bestanden hätten.

Der Beginn des Unterrichts ward durch Kriegsministerial-Reskript vom 8. Februar 1874 vom 1. März auf den 1. April verlegt, damit die von den Gymnasien etc. am 1. Oktober in das Heer getretenen Offizieranwärter Zeit hätten, das Dienstzeugnis zu erwerben, welches erst nach 5 Monaten ausgestellt werden durfte. In Preufsen wird hierin, wie wir sehen werden, ein milderes Verfahren beobachtet.

Die wesentlichste Änderung des Lehrplans war die, dafs bei Aufhebung des Vorbereitungskurs der bis dahin dort erteilte Unterricht im Französischen unter die Lehrfächer der militärwissenschaftlichen Kurse aufgenommen wurde. Ferner erhielt der Unterricht in den Waffen- und gymnastischen Übungen dadurch eine wirksame Förderung, dafs, lediglich aus Interesse für die Sache, der Professor der Anatomie Dr. Rüdinger im Sommer einige Vorträge über den Bau des menschlichen Körpers und über die Muskelkraft hielt und dafs, zur Förderung des taktischen Verständnisses und als Ergänzung der Vorträge, schon im Winter Ausflüge zur Abhaltung von Übungen im Gelände vorgenommen wurden; die taktischen Übungen hatten sich bis 1873 auf den Besuch von Übungsplätzen und auf einige Reisemärsche und Felddienstübungen beschränkt.

1875—76 ward zum ersten Male eine Besichtigung der Militär-Schiefsschule und der Geschofsfabrik zu Ingolstadt vorgenommen. 1877—78 erfuhr der Vortrag über Waffenlehre, welchem bis dahin im 1. Semester 3, im 2. 2 Wochenstunden gewidmet gewesen waren, mit Rücksicht auf die Fortschritte der Waffentechnik eine bedeutende Erweiterung, indem für denselben allgemein 5 Stunden zur Verfügung gestellt wurden. 1879—80 wurde auch der Vortrag über das Infanteriegewehr M/71 aus dem Lehrstoff der Waffenlehre ausgeschieden und mit 1 Wochenstunde einem Inspektionsoffizier übertragen; dagegen wurde seit 1877—78 der Reitunterricht, wegen der durch Verlegung der Equitationsanstalt vergröfserten Entfernung, von 3 dreiviertelstündigen auf 2 einstündige Unterrichtszeiten beschränkt. Seit 1876—77 bildete eine Anleitung zum Kriegsspiel einen Teil des Vortrags der Taktik.

Durch Vermächtnis des am 29. August 1875 verstorbenen General von Stephan erhielt die Anstalt 20000 Gulden zur Begründung einer Präbenden-Stiftung, deren Einkünfte gegenwärtig am 11. November, dem Geburtstage des Stifters, zwei Schülern als Beihilfen zur Ausrüstung als Offiziere verliehen werden.

Inzwischen fuhren die Verhältnisse fort, auf eine Erweiterung des Rahmens der Kriegsschule zu drängen. Ein jährlicher Ersatz von 70 Portepeefähnrichen genügte nicht, um den Bedarf an Offizieren zu decken, und ohne eine Vermehrung der Schülerzahl liefsen sich die Bestimmungen vom 16. August 1872 nicht rechtzeitig zum Vollzuge bringen. Es wurde daher für 1875—76 ein dritter Parallelkurs errichtet. Lehrer der Artillerie- und Ingenieur-Schule wurden für den Unterricht in Befestigungskunst verwendet, zwei fernere Inspektionsoffiziere berufen, das Hauspersonal vermehrt, ein Erweiterungsbau für den östlichen Flügel der Herzog Max-Burg angeordnet und die Schülerzahl auf 100 festgesetzt. Vorläufig wurden 34 Schüler mit 2 Inspektionsoffizieren in einem entlegenen Militärgebäude untergebracht; am 13. Januar 1876 siedelten diese in die Burg über, wo nun auch ein geräumiger Speise- und Versammlungssaal vorhanden war. Trotzdem wurden am 1. April 1875, nachdem 101 Angemeldete einberufen waren, 17 für das nächste Jahr zurückgestellt, und 1876, um abermalige Zurückstellungen zu vermeiden, 107 Portepeefähnriche etc. zum Besuche zugelassen. Unter diesen befand sich zum ersten Male ein solcher vom Train (S. 279). Um die 1875 Zurückgestellten nicht zu sehr zu benachteiligen, wurde gestattet, dafs denselben, nach bestandener Offiziersprüfung und bei sonstiger Geeignetheit, das Offiziers-Dienstzeugnis, welches auf Grund der bestandenen Offiziersprüfung die wissenschaftliche Reife bezeugte, und nach diesem das Reifezeugnis zum Offizier, welches im anderen Falle erst 6 Monat nach dem Verlassen der Kriegsschule ausgestellt werden durfte und die dienstliche und moralische Würdigkeit anerkannte, alsbald nach ihrem Austritt aus der letzteren ausgefertigt werden durften. 1877 wurde die nämliche Vergünstigung allen Kriegsschülern zu teil, welche vor ihrer Zulassung zur Anstalt ein Jahr gedient hatten.

Am 6. Mai 1876 wurde an Stelle des zum Bataillons-Kommandeur ernannten Oberst-Lieutenant Eberhard der bisherige Dienst- und Studien-Inspektor des Kadetten-Korps Major Emil von Schelhorn mit Leitung der Kriegsschule beauftragt und am 27. November d. J. zum Direktor derselben ernannt.

Um diese Zeit äufserte die Forderung der Absolutorialprüfung eine unwillkommene Einwirkung auf den Zudrang zur Offizierslaufbahn. Im Oktober 1876 traten weniger als 100 Abiturienten auf Beförderung in das Heer, und der Stand an Infanterie-Offizieren ergab gegen die volle Stärke einen bedeutenden Ausfall. Um das Zunehmen des letzteren zu verhindern, wurden für 1877 zwei Fähnrichsprüfungen anberaumt, in denen nur etwa der Besitz der das Lehrziel der 2. Gymnasialklasse oder des 4. Kurses des Realgymnasiums umfassenden Kenntnisse nachzuweisen war. Die erste wurde im März 1877 mit 20 bereits länger dienenden Unteroffizieren und Einjährig-Freiwilligen abgehalten; die 11 Bestandenen traten am 1. April in die Kriegsschule. Die zweite fand im Dezember d. J. mit Bewerbern statt, welche von einem Truppenteile angenommen waren. Es waren 97, darunter 78 von der Infanterie und 52, welche noch nicht gedient hatten; nur 51 genügten. Im Oktober 1877 ward mit 5 Pionier-Sekond-Lieutenants der Reserve eine aufserordentliche Prüfung behufs Übertritts in das Ingenieur-Korps abgehalten, welches ebenfalls Mangel litt.

Jene Mafsregeln und der wieder gewachsene Zudrang von Abiturienten führten der Anstalt 1878—79 123 Schüler zu, von denen 21 im Prielmayer-Hause des Kadetten-Korps untergebracht wurden; trotzdem blieb die Belegung der Herzog Max-Burg so stark, dafs sie gesundheitsschädliche Wirkungen äufserte. Auch dem Unterricht mufste

18 *

die grofse Menge von Schülern, welche jedem der 3 Parallelkurse
zugewiesen waren, grofse Schwierigkeiten bereiten. Die Ergebnisse
blieben trotzdem günstige. 1879—80 wurden 112 Schüler einberufen.
Die Zahl der Lehrer, welche bis dahin 4 betragen hatte,
welche 2 von den vorhandenen Parallelkursen unterrichteten, während
die Vorträge im 3. Inspektionsoffizieren und Lehrern der Artillerie-
und Ingenieur-Schule anvertraut waren, wurde am 1. Oktober 1879
auf 6 etatsmäfsige Lehrer vermehrt.

Prüfungen im Laufe des Schuljahrs, welche bis dahin nur
gelegentlich vorgenommen waren, wurden durch Kriegsministerial-
Reskript vom 15. Mai 1878 für das Ende eines jeden Vierteljahres
des wissenschaftlichen Unterrichts anberaumt. Über den Ausfall wurde
eine schriftliche Verhandlung aufgenommen und dadurch zugleich.
zumal es unter Beiziehung sämtlicher Lehrer und Inspektionsoffiziere
geschah, ein Anhalt für die fortlaufende Beurteilung der Schüler
erlangt, welcher um so mehr fehlte, als die 1868 eingeführte Zeugnis-
erteilung der Lehrer (S. 266) nach und nach aufser Anwendung gekommen war. Laut Kriegsministerial-Reskript vom 9. Februar 1879
ward das in Preufsen vorgeschriebene Notensystem eingeführt.

Den dortigen Einrichtungen hatte man sich seit 1871 immer
mehr genähert. Nachdem zunächst die von preufsischen Offizieren
geschriebenen Lehrbücher für Taktik in Gebrauch genommen waren,
wurden seit 1878—79 die im Auftrage der preufsischen General-
Inspektion des Militär-Erziehungs- und Bildungswesens verfafsten
Leitfäden für Waffenlehre und Fortifikation, 1879—80 auch der
für Taktik den Vorträgen zu Grunde gelegt; aufserdem war eine bedeutende Zahl der für die preufsischen Kriegsschulen gegebenen Vorschriften angenommen. Dadurch und durch die vielfachen Änderungen,
welche die Verhältnisse der Anstalt durch die neuen Vorschriften über
den Offiziersersatz und die Prüfungen erfahren hatten, waren die
organisatorischen Bestimmungen und Lehrprogramme vom Jahre 1868
gänzlich veraltet. Es kam hinzu, dafs Bayern durch sein Verhältnis
zum deutschen Reiche verpflichtet war, in Beziehung auf die Ausbildung seiner Offiziere volle Übereinstimmung mit den für das übrige
deutsche Heer geltenden Vorschriften herzustellen.

Die Direktion erhielt daher den Auftrag, Entwürfe für das
künftig innezuhaltende Lehrprogramm und für die Offi-
ziersprüfungsvorschrift zu bearbeiten. Beide wurden Ende 1879
vorgelegt, und am 10. Februar 1880 ward befohlen, sie im Schul-

jahre 1880—81, bezw. bei der Prüfung 1880, vorläufig in Kraft treten
zu lassen. Um sich über die einschlägigen Verhältnisse an Ort und
Stelle zu unterrichten, ward Major von Schelhorn nach Preufsen
entsandt. Derselbe erfüllte seinen Zweck durch einen Aufenthalt in
Engers und berichtete über seine Beobachtungen und Erfahrungen in
einer Denkschrift. Am 2. Februar 1880 war auch die Annahme der vom General
von Peucker 1859 herausgegebenen Vorschrift über die Methode,
den Umfang und die Einteilung des Unterrichts auf den
Kgl. Kriegsschulen befohlen worden. Major von Schelhorn hatte in
Engers Gelegenheit gehabt, diese Methode in blühendster Entwickelung
kennen zu lernen, und trug viel dazu bei, dafs sie sich in München
rasch einbürgerte.

1880 — 1888.

Die 1880 vorläufig angeordneten Mafsregeln wurden durch Allerhöchste Entschliefsung vom 11. Januar 1882 zu endgiltigen.
Die Kriegsschule erhielt dadurch in den meisten Stücken die nämliche
Einrichtung wie die preufsischen. Wo Abweichungen stattfinden, sind
sie durch örtliche Rücksichten oder durch nebensächliche Sonderver-
hältnisse bedingt. Eine mit der preufsischen im wesentlichen über-
einstimmende „Kriegsschulordnung" ward am 28. Juli 1884
erlassen. [1]
Die wesentlichsten jener Abweichungen sind: Die Kurse beginnen am 1. März und enden mit dem Januar, sind also nicht un-
erheblich länger als die der preufsischen Schulen. Die praktischen
Übungen werden mit Rücksicht auf die örtlichen Verhältnisse gröfstenteils aufserhalb Münchens vorgenommen und dauern länger. In der
Regel werden verwandt: für Waffenlehre (Lechfeld, Ingolstadt) 7,
Befestigungskunst (Ingolstadt) 12, Aufnehmen 20, Schiefsübungen 8,
Taktik 10 Tage, so dafs die Monate August und September damit
ausgefüllt werden. Die Leitfäden sind die preufsischen, mit Ausnahme desjenigen für Terrainlehre etc., welcher mit Recht für nicht
genügend betrachtet und durch einen von Hauptmann Ulrich
bearbeiteten (München 1888) ersetzt ward, und des für Heeresorganisation von Hauptmann Fischer (München 1886), welcher den

[1] München 1884, Verlag von J. F. Hübschmann.

bayerischen Sondereinrichtungen Rechnung zu tragen hatte. — Der
Reitunterricht wird in der Equitationsanstalt erteilt. Diese stellt bei
den taktischen Übungen Pferde für die Leitenden; für Schüler, welche
dabei in Preufsen wenigstens teilweise beritten gemacht werden, stehen
solche nicht zur Verfügung. — Unter den Inspektionsoffizieren ist ein
Kavallerist, welcher über den Dienst seiner Waffe unterrichtet. —
Die Inspektionsoffiziere sollen womöglich in der Anstalt wohnen; da
die vorhandenen Räumlichkeiten dies zur Zeit für keinen derselben
gestatten, dürfen diejenigen, welche der Garnison München angehören,
verheiratet sein. Der Offizier vom Tagesdienst ist beständig in der
Anstalt anwesend. — Da die Vorbildung aller Schüler die gleiche
ist, so unterbleibt die in Preufsen eingeführte Klassierungsprüfung,
dagegen wurden anfangs die ehemaligen Gymnasiasten einer Prüfung
in Mathematik und Französisch unterworfen. Veranlassung dazu gaben
mangelhafte Kenntnisse vieler Schüler in diesen Fächern. Man hoffte
dadurch einen Druck auf die betreffenden Schulen auszuüben. Da
aber die gewonnenen Schlufsfolgerungen zu unsicher waren und das
Verfahren unverhältnismäfsig viel Zeit und Kräfte in Anspruch nahm,
wird die Prüfung, bei welcher das Kriegs- und das Kultusministerium
zusammengewirkt hatten, seit 1886 nicht mehr abgehalten.

Die hauptsächlichsten der eingeführten Neuerungen waren:
Die seit 1882—83 stattfindende Gliederung der Schüler in vier Parallelklassen, für deren Unterricht laut Befehls vom 8. Februar 1882
die gleiche Lehrerzahl wie in Preufsen vorhanden ist; die Annahme
der preufsischen Bestimmungen über Schülerarbeiten, Vierteljahrs-
prüfungen und Konferenzen, General-Repetition und Tentamen; Einfügung des militärrechtlichen Vortrages in die Dienstkenntnis (später
Heeresorganisation genannt), Ausfall des Unterrichtes über Militär-
geographie (die Zeit wurde der Terrainlehre überwiesen, welche als
„erweiterte Terrainlehre" auch die Grenzverhältnisse des deutschen
Reiches zu berücksichtigen hat); Ausfall des Unterrichts im Französischen; Aufnahme des Unterrichts über Dienstinstruktion und fort-
laufender taktischer Übungen in den praktischen Kursus; Unterweisung
im Exerzieren am Geschütz im Anschlufs an den Vortrag, statt in
einem fortlaufenden Unterrichtsgange.

Die ständige Gliederung der Kriegsschule als Infanteriekompagnie
und die gleichmäfsige Ausbildung für den Exerzierdienst dieser Waffe
hörten auf; Kavalleristen und Feldartilleristen werden mit dem Infanteriegewehr nur soweit ausgebildet als der Schiefsdienst fordert,

dagegen werden sie, wie der Fufsartillerist und der Pionier, in allem unterrichtet, was sie als Subalternoffiziere ihrer Waffe verstehen müssen. Die Forderung, dafs der Kriegsschüler zum Erzieher und Lehrer der Mannschaft herangebildet werden müsse, steht im Vordergrunde. Bei Paraden etc. bilden die Schüler der berittenen Waffen einen besonderen Zug. — Kriegsschüler vom Train, welcher seit dem 11. Oktober 1885 keine Offiziers-Aspiranten mehr annehmen darf, waren 4 vorhanden gewesen. — Für den inneren Dienst ist die Einteilung in 6 Inspektionen, an Stelle der früheren in 3 unter je einem Zugskommandánten stehende Züge, getreten, welche letztere den Parallelkursen entsprochen hatten.

Während des 38wöchigen theoretischen Kursus hat der Schüler: in Taktik, Waffenlehre, Befestigungskunst je 190, Terrainlehre, sowie Zeichnen und Aufnehmen je 152, Heeresorganisation, Spezialinstruktion, Exerzieren, Reiten je 76, Militärgeschäftsstil, Gewehr- und Schiefsunterricht und Geschützexerzieren je 38, Turnen und Fechten je 114, Schwimmen 16, im ganzen 1536 Stunden Unterricht. Dem Eigenstudium sind 754 (bezw. 24, 20, 18 in den drei Vierteljahren) Stunden gewidmet; 168 nahmen die Märsche zur Reit- und Schwimmschule in Anspruch [1] (Schuljahr 1882—83).

Die Zahl der Schüler unterlag beträchtlichen Schwankungen; 1881 traten 77, 1883 107 ein. Meist waren einige mehr vorhanden, als der normale Stand beträgt; 1887—88 dagegen nur 63.

Als Oberst von Schelhorn am 20. März 1884 zum Kommandeur des Kadetten-Korps ernannt wurde, ersetzte ihn Hauptmann Arnulf Schenk, bisher à la suite des 14. Infanterie-Regiments und Adjutant beim General-Kommando des II. Armee-Korps, und diesen bei seiner am 19. September 1888 als Major erfolgten Pensionierung Major Max von Malaisé vom Leibregiment, welcher den erkrankten Schenk schon seit Februar d. J. vertreten hatte.

---

[1] Ausführlich bei Schelhorn, S. 104 u. ff.

6. Die Kriegs-Akademie.

A. Die Errichtung.

Die Kriegs-Akademie ist die jüngste unter den in Bayern der fachwissenschaftlichen Ausbildung der Offiziere dienenden Anstalten. Sie ist ein Kind der Not. Wie in Preußen die Kriegsschulen auf dem Trümmerfelde entstanden, welches die „Alte Armee" zurückgelassen hatte, so verdankt die bayerische Kriegs-Akademie ihr Dasein einem Gefühl des Mangels, welches die bitteren Erfahrungen des Jahres 1866 wachgerufen hatten.

Es war bis dahin für die wissenschaftliche Förderung der Offiziere und für ihre Heranbildung zu höheren Führerstellen sehr wenig geschehen. Die Angehörigen des Generalquartiermeisterstabes und der höheren Adjutantur sowie die Lehrer der Militärwissenschaften waren, abgesehen von einigen Artillerie- und Ingenieur-Offizieren, Autodidakten; sie hatten ihre Kenntnisse durch eigene Kraft erworben; der Staat hatte in einzelnen Fällen Beihilfe zu Reisen gegeben, und zuweilen hatte ein Truppenbefehlshaber die ihm unterstellten Offiziere, durch den Befehl zum Halten von Vorträgen in den Offizier-Korps oder zur schriftlichen Bearbeitung gestellter Aufgaben, zu einer Beschäftigung mit den Kriegswissenschaften angeregt; ab und an hatte ein Offizier Vorlesungen an den Hochschulen, meist mathematischen und naturwissenschaftlichen Inhalts, gehört. Das 1847 eingeführte Kommando zum topographischen Bureau des Generalquartiermeisterstabes, von welchem bereits die Rede gewesen ist, förderte die betreffenden Junker, Kadetten und Unteroffiziere nur in dem der mathematischen und topographischen Terrainaufnahme gewidmeten Wirkungsbereiche dieser Anstalt. Die bestandene Junkersprüfung (S. 252) war Vorbedingung für die sehr gesuchte Verwendung.

Erst nach dem Jahre 1866, als die Blicke der ganzen Welt sich auf Preußen richteten und Bayern unter des Kriegsminister Freiherrn von Pranckh Leitung die dortigen Einrichtungen als Muster nahm, legte dieser dem König Ludwig II. am 14. Juni 1867 einen Entwurf[1] zu organisatorischen Bestimmungen für eine Kriegs-

---

[1] Archiv des Kriegsministeriums. Schulen S. 2. b. Fasc. I.

Akademie vor. In dem Begleitschreiben bezeichnete er als das Ziel
der Anstalt den Unterricht besonders talentvoller Offiziere in den
höheren Disziplinen des allgemeinen und des militärischen Wissens,
um Ersatz für den Generalstab und die höhere Adjutantur und Lehrer
in den Kriegswissenschaften heranzubilden; auch werde man bei dieser
Gelegenheit die Offiziere kennen lernen, welche zur Beförderung aufser
der Reihe geeignet wären, und somit die Möglichkeit erhalten, befähigte
Persönlichkeiten in jüngeren Jahren in höhere Stellungen zu bringen;
die preufsische Kriegs-Akademie sollte als Vorbild dienen, aber nur in
den militärischen Fächern; den Unterricht sollten teils Offiziere des
Generalquartiermeisterstabes geben, teils sollten die Vorlesungen der
Universität und des Polytechnikums besucht werden. Durch Aller-
höchste Entschliefsung vom 19. d. M. erfolgte die Genehmigung.[1]
Sie bestimmte, dafs die Anstalt „zur höheren wissenschaftlichen Aus-
bildung, zur Vorbereitung für den Dienst im Generalquartiermeister-
stabe und in der höheren Adjutantur, sowie zur Heranbildung zum
Lehrfache in militärwissenschaftlichen Gegenständen" dienen solle.
Ein kriegsministerielles Reskript vom 21. d. M. veröffentlichte[2]

Organisatorische Bestimmungen

für die Anstalt. Sie ordneten an, dafs dieselbe drei neunmonatliche
Kurse haben, dafs zwischen dem 1. und 2. und dem 2. und 3. praktische Übungen stattfinden, und dafs die Schülerzahl eines Kursus
nicht mehr als 12 betragen solle. Jeder Ober- oder Unter-Lieutenant,
welcher mindestens 4 Jahre Offizier war, durfte sich zum Besuche
melden; die Aufnahme sollte nur solchen Offizieren gewährt werden,
welche die erforderliche Dienstkenntnis ihrer Waffengattung besäfsen,
von tadelloser Conduite, körperlich gesund und in ihren ökonomischen
Verhältnissen geordnet wären und mit der ernsten Neigung zur höheren
wissenschaftlichen Ausbildung hervorragende geistige Fähigkeiten ver-
bänden. Eine vor der Oberstudien- und Examinations-Kommission
abzulegende Prüfung sollte über die Aufnahme entscheiden, die Einberufung immer nur für ein Jahr erfolgen; Offiziere, welche in irgend
einer Richtung nicht befriedigten, sollten zum nächstfolgenden Kursus

---

[1] Die Darstellung beruht hauptsächlich auf den Akten der Anstalt, vor allem
auf dem, nach Anleitung der für die Führung dieser Aufzeichnungen geltenden
Bestimmungen, in mustergültiger Weise geführten Tagebuche.
[2] Verordnungsblatt des Kriegsministeriums Nr. 18 vom 22. Juni 1867.

nicht wieder einberufen werden. Die Akademie wurde in Beziehung
auf den Unterricht der Inspektion der Militär-Bildungsanstalten, im
übrigen dem Kriegsministerium unterstellt; ihre Oberleitung
hatte ein höherer Stabsoffizier des Generalquartiermeisterstabes zu
übernehmen, welchem ein Hauptmann dieses Stabes als Adjutant beigegeben ward. Die Verwaltung sollte gemeinsam mit der der übrigen
Militär-Bildungsanstalten sein. Die wissenschaftliche Ausbildung
durch die Schule hatte sich auf den Besuch entsprechender Vorlesungen
der Universität und der polytechnischen Schule, auf höhere Vorträge in
militärwissenschaftlichen Fächern und auf Übung in lebenden Sprachen
zu erstrecken; die praktische den Dienst des Generalstabsoffiziers
und der höheren Adjutantur, die Kenntnis der verschiedenen Waffengattungen und körperliche Fertigkeiten, insbesondere das Reiten, zu
umfassen. Offiziere, welche durch Eifer, Talent und Verwendbarkeit
sich auszeichnen würden, sollten beim Austritt dem Könige zur
besonderen Berücksichtigung namhaft gemacht werden.

Den Entwurf für alle weiteren Bestimmungen und Einrichtungen zu bearbeiten, ward einer Kommission aufgetragen, welche,
unter Vorsitz des Inspekteurs der Militär-Bildungsanstalten, aus dem
Generalquartiermeister, dem mit einer, nach Einführung des Gebühren-
reglements vom 4. März 1872, wo dieser Offizier auf den Etat des
Generalstabes kam, fortgefallenen, jährlichen Zulage von 300 Gulden
mit dem Kommando der Anstalt beauftragten Oberst Karl von
Orff des Generalquartiermeisterstabes, den Kommandanten des Kadetten-Korps und der Artillerie und Ingenieur-Schule und einigen
anderen Offizieren bestand. Die erste Einrichtung durfte höchstens
10000 Gulden kosten.

Am 13. Juli machte das Kriegsministerium das Programm für
die Aufnahme bekannt. Dasselbe forderte von jedem sich Meldenden
eine biographische Darstellung, welche den Standpunkt zu kennzeichnen
hatte, auf dem er in Ansehung seiner wissenschaftlichen Ausbildung
zu stehen glaubte; die Darstellung sollte ein wissenschaftliches Resumé
seiner Kenntnisse und Anschauungen sein; es durften derselben eigen-
gefertigte schriftliche und graphische Arbeiten aus irgend einem
wissenschaftlichen Fache beigegeben werden. Bei der Vorlage hatten
sämtliche beteiligte Vorgesetzte des Offiziers sich über dessen Geeignetheit auszusprechen; Offiziere, welche, obgleich sie die erforderlichen
Eigenschaften besafsen, sich nicht meldeten, sollten dienstlich dazu
aufgefordert werden.

Auf Grund der Vorlagen hatte die Ober-Studien- und Examinations-Kommission die zur Einberufung geeigneten Bewerber zu ermitteln. Die Prüfung war mündlich; sie erstreckte sich, in Gestalt von Besprechungen, auf die vom Bewerber angegebenen Kenntnisse und sollte ein Urteil ermöglichen, ob derselbe im stande sein würde den Vorträgen zu folgen.

Der Vorschlag der Kommission in betreff der künftigen Gestaltung der Anstalt, welchen Orff am 10. August vorlegte und welcher durch kriegsministerielles Reskript vom 25. September vorläufig genehmigt wurde, beschränkte sich auf Namhaftmachung der beabsichtigten Unterrichtsgegenstände. Von eingehenderen Bestimmungen sah man zunächst ab, weil die nötigen Anhaltspunkte in betreff der Vorbildung der Schüler fehlten.

Das Programm umfaßte:

Für den 1. Kurs:

Vorträge über Geschichte und Grundzüge der Philosophie; Mathematik; darstellende Geometrie und sphärische Trigonometrie. Mineralogie; Geognosie; Physik und physikalische Technologie, Repetitorium mit Rücksicht auf die neuesten Fortschritte; Chemie und chemische Technologie; Taktik; Heeresorganisation; Feldbefestigung.

Die Vorträge über Physik und Chemie durften sich, wenn die erforderlichen Vorkenntnisse fehlten, auf allgemeine Physik, Chemie etc. erstrecken.

Bei Feldbefestigung, Taktik etc. wurden die Kenntnisse vorausgesetzt, welche im Kadetten-Korps bezw. auf der Kriegsschule erworben werden konnten.

Zum Besuch der Vorlesungen über höhere Mathematik war Niemand verpflichtet.

Für den 2. Kurs:

Staatsrecht; Europäisches Völkerrecht; Militärrecht; physikalische, allgemeine und Einleitung in die Militärgeographie; Vermessungsbunde (niedere und höhere Geodäsie, Kartenprojektion); Taktik und Kriegsgeschichte; permanente Befestigung; Waffenlehre.

Für den 3. Kurs:

Nationalökonomie; Militärgeographie; Kriegsgeschichte und Geschichte der Kriegskunst; Militärverwaltung; Generalstabsdienst.

Für alle Kurse:

Französisch und englisch; Zeichnen; Reiten, Pferdekenntnis; Fechten; Turnen.

Die Kriegswissenschaften standen so sehr im Hintergrunde, dafs die fachwissenschaftliche Ausbildung zur Nebensache wurde. Es gab eine Menge von Dingen zu erlernen, welche mit dem Berufe gar keinen oder sehr mittelbaren Zusammenhang hatten; erst allmälig erhielt der Lehrplan eine praktischere Gestaltung.

An Honorar erhielten die als Lehrer zu verwendenden Offiziere: für 2wöchentliche Vorlesungen 200, für 3 300, für 4 400, für 5 und mehr 500 Gulden jährlich.

Zur Aufnahme meldeten sich 54 Offiziere, (32 der Infanterie, 3 der Kavallerie, 16 der Artillerie, 3 vom Genie-Korps); 18 wurden zur Prüfung zugelassen, 13 einberufen.

B. Bis zum deutsoh-französisohen Kriege.

Am 1. November 1867 wurde die Anstalt in den ihr zugewiesenen Räumen im 1. Stock des gegen die Maxburggasse gelegenen Flügels der Herzog Max-Burg eröffnet.

Unterrichtsgegenstände waren:

1. Mathematik; a. Niedere sphärische Trigonometrie und analytische Geometrie, 4 Wochenstunden; b. Höhere Infinitesimalrechnung, 2 Wochenstunden; c. Deskriptive Geometrie, 2 Wochenstunden;

2. Physik und

3. Chemie, je 3 Wochenstunden;

4. Philosophie, 5 Wochenstunden, nur im 1. Semester;

5. Geognosie, 3 Wochenstunden; '

6. Taktik,

7. Feldbefestigung,

8. Heeresorganisation,

9. Militärisches Zeichnen, sämtlich je 2 Wochenstunden;

10. Französische, 3 Wochenstunden;

11. Englische Sprache (zwei Abteilungen), je 4 Wochenstunden;

12. Reiten, 2 Wochenstunden.

Physik und Chemie hörten die Offiziere in gesonderten Vorträgen, erstere an der Universität, letztere in der polytechnischen Schule, Geognosie mit den übrigen Besuchern dieser Vorlesungen an der Universität; über Philosophie ein Privatissimum, weil der betreffende Professor Bedenken gegen ihre Vermischung mit der grofsen Zahl junger Studenten äufserte, welche die Vorlesung besuchten, und weil

der allgemeine Vortrag nicht für sie passe; den Reitunterricht erteilte
der Kommandant der Kavallerie-Abteilung der Militär-Bildungs-
Anstalten; Turnen und Fechten standen nur auf dem Papiere und
verschwanden von diesem bald, weil sie mit dem Zweck der Einrichtung
nichts gemein hatten und die genugsam in Anspruch genommenen
Kräfte der kommandierten Offiziere abgelenkt haben würden. Ostern
fanden, wie an der Universität, vierwöchentliche Ferien statt.

Die praktischen Übungen bestanden in einer 14tägigen
Übungsreise unter Leitung der Lehrer in Taktik und Feldbefestigung
in der 2. Hälfte des August; die Offiziere wurden dazu, wie noch jetzt,
durch die neuerrichtete Equititationsanstalt beritten gemacht; dann
traten sie bei den Infanterie-Truppenteilen der Garnison München ein,
bei den Herbstübungen wurden sie teilweise höheren Stäben überwiesen.

In der 1. Hälfte des August hatte auf Grund eines vom Kriegsministerium genehmigten „Modus der Beurteilung der Befähigung der Schüler behufs der Wiederbeorderung zur Kriegs-
Akademie" vom 28. März 1868 die Schlußprüfung stattgefunden.

Mit Rücksicht darauf, daß die Leistungen des Offiziers wesentlich
durch seine Persönlichkeit bedingt würden und sein Wissen sich als
bloßes Hilfsmittel zu seinen persönlichen Eigenschaften verhalte, sollte
die Prüfung sich nicht auf die erworbenen Kenntnisse beschränken,
sondern wesentlich die Beurteilung der intellektuellen Eigenschaften
und der geistigen Disposition in sich schließen. Dementsprechend
hatte das Urteil eine deutliche Vorstellung von der geistigen Beschaffenheit des Einzelnen und von dem Gehalte seiner positiven Kenntnisse
durch charakteristische Beschreibung zu gewähren; Zahlen und Noten
wurden als dazu nicht ausreichend erachtet.

Die Prüfungs-Kommission sollte ihre Ansicht gewinnen durch
a) eine von dem Offizier zu verfassende schriftliche Darstellung des
Betriebes und der Erfolge seiner Studien, welche von den während
des Schuljahres von ihm gefertigten Schriftstücken, Ausarbeitungen,
Zeichnungen etc. zu begleiten war; b) eine schriftliche; c) eine mündliche Prüfung.

Die schriftliche Prüfung sollte in der Regel nicht unter
Klausur stattfinden, aus jedem Fache sollte eine Aufgabe bearbeitet
werden, wozu etwa vier Wochen zu Gebote standen; die mündliche
sollte in freien Vorträgen bestehen, deren Gegenstand einige Tage vorher
mitgeteilt wurde. Jeder hatte wenigstens je einen etwa halbstündigen

Vortrag aus den militärischen und den nichtmilitärischen Fächern zu halten. Sämtliche Schüler hatten dabei gegenwärtig zu sein.

Das Ergebnis der Prüfung im Jahre 1868 war durchaus günstig; zu der mit Rücksicht auf bauliche Veränderungen erst am 1. November stattfindenden Eröffnung des Studienjahres 1868—69 wurden sämtliche Teilnehmer des 1. Kursus wieder einberufen. Den 2. besuchten 12 Offiziere (11 der Infanterie, 7 der Artillerie); 18 hatten sich gemeldet. Auf Grund der 1867 gemachten Erfahrungen war der Armee bekannt gemacht, dafs in Zukunft das Hauptgewicht auf allgemeinwissenschaftliche Kenntnisse gelegt und militärisches Wissen erst in zweiter Linie in Betracht gezogen werden würde, dafs die Bewerber genügende Kenntnisse in der Elementar-Mathematik mit Einschlufs der Trigonometrie besitzen müfsten, um dem Vortrage über sphärische Trigonometrie folgen zu können, und dafs sie mit der französischen Sprache ausreichend bekannt sein müfsten.

Der Lehrplan des 1. Kurs wich in einigen Stücken von dem des Vorjahres ab: Aus der niederen Mathematik wurden die wichtigsten Sätze der Algebra, sowie analytische Geometrie in der Ebene und im Raume, in der höheren Differential- und Integralrechnung und darstellende Geometrie vorgetragen; die Zahl der Unterrichtsstunden in Geognosie wurde um 2 vermehrt, die im Englischen um ebenso viele vermindert.

Der Lehrplan des 2. Kurs war nachstehender:

1. Mathematik (freiwillig): Analytische Mechanik, 2 Wochenstunden.
2. Staats- und europäisches Völkerrecht, 4 Wochenstunden.
3. Vermessungskunde, 3 Wochenstunden.
4. Taktik, 4 Wochenstunden.
5. Permanente Befestigung, 2 Wochenstunden.
6. Waffenlehre, 2 Wochenstunden.
7. Militärgeographie, 2 Wochenstunden.
8. Militärisches Zeichnen, 1 Wochenstunde.
9. Militärrecht, 2 Wochenstunden: Behörden-Organismus im bayerischen Staate, Verkehr der Behörden untereinander, bayerische Wehrverfassung, Einquartierungs- und Vorspannwesen, Beteiligung der Offiziere an der Armeeverwaltung und an der militärischen Strafrechtspflege.
10. Französische und
11. Englische Sprache, je 3 Wochenstunden.
12. Reiten, 2 Wochenstunden.

Der Unterricht in der Physik ward im Kadetten-Korps, der in der Chemie in der Industrie-Schule, der im Reiten in der Equitations-Anstalt erteilt; Staats- und Völkerrecht hörten die Offiziere an der Universität; der Vortrag über Militärrecht war einem Regiments-Auditor übertragen. Die Anstalt kostete in diesem Jahre 7700 Gulden.

Nachdem das zweite Studienjahr im übrigen wie das erste verlaufen war und die Prüfungen, unter Beschränkung der schriftlich zu bearbeitenden Aufgaben auf 5, abgehalten waren, fanden die praktischen Übungen des 1. Kurs wie im Vorjahre statt. In betreff des 2. Kurs ward vom Kriegsministerium am 10. Juli 1869 festgesetzt, dafs derselbe unter Leitung des Lehrers der Waffenlehre den Übungen der Artillerie auf dem Lechfelde beiwohnen und unter Führung des Lehrers der Befestigungskunst die Festungen Ingolstadt und Ulm besuchen, der 3. geodätische Übungen vornehmen und sich demnächst an der Operationsreise des Generalstabes beteiligen solle. Nach Beendigung der praktischen Übungen folgte wieder die Teilnahme an den Herbstübungen bei Infanterie-Truppenteilen oder höheren Stäben.

Das Studienjahr 1869—70, von welchem ein Offizier des vorjährigen 1. Kurs ausgeschlossen wurde, sah zum ersten Male drei Kurse vereinigt; zum Besuche des 1. wurden von 22 Bewerbern, von denen 13 zur Prüfung zugelassen waren, auf Grund der letzteren nur 8 einberufen und von diesen einer bald darauf wegen eines Vergehens, dessen er sich inzwischen schuldig gemacht hatte, wieder entlassen, so dafs der Kurs nur 7 Hörer zählte.

Im Lehrplane wurde für den 1. Kurs die Zahl der Wochenstunden in Geognosie von 5 auf 4 herabgesetzt, für den 2. im militärischen Zeichnen von 1 auf 2, im Englischen von 3 auf 4 vermehrt.

Das für den 3. Kurs aufgestellte Programm konnte, weil die Vorträge über permanente Befestigungskunst und über Militärrecht im 2. nicht zu Ende gekommen waren und weil ein Lehrer für das letztere Fach fehlte, nicht vollständig durchgeführt werden. Der Lehrplan umfafste:

1. Höhere Mathematik (freiwillig), 2 Wochenstunden: analytische Mechanik und höhere Geodäsie.
2. Nationalökonomie, 3 Wochenstunden.
3. Kriegsgeschichte, 4 Wochenstunden: Krieg von 1800 in Deutschland und Italien.
4. Festungskrieg, 2 Wochenstunden.
5. Militärgeographie, 2 Wochenstunden.

6. Generalstabsdienst, 3 Wochenstunden.

7. Militärrecht, 1 Wochenstunde.

8. Englische und

9. Französische Sprache, je 3 Wochenstunden;

10. Reiten, 2 Wochenstunden.

Dieser Lehrplan erlitt im Laufe des Jahres dadurch eine Abänderung, dafs der Vortrag über Militärverwaltnng mit dem über Militärrecht verbunden und, da sich herausgestellt hatte, dafs für den erfolgreichen Besuch der Vorlesungen über Staats- und Völkerrecht, wie über Militärrecht, einige juristische Vorbildung wünschenswert sei, für den 1. Kurs ein Vortrag über Rechtsencyklopädie mit 4 Wochenstunden während des Semesters eingeführt wurde. Ausnahmsweise hörten letzteren für dieses Jahr sämtliche Kurse im 2. Semester.

Nachdem am 5. Februar 1870 an Stelle des zum Kommando einer Infanteriebrigade berufenen Oberst von Orff der bisherige Kommandant der Kriegsschule Oberst-Lieutenant Maximilian Graf Verri de la Bosia das Kommando der Akademie übernommen hatte, wurde letztere am 17. Juli, dem ersten Tage der Mobilmachung zum Kriege gegen Frankreich, aufgelöst. 15 ihrer Schüler fanden bei den höheren Stäben Verwendung, die übrigen traten zu ihren Truppenteilen zurück.

C. Das Übergangsjahr 1871—72.

Am 1. November 1871, dem statt des ursprünglich in Aussicht genommenen 1. Oktober zur Regel gewordenen Eröffnungstage, nahm die Anstalt, zu deren Kommandanten am 29. Juli der Oberst-Lieutenant Otto Kleemann,[1] ein Genieoffizier, noch gegenwärtig als General-Major Direktor der Militär-Akademie, ernannt worden war, ihre Thätigkeit wieder auf. Der 3. Kurs zählte 9, der 2., zu welchem einige Offiziere zugelassen wurden, ohne dafs sie den 1. durchgemacht hatten, 10. der 1. 11 Hörer.

Der Lehrplan erlitt kleine Abänderungen. Die Vorträge über Physik und Heeresorganisation wurden vom 1. in den 2., die über Staats- und Völkerrecht vom 2. in den 3. Kurs verlegt; die Philosophie, als Geschichte der Philosophie bezeichnet, ward mit je 3 Wochenstunden in den beiden Semestern, statt früher mit 5 im 1., bedacht; die Zahl

---

[1] Vgl. S. 214. 230.

der Vorlesungen über Geognosie auf 4 während des 1. Semesters, an
Stelle der ihr früher das ganze Jahr hindurch gewidmeten 3, festgesetzt.

D. Von 1872 bis zur Gegenwart.

Eine durchgreifendere Umgestaltung, zugleich diejenige Form,
welche dem Unterrichte gegenwärtig zu Grunde liegt, erhielt der
Lehrplan durch ein Ministerialreskript vom 24. Oktober 1872,
welches die auf Grund der gemachten Erfahrungen am 22. Juli durch
den Inspekteur der Militär-Bildungs-Anstalten unterbreiteten Abän-
derungsvorschläge genehmigte.

Das Reskript betont vor allem, dafs die Akademie eine gründliche,
tief eingehende Berufsbildung zu gewähren habe, mit welcher eine
erweiterte formale Ausbildung in den der ersteren als Grundlagen und
Hilfsmittel dienenden Wissenschaften Hand in Hand gehen solle.

Es bedeutete dies eine Umkehr auf dem betretenen Wege des
Strebens nach allgemeinwissenschaftlicher Bildung und ein Einlenken
in eine Bahn, welche zu praktischen Ergebnissen führen sollte; die
Aneignung militärischer Kenntnisse, wie der Offizier des Generalstabes
und der höheren Adjutantur, sowie derjenige sie gebraucht, welcher
die militärische Jugend unterrichten soll, war das vornehmste Ziel; die
Theorie mufste der Praxis Platz machen.

Es waren Bestimmungen, welche auf den im Kriege gemachten
Erfahrungen beruhten. Die letzteren veranlafsten auch, dafs die bei
Errichtung der Kriegsschule (vgl. S. 265) erlassene Verfügung, nur
solche Offiziere zum Besuch der Akademie zuzulassen, welche von der
Schule das Zeugnis „Besonders befähigt" erhalten würden, am 11. Mai
1873 durch eine andere abgeändert wurde, welche verfügte, dafs der
nur als „Befähigt" Entlassene nicht ausgeschlossen sein solle, „wenn er
nachmals in wissenschaftlicher und dienstlicher Beziehung eine hervorragende Qualität erworben haben würde." Auch ward damals befohlen,
dafs über ein Fehlen an der vorangegangenen 4jährigen Offiziersdienst-
zeit hinweggesehen werden dürfe, wenn der Betreffende sich nach-
weislich im Besitze reicher Kriegserfahrung befände.

Der Lehrplan fufste auf denjenigen Kenntnissen, deren Ziel der
Besuch der Kriegsschule gewesen war, und auf denjenigen, von welchen
der Eintritt in letztere abgehangen hatte. Beim Unterricht in der
Akademie sollte die Lehre stets mit der Ausübung verbunden und
daher, wo es nur angehen würde, die applikatorische Lehrmethode

angewendet, möglichst oft sollte den Zuhörern Gelegenheit zu Besprechungen und zu freien Vorträgen über die behandelten Gegenstände
gegeben werden.

Dieser Aufgabe entsprechend zeigte der neue Lehrplan, welcher
Umfang und Ziel eines jeden Unterrichtsgegenstandes festsetzt, das
nachstehende ganz veränderte Aussehen:

Im 1. Kurs:

Formale Taktik (4 Wochenstunden),

Ältere Kriegsgeschichte (2),

Waffenlehre (2, seit 1. Oktober 1883: 4),

Feldbefestigung (2, seit 1. Oktober 1883: 3),

Militärisches Zeichnen und Aufnehmen (2),

Höhere Mathematik und Geodäsie (4),

Physikalische Geographie (2),

Physik und Chemie (je 3),

Französische und seit 1873 russische Sprache (je 3),

Englisch (3),

Reiten (2—3).

Im 2. Kurs:

Angewandte Taktik (4),

Ältere Kriegsgeschichte (2),

Permanente Befestigungskunst (2, seit 1. Oktober 1883: 3),

Militärgeographie [1] (4, seit 1. Oktober 1883: 3),

Militärverwaltung (1),

Höhere Mathematik und Geodäsie (3),

Allgemeine Geschichte, alte und mittlere (4),

Allgemeine Geographie (4),

Geschichte der Philosophie (2),

Französische und seit 1873 russische, sowie englische Sprache
und Reiten wie der 1. Kurs.

Im 3. Kurs:

Kriegsgeschichte der Neuzeit (6),

Festungskrieg (2, seit 1. Oktober 1883 3),

Generalstabsdienst (2, seit 1. Oktober 1883 4).

---

[1] Über „Militärgeographie" ward gesagt, daß sie das militärisch Wissens-
werte aus der physikalischen und aus der allgemeinen Geographie zu umfassen
und daraus den Einfluß zu folgern habe, den die geographische Beschaffenheit
eines Kriegsschauplatzes auf die Kriegführung ausüben könne. Gleichzeitig hatte
der Vortrag die Hauptumrisse einer wissenschaftlichen Terrainlehre zu geben und
dadurch als Vorbereitung zur Rekognoszierung und zur Kartenbenutzung zu dienen.

Militar-Gesundheitspflege, seit 1878 (1),
Militärrecht, seit 1. Oktober 1883 (1),
Höhere Mathematik und Geodäsie (4),
Allgemeine Geschichte, neuere und neueste (4),
Rechtskunde: Encyklopädie der Rechtswissenschaften, Staats- und
Völkerrecht (3).

Französische, russische, englische Sprache und Reiten wie der 1. Kurs.
Der Reitunterricht wurde am 14. November 1873, mit Rücksichten auf die mannigfachen der Equitationsanstalt obliegenden Ver-
pflichtungen, auf die Offiziere der nichtberittenen Waffen beschränkt.

Im Verlaufe der nächsten Jahre machte die Pflege der Kriegswissenschaften und Sprachen auf Kosten der formalen Bildungsfächer
weitere Fortschritte:

Die Vorträge über Geschichte der Philosophie und Encyklopädie der Rechtswissenschaften etc. wurden 1879, bezw. 1873
gestrichen. Dadurch ward Zeit für Studien gewonnen, deren Betrieb
für den Offizier wichtiger und aus diesem Grunde erfolgreicher ist, als
die Beschäftigung mit jenen Wissenschaften. Das Kriegsministerium
war, als 1879 die Wiederbesetzung des Lehrstuhls für Philosophie in
Frage stand, der Ansicht, daß es sich, wie in Preußen geschehen war,
empfehlen möchte, den Vortrag aufhören zu lassen. „Ob derselbe für
die militärische Fachschule absolut notwendig ist, kann in Frage
gestellt werden. Dem Nutzen, welchen die geistige Anregung der
Philosophie vielen gewährt, steht ein ebenso grofser Nachteil für jenen
gegenüber, welcher bei einem geringeren Grade geistiger Selbständigkeit in die hohe Sphäre dieser Wissenschaft einzudringen rechnet."
Die Inspektion erklärte sich mit dem Aufhören des Vortrages um so
mehr einverstanden, als der Lehrplan des 2. Kurs in Beziehung auf
die Zahl der Unterrichtsstunden, deren dieser Kurs mehr als der 1. und
3. hatte, der nämliche bleiben könne, so dafs den Schülern desselben
eine zweckmäfsige Erleichterung zu teil werden würde.

Als das Russische in den Lehrplan aufgenommen ward, wurde
die Teilnahme am Unterricht im Englischen freiwillig und auf 2 Stunden
beschränkt. Es erlernen durchschnittlich 20 Schüler die Sprache.

Wenig lebendig war das Interesse für das andere freiwillige Lehrfach, die höhere Mathematik. Nachdem demselben die Hörer mehrfach ganz gefehlt, die Zahl derselben nie mehr als 6 betragen hatte,
und seit 1871 überhaupt nur 13 Offiziere beteiligt gewesen waren,
hat der Vortrag mit dem Studienjahre 1884—85 ganz aufgehört.

Der Grund für die geringe Beteiligung liegt darin, daſs die Offiziere bereits vollauf beschäftigt sind und es vorziehen, ihre Kräfte denjenigen Fächern zu widmen, deren Betrieb in mehr unmittelbarer Beziehung zu ihrem Berufe steht und welche besser geeignet sind, sie in ihrer Laufbahn zu fördern. Von der angeregten Errichtung eines Sonderkurs in höherer Mathematik ward abgesehen, weil die Zahl der Hörer eine veränderliche und meist zu geringe sein würde, und weil die in München vorhandenen höheren Lehranstalten genügend anderweite Gelegenheit zur Ausbildung bieten; ein Ingenieuroffizier ist stets auf drei Jahre zur technischen Hochschule kommandiert.

Der Unterricht im Zeichnen erfuhr insofern eine Abänderung, als in Berücksichtigung des Umstandes, daſs in Zukunft nur solche Offiziere die Akademie besuchen würden, welche die Kriegsschule durchgemacht und daher bereits Unterricht im Militärzeichnen und in der Terrainlehre gehabt hatten, der Zeichenunterricht auf Übung im Kartenlesen und auf das Krokieren nach Modellen und im Gelände eingeschränkt wurde und daſs statt der bisherigen Reise zum Zweck des Aufnehmens nur Krokierübungen stattfinden sollten. Die Anordnung ward von der Inspektion am 2. Januar 1876 genehmigt.

In betreff der praktischen Übungen, welche wie früher sich an den theoretischen Teil anschlieſsen, wurde bestimmt, daſs die Hörer

des 1. Kurs den Schieſsübungen der Artillerie auf dem Lechfelde und denen der Militärschieſsschule beiwohnen,

die des 2. eine taktisch-fortifikatorische Reise ausführen und (seit 1887) statt des 3. Ingolstadt und Ulm besuchen,

die des 3. eine Generalstabsreise machen sollen.

Hinsichtlich der Dienstleistungen während der Herbstübungen wurde am 24. Mai 1878 befohlen, daſs im 1. Kurs die Infanteristen bei der Feld-Artillerie, die übrigen bei der Infanterie, im 2. die Kavalleristen bei der Feld-Artillerie, die übrigen bei der Kavallerie einzutreten haben.

Nachdem unter dem 23. Januar 1|876[1] angeordnet worden war, daſs die behufs der Zulassung einzuliefernde biographische Darstellung des Bildungsganges deutsch und französisch abzufassen und daſs ein vom Bewerber angefertigter Situationsplan vorzulegen sei und nachdem am 14. November 1881 befohlen war, daſs die Zulassungsprüfung, welche bei Errichtung der Anstalt noch nicht, wie in Preuſsen, schrift-

---

[1] Verordnungsblatt Nr. 4.

lich hatte abgehalten werden können, weil die auf Grund vorangegangenen Kriegsschulbesuches jetzt als vorhanden angenommen werden durften, im nächsten Jahre nur schriftlich abgelegt werden
solle, wurden am 4. Dezember 1882 seitens des Kriegsministeriums
neue Aufnahme-Bestimmungen[1] erlassen, welche folgende, zuerst
1883—84 anzuwendende Änderungen verfügten:

Die Prüfung ist schriftlich, sie erstreckt sich auf die Bearbeitung
je einer Aufgabe aus Taktik, Waffenlehre, Feldbefestigung, permanente
Befestigung, Algebra, Geometrie, Trigonometrie und wird während der
Osterferien vor der Studien- bezw. Prüfungs-Kommission der Anstalt
abgelegt. In zweifelhaften Fällen kann die schriftliche Prüfung durch
eine mündliche ergänzt werden. Die Aufgaben aus den militärischen
Fächern haben im allgemeinen den für die Offiziersprüfung geltenden
Rahmen festzuhalten, die mathematischen sind aus dem Lehrstoffe des
humanistischen Gymnasiums zu wählen.

Die Studien-Kommission hatte gewünscht, die schriftliche Prüfung
allgemein mit einer mündlichen zu verbinden, weil bei letzterer der
persönliche Eindruck mitspräche; der Vorschlag ward aber unter Hinweis auf Preufsen abgelehnt. Den einzureichenden schriftlichen Arbeiten
durften freiwillige, aber nur aus der allgemeinen Geschichte, Kriegsgeschichte, Taktik, Befestigungskunst und Waffenlehre, beigefügt
werden. Der Inspektion ward jedoch gestattet, diese Freiheit durch
das Mitteilen einer Anzahl zur Wahl gestellter Aufgaben zu beschränken.
Keine Arbeit sollte mehr als acht bis zehn halbgebrochene Bogen
umfassen, eine jede die benutzten Quellen vollständig angeben und
wörtlich Entlehntes zwischen Anführungszeichen setzen.

Über die Zulassung entscheiden die General-Kommandos bezw.
obersten Waffeninstanzen.

Die Prüfungsergebnisse werden der Inspektion der Militär-Bildungsanstalten eingereicht, welche die Entscheidung durch die Mili-
tär-Studien- und Examinations-Kommission herbeiführt und das
Schlufsergebnifs dem Kriegsministerium vorlegt.

Es können auch Offiziere zugelassen werden, welche erst am
Eröffnungstage, dem 1. Oktober, 4 Jahre als Offizier gedient
haben. Premierlieutenants, deren Beförderung zu Hauptleuten bezw.
Rittmeistern während ihres Kommandos zu gewärtigen sein würde,
sind von der Bewerbung auszuschliefsen.

---

[1] Verordnungsblatt vom 9. Dezember 1882, Nr. 49.

Eine Altersgrenze ward nicht gesetzt. Als aber 1884 ein 37jähriger Offizier aufgenommen war, empfahl das Kriegsministerium am 24. Februar 1885 darauf zu sehen, dafs die Eintretenden sich in einem Lebensalter befänden, das noch die volle geistige Rezeptivität und körperliche Frische gewährleiste, welche der Zweck der Anstalt erfordere.

In betreff der Schlufsprüfungen genehmigte der Inspekteur der Militär-Bildungs-Anstalten auf den Antrag der Direktion am 15. November 1881, dafs die schriftlichen Arbeiten aus denjenigen Lehrfächern, in denen die applikatorische Lehrmethode mit Erfolg durchgeführt werden kann, als Prüfungsarbeiten anerkannt werden dürfen, so dafs Aufgaben zur Bearbeitung nur aus denjenigen Fächern gestellt zu werden brauchten, aus denen ein für den Zweck der Bearbeitung geeignetes Material nicht vorliegen würde. Zu den gelegentlich dieser Prüfungen gehaltenen mündlichen Vorträgen haben die Offiziere des Heeres Zutritt.

Die Zahl der Bewerber um Zulassung zum Besuche der Anstalt war fortwährend eine das Bedürfnis übersteigende, so dafs seit 1876 solche, welche allen Anforderungen entsprachen, aber mit Rücksicht auf die vorgeschriebene Zahl nicht einberufen werden konnten, für das nächste Jahr zurückgestellt wurden. Seit 1881 mufs jedoch jeder Nichtaufgenommene, wenn er sich von neuem meldet, die Prüfung noch einmal ablegen. Im ganzen sind von 1867 bis 1887 235 Offiziere aufgenommen: 109 der Infanterie, 44 der Kavallerie, 65 der Artillerie, 17 des Ingenieurkorps. Davon wurden, in Gemäfsheit kriegsministerieller Verfügung vom 10. August 1872, welche vorschrieb, dafs die Offiziere beim Austritt hinsichtlich ihrer Geeignetheit zu Verwendungen aufserhalb der Truppe zu begutachten und ihnen dabei eine Rangordnung anzuweisen sei, 69 als für den Generalstab, 142 (einschliefslich der für den Generalstab tauglich erachteten) als für die höhere Adjutantur, 76 als für das Lehrfach geeignet begutachtet. Ein Reskript vom 24. Dezember 1875 ordnete an, dafs jüngere Offiziere, welche die Kriegs-Akademie nicht besucht hätten, in der höheren Adjutantur nur ausnahmsweise Verwendung finden sollten. Von den Prinzen des Königlichen Hauses machte Prinz Arnulph den Lehrgang von 1873—76 durch; Herzog Max Emanuel nahm 1873—74 am Unterricht teil.

Die dienstliche Stellung des seit dem 1. April 1872 „Direktor" genannten Leiters der Anstalt erfuhr durch Allerhöchste Entschliefsung vom 4. November 1871 insofern eine Änderung, als er

der Inspektion der Militär-Bildungsanstalten nunmehr in allen dienst-
lichen Beziehungen unmittelbar unterstellt wurde. Durch Allerhöchste
Entschließung vom 18. August 1879[1] wurde angeordnet, daß der
Direktor ein Stabsoffizier mit den Gebührnissen eines Regiments-
Kommandeurs sein solle.

Als im Jahre 1885—86 in Preußen mit der Einführung eines
veränderten Lehrplanes vorgegangen wurde, ward eine gleichartige
Umgestaltung angeregt, von der Ausführung des Gedankens jedoch
vorläufig abgesehen, um zunächst die eigenen Einrichtungen zu einiger
Beständigkeit gelangen zu lassen; außerdem sollte das Erscheinen der in
Aussicht stehenden preußischen Akademie-Ordnung abgewartet werden.

7. Die Inspektion
der Militär - Bildungsanstalten.

1866 — 1870.

Schon bei der im Jahre 1858 erfolgten Errichtung der Kriegsschule war man an maßgebender Stelle sich der Notwendigkeit bewußt,
dieselbe mit den übrigen höheren Bildungsanstalten unter eine einheitliche Leitung zu stellen. Aus diesem Grunde war auf die Ausführung des
Gedankens verzichtet worden, die Oberaufsicht dem General-Quartiermeisterstabe anzuvertrauen. Letztere ward dem Kriegsministerium übertragen, damit die Kriegsschule unter der nämlichen Behörde stehe wie
das Kadetten-Korps und die Artillerie- und Genie-Schule, mit denen
sie nach denselben Grundsätzen geleitet werden sollte.

Die Geschäftsführung des Ministeriums konnte das Fehlen einer
gemeinsamen Spitze nicht ersetzen; dem Minister fehlte die Zeit, sich
der Einzelheiten anzunehmen, und seinen Untergebenen konnte er seine
Vertretung im erforderlichen Umfange nicht übertragen.

Da brachte das Jahr 1866 diese Spitze. Der frische Hauch,
welcher, angefacht durch die Ereignisse der Zeit, belebend und be-
fruchtend durch das gesamte Wehrwesen ging, veranlaßte die Errichtung der „Inspektion der Militär-Bildungsanstalten", einer

[1] Verordnungsblatt 1879, Nr. 33.

Behörde, welche, auf Grund der gemachten Erfahrungen später weiter-
entwickelt und mit einer gröfseren Machtfülle in betreff der Verwendung über alle erforderlichen persönlichen und sachlichen Kräfte und
Mittel ausgestattet, gegenwärtig ganz geeignet ist, in der Fürsorge für
die einzelne Anstalt die Ziele der Gesamtheit nach einheitlichen Ge-
sichtspunkten zu fördern. Zunächst fehlte daran viel.

Die grundlegende Bestimmung für ihre Wirksamkeit ist
durch eine Allerhöchste Entschliefsung vom 22. Dezember 1866 [1]
gegeben, welche lautet:

„Die Kriegsschule wird mit der Artillerie- und Genie-Schule und
dem Kadetten-Korps in bezug auf den systemmäfsigen Gang des
Unterrichts und die gemeinsame Verwendung der Lehrmittel in den
Militär-Bildungsanstalten unter eine oberste Leitung „Inspektion der
Militär-Bildungsanstalten" gestellt, bleibt jedoch in den übrigen Beziehungen unmittelbar dem Kriegsministerium unterstellt. Sämtliche
Lehrkräfte werden innerhalb ihrer Leistungen und eingegangenen Ver-
pflichtungen zur Dienstleistung in allen Militär-Bildungsanstalten
berufen."

Jede der drei Anstalten hatte ihren eigenen Kommandanten; zum
Inspektor wurde am 7. Februar 1867 Generalmajor Ritter von
Malaisé ernannt, bisher Kommandant des Kadetten-Korps und der
Artillerie- und Genie-Schule. Am 12. d. M. ward unter seinem Vor-
sitz eine „Ober-Studien- und Examinations-Kommission" er-
richtet, deren Mitglieder jene drei Kommandanten und drei vom
Kriegsministerium kommandierte Stabsoffiziere der Garnison München
waren; ein Inspektionsoffizier von einer der Anstalten führte das
Protokoll.

Die Kommission hatte alle organischen Veränderungen im
Unterrichtssystem zu beraten, festzustellen und durch die Inspektion
zur Vorlage zu bringen. Als Richtschnur sollte ihr dabei die Weisung
dienen, „unverrückt festzuhalten, dafs das System des Unterrichts in
allen Militär-Bildungsanstalten auf die möglichste Entwickelung und
Pflege der freien, selbständigen Geistesthätigkeit Bedacht nehme. Jede
der drei Anstalten behielt daneben ihre eigene Studien-Kommission,
deren Mitglieder der Inspektor bestimmte. Die Austrittsprüfung der
Kriegsschule und des Kadetten-Korps fand gemeinsam vor der Ober-
Studien- etc.-Kommission statt. An der Prüfung mufsten sich jetzt
auch die im Topographischen Bureau vorgebildeten Offizieranwärter

beteiligen, und es konnte zu derselben jeder Unteroffizier, Kadett und Gemeiner des Heeres zugelassen werden, welcher von seinen Vorgesetzten als geeignet erachtet war und die nötige Vorbildung hatte. Sie erstreckte sich auf alles, was für die Erlangung des Reifezeugnisses erfordert ward, bezw. an der betreffenden Anstalt gelehrt worden war. Die Kommission entschied zugleich in betreff des Übertritts in die Artillerie- und Genie-Schule.

Der Stand an Lehrern war knapp bemessen. Für jedes wissenschaftliche Hauptfach (Mathematik und Sprachen ausgenommen) sollte nur ein Professor oder Lehrer Verwendung finden. Den Unterricht, welchen dieser nicht erteilen könnte, sollten Assistenten übernehmen, welche womöglich aus den Inspektionsoffizieren zu wählen waren, damit diese nicht allein im Aufsichtsdienste Verwendung fänden, sondern auch durch den wissenschaftlichen Verkehr auf Bildung und Erziehung wirkten. Der Vorschlag zur Verwendung als Lehrer stand, unter Zuziehung der Kommandanten bezw. der Ober-Studien- etc.- Kommission, dem Inspektor, der zur Kommandierung als Inspektionsoffiziere dem betreffenden Kommandanten zu.

Die Begrenzung des Lehrstoffes für jeden Gegenstand in weiten Umrissen, die Zahl der dem letzteren zu widmenden Vorträge, die Verteilung der Lehrfächer auf die Semester, die Zuweisung der Lehrkräfte an die Anstalten für bestimmte Stunden, die Festsetzung gewisser Tage, an denen die Kommandanten über die Lehrer zu Sitzungen etc. verfügen konnten, und die Zugänglichmachung von Sammlungen etc. lagen dem Inspektor ob.

„In Hinsicht auf die gemeinsame Verwendung stehen Lehrpersonal und Lehrmittel unmittelbar unter der Inspektion; für die Thätigkeit des Lehrpersonals innerhalb der Wirkungssphäre der einzelnen Anstalten sind jedoch die Anordnungen der Kommandanten mafsgebend. — Die Art und Weise, wie das stofflich begrenzte Unterrichtssystem durchzuführen ist, sowie alles, was auf Erziehung und Verwaltung Bezug hat, bleibt der Kompetenz der einzelnen Anstalten überlassen; der Inspektor hingegen wird bei den Ausmusterungsprüfungen Gelegenheit nehmen, genauestens zu erheben, inwieweit diesem System nachgekommen ist und speziellen Bericht hierüber erstatten," hiefs es in den vom Kriegsministerium erlassenen organischen Bestimmungen.

Danach war der Einflufs des Inspektors sehr gering, die Selbständigkeit der Kommandanten innerhalb ihres engeren Wirkungskreises

unbeschränkt. Wenn der Inspektor sich bescheiden mußte, bei den
Schlußprüfungen seine Beobachtungen zu machen und daraufhin zu
berichten, so durfte er nicht einmal thun, wonach er hieß, nämlich
besichtigen, und wenn er zu berichten hatte, so war ihm nicht gestattet, selbständig einzugreifen, abzustellen und anzuordnen.

Auf diesen Grundlagen walteten Inspektion und Ober-Studien-
etc.-Kommission bis zum Jahre 1870 ihres Amtes. Aufser der
Erledigung der laufenden Geschäfte und der Bearbeitung der Lehrprogramme für die einzelnen Anstalten und der Prüfungsvorschriften
war es besonders die Einführung des seit 1864 für die Realgymnasien
vorgeschriebenen Notensystems (I bis V; vorzüglich, sehr gut, gut,
mittelmäßig, gering), welche am 21. Oktober 1868 beschlossen wurde,
womit sie an die Öffentlichkeit traten.

Die Verwaltung war eine einheitliche. Laut Kriegsministerial-
Reskript vom 15. April 1867 wurde nur eine Rechnung gelegt,
welche nach den Unterabteilungen „Inspektion, Artillerie- und Genie-
Schule, Kadetten-Korps" getrennt war.

Am 29. April 1870 wurde der Inspektor Generalmajor von
Malaisé zum Kommandeur der 1. Feld-Artillerie-Brigade ernannt;
Damit hörte jene Stellung auf, die alleinige ihres Inhabers zu sein;
sie ward hinfort als Nebenamt verwaltet. Bald darauf machte die
Mobilmachung der Wirksamkeit des Inspektors ein vorläufiges Ende.

1871—1888.

Am 29. Juli 1871 ward Generalmajor Karl von Orff, zugleich
Kommandant der 2. Infanterie-Brigade, zum Inspektor ernannt; am
1. August hatte die Inspektion von neuem in Thätigkeit zu treten.
Aber in eine wesentlich veränderte; denn durch eine Allerhöchste
Entschliefsung vom 4. November wurde befohlen, „dafs die
sämmtlichen Militär-Bildungsanstalten behufs vollständiger Durchführung eines einheitlichen Kommandos über dieselben, von nun an auch
in allen dienstlichen Beziehungen unmittelbar der Inspektion der
Militär-Bildungsanstalten unterstellt sein und dafs die Kommandos
der Anstalten zur Inspektion in das Verhältnis selbständiger Abteilungs-
zum betreffenden Divisions-Kommando treten sollten."

Das Kriegsministerium erliefs hierzu am 23. d. M. Vollzugs-
bestimmungen, durch welche festgesetzt wurde, dafs der Inspektion
die Oberleitung und Überwachung der Anstalten im allgemeinen und somit auch des gesamten Unterrichts- und Erziehungs-Wesens, anheimfalle,
dafs die Kommandos die Stellung selbständiger Abteilungs-Kommandos
einzunehmen hätten und dafs denselben somit die selbständige Wirksamkeit innerhalb ihres Dienstkreises zukäme. Die Gebührnisse der
Kommandanten blieben unverändert.

In Gemäfsheit dieser Vorschriften liegt der Inspektion, neben der
ihr ausdrücklich übertragenen Aufsicht über den gesamten Dienstbetrieb der ihr untergebenen Anstalten, die Anordnung und Abhaltung
der verschiedenen Prüfungen, die Ausfertigung der Zeugnisse, die
Bearbeitung der Lehrpläne und Prüfungsvorschriften, der Verkehr mit
dem Kriegsministerium in betreff der persönlichen Verhältnisse aller
dem Geschäftsbereiche Angehörigen und die Oberleitung der Verwaltung ob.

Die Bestimmungen über die Abhaltung der Prüfungen sind
die in Preufsen geltenden.

Der Etat vom Jahre 1872 betrug für: Inspektion, welche
sämtliche Gehälter bezahlte, 52134, Kriegs-Akademie 560, Artillerie-
und Ingenieur-Schule 4186, Kadetten-Korps 12861, Kriegsschule 5691,
im ganzen 75432 Gulden. 1887—88: Inspektion 179966, Kriegs-
Akademie 16427, Artillerie- und Ingenieur-Schule 13983. Kadetten-
Korps 99469, Kriegsschule 34055, im ganzen 343900 Mark.

Als Inspekteur, wie der betreffende Offizier seit 1872 heifst,
folgte dem mit der Führung des II. Armee-Korps in Würzburg beauftragten General-Lieutenant von Orff am 19. Juli 1875
General-Major Graf Tattenbach, damals Adlatus des Kriegs-
ministers, später Präsident des General-Auditoriats, und diesem am
16. Juni 1881 General der Infanterie von Diehl, dereinst
Lehrer der Taktik an der Kriegsschule, später Kommandant der letzteren, damals Chef des Generalstabes der Armee. Nachdem dieser am
17. März 1883 gestorben ist, sind nach und nach seine Nachfolger
auf diesem Posten ihm auch in der Verwendung als Inspekteure gefolgt, zuerst der ebenfalls im Bereiche des Militär-Bildungswesens
bereits thätig gewesene Generalmajor Graf Verri della Bosia,
dann, als dieser zum General-Kapitän der Leibgarde der Hartschiere
ernannt worden, war, am 11. Mai 1888 Generalmajor Wilhelm
von Staudt.

8. Die Oberfeuerwerker-Schule 1876—1888.

Die organisatorischen Änderungen, welchen die Verhältnisse der Artillerie im Hinblick auf die Notwendigkeit unterzogen wurden, sie den preufsischen gleich zu gestalten, führten zur Auflösung der bis dahin bestanden habenden Feuerwerkerkompagnie und zum Ersatze der Mitglieder der letzteren durch ein den Stäben der Fufsartillerie etc. beizugebendes Feuerwerkerpersonal. Zur Heranbildung des letzteren ward die Errichtung einer Oberfeuerwerker-Schule angeordnet, welche vollständig der gleichnamigen preufsischen Anstalt nachgebildet werden sollte. Am 30. Dezember 1875 erhielt die Inspektion der Artillerie und des Trains den Auftrag, dem Kriegsministerium einen bezüglichen Entwurf bis Ende Januar 1876 vorzulegen. Es geschah am letzten Tage jenes Monats, nachdem ein zur Verwendung als Direktionsoffizier der Anstalt in Aussicht genommener Offizier auf 14 Tage nach Berlin entsandt worden war, um sich mit den dortigen Einrichtungen bekannt zu machen.

Der Vorschlag lehnte sich an die letzteren an. Er war vom Hauptmann Ludwig Reinhard ausgearbeitet, dessen Ansichten die Artillerie-Beratungs-Kommission sich zu eigen machte.

Der Kursus sollte 1 Jahr dauern; die Zahl der Schüler 30 nicht übersteigen. Zur ersten Einrichtung wurden 2700, zur Ausstattung mit Lehrmitteln 18300, im Ganzen unter Anrechnung von 5% für unvorhergesehene Ausgaben 22050 Mark verlangt, aber nur 10574 bewilligt. Ebenso wurden die Forderungen für Besoldung eines Premier-Lieutenant als Direktionsoffizier (2641,20 Mark) und Zulagen für den Direktor und 4 Offiziere als Lehrer, die Bezahlung eines Lehrers der Physik und Chemie und zweier Hilfslehrer, eines Zahlmeister-Aspiranten als Rechnungsführer und von 6 im Hausdienst zu verwendenden Kanonieren mit 5026 Mark auf 2544, die für sachliche Ausgaben von 4706 auf 3780 Mark herabgesetzt.

Am 8. August 1876 genehmigte König Ludwig II. den Entwurf[1] und befahl, dafs die Anstalt am 1. Oktober ins Leben treten sollte.

---

[1] Verordnungsblatt vom 17. August 1876, Nr. 34.

Am genannten Tage begann sie unter Leitung des noch gegenwärtig als Major an ihrer Spitze stehenden Hauptmann Pracher,
Feuerwerksoffizier beim Fufs-Artillerie-Brigade-Kommando, ihre Thätigkeit. Da die für sie in Aussicht genommenen Räume im neuen Zeughause auf Oberwiesenfeld bei München noch nicht bezogen werden
konnten, wurde sie vorläufig in der Hefsstrafse Nr. 29 mietweise untergebracht.

Es traten 19 Schüler ein, von denen nach Jahresfrist 15 die Berufsprüfung in Kriegsfeuerwerkerei, Artillerie, Fortifikation und Festungskrieg, Dienstkenntnis, deutscher Sprache, Mathematik (Arithmetik,
Geometrie, Trigonometrie, Stereometrie), Physik, Chemie, artille-
ristischem und fortifikatorischem Zeichnen bestanden, obgleich ihre
ungleichartige und, namentlich in Mathematik und Chemie, nicht immer
ausreichende Vorbildung dem Unterrichte mancherlei Schwierigkeiten
bereitet hatte. Mit Rücksicht auf die Verwendung, welche einem
Teile von ihnen im Kriege zugedacht ist, erhielten sie bei der Feld-
artillerie Reitunterricht.

Die Erfahrungen hatten gezeigt, dafs 12 Monate zu gründlicher
Durcharbeitung des Lehrstoffes nicht ausreichten. Es ward daher dem
Kriegsministerium am 25. Mai 1878 der Antrag unterbreitet, die
Kursusdauer, wie in Preufsen, auf 19 Monat zu verlängern, aber nur
alle 2 Jahr neue Schüler einzuberufen. Die Verlängerung ward am
22. August genehmigt, der zweijährige Wechsel dagegen, weil zu
fürchten sei, dafs auf diese Weise der Bedarf an Feuerwerkern nicht
gedeckt werden könne, abgelehnt und angeordnet, dafs 2 Kurse neben
einander bestehen sollten; dabei durfte die Zahl von 30 Hörern nicht
überschritten werden. Die Verfügung fand schon auf den laufenden
Kurs Anwendung. Jetzt erschienen auch die

Bestimmungen über die Organisation der Oberfeuerwerker-Schule[1]

mit dem Titel-Vermerk „nach den preufsischen gleichnamigen Bestimmungen." Sie schrieben vor:

Die Schule ist nächst der Inspektion der Artillerie und des Trains,
in höherer Instanz dem Kriegsministerium unterstellt; ihre Leitung
wird einem Hauptmann der Artillerie anvertraut, welcher eine Zulage

---

[1] Gedruckt: München 1878. — Die hinzugekommenen Nachträge sind im
nachstehenden Text bereits berücksichtigt.

bezieht; die als Lehrer wirkenden Offiziere erhalten je 480, die als Hilfslehrer kommandierten Oberfeuerwerker 180 Mark jährliche Zulage. Die Schüler sind kaserniert, seit dem 1. Januar 1884 im Zeughause; soweit der Raum zuläfst, sollen dort auch der mit Überwachung der Hausordnung beauftragte Direktions-Assistent und die Hilfslehrer untergebracht werden. Die Schüler haben einen gemeinsamen Mittagstisch.

Sämtliche Lehrer, militärische und bürgerliche, bilden die „Unterrichts-Kommission", den technischen Beirat des Direktors, zugleich Prüfungskommission für die Berufsprüfungen.

Wer in die Schule aufgenommen zu werden wünscht, mufs zwei Klassen einer Mittelschule besucht haben oder die entsprechende Bildung nachweisen, von untadelhafter Führung sein, mindestens 2 Jahr gedient haben und sich zu einer ferneren Dienstzeit von 4½ Jahren, einschl. des Schulbesuches, verpflichten. Wer aus einer anderen Waffe als aus der Artillerie eintreten will, mufs zunächst in letzterer 1 Jahr dienen und eine Schiefsübung mitmachen. Ende September findet eine Aufnahmeprüfung statt; dieselbe soll nachweisen, dafs die Befähigung vorhanden ist, den Vorträgen folgen zu können; es wird je eine Aufgabe aus der deutschen Sprache, der Artillerie bezw. Kriegsfeuerwerkerei und der Mathematik bearbeitet. Wer einberufen wird und noch nicht Unteroffizier ist, wird bei der ersten eintretenden Vakanz dazu befördert.

Der Kursus zerfällt in drei Perioden, von denen die 1., vom 1. Oktober bis zum 1. Juni, dem theoretischen Unterrichte, die 2., die nächsten 4 Monate umfassend, der praktischen Ausbildung in der demnächstigen Dienstthätigkeit, die 3., vom 1. Oktober bis Ende April, wieder dem theoretischen Unterrichte gewidmet ist. Wer dann die schriftlich abzulegende Berufsprüfung zum Oberfeuerwerker, welche in drei Teile zerfällt, von denen ein jeder am Schlusse der betreffenden Unterrichtsperiode schriftlich abgelegt wird, bestanden hat, wozu gehört, dafs seine Führung mindestens „gut", das Durchschnittsergebnis der Prüfung mindestens „befriedigend", in Kriegsfeuerwerkerei und praktischem Laborieren mindestens „ziemlich gut" gewesen ist, tritt am 1. Mai zum Feuerwerkerpersonal über; der Ausfall der Prüfung bestimmt die Rangordnung.

Vortragsgegenstände sind Kriegsfeuerwerkerei, materielle Artillerie sowie Revision von Geschützen und Fahrzeugen, Verwaltungsdienst, Fortifikation und fortifikatorisches Zeichnen, Mathematik, Physik,

Chemie, deutsche Sprache, Dienstkenntnis, artilleristisches Zeichnen. Aufserdem finden Exerzier- und Reitübungen, letztere bei einem der Truppenteile der Garnison statt; die Dauer des Reitunterrichts, welche zuerst länger bemessen war, wurde im Interesse der Truppe 1883 auf 4 Monat mit 3 wöchentlichen Unterrichtsstunden herabgesetzt und zugleich, mit Rücksicht auf die geringe Zahl von Teilnehmern, angeordnet, dafs er immer für zwei Kurse gleichzeitig erteilt werden solle.

Die im Frühjahr 1880 ausgetretenen Schüler waren die ersten, welche vollständig nach der Vorschrift von 1878 unterrichtet waren.

Der Unterricht in der Mathematik hat die allgemeine geistige Ausbildung der Schüler zu fördern, ihr Denkvermögen zu schärfen, sie zur Ausführung der in ihrer Dienstpraxis vorkommenden Rechnungen aus der niederen Mathematik zu befähigen und den Grund zum Verständnis der Konstruktionen des Materials zu legen. Der Vortrag schliefst daher die Arithmetik einschl. Gleichungen des 2. Grades, die Geometrie, Trigonometrie und Stereometrie ein. — Physik und Chemie werden so weit gelehrt, als der Beruf des Feuerwerkers im Laborierdienst, bei Pulverprüfungen etc. fordert. — Im Deutschen soll ein jeder orthographisch schreiben und grammatikalisch sich richtig ausdrücken können; besonderer Wert wird auf die Lehre vom Satzbau gelegt; Gewandtheit in Anfertigung leichter schriftlicher Aufsätze und im Halten freier Vorträge über ein leichtes Thema sind anzustreben.

Es werden Übungen im Abstecken von Linien und Winkeln, im Nivellieren und Aufnehmen, und in der 2. Periode eine Besichtigung der technischen Anstalten und der Festungswerke von Ingolstadt vorgenommen.

Laut kriegsministerieller Verfügung vom 13. Mai 1886 unterweist während der zweiten Unterrichtsperiode ein Arzt in der ersten Behandlung Verunglückter.

Im Jahre 1883 wurde erwogen, ob nach Verlegung des Hauptlaboratoriums nach Ingolstadt, wo sich nunmehr die technischen Heeresanstalten vereinigt fanden und manche andere wichtige Lehrbehelfe für die Schule vorhanden sind, welche in München fehlen, sich empfehle, auch die Oberfeuerwerkerschule dorthin übersiedeln zu lassen. Die Frage wurde verneint, weil es schwierig sei, für die Schule dort ein Unterkommen und einen Leiter zu finden, da letzterer keine etatsmäfsige Stelle inne hat, sondern die seine als Nebenamt bekleidet, und weil Gelegenheit zum Erteilen von Reitunterricht fehlen würde.

Der Zudrang zur Anstalt hat bis jetzt nicht hingereicht, die Schülerzahl auf die normale Höhe zu bringen. Beispielsweise waren im Sommer 1879 23 vorhanden und 1887—88 hatten sich 13 Bewerber gemeldet, von denen 4 nicht aufgenommen wurden; 1887 waren 21 Stellen von Feuerwerks-Unteroffizieren unbesetzt. Die Ergebnisse des Unterrichts waren dagegen sehr gute; die Aufsichtsbehörden konnten alljährlich nach stattgehabter Prüfung ihre Anerkennung der Leistungen aussprechen; 1888 bestanden sämtliche 9 Schüler, welche dieselbe ablegten.

Der Berufsprüfung zum Oberfeuerwerker folgt die zum Feuerwerksoffizier. In dieser treten an allgemeinwissenschaftlichen Gegenständen die Geschichte Deutschlands im allgemeinen, Bayerns und seines Königshauses im besonderen, sowie die Entwickelung des vaterländischen Heeres und der seit Anfang des 17. Jahrhunderts geführten Kriege hinzu, wobei nicht die Bekanntschaft mit trockenen Zahlen und Thatsachen, sondern, dem reiferen Lebensalter entsprechend, eine urteilsvollere Auffassung der Verhältnisse gefordert wird. Den Besitz des Reifezeugnisses für die 3. Klasse eines humanistischen oder den 5. Kursus eines Realgymnasiums entbindet von der Ablegung der 2. Berufsprüfung.

9. Die Festungsbauschule 1887—1888.

Die jüngste unter den Anstalten, welche militärwissenschaftlicher Ausbildung gewidmet sind, ist die Festungsbauschule.[1]

Nach dem Muster der 1886 in Preußen ins Leben getretenen gleichnamigen Anstalt wurde sie am 15. März 1887 zu Ingolstadt eröffnet. Es geschah mit einem abgekürzten Kursus, dessen ursprünglich auf 6 Monate berechnete Dauer, da sie sich als zu gering erwies, auf 7 ausgedehnt wurde. Zur Teilnahme hatten sich 17 Bewerber gemeldet, Fortifikationsbureau-Assistenten, Wallmeister und Wall-

---

[1] Archiv des Kriegsministeriums: Festungsbauschule, Fasc. I.

meister-Aspiranten, also Leute, welche weitere Fortbildung in ihrem
Berufe anstrebten und daher in abgekürzten Lehrgängen unterrichtet
werden konnten. Mit Rücksicht auf die Verschiedenheit der in einer
im März 1887 abgehaltenen Aufnahmeprüfung dargelegten Vorbildung
wurden 5 zum 1. Kursus einberufen, 6 für den nächsten zurückgestellt;
jener wurde thatsächlich am 1. November 1887 mit 7 Schülern
eröffnet.

Für den 1. Kursus waren 2400, für den 2. 2300 Mark angewiesen;
die später befohlene Verlängerung um je einen Monat erheischte einen
Mehraufwand von 300 Mark für jeden Kursus.

Die Schule ist der Inspektion des Ingenieur-Korps und der
Festungen unterstellt.

Die Eröffnung des ersten erweiterten Kursus ist zum 1. Oktober
1888 in Aussicht genommen; es ist jedoch nicht beabsichtigt, die
Schule in regelmäfsig fortlaufendem Gange zu erhalten, sondern immer
nur nach Bedürfnis Kurse stattfinden zu lassen.

Die Einrichtungen entsprechen ganz dem preufsischen Muster;
sogar die in der ersten Aufnahmeprüfung bearbeiteten Aufgaben waren
die in Berlin gestellten. Es kann daher von weiteren Mitteilungen
an dieser Stelle abgesehen werden.

10. Mannschaftsschulen.

Spuren der Erteilung wissenschaftlichen Unterrichts an Unteroffiziere und Mannschaften finden wir bis zu der 1777 erfolgten Vereinigung der Wittelsbachischen Lande im kurbayerischen Heere
nicht weiter, als dafs seit 1726 dem Pater Präses der militärischen
Kongregation[1] zu Ingolstadt oblag, rohe, im Christentum unerfahrene junge Soldaten in demselben zu unterweisen. 1775 erklärte
dieser, die mancherlei ihm obliegenden Geschäfte für die bezogene
Gebühr von jährlich 10 Gulden nicht fortführen zu wollen; es wurden
damals die Augustiner ersucht, dieselben zu übernehmen.

In Kurpfalz war anscheinend mehr geschehen. Das freilich erst
1778 im Druck erschienene Reglement für die churpfälzische

[1] Münich 39. 69. 84.

Artillerie[1] schreibt vor, dafs schon der Handlanger, ehe er als solcher angenommen würde, im Rechnen geprüft und dann vom Feuerwerker in den vier Spezies und in der Regel de tri, sowie in Handhabung von Lineal und Zirkel, unterrichtet werden solle, um ihn in die Geometrie einzuführen. Wenn er Büchsenmeister wurde, wozu immer der Geschickteste zu wählen war, so ward er vom Unterlieutenant „in allem Nötigen ohne das geringste Entgelt" weiter unterrichtet. Dieser Unterricht erstreckte sich auf einige mathematische und naturwissenschaftliche Kenntnisse, welche der Artilleriedienst erforderte. Den Unterricht an Korporale und Feuerwerker erteilte der Oberlieutenant; er ging für jene bis zur geradlinigen Trigonometrie einschl. der Berechnung nach Sinus- und Logarithmentabellen. Der Feuerwerker mufste auch die Mechanik verstehen.

Graf Rumford, welchem im vereinigten kurpfalz-bayerischen Heere die Sorge für die wissenschaftliche Ausbildung zufiel, ordnete für die grofse Masse der Unteroffiziere und Mannschaften nur an, dafs in den Militärschulen, in denen vormittags die Soldatenkinder Lesen, Schreiben und Rechnen lernten, nachmittags freiwillig sich meldende Unteroffiziere etc. darin unterrichtet werden sollten. Der Bayerische Landesbote, München 1790 Nr. 54, berichtet, dafs diese Schulen in Ingolstadt unter einer gemeinsamen Leitung gestanden haben und dafs eine am 3. Juli abgehaltene Prüfung gut ausgefallen sei.

Abgesehen hiervon hatten die Unteroffiziere, wie eine kriegsministerielle Verfügung vom 27. Oktober 1808 ausdrücklich betont, „um den ihnen nötigen Unterricht sich selbst umzusehen, weil von demselben ihre künftige Beförderung und bessere Versorgung abhänge."

Unmittelbar darauf, am 28. November 1808, ward, „um ein intelligenteres Unterrichtsmaterial zu gewinnen", ein dienstlicher Schulunterricht bei allen Truppenteilen eingeführt, welcher am 20. Juni 1809, „um auch den bereits angestellten Unteroffizieren einen höheren Grad von Bildung zu verschaffen", erweitert ward. Dazu wurden die bis dahin mit monatlich 5 Gulden für ein Infanterie-, Kavallerie- und Artillerie-Regiment, 3 Gulden für ein leichtes Infanterie- oder Fuhrwesens-Bataillon gewährten Mittel verdoppelt.[2]

---

[1] Münich 137.
[2] Schelhorn, 15.

Diese Bestimmungen blieben bis 1823 in Kraft. Wo mehr geschah, war es einzelnen Vorgesetzten zu danken, welche auch gröfsere Mittel für den Zweck herbeizuschaffen wufsten. Nach Ausweis der Akten, welche übrigens weder über die Art der Beschaffung noch über den Umfang des Unterrichts Auskunft geben, ist es mehrfach vorgekommen.[1] Die 1823 geschehene Neuregelung erfolgte durch den schon erwähnten (S. 250) Erlafs der „Dienstvorschriften", deren § 447 hinsichtlich der 1. oder niederen Regimentsschule bestimmte, dafs in derselben Lesen von Druck und Schrift, Schön- und Rechtschreiben, die vier Rechnungsarten in ganzen Zahlen, Tabellieren der Rapporte etc., Niederschreiben kurzer Sätze nach dem Vorsprechen gelehrt werden solle. Zum Besuch waren alle Tambours, diejenigen Soldaten, welche Lust hatten und sich zu Unteroffizieren bilden wollten, und diejenigen Unteroffiziere verpflichtet, welche noch nicht die gehörige Befähigung für ihren Dienst erlangt hatten. Als Lehrer wurden Unteroffiziere oder sonst taugliche Individuen gegen angemessene Belohnung verwendet.

An Stelle des § 447 traten laut Befehl vom 30. Juli 1858, wo auch die Errichtung der Kriegsschule angeordnet wurde, am 1. November 1858

Organische Bestimmungen
für die Schulen bei den Heeresabteilungen.

Diesen zufolge war bei jedem Infanterie- oder Kavallerie-Regiment, jedem Jäger- und den vom Regimentsstabe getrennt garnisonierenden Infanterie-Bataillonen oder Kavallerie-Divisionen eine zweiklassige Schule einzurichten; in der 1. war Erwerb der Befähigung zum Unteroffizier, in der 2. Ausbildung als solcher, Zweck des Unterrichts.

Lehrgegenstände waren: In der 1. Klasse Lesen von Druck und Schrift, Schön- und Rechtschreiben, die 4 Rechnungsarten in ganzen Zahlen, Tabellieren; in der 2. aufserdem Anfertigen schriftlicher Meldungen, wie sie bei den Dienstverrichtungen der Unteroffiziere vorkommen, die 4 Rechnungsarten mit gemeinen und Dezimalbrüchen; Regel de tri, die wichtigsten Elemente der allgemeinen Geographie und die Elemente der Geschichte und Geographie. Dabei fand eine

---

[1] Geheime Registratur des Kriegsministeriums: XIV. Schulen.

Erklärung der wichtigsten Fremdwörter und bei den Waffenübungen vorkommenden Ausdrücke statt.

Von Anfang November bis Ende März war in jeder Klasse täglich 1 Stunde Unterricht. Es nahmen teil: in der 1. Klasse alle zu Unteroffizieren geeignete Soldaten, sowie diejenigen, welche aufserdem Lust haben und die Tambours von 17 Jahren an; in der 2. Klasse alle Unteroffiziere, soweit sie nicht schon 6 Jahre teilgenommen oder in einer Prüfung den Besitz vollständiger Kenntnis sämtlicher Lehrgegenstände nachgewiesen; Soldaten, Gefreite und Spielleute, welche zur Beförderung befähigt, aber noch nicht zu Unteroffizieren ernannt sind.

Die Schulen standen unter Leitung eines Stabsoffiziers oder geeigneten Hauptmann (Rittmeister). In der 1. Klasse unterrichteten gegen eine Remuneration, welche für eine fünfmonatliche Unterrichtszeit bei Schulen für mindestens 2 Infanterie-Bataillone etc. je 15, bei abgeteilten Schulen 10 Gulden betrug, Unteroffiziere oder sonst geeignete Personen, in der 2. Lieutenants, welche dagegen vom Garnison- und Abteilungsdienst (scharfe Kommandos ausgenommen) befreit waren. In Listenführung unterrichteten Verwaltungsbeamte. Klassen mit mehr als 50 Schülern wurden in 2 Abteilungen geteilt. Vor Schlufs der Schule fand eine Prüfung vor dem Kommandanten des Truppenteils im Beisein der Offiziere statt.

Bei der Artillerie, dem Genie und den Sanitätskompagnien waren besondere Vorschriften in Kraft.

Die Neugestaltung des bayerischen Heerwesens nach 1866 hatte eine anderweite Ordnung der Mannschaftsschulen zur Folge. Auf dieser beruht der

Gegenwärtige Zustand.

In Gemäfsheit der kriegsministeriellen Reskripte vom 15. Dezember 1869, 19. November 1872 und 19. März 1877 bestehen:

1) Unteroffizier-Aspiranten-Schulen

und zwar je eine am Sitze eines jeden Infanterie-, Kavallerie- und Artillerie-Regiments, Pionier- und Train-Bataillons, beim Eisenbahn-Bataillon und der Militär-Schiefsschule, selbständig detachierten Infanterie- und Fufsartillerie-Bataillonen [Kavallerie-Divisionen] und Feldartillerie-Abteilungen, zu deren Besuch von jeder Kompagnie, Eskadron und Batterie durchschnittlich mindestens 6 Mann zu bestimmen sind. Jede Schule steht unter Oberaufsicht eines Stabsoffiziers oder Hauptmann (Rittmeister), an jeder unterrichtet bei der Infanterie und Kavallerie ein Ober- und ein Unteroffizier. Die Schulen der anderen Truppengattungen erheischen mehr Lehrkräfte; sind mehr als 40 Schüler vorhanden, so wird ein Parallelkurs eingerichtet. Über Beginn, Dauer und Einteilung des Unterrichts sind allgemein giltige Bestimmungen nicht gegeben.

Unterrichtsgegenstände: Lesen, Recht- und Schönschreiben, Rechnen mit ganzen, benannten und unbenannten Zahlen, gemeinen Brüchen, Regel de tri-Aufgaben unter steter Bezugnahme auf vaterländische Geschichte und Geographie, Kriegsgeschichte, dienstliche und ökonomische Verhältnisse des Soldaten. — Einteilung und Bestandteile des Heeres, Waffen und Ausrüstung des Truppenteils, Verrichtungen des Unteroffiziers, Kartenlesen, dienstliche Aufsätze. — Aufserdem unterweist ein Verwaltungsbeamter in Listenführung und bei den berittenen Waffen ein Rofsarzt in Pferdekenntnis, und es werden praktische Übungen aus dem gesamten Dienstbereiche des betr. Truppenteils vorgenommen.

Der Lehrplan der technischen Truppen erfährt nach dem Gutdünken der betr. Inspektion weitere Ausdehnung.

Bei Schlufs des Unterrichtes werden die Schüler durch den mit der Oberaufsicht betrauten Offizier als „befähigt" oder „nicht befähigt" zur Beförderung bezeichnet; eine theoretische und praktische Prüfung giebt darauf dem Kommandeur Gelegenheit, diese Beurteilung zu würdigen. Nichtbefähigte können zu wiederholtem Schulbesuche zugelassen, Befähigte sofort zu Unteroffizieren ernannt werden.

2) Kapitulanten-Schulen

zur Ausbildung für besondere militärische Dienststellungen (Feldwebel etc.) und für Civilversorgung; nur für Unteroffiziere, deren Teilnahme eine freiwillige ist, welche aber vor zurückgelegtem 6. Dienstjahre nur dann zugelassen werden, wenn der Besuch im dienstlichen Interesse liegt. Die Leitung wird einem älteren Offizier übertragen, welcher möglichst wenig wechseln soll. Die Klassenstärke soll womöglich 25 nicht übersteigen. Der Unterricht beginnt in der Regel Ende Oktober, Dauer und Einteilung hängen von äufseren Umständen ab.

Unterrichtsgegenstände:

Deutsch: Vervollkommnung im Lesen gedruckter Schriftstücke, Lesen geschriebener; Rechtschreibung und Interpunktion; Lehre von den Wortarten, Deklination, Konjugation, vom einfachen zusammengezogenen und zusammengesetzten Satze; Wiedergabe vorgelesener Erzählungen; Anfertigung von Berichten und Geschäftsschreiben aus dem militärischen und bürgerlichen Verkehr.

Rechnen: Gemeine und Dezimalbrüche, einfache und zusammengesetzte Regel de tri, für Befähigte Gesellschafts- und Zinsrechnung; nach Bedarf auch Berechnung des Inhalts von Figuren und Körpern ohne wissenschaftliche Begründung.

Geographie: Grundbegriffe der Erd- und Himmelskunde; Erdoberfläche; allgemeine und physische Kenntnis von Europa, der gröfseren Flüsse, Gebirge, Städte, sowie der politischen Verhältnisse Deutschlands; Kartenlesen.

Geschichte: Hauptepochen der deutschen bis zum 30jährigen Kriege; Erweiterung der Kenntnis der bayerischen und deutschen von da an und deren Zusammenhang mit der Weltgeschichte.

Schreiben und Zeichnen: Rapporte, Listen; Gebrauch von Lineal, Mafsstab, Zirkel; Anfertigen kleiner Krokis.

Ein Vortrag über Militärverwaltung kann eingeschaltet werden; im übrigen sind obige Grenzen nicht zu überschreiten; die Anfertigung häuslicher Arbeiten ist dem freien Willen der Schüler überlassen.

Als Lehrer im Deutschen und im Rechnen sind womöglich Elementarlehrer, in Geographie und Geschichte nur Offiziere zu verwenden.

Besondere Einrichtungen für Artillerie, Pioniere, Eisenbahnbataillon und Train anzuordnen ist den Waffeninspektionen überlassen.

Unteroffizier-Schulen, wie in Preufsen, bestehen nicht.

11. Militärwissenschaftlicher Unterricht an Universitäten.

A. Würzburg 1731 — 1803.

Auch an der Julier-Universität zu Würzburg,[1] wie man amtlich schrieb, ward den Kriegswissenschaften eine Heimstätte eröffnet. Es geschah durch den Fürstbischof Friedrich Karl von Schönborn (1729—1746). Die Früchte, welche die Einrichtung zur Reife brachte, waren geringwertig. Die Schöpfung erhielt freilich den hochklingenden Namen einer „Ingenieur-Akademie", bestand aber in nichts weiterem, als dafs an der Universität ein Offizier Vorlesungen über die Ingenieurkunst hielt. Der Unterricht trug keine Früchte. Die Ursachen des Mifserfolges waren die ungleiche und vielfach sehr mangelhafte Vorbildung der Zuhörer, die Weite des Unterrichtsgebietes, welches Mathematik und Feldmessen, Befestigungskunst und Artillerie und sämtliche bürgerliche Baufächer umfafste, und vor allem die geringe Tüchtigkeit der Lehrer. Der erste darunter war der Ingenieur-Lieutenant Johann Raphael Tatz; seine Bestallung ist vom 2. Mai 1731 datiert. Er erhielt damals aufser seinen militärischen Gebührnissen 100 Reichsthaler Zulage, welche zur Hälfte die Kammerkasse, zur Hälfte das Rezeptorat der Universität zahlte, und hatte dafür „öffentliche und ohnentgeltliche Vorlesungen für Edelknaben und Seminaristen, auch andere so dazu ein Verlangen haben, die Architectura civilis et militaris, auch Feldmessen zu lehren." Es ward ihm die „Hofkost bei der Edelknaben Tisch" gewährt. Wie lange seine Lehrthätigkeit gedauert hat, ist nicht genau ersichtlich. Er kam aus nicht angegebenen Gründen in Arrest und wurde kassiert. Es mufs gegen 1744 gewesen sein; denn ein Hofkriegsrats-Protokoll[2] aus diesem Jahre zeigt, dafs die Behörde sich damit beschäftigte, ihm sofort einen Nachfolger zu geben. Der Wunsch wurde damit begründet, „dafs das Fürstentum Würzburg an guten Ingenieurs nicht allerdings einen

---

[1] Sämtliche Aktenstücke, auf welche Bezug genommen ist, befinden sich im Kreisarchiv zu Würzburg.

[2] Hofkriegsrats-Akten, 19 Fascikel.

Überfluß habe." Am 10. Oktober 1744 ward der Kapitän-Lieutenant Michael Anton Müller, Gneisenaus Großvater mütterlicherseits,[1] als Ersatz vorgeschlagen.[2] Der Lehrstuhl ward aber vorläufig nicht besetzt.

Am 12. August 1749 wurde durch Hofkriegsrats-Beschluß von neuem vorgetragen, daß seit der Kassation des pp. Tatz die Kollegien, welche dieser wöchentlich zwei- bis dreimal unentgeltlich nicht nur den Offizieren, sondern auch Soldaten, welche sich in der Ingenieurkunst hätten weiterbilden wollen, gehalten, und wofür er jährlich 100 Reichsthaler bekommen habe, nicht mehr gehalten worden seien; es wurde der Vorschlag daran geknüpft, den Unterricht dem Stück-Lieutenant Koch zu übertragen, welcher in dieser Wissenschaft ziemlich qualifiziert sei und für geeignet zur Erteilung gehalten würde.

Koch erhielt indessen das Amt für jetzt noch nicht; es ward vielmehr am 4. Januar 1752 dem schon erwähnten Müller übertragen[3]; am folgenden Tage erging ein Befehl des Fürstbischofs an den Hofkriegsrat, in welchem demselben aufgegeben wurde, die Kommandanten sämtlicher Regimenter anzuhalten, daß ihre Offiziere die Vorlesungen besuchten.

Die Stellung des Lehrers zur Universität ward durch die Satzungen, welche Fürstbischof Karl Philipp von Greiffenclau (1749—1754) der Hochschule gab, dahin geregelt, daß der Betreffende sich niemals einfallen lassen solle, innerhalb der philosophischen Fakultät, welcher er zugewiesen ward, ein Recht in Anspruch zu nehmen und mit den Professoren derselben Streit anzufangen.

Seit 1754 erscheint der Lehrer der Kriegswissenschaften auch in „des fürstlichen Hochstifts Würzburg und Herzogtums Franken Hof-Staats- und Stands-Kalender". Er wird hier hinter der philosophischen Fakultät unter den „Angehörigen der Universität" aufgeführt und nimmt unter ihnen den ersten Platz ein. Es heißt dort, nachdem der Name genannt ist, „bei welchem Jedermann die Arithmetique, Geometrie, Fortification und Civil-Baukunst, wie auch Artillerie, dann

---

[1] Pertz, Leben Gneisenaus, V. S. 1.

[2] Die Hofkriegsratsakten, 19 Fascikel, enthalten eine bei dieser Gelegenheit aufgestellte Spezifikation, welche die von Tatz bezogenen Gebührnisse anders angiebt, als die erste Bestallung in Aussicht nahm.

[3] Die „Geschichte der Universität Würzburg" von Dr. Franz X. von Wegele, Würzburg 1882, 1. Teil, S. 439, nennt als Vorgänger von Müller den am 19. August 1753 verstorbenen Artillerie-Oberst Johann Balthasar Neumann, welcher auch beim Bau der Residenz in Würzburg beteiligt war; die Akten des Archivs ergeben dafür keinen Anhalt.

mehrere zu diesen Wissenschaften mit eingehörige Erfahrungen in allhiesiger Universität ganz frey und ohnentgeltlich zu erlernen, täglich
von 10 bis 12 Uhr." Anfangs fand um Mittwoch kein Unterricht statt;
in den letzten Jahrgängen der bis 1802 reichenden Staats-Kalender
sind die Vorlesungen nicht mehr so genau angegeben, sondern nur
Name und Titel des Lehrers.

Müller starb am 18. Februar 1772; es folgte ihm der schon
genannte Johann Baptist Veit Koch, jetzt Oberst-Wachtmeister. Derselbe erhielt eine Zulage von 200 Gulden. Er legte am 28. Mai d. J.
einen Plan vor, welcher darauf hinzielte, die vorgetragenen Wissenschaften gründlicher als bisher zu lehren; es trat aber keine Änderung
ein, die Lehrerfolge blieben mindestens ebenso unbefriedigend wie
früher. Auch dafs ein höherer Offizier, der Oberst Freiherr von
Drachsdorff, sich der Sache annahm und 1775 einen Bericht[1] vorlegte, in welchem er sich über die „Ingenieur-Akademie" aussprach,
führte zu nichts Weiterem, als dafs Drachsdorff die Oberaufsicht über
die Anstalt und der Auftrag erteilt wurde, Vorschläge für Änderungen
zu machen. Er beantragte am 5. März 1775 Geometrie, Planimetrie,
Trigonometrie, Stereometrie, Land- und Feldmessen nebst Einleitung
zur Geographie und Erklärung der Landkarten an zwei Tagen, Fortifikation, Baukunst und alles, was ein Ingenieur zu wissen nötig hat,
namentlich auch Festungskrieg und Artillerie, an zwei anderen, Civil-
Baukunst an den beiden letzten Tagen der Woche und zwar in je
zwei Vor- und zwei Nachmittagsstunden zu lehren; wer teilnehmen
wolle, sollte wenigstens die vier Grundrechnungsarten kennen.

Aber die Einrichtungen blieben die früheren und die Zustände
wurden, da Koch nicht im Stande war, Ordnung zu halten, immer
schlimmer. Drachsdorff ward am 24. Januar 1782 aufgefordert
zu berichten, warum gar keine Offiziere den Unterricht mehr besuchten
und wie es käme, dafs die Akademie ihren Zweck überhaupt nicht
erfülle. Er sollte Auskunft geben, ob es an der Lehrart, am Unfleifs
der Kandidaten oder an etwas Anderem läge. Er erstattete diesen
Bericht am 25. Februar, indem er sagte, schon 1752 habe der ab-
gelebte Fürstbischof, als er die Regimentskommandanten angewiesen
habe ihre Offiziere zu Müllers Unterricht zu schicken, in Aussicht
gestellt, dafs er beim Avancement sein Augenmerk vorzugsweise auf
diejenigen richten werde, welche seiner gnädigen Verordnung gemäfs

---

[1] Schulsachen, 152.

leben würden; dieses sei aber nie geschehen, es sei weder an den Un-
fleifsigen ein Exempel statuiert, noch seien die Fleifsigen bevorzugt,
es habe mithin ein Sporn zum Lernen gefehlt: Bildungsgrad und
Fortschritte der Schüler seien zu verschieden, daher hielten die schwächeren die besseren auf und schliefslich blieben erstere doch liegen;
aufserdem nähme der Dienst die Offiziere zu sehr in Anspruch, als
dafs sie Lust hätten, sich mit so melancholischen Dingen, wie vorgetragen würden, zu befassen. Eine Möglichkeit der Besserung erblickt
Drachsdorff in der Errichtung mehrerer Klassen und in dem Erlafs
einer Bestimmung, dafs kein Fähnrich zum Unter-Lieutenant ernannt
werden solle, der nicht auf der Akademie das Zeugnis der Reife
erwürbe.

Die Lehrer waren ungeeignete Persönlichkeiten gewesen. Müller
hätte sich begnügt Pläne zeichnen und dieselben an die Wände hängen
zu lassen; er war ebensowenig Herr des Lehrstoffes gewesen, den er
vorzutragen hatte, als der Schüler, die er unterrichten sollte. Noch
weniger war letzteres bei Koch der Fall. Seine Zuhörer hatten gethan,
was ihnen beliebte; sie hatten während des Unterrichts gegessen, ge-
trunken, Tabak geraucht, geschwatzt, gesungen, mit Lincalen gefochten
und gerauft.

Koch starb am 17. November 1782. Sein Nachfolger wurde am
17. Februar 1783 der Artillerie-Hauptmann Johann Adam Pleitner,
ein Stiefsohn Müllers, derselbe hatte ein Jahr später 19 Zuhörer; im
Staatskalender erscheint er als „der Civil- und Militär-Architektur,
der Ingenieur und Artillerie und derer sämtlichen dahin gehörenden
mathematischen Wissenschaften ordentlicher Lehrer, bei welchem an-
nebst die höhere Arithmetik und Geometrie in Theorie und Praxis
nach allen ihren Teilen in Bezug auf alle mathematischen Gegenstände
mit denen dahin einschlagenden Erfahrenheiten auf allhiesiger Universität frey und ohnentgeltlich zu erlernen ist, vormittags von 10
bis 12 Uhr."

Ob Pleitner bessere Erfolge gehabt hat als seine Vorgänger ist
nicht ersichtlich; er selbst glaubt es. In einem Gesuche vom 30. Dezember 1794, seine Zulage von 200 Gulden rheinisch auf 240 Gulden
fränkisch zu erhöhen, beruft er sich auf die Laufbahnen seiner
Schüler, welche sich in angesehenen Stellungen in Österreich, der
Schweiz etc. befänden; es waren freilich solche, denen er Privatunterricht gegeben hatte. Ein wesentliches Hemmnis für das Ge-
deihen der Einrichtung erblickt er in der mangelhaften Vorbildung

vieler Schüler; er wünscht, dafs sie Kenntnis der niederen Mathematik mitbrächten.

Eine von Drachsdorff erlassene „Ordnung" erregte den Unwillen des Rektorats, welches in den Bestimmungen derselben einen Eingriff in die eigenen Rechte erblickte und am 26. Februar 1786 Klage führte.

Als durch den Reichsdeputations-Hauptschlufs die fränkischen Bistümer ihre Selbständigkeit eingebüfst hatten, gab Kurbayern, dem sie zugefallen waren, der Würzburger Hochschule am 25. November 1803 eine neue Einrichtung, welche den Kriegswissenschaften keinen Lehrstuhl einräumte.

B. Erlangen.

In der zweiten Hälfte des 18. Jahrhunderts wurden auch an der damals ansbach-bayreuthischen Universität zu Erlangen[1] ein Versuch gemacht, die Kriegswissenschaften einzubürgern. Es geschah durch einen Offizier Johann Emmanuel Vetter. Als Sohn eines ansbachischen Ingenieur-Kapitän 1737 geboren, hatte derselbe zuerst als Artillerie-Offizier in württembergischen Diensten gestanden, war 1786 Premier-Lieutenant beim Feldartilleriekorps des fränkischen Kreises, 1770 daneben Ingenieur-Lieutenant bei dem ansbach-bayreuthischen Stande und zugleich öffentlicher Lehrer der Mathematik an der Universität zu Erlangen geworden, wo er „aufser den Edelleuten und anderen Studierenden und Liebhabern, besonders junge Offiziere, welche die Hochschule besuchten, zu unterweisen sich erbot." Er gab Unterricht in praktischer Geometrie, bürgerlicher und Kriegsbaukunst und „in allem, was von einem gebildeten Krieger an taktischen Kenntnissen gefordert werden kann." 1788 war er Oberst-Lieutenant. Für die Wahrheit der Behauptung, dafs er „schon manchen Zögling an Armeen abgegeben habe, welche ihrem Lehrer Ehre gemacht haben," mufs die Verantwortung dem Professor Fikenscher (S. 314, Anm.) überlassen bleiben.

C. Plan einer akademischen Kadetten-Schule.

Wir haben schliefslich, als einer Sonderbarkeit, des Planes zu einer Anstalt zu gedenken, welche unter obigem Namen auf Aktien gegründet

---

[1] Vollständige akademische Gelehrten-Geschichte der königlich preufsischen Friedrich-Alexander-Universität zu Erlangen von Professor G. W. A. Fikenscher, Nürnberg 1806. 2. Abtl. S. 246.

werden und deren Inhabern im Wege der Losziehung wieder zu dem Ihrigen verhelfen sollte. Das Unternehmen ist in einem Buche dargelegt,
welches unter dem Titel „Kurzgefaßte Nachricht von der akademischen Cadettenschule", 1758 bei Johann Christoph Wagegg, akade-
mischem Buchdrucker zu Günzburg, herausgegeben ist. Der Verfasser
Johann Daniel Herz von Herzberg, Direktor der Kaiserlichen Fran-
ciscischen Akademie, will in oder bei Augsburg eine höhere Bildungsanstalt errichten, welche er als Kadetten-Schule bezeichnet, weil sie
nach Art der Kadettenhäuser militärisch eingerichtet werden, aber
nicht lediglich Offiziere ausbilden, sondern überhaupt höhere Bildung
vermitteln soll. Der Inhalt des Buches handelt von dem Lotterie-
unternehmen, welches den an der Gründung sich Beteiligenden unter
Umständen reiche Gewinne bringen soll, von Uniformen und sonstigen
Äußerlichkeiten, enthält aber nichts vom Unterricht. Am 4. Oktober 1758, also mitten in den Wirren des Siebenjährigen Krieges,
gedachte Herzberg seinen wunderbaren Plan zu verwirklichen, von
welchem weiter nichts verlautet.

12. Die Königliche Pagerie.[1]

Unter den Erziehungsanstalten, deren Aufgabe die Vorbereitung
ihrer Zöglinge für die Laufbahn des Offiziers ist, muß auch die
Königliche Pagerie genannt werden. Sie hat diesen Zweck indessen
nie ausschließlich verfolgt, sondern es hat den „Edelknaben", so hießen
die Zöglinge, zu allen Zeiten die Wahl des Berufes mit der Beschränkung freigestanden, daß diejenigen, welche sich dem Heeresdienste
widmen wollten, an dem militärwissenschaftlichen Unterrichte teilgenommen haben mußten.

Das Alter der Pagerie ist ebensowenig festzustellen, wie der Zeitpunkt, wo an derselben zuerst militärwissenschaftlicher Unterricht
erteilt worden ist. Die Errichtung der Anstalt ist vor 1580 erfolgt,
unter Kurfürst Maximilian Emmanuel war ein Offizier angestellt, um
Mathematik und Befestigungskunst zu lehren.[2]

---

[1] Aktenmäßige Mitteilungen des Kgl. b. Pagenhofmeisters, Hauptmann Freiherrn von Müller.

[2] Schönhueb, S. 6.

Bei der Geschichte des Kadetten-Korps ist (S. 103) erwähnt worden, wie bei der 1799 erfolgten Umformung der Militär-Akademie der Studiendirektor Babo die Verschmelzung beider Anstalten befürwortete und wie darauf die für den Heeresdienst bestimmten Edelknaben den in der Militär-Akademie erteilten kriegswissenschaftlichen Unterricht besuchten. Als Werneck die letztere 1805 zum Kadetten-Korps umgestaltete, unternahm er ebenfalls einen Angriff auf die Pagerie. Dem Oberstallmeisterstabe, welchem dieselbe unterstellt war, gelang es aber wiederum, mit Unterstützung der interessierten Kreise, sie zu erhalten. Die Verbindung mit dem Kadetten-Korps ward gelöst und der militärische Unterricht hinfort in der Pagerie erteilt.

1820 hörte der häusliche Unterricht in der Pagerie, aufser für die jüngsten Edelknaben, auf; an seine Stelle trat der Besuch des Gymnasiums. Daneben erhielten die für den Militärstand bestimmten Zöglinge durch Professor Daniel von Tausch Unterricht in Taktik, Waffenlehre, Befestigungskunst und Dienstlehre; zuerst wurden wöchentlich 9, später 2 bis 3 Stunden auf diese Fächer verwandt. Von diesem Unterricht meldet z. B. der „Jahresbericht über den Fortgang der Königlichen Edelknaben im Jahre 1826."[1] „Derselbe bezog sich in diesem Jahre vorzüglich auf die angewandte Taktik. Er beschäftigte sich mit den Regeln und Anordnungen, welche zur Sicherung der eigenen Truppen gegen die feindlichen Einwirkungen während des Marsches, der Lagerung und in den Kantonnierungsquartieren beobachtet werden müssen; ging sodann zu den direkten Verrichtungen gegen den Feind über und lehrte, wie die Rekognoszierungen des Feindes geschehen, die offenbaren Gefechte aller Waffen sowohl im einzelnen, als in ihrer Verbindung, in den verschiedenen Verhältnissen geführt und die heimlichen Gefechte, als Überfälle und Hinterhalte, unternommen werden sollen. Zur näheren Anschauung wurden allenthalben wirkliche Beispiele aus der Kriegsgeschichte angeführt." Der Bericht für das Jahr 1830, in welchem 3 Stunden gegeben wurden, nennt als Vortragsgegenstände „Minen-Theorie, Festungsbau, Feldverschanzungskunst, Angriff und Verteidigung der Festungen, der Feldschanzen und sonstiger künstlich versicherten Terrainteile." 1831 kam ein mathematischer, einem Offizier übertragener Vortrag hinzu, der die Anfangsgründe der Ballistik, die Theorie des Aufnehmens u. dgl. umfafste und sich auch auf die Terrainlehre erstreckte.

[1] Die Berichte erscheinen alljährlich im Druck.

Der Eintritt in das Heer erfolgte bis 1827 als Unterlieutenant, später als Junker. Eine einigermafsen genügende militärwissenschaftliche Vorbildung für die Verwendung als Offiziere können die Schüler durch die erwähnten theoretischen, auf keinerlei Dienstkenntnisse begründeten, weder durch praktische Übungen noch durch einen nennenswerten Anschauungsunterricht ergänzten Vorträge unmöglich erworben haben.

Die Erkenntnis dieser Übelstände bewirkte, dafs seit dem Schuljahre 1852—53 die Anwärter für den Militärstand von der Teilnahme am Griechischen in den beiden oberen Gymnasialklassen befreit und dagegen in Kriegswissenschaften und in Mathematik unterrichtet wurden. Ersteren Vortrag übernahm an Stelle von Tausch ein Artillerie-Hauptmann; der Unterricht fand in je 4 Wochenstunden für die oberste Klasse in Feld- und permanenter Befestigung nebst Angriff und Verteidigung, in Truppen-, taktischer Verbindungs- und Dienstlehre, in der unteren in Waffen- und Terrainlehre, Feldbefestigung bis zum wirklichen Bau der Erdschanzen und in Dienstlehre statt. In der Mathematik erstreckte er sich für die obere auf Trigonometrie, Stereometrie, Vermessungskunde verbunden mit praktischen Aufnahmen, für die untere auf Erweiterung der Lehraufgabe der entsprechenden Gymnasialklasse in Arithmetik und Geometrie; beiden wurde Situations-, Fortifikations- und Bergzeichnen gelehrt; diejenigen, welche im Gymnasialabsolutorium die Note „vorzüglich" erhalten und in den militärischen Fächern besonders entsprechen würden, sollten als Unterlieutenants, die übrigen als Junker ausgemustert werden.

Die Befreiung von der Teilnahme am Griechischen wurde 1854 wieder aufgehoben; der kriegswissenschaftliche und der mathematische Sonderunterricht, welcher letztere 1856—57 auf die Anfangsgründe der Naturwissenschaften ausgedehnt ward, blieben daneben bestehen, so dafs die künftigen Offiziere doppelt in Anspruch genommen waren, sie hatten wöchentlich 6 bis 7 Mehrstunden. Seit 1857—58 wurden die beiden Militärklassen mit Rücksicht darauf, dafs sie höchstens ein halbes Dutzend Schüler zählten, zu einer vereinigt.

Die Bestimmungen für die Ergänzung der Offiziere vom Jahre 1868 (S. 264) schrieben in betreff der Pagen, bei denen der militärische Unterricht jetzt auf die Oberklasse beschränkt war, während der mathematische in der bisherigen Weise erteilt wurde, vor, dafs dieselben je nach dem Ausfall der Absolutorialprüfung und ihrer sonstigen Würdigkeit als Offiziers-Aspiranten 1. oder 2. Klasse, im

Falle der Erfüllung der früher gemachten Anforderungen aber, bis diese Vergünstigung am 9. Mai 1875 beseitigt ward, als Unterlieutenants austreten sollten. Zugleich ward bestimmt, dafs Edelknaben, welche die Pagerie vor Vollendung des Lehrkurs verlassen würden, nicht früher als ihre Klassengenossen zu Offiziers-Aspiranten bezw. Unterlieutenants befördert werden durften.

Diese Bestimmungen gelten noch jetzt. Edelknaben, welche Offizier zu werden wünschen und als tauglich erkannt werden, erhalten während des Besuches der beiden oberen Klassen, ohne dafs ein Nachlafs in den sonst an sie gestellten Anforderungen eintritt, durch einen Offizier mathematischen Sonderunterricht: in 6 Wochenstunden auf Elemente der Planimetrie, planimetrische Konstruktionslehre, Elemente der Geometrie im Raume und Militärzeichnen sich erstreckend, und in 3 Wochenstunden Unterricht in den Kriegswissenschaften, welcher sie mit den Einrichtungen und Verhältnissen des Heeres im allgemeinen und mit den Grundbegriffen aus dem Gebiete der Taktik, der Waffenlehre und der Befestigungskunst bekannt macht. Nach bestandener Prüfung treten sie als Portepeefähnriche aus und besuchen demnächst die Kriegsschule.

Die Aufnahme in die Königliche Pagerie,[1] welche gegenwärtig im Maximilianeum zu München untergebracht ist, wird nur adeligen Jünglingen gewährt, welche im stande sind, den Nachweis der Kammerschlüsselfähigkeit, das heifst acht adelige Ahnen in der obersten Reihe, nachzuweisen, es sei denn, dafs Allerhöchsten Ortes über einen Mangel in dieser Beziehung hinweggesehen würde. Sie erfolgt, der Regel nach, im Alter zwischen 13 und 14 Jahren auf Grund des Bestehens einer Vorprüfung, welche die Reife für die 5. Vorbereitungsklasse der öffentlichen Schulen und daneben ein etwas gröfseres Mafs an Kenntnissen im Französischen darthut. Die Edelknaben besuchen das Wilhelmsgymnasium, eine humanistische Anstalt, und erhalten in der Pagerie, aufser dem erwähnten militärischen, besonderen Unterricht im Französischen, Englischen und körperlichen Übungen (Turnen, Fechten, Tanzen, Exerzieren, Schwimmen), wozu für die beiden oberen Klassen das Reiten tritt. In den in der Schule gelehrten Wissenschaften werden sie durch Repetitoren weiter gefördert. Die Zahl der Zöglinge beträgt 25, der Pensionspreis für Unterricht

---

[1] Satzungen für die K. b. Pagerie, München 1884. — Jahresbericht über den Fortgang der b. Edelknaben im Schuljahre 1887—88, München.

und Verpflegung 1080, bei halber Freistelle 540 Mark, dazu in jedem Falle 440 Mark für Nachbeschaffung von Kleidern, Wäsche, Bücher, Taschengeld etc., aufserdem sind die Kosten der ersten Ausstattung zu bestreiten. Der Aufenthalt in der Anstalt ist auf 5 Jahr berechnet; derselbe wird allgemein durch die Absolutorialprüfung beendet. An der Spitze der Anstalt steht ein Pagenhofmeister, zur Zeit der Königliche Kämmerer, Hauptmann à la suite der Armee, August Freiherr von Müller. Derselbe ist dem Oberstkämmererstabe unterstellt. Die für die Königliche Pagerie geltende Hausdienstordnung entspricht ganz den für Kadettenanstalten und ähnliche Erziehungsanstalten gegebenen Bestimmungen. Die Edelknaben tragen Uniform.

Von jeher hat die Pagerie einen grofsen Teil ihrer Zöglinge an das Heer abgegeben. In den Jahren 1799 bis 1888, über welche genaue Nachweise vorliegen, sind es von 389 ausgetretenen 214 gewesen.

Braunschweig

(Abgeschlossen am 1. April 1889)

1. Die Ritter-Akademie zu Wolfenbüttel 1687—1715.

Die früheste Erwähnung militärwissenschaftlichen Unterrichts in den Landen der Herzöge von Braunschweig-Wolfenbüttel geschieht bei Errichtung der 1687 durch die Herzöge Rudolf August und Anton Ulrich zu Wolfenbüttel begründeten „Academie und Ritter-Schul."[1] Diese Anstalt war für vornehme Leute bestimmt, einfacher Adel das mindeste Erfordernis der Aufnahme. Sie war auf 40 Schüler berechnet; wenn mehr vorhanden waren, sollten diese in der Stadt wohnen. Mangel an Zudrang war der Grund, weshalb sie nach dem 1714 erfolgten Tode des Herzogs Anton Ulrich 1715 aufgehoben wurde. Die Lehrgänge waren einjährig, damit die Schüler entweder in dieser Zeit ihre Lehrzeit beenden oder sie nach Bedarf wiederholen könnten. Abgesehen von den ritterlichen und soldatischen Übungen, dem „Reiten, Fechten, Voltigieren und Dantzen, den exercices du mousquet et de la pique", fanden die Akademisten, falls sie es wünschten, auch Unterweisung im Festungsbau und Anleitung zu der „Feuerwerkerei". Der Preis für einen sechsmonatlichen Privatunterricht im Festungsbau (collegium architecturae militaris, cours de fortification) betrug 24 Rthlr., für eine dreimonatliche Unterweisung in der Feuerwerkerei (collegium pyrobolicum, cours d'artillerie) 18 Rthlr. Diesen militärwissenschaftlichen Unterricht erteilte der Professor der Mathematik. Der erste,

---

[1] Eine Geschichte der Ritter-Akademie zu Wolfenbüttel findet sich bei F. Koldewey, Beiträge zur Kirchen- und Schulgeschichte des Herzogtums Braunschweig, Wolfenbüttel 1888, S. 43—83. Die beiden Ordnungen der Akademie, die ältere vom Jahre 1687, die neuere vom Jahre 1688 (1690, 1710), hat derselbe Gelehrte veröffentlicht in den Braunschw. Schulordnungen II (Mon. Germ. Paedagog. Bd. VIII), S. 203 ff. Ebendaselbst findet sich auch der wegen dieser Anstalt zwischen den Herzögen und der Landschaft 1688 abgeschlossene Rezeß, desgleichen einige Vorlesungsverzeichnisse. Die erforderlichen historischen und litterarischen Erläuterungen und Nachweisungen sind in den Anmerkungen und in der Einleitung des genannten Werkes hinzugefügt.

welcher diesen Posten bekleidete, der Landbaumeister Johann Balthasar Lauterbach, teilt in dem Osterprogramm des Jahres 1688
mit, dafs er bereits die holländische Befestigungskunst zu lehren begonnen habe und dieselbe nunmehr auch durch Zeichnungen sowohl
als durch Errichtung von Erdwerken im Felde erläutern werde. Auch
verspricht er die Befestigungssysteme eines Vauban, Pagan, Rusenstein,
Scheiter u. a. zu berücksichtigen, später aber zu der Geschützkunde
(ars pyrobolica) überzugehen.[1] Lauterbachs Nachfolger war der als
hervorragender Schriftsteller auf dem Gebiete der Befestigungskunst
bekannte Leonhard Christoph Sturm, der „jüngere Sturm",
welcher von 1694 bis 1702 als Lehrer für Mathematik „und die verwandten Wissenschaften" an der Akademie gewirkt hat.

2. Das Collegium Carolinum 1745—1808.

Als der Abt Jerusalem, damals Hofdiakonus des Herzogs Karl
von Braunschweig-Wolfenbüttel und Erzieher des ältesten Sohnes desselben, des späteren Herzogs Karl Wilhelm Ferdinand, im Jahre 1742
bei jenem Fürsten den Gedanken anregte, an Stelle der in Verfall
geratenen Klosterschule zu Marienthal, das nach seinem Stifter genannte Collegium Carolinum[2] zu Braunschweig treten zu lassen, lag
es wohl noch nicht in beider Absicht, dort auch Kriegsleute auszubilden. Jerusalems erste Entwürfe berücksichtigen den Militärstand
nicht. Aber schon die gedruckte „Vorläufige Nachricht etc." über die
Errichtung der Schule vom 17. April 1745, welche deren am 5. Juli
stattfindender Eröffnung vorausging, enthält den Hinweis auf ein militärisches Fach, indem, neben dem Vortrag über Mathematik und Feldmessen, solche über „beide Theile der Baukunst", worunter Civil- und

---

[1] Vgl. Koldewey, Braunschw. Schulordnungen II (Mon. Germ. Paedagog.
Bd. VIII), S. 264.

[2] Über die Entstehung und die Geschichte des Collegium Carolinum bis 1808
giebt zuverlässige Nachrichten der „Entwurf einer Geschichte des Collegium Carolinum in Braunschweig" von J. J. Eschenburg, Berlin und Stettin 1812. Eschenburg
war Lehrer an der Anstalt. Die wichtigsten auf diese Anstalt bezüglichen Verordnungen, Gesetze etc. sind abgedruckt bei Koldewey, Braunschw. Schulordnungen I
(Mon. Germ. Paedag. Bd. I), S. 203—256. 401—441. 458—478, während in der Einleitung dieses Werkes auf S. CXIX ff. und CXXXV ff. die Entwickelung des Collegium Carolinum in kurzen Zügen dargestellt ist. Über die Lehrgegenstände dieser
Anstalt geben die halbjährlich erschienenen Vorlesungsverzeichnisse genaue Auskunft.

Militär-Baukunst verstanden sind, angekündigt wurden, und die „Anzeige der Vorlesungen," welche „von der Wintermesse 1745 bis zur Sommermesse 1746" — die Braunschweiger Messe war das epochemachende Ereignis, nach welcher der Lehrgang der Anstalt sich richtete — gehalten werden sollten, sagt: „Hierzu kömmt noch, daſs es unsern anvertrauten jungen Leuten in der bürgerlichen sowohl als in der Kriegs-Baukunst um so weniger an einer recht erspriefslichen Anleitung fehlen wird, als die Chefs der Artillerie und des Bau-Departements bereits angewiesen und auch willig sind, diejenigen unter denselben, welchen die Herrn Curatores es zuträglich finden, nicht nur zu einer lebendigen und praktischen Einleitung der Civil- und Militärarchitektur, sondern auch selbst zu dieser oder jener dabei vorfallenden Arbeit, die ihnen in ihren übrigen Studiis keine Hinderung verursachet, im Beisein eines Hofmeisters liebreich und unverdrossen anzuführen."

In der That entsprach die Ausdehnung des Unterrichts auf militärische Wissenschaften durchaus der Bestimmung der Anstalt, welche dahin ging, daſs letztere sowohl die damals zwischen Gymnasium und Universität vorhandene Lücke ausfüllen, als auch die Mittel zur Ausbildung für jeden höheren Lebensberuf gewähren sollte.

Demzufolge hat bald ein Bauverwalter Conradi „Teile der Civil- und Militär-Baukunst vorgenommen," und 1747 wurden die Zöglinge wegen „Anleitung zu den Kriegswissenschaften" an den Obrist-Lieutenant von Blum[1] gewiesen; 1772 bot in der Anzeige der Vorlesungen der Artillerie-Lieutenant Moll „seinen Fleifs in Privatunterricht" an in den „Teilen der Mathematik, welche die militärischen Wissenschaften betreffen."

Als Herzog Karl Wilhelm Ferdinand 1774 den Lehrplan des Collegiums in einigen Punkten umgestaltete, räumte man der Kriegerbildung mehr Raum ein; zunächst allerdings nur in derjenigen Richtung, welche auf mathematischer Unterlage weiterbauen wollte, denn in der „Nachricht" über die Vorlesungen des Halbjahres 1774—1775 heifst es: „Der Herr Artillerie-Lieutenant Moll wird wöchentlich in sechs Stunden die Ingenieur- und Artillerie-Wissenschaften, vorzüglich aber die praktische Geometrie vortragen." Im nächsten Halbjahre las er über Belidors Cours des Mathématiques und praktische Mefskunst, und so unterrichtete er bis zum Aufhören der Schule. Die letzte „Nachricht", welche erschienen ist, die für 1807—8, kündigt aufser dem mathematischen Unterricht dieses Offiziers solchen an,

[1] Eschenburg a. a. O., Seite 62.

welchen derselbe über die Befestigungskunst nach Struensees Kriegsbaukunst[1] in wöchentlich 4 Stunden erteilen würde. 1785 und 1795,
in welchem letzteren Jahre Moll mit dem Erbprinzen und dem nachmaligen Herzog von Oels in Lausanne war (Eschenburg a. a. O. S. 87),
vertrat ihn der Major im Ingenieur-Korps Schönbut, später Lehrer
an der westfälischen Militärschule; 1785 las dieser über Befestigungskunst nach der „für die königliche Realschule in Berlin gedruckten
Anleitung zur Kriegsbaukunst."

Ausschliefslich für den Unterricht in den Kriegswissenschaften
ward 1785 aus dem Dienste des Landgrafen von Hessen-Kassel (s. d.)
Jakob Mauvillon an das Carolinum berufen und zugleich zum
Major im Ingenieur-Korps ernannt. Nach Eschenburg „unterwies
er besonders in der Taktik, sowohl öffentlich als in Privatstunden
mit vielem Ruhme." Die „Nachricht" vom Sommerhalbjahr 1788
sagt, „wird seinem hierzu angetretenen Berufe zufolge 6 Stunden für
seine deutschen, 6 Stunden für seine englischen Zuhörer über seine
in Braunschweig herausgekommene Einleitung in den militärischen
Wissenschaften lesen."[2] Nach seinem am 11. Januar 1794 erfolgten
Tode lehrte der Ingenieur-Hauptmann Johann Georg Julius
Venturini die angewandte Mathematik, „besonders Fortifikation und
Taktik" (Eschenburg a. a. O. S. 89). Derselbe starb am 28. August 1802.

Dem Dasein des Collegium Carolinum machte 1808 die Fremdherrschaft ein vorläufiges Ende. Erbe wurde gewissermafsen die
später zu erwähnende Militär-Schule des Königreichs Westfalen (s. d.).
Als nach der Herstellung des Herzogtums Braunschweig das Carolinum
seine alte Heimstätte am Bohlwege wieder in Besitz nahm, fiel der
Unterricht in militärischen Wissenschaften fort. Man war zu der Erkenntnis gekommen, dafs die Kriegskunst nicht als ein Anhängsel der
Mathematik behandelt werden dürfe, und begann einzusehen, dafs nicht
Gelehrte, wenn sie auch Uniform trugen, berufen seien, in den militärischen Wissenschaften zu unterweisen, sondern dafs nur wirkliche
Soldaten, die auf dem Boden der Praxis stehen, darin unterrichten
können.

---

[1] Struensee, K. A., Anfangsgründe der Kriegsbaukunst (1. Band Befestigungskunst im Felde; 2. Band Beschaffenheit der eigentlichen Festungen; 3. Band Angriff und Vertheidigung der Festungen), Leipzig und Liegnitz 1771—74.

[2] Mauvillon, J., Einleitung in die sämtlichen militärischen Wissenschaften
für junge Leute, die bestimmt sind, als Offiziere bei der Infanterie und Kavallerie
zu dienen. Braunschweig 1783; neuaufgelegt 1784. Enthält Mathematik, Geschütz-
und Befestigungskunst und die Kriegswissenschaft.

3. Das Kadetten-Korps.[1]

1825 — 1834.

Am 30. Oktober 1823 übernahm Herzog Karl die bisher von König Georg IV. von Grofsbritannien als Vormund geführte Regierung; am 9. November 1824 beauftragte er eine unter Vorsitz des Oberst von Wachholtz[2] berufene Kommission mit der Ausarbeitung eines Entwurf zu einem „Regulativ zur Annahme von Cadets,"[3] am 12. Dezember unterbreitete die Kommission dem Herzoge ihre Vorschläge, am 21. genehmigte dieser den Entwurf, dessen wesentlicher Inhalt der nachstehende war:

Die Zahl der Kadetten sollte 11 betragen, von denen je 2 beim Garde- und beim Leibbataillon, 2 beim 2., 4 beim 1. Linien-Infanterie-Regiment und zwar bei den Flügel-Kompagnien, 1 bei der Artillerie geführt wurden; dieselben erhielten Bekleidung, Verpflegung und bis zum 13. April 1828 die Löhnung der Korporale bezw. Bombardiere, später einen besonderen Sold (S. 332); sie hatten damit die Anschaffung der erforderlichen Bücher etc. zu bestreiten. Sie wurden im sogenannten kleinen Mosthofe, wo ein allmonatlich wechselnder Sergeant als „Stubenkommandant" mit ihnen zusammenwohnte, untergebracht und einem ständigen Inspektionsoffizier, welcher die Strafgewalt eines Kompagnie-Kommandeurs hatte, unterstellt; zu ihrer Bedienung wurden täglich zwei Soldaten befehligt, doch hatten sie ihre sämtliche Kleidung etc. selbst zu reinigen. Frühstück und Mittagessen nahmen sie gemeinsam.

Die Oberleitung des Unterrichts hatte eine Militär-Studien-Kommission, aus einem Stabsoffizier als Präses, 2 Offizieren gleichen

---

[1] Die Darstellung beruht hauptsächlich auf den in den Registraturen des Kriegs-Kollegiums und des Brigade-Kommandos befindlichen Akten. Herr Oberst a. D. Rese in Berlin, früher braunschweigischer Generalstabsoffizier, selbst Schüler und Lehrer der dortigen Anstalten, hat die Güte gehabt, den Abschnitt durchzusehen.

[2] Friedrich Ludwig von Wachholtz, geboren am 30. August 1783 zu Breslau, Sekonde-Lieutenant im preufsischen Infanterie-Regiment von Malschitzky Nr. 28, trat 1809 in den braunschweigischen Dienst, starb am 16. September 1841 zu Braunschweig als Generalmajor und Kommandeur des Feldkorps (vgl. Tagebuch des General v. W., herausgegeben von v. Vechelde, Braunschweig 1843).

[3] Die Regulative befinden sich in den Akten des Kriegs-Kollegiums, Konv. 342.

Ranges, 1 Kapitän, 1 Subalternoffizier und 1 Lehrer des Kollegium
Carolinum als Mitgliedern bestehend; ihr Vorsitzender war zugleich der
nächste Vorgesetzte des Inspektionsoffiziers, welchem dieser halbjährlich
Konduitenlisten einreichte und dessen Befehle er einholte, wenn seine
eigene Befugnis nicht ausreichte; jenem war wieder der Kommandeur
des Feldkorps (d. h. der höchste braunschweigische Offizier) vorgesetzt.
Die Kommission war zugleich die Prüfungsbehörde.

Der Lehrgang begann Ostern. Längere Unterbrechungen des
Unterrichts fanden nicht statt; doch wurde solcher während des
Rekrutenexerzierens im Frühjahr nur vormittags erteilt, so dafs die
Kadetten nachmittags am Exerzieren teilnehmen konnten; während
der Herbstexerzitien wurden sie bei ihren Kompagnien bequartiert und
thaten allen Dienst ihres Grades; wenn hinterher die Truppen im
Ganzen manövrirten, so traten sie an den Übungtagen bei denselben
ein. Während der Unterrichtsstunden durften sie bürgerliche Kleidung
tragen. Es war vorbehalten, sie einzelne Vorträge am Kollegium
Carolinum hören zu lassen.

Der Aufzunehmende mufste das 14. Lebensjahr zurückgelegt
haben und körperlich hinlänglich kräftig sein, um den Anforderungen
des Truppendienstes genügen zu können. Er mufste lesen und schreiben
können, die vier Grundrechnungsarten, das Rechnen mit gemeinen
Brüchen und die Regeldetrie kennen, einen leichten Aufsatz orthographisch und stilistisch richtig abzufassen im stande sei, die Wort-
und Sacherklärungen der Geometrie verstehen, leichte französische
Prosa in das Deutsche übersetzen und die in unsere Sprache aufgenommenen Wörter jener Sprache richtig schreiben können, einige
allgemeine Kenntnisse in der Geographie und in der Geschichte und
einige Fertigkeit im Freihandzeichnen besitzen.

Der Nachweis wurde, nachdem der Herzog auf den Bericht des
Korps-Kommandeurs die Annahme genehmigt hatte, in einer Prüfung
geführt. Die Anmeldung erfolgte bei letzterem, welcher sich über alle
Verhältnisse des Anwärters zu unterrichten und sich zu vergewissern
hatte, dafs dessen Ausrüstung als Offizier und die Gewährung einer
Zulage, bezw. in welcher Höhe, sicher gestellt seien. Wenn der Herzog
auf Grund der bestandenen Prüfung den Eintritt, welcher der Regel
nach zu Anfang des Jahres zu geschehen hatte, damit der Kadett bei
Beginn des Unterrichtsjahres, welches mit dem 1. Juni anging, als
Soldat genügend .vorgebildet war, genehmigt und die Überweisung
an einen Truppenteil befohlen hatte, so trat der Kadett unter die

Aufsicht des Inspektionsoffiziers und lebte mit seinen Kameraden, nahm aber an deren Unterricht vorläufig nur insoweit teil, als seine militärische Ausbildung dazu Zeit liefs. Wer schon gedient hatte, was ausnahmsweise und namentlich im Anfange des Bestehens der Anstalt vorkam, ward von vornherein mit den Übrigen unterrichtet. Während des Aufenthaltes in der Anstalt that jeder Zögling allmonatlich eine Wache.

Der Unterricht wurde in zwei Klassen erteilt; die Schüler der unteren waren die Kadetten, die der oberen die Portepeefähnriche, seit dem 16. Juni 1828 Fahnen-Junker genannt.

Am Ende des Unterrichtsjahres fanden Prüfungen statt. In der unteren Klasse mufste der Kadett nachweisen, dafs er einen militärischen Bericht, eine Meldung und dergleichen orthographisch und grammatikalisch richtig abfassen könne, gründliche Kenntnis der Arithmetik, Buchstabenrechnung und Elementargeometrie besitze, alle Funktionen eines Unteroffiziers nach dem Exerzierreglement verrichten könne, Bestandteile, Zusammensetzung und Wirkung des Gewehrs und des Pulvers kenne, einen französischen Prosaiker in das Deutsche und einen leichten Aufsatz in das Französische übertragen könne, einige Übung im Sprechen der letzteren Sprache habe, in der Statistik der deutschen Bundesstaaten und in der vaterländischen Geschichte vollkommen bewandert sei und einige Fertigkeit im Planzeichnen besitze. Wenn diese Kenntnisse vorhanden waren und der Kadett auch sonst genügte, wurde er zum Portepeefähnrich bezw. Fahnenjunker vorgeschlagen. Als solcher empfing er das Gehalt des Sergeanten bezw. Feuerwerkers; es war ihm gestattet, einen Burschen zum Reinigen seiner Kleider etc. zu halten. Die Prüfung durfte zweimal wiederholt werden. Nach Beendigung des zweiten Lehrganges ward die Offiziersprüfung abgelegt. Gegenstände derselben waren: Anfertigung militärischer Aufsätze, für welche ein klarer und fliefsender Stil gefordert wurde; Algebra bis zu den Gleichungen 2. Grades, ebene Trigonometrie und Elementarbegriffe der höheren Geometrie; niedere Taktik (vollkommene Kenntnis des Exerzierreglements, sowie aller Verrichtungen eines zugführenden Offiziers, und der Kriegslogistik); Waffenlehre (Bestandteile, Wirkung, Bedienung der Geschütze, Arten derselben, Anfertigung und Verwahrung der Munitionswagen etc.); Feldmessen, Anfangsgründe der mathematischen Geographie, Nivellement · und Terrainlehre, besonders richtiges Aufnehmen eines Terrainabschnittes und Bezeichnen der Höhen und Abdachungen; Feldbefestigungskunst und Anfangsgründe der permanenten Fortifikation; Fertigkeit im Schreiben und Sprechen des Französischen; Kenntnis des Englischen, welche nicht gefordert sein wird, weil der von einem früheren Hauptmann von Vultejus, zugleich Lehrer des Französischen, bereits begonnene Unterricht, wegen Mangels an Mitteln zur Bezahlung des Honorars, 1826 nach ganz kurzer Zeit eingestellt wurde; Militärgeographie Deutschlands sowie hinreichende Kenntnis des Laufes und der Beschaffenheit der Hauptflüsse und Gebirge, der Lage und Größe der vorzüglichsten Städte, der Erzeugnisse, Kräfte und Hilfsquellen der übrigen europäischen Länder, allgemeine Geschichte, besonders Kenntnis der synchronistischen Hauptbegebenheiten der Geschichte der Reiche, der Ursachen, Folgen und Wirkungen auf die Kultur des Menschengeschlechtes und auf den Verfall der Reiche, Planzeichnen, welches reinlich und ausdrucksvoll sein mußte. Auch diese Prüfung durfte zweimal wiederholt werden.

Wer sie bestanden hatte, wurde zur Beförderung zum Offizier notiert, blieb aber, bis er ernannt war, was vom Vorhandensein von offenen Stellen abhing, und nicht vor zurückgelegtem 16. Lebensjahr geschehen konnte, in der Anstalt. Er wurde teils zu den Truppenübungen herangezogen, teils hatte er wissenschaftlichen Unterricht. Ersteres geschah auf Grund einer Verständigung zwischen dem Kommandeur der Truppe, welcher der Portepee-Fähnrich überwiesen war, und dem Inspektionsoffizier der Kadetten; letzteres nach Anordnung der Studienkommission, welche ihn an Vorträgen des oberen Lehrganges oder des Collegium Carolinum teil nehmen ließ und dafür sorgte, daß er im Reiten und Fechten unterrichtet wurde. Es war das offenbar eine höchst unzweckmäßige Anordnung. Sie hielt ganz unnötigerweise vom Eintritt in den Beruf fern und nötigte zu einem Schulbesuche, welcher gegenstandslos war. Um für letzteren einen Erfolg zu gewährleisten, war bestimmt, daß der bereits Bestandene auch ferner den Prüfungen unterworfen werden solle. Über die Gründe der Maßregel enthalten die Akten nichts.

Über die Zahl von elf hinaus durften Zöglinge, welche den Eintrittsbedingungen genügt hatten, soweit der Raum gestattete, als Expektanten aufgenommen werden. Sie waren ihren Kameraden, abgesehen vom militärischen Range, gleichgestellt und trugen die Uniform eines Truppenteiles, erhielten aber weder diese geliefert noch empfingen sie Gehalt, mußten vielmehr für ihren Unterhalt selbst sorgen. Unter dem 3. Mai 1831 wurde angeordnet, daß die Expektanten für monatlich 10 Thaler ihren gesammten Unterhalt, einsicht-

lich der Soldatenlöhnung, im Kadettenhause erhalten sollten. In der
Regel waren 1 bis 2 vorhanden.

Lehrpläne der am 16. März 1825 eröffneten Anstalt liegen nicht
vor. Aufser den Prüfungsfächern ward auch in Moral unterrichtet.
Der Domprediger Westphal erhielt dafür jährlich 80 Thaler; verhältnismäfsig viel, da neben ihm der Professor Dr. Dedekind mit
200, der Hauptmann Schleiter, der Artillerie-Sekond-Lieutenant
Zuckschwerdt und Hauptmann von Vultejus je 100 erhielten. Letzteren
Betrag empfing auch der erste Inspektionsoffizier, Kapitän Leuterding.

1834—1840.

Herzog Wilhelm, welcher am 28. September 1830 vorläufig und
am 25. April 1831 endgültig an die Stelle seines entthronten Bruders
getreten war, erliefs am 13. Mai 1834 ein neues

Regulativ für das Kadetten-Institut.

Dasselbe setzte die Zahl der Zöglinge[1] auf 8 herab und liefs die
Exspektanten ganz aufhören. Es blieben nur 3 Freistellen; 2 Kadetten
zahlten die volle Pension von 250, 3 die ermäfsigte von 150 Thalern.
Aufserdem entrichtete jeder beim Eintritt für kleine Montierung,
Bücher etc. 65 Thaler, worüber die Anstalt Rechenschaft legte.

Der damalige Inspektionsoffizier, Lieutenant Ahrberg, später
Hauptmann und bis zuletzt an der Spitze der Anstalt, ward zum
Kommandanten ernannt und bezog eine Wohnung in dem den Kadetten
eingeräumten Gebäude am Wilhelmsplatze, war aber daneben Adjutant
des Infanterie-Regiments. Die Beaufsichtigung durch den Unter-
offizier als Stuben-Kommandanten blieb bestehen; der fortwährende
Wechsel in der Person desselben war schon früher abgestellt. Die
häuslichen Arbeiten besorgte ein Aufwärter. Das Reinigen der Kleider,
Bettmachen etc. blieb im bisherigen Umfange Sache der Kadetten.
Die Scheidung in Portepeefähnrichs, wie sie jetzt wieder hiefsen, und
Kadetten, die Zeit des Diensteintritts, die Bedingungen über Aufnahme und Beförderung zum Portepeefähnrich, die Teilnahme an den
Truppenübungen und das Wachethun, die Verteilung des Unterrichts-
stoffes auf zwei einjährige Lehrgänge, welche bis zu drei Malen durchgemacht werden durften, wurden beibehalten; in betreff der in der

---

[1] In den Adrefsbüchern der Stadt Braunschweig 1833—38 (Bibliothek zu
Wolfenbüttel) sind die Kadetten namentlich aufgeführt.

Offiziersprüfung Bestandenen, welche aus Mangel an Stellen nicht befördert werden konnten, hiefs es, „dafs sie ganz in ihren Verhältnissen bleiben und an den Prüfungen teilnehmen sollten." Die Zeit, welche ein Kadett vor Erreichung des militärpflichtigen Alters dem Institut angehört hatte, wurde ihm als Dienstzeit nicht angerechnet. Wer zum Offizier befördert wurde, war verpflichtet, fünf Jahre als solcher zu dienen. Unter dem 23. Januar 1836 wurde befohlen, dafs die Kosten der demnächstigen Ausrüstung als Offizier schon beim Eintritt durch Hinterlegung einer Summe von 200 Thalern, deren Zinsen dem Betreffenden zu gute kamen, sichergestellt werden sollten.

Die Kadetten gehörten zwar, wie bisher, Truppenteilen an, trugen aber sämtlich die Uniform des 2. Bataillons des Infanterie-Regiments, statt der Balletten mit einem Rundbesatz von Silbertresse um den Kragen; sie hatten aufserdem eine kleine Montierung für den Gebrauch aufser Dienst, beim Unterricht durften sie wie bisher bürgerliche Kleidung tragen. Unter den Truppenteilen, welchen Kadetten überwiesen sein konnten, waren jetzt auch die Husaren genannt, welche darunter früher nicht erwähnt waren; dieselben durften aber ihren Ersatz auch in Zukunft durch „Volontärs" bewirken, von denen noch die Rede sein wird. Husaren-Kadetten hatten die Uniform des Regiments auf eigene Kosten zu beschaffen und dieselbe anzulegen, wenn sie Dienst thaten. Jeder Kadett empfing, Tschako und Mantel ausgenommen, nur neue Sachen.

Der Sold des Portepeefähnrichs betrug monatlich 5, des Kadetten 4 Thaler, aufserdem empfing jeder täglich 20 Pfennig Menagegeld. Er hatte davon seine Montierung in stand zu halten, die Unterrichtsmittel zu beschaffen und seine Beköstigung zu bezahlen, welche, auf Grund eines Abkommens zwischen dem Kommandanten und der Menage-Kommission des Infanterie-Regiments von letzterer geliefert wurde.

Der Lehrplan umfafste: Religion und Moral; Deutsch und Französisch; Arithmetik, Gröfsenlehre und Anfänge der Algebra; Geometrie, ebene Trigonometrie, Feldmefskunst; Feldbefestigung; Artilleriewissenschaft; Waffenlehre; kleinen Dienst und Elementar-Taktik; Geographie und Statistik; Geschichte; militärisches Zeichnen; Fechten; Bajonettieren, Schwimmen, Reiten, letzteres für die Portepeefähnriche und die Kadetten der Husaren.

Für den Unterricht bestanden zwei Klassen. Wie lange der Aufenthalt in jeder zu dauern hatte, ist aus den Akten nicht ersichtlich; es wird geklagt, dafs das 3. Jahr für die Schüler der oberen

Klasse ziemlich verloren gewesen sei; vielleicht ist damit die Zeit gemeint, welche in der Prüfung bestandene noch in der Anstalt zuzubringen hatten, weil sie nicht befördert werden konnten (vgl. S. 335). Es sollten dem Unterricht womöglich Lehrbücher zu grunde gelegt werden, doch waren Vortrag nach eigenen Heften und Diktieren nicht ausgeschlossen; der gesamten Lehrweise sollte, auch in den allgemein-wissenschaftlichen Fächern, thunlichst eine militärische Richtung gegeben und mit der Theorie überall die Praxis verbunden oder wenigstens die Anwendung einleuchtend gemacht werden. Nur an den ersten fünf Tagen der Woche ward Unterricht erteilt, der Sonnabend blieb der militärischen Ausbildung gewidmet. Während der Rekruten-Exerzierzeit im Frühjahr und der grofsen Exerzierzeit im Spätsommer fiel der Unterricht ganz aus, die Kadetten traten dann bei ihren Truppenteilen ein. Während der Schiefsübungen wurden sie sämtlich der Artillerie überwiesen. Ferien waren nur gelegentlich der hohen kirchlichen Festtage. Die Lehrer hatten Sorge zu tragen, dafs die Kadetten während derselben beschäftigt wären.

Die zulässigen Strafen waren: Verweise; Strafarbeiten; Disziplinar-strafen als Urlaubsverweigerung, Schildwachstehen mit gepacktem Tornister im Innern des Instituts oder im Garten, zeitweilige Beaufsichtigung durch einen älteren Kadetten; Hausarrest bis zu mehreren Monaten; Arrest bei Wasser und Brot bis zu 12, strenger Arrest bis zu 8 Tagen (sämtlich in der Regel im Arrestlokale der Anstalt zu vollstrecken); Ausschlufs von der Beförderung bis zu der am Schlusse des Studienjahres stattfindenden Prüfung; Entfernung aus der Anstalt. Vergehen, welche ein Kadett sich während seiner Dienstleistung bei der Truppe zu Schulden kommen liefs, sollten durch den Vorgesetzten der letzteren auf Grund der Kriegsartikel bestraft werden. Der Kommandant hatte die Strafgewalt eines Kompagnie-Chefs; dann trat die der Studien-Kommission ein, welche in Beziehung auf Zuerkennung von Hausarrest bis zu 2 Monaten ging; den Lehrern sollte eine Strafbefugnis durch Verfügung der Studien-Kommission zugebilligt werden; in welcher Weise dies geschehen ist, weisen die Akten nicht nach.

Die Ostern stattfindenden Schlufsprüfungen waren schriftlich und mündlich, zu letzteren ward das Offizier-Korps der Garnison geladen und namentlich die Anwesenheit der früheren Zöglinge gewünscht. Ende Oktober fand eine schriftliche Prüfung statt, deren Ergebnis jedem Kadett in Gegenwart der Vorgesetzten und Lehrer durch den Vorsitzenden der Studien-Kommission eröffnet ward; als solcher wirkte während dieses Zeitraumes der Kommandeur des Husaren-Regiments Oberst-Lieutenant von Erichsen.[1]

Die Anforderungen in der Offiziersprüfung wurden etwas erhöht. Es wurde verlangt: Anfertigung von militärischen Aufsätzen aller Art in klarem und fliefsendem Stil; Arithmetik bis zu den Gleichungen 2. Grades, ebene Trigonometrie, Stereometrie; praktische Geometrie, Aufnehmen mit dem Mefstische, militärisches Aufnehmen; Befestigungskunst (wie früher); Terrainlehre: niedere Taktik (Exerzierreglement, Verrichtungen des zugführenden Offiziers; Waffenlehre (wie früher); Militär-Geographie Deutschlands, Hauptlehren der Theorie, Statistik und vergleichenden Staatenkunde Europas, genauere Kenntnis der Staatskräfte der europäischen Hauptmächte; allgemeine Geschichte Deutschlands und vaterländische Geschichte; Französisch und Planzeichnen (wie früher), endlich geometrisches Zeichnen.

Ein Stundenplan für 1839—40 weist nach:

Beide Klassen gemeinsam:

Militärmoral nach Wolff (Abt Westphal) wöchentlich 1, allgemeine Geschichte nach Böttiger und eigenen Heften (Professor Emperius) 2, Dienst- und Exerzierreglement (Hauptmann Ahrberg) 3, Militärstil nach Rumpf (Lieutenant Zuckschwerdt) 1, Planzeichnen (Hauptmann Schleiter) 2, geometrisches Zeichnen (Zuckschwerdt) 1 Stunde.

1. Klasse:

Arithmetik nach Ludowieg, Trigonometrie nach Garthe (Schleiter) 4, Geometrie nach Grunert (Zuckschwerdt) 2, Statistik nach Stein und freiem Vortrage (Hofrat Dedekind) 2, Geschichte, deutsche nach Böttiger, braunschweigische nach Havemann (Emperius) 2, Fortifikation, Terrainlehre, praktische Geometrie (Zuckschwerdt) 2, Militärstil (derselbe) 1, Waffenlehre nach eigenen Heften (Ahrberg) 1, Französisch, Grammatik nach Sanguin, Übersetzungen aus der Camaraderie von Scribe, Exercitien und Konversation (Professor Sy) 3 Stunden.

2. Klasse:

Arithmetik (Schleiter) 3, Geometrie (Zuckschwerdt) 3, Geographie nach Roon (Dedekind) 2, Waffenlehre nach Schmidt und eigenen Heften (Ahrberg) 1, Militärstil (Zuckschwerdt) 1, deutsche Sprache (Westphal) 1,

---

[1] Alexander von Erichsen, 1787 zu Nicolai in Oberschlesien geboren, diente zunächst in der preufsischen Kavallerie, trat 1809 in das braunschweigische Husarenregiment, schied am 1. Oktober 1867 als Generalleutnant und Kommandant von Braunschweig aus dem Dienst und starb dort am 2. Februar 1876 (Militär-Wochenblatt Nr. 21, Berlin 1876).

Französisch, Übersetzen von Bertrand et Raton etc. (Sy) 3, Schönschreiben (Zuckschwerdt) 1, Planzeichnen (Schleiter) 1 Stunde.

1840—1846.

Eine wesentliche Änderung in diesen Verhältnissen trat Ostern
1840 ein. Die Anregung dazu erfolgte durch Erichsen, unter West-
phals pädagogischem Beirat. Die Veranlassung bot die trotz aller Be-
mäntelung durchklingende Klage, dafs die Kadetten nicht genug lernten, woran die Kürze des auf 7 Monat zu veranschlagenden, durch
die Exerzierübungen gestörten Unterrichts, die Anordnung der Lehrgänge, welche für das dritte Jahr im wesentlichen eine Wiederholung
der früheren Vorträge aufwiesen, und der ungenügende Unterricht im
Deutschen die Schuld tragen sollten. Die Grundzüge der Änderungen,
welche am 31. März durch Erichsen beim Kommando des Feldkorps
in Vorschlag gebracht, am 11. April vom Herzoge genehmigt und
Ostern 1840 eingeführt wurden, sind in dem „Regulativ für das
Kadetten-Institut vom Jahre 1842" zusammengestellt. Die Zahl
der Zöglinge wurde auf 12, die der Klassen auf 3 erhöht; letztere
Anordnung erhielt den Vorzug vor der gleichfalls erwogenen, zwei
Klassen mit zweijährigen Lehrgängen einzurichten. Von den Zöglingen
hatten 4, die Söhne unbemittelter Offiziere, Freistellen; 3 zahlten die
volle, 5 die ermäfsigte Pension; aufserdem zahlte jeder jährlich
36 Thaler Verpflegungszulage. Dagegen empfingen an Gehalt und Verpflegungszulage: der Portepeefähnrich jährlich 88 Thaler 2 Gutegroschen
9 Pfennig, der Kadet 75 Thaler 14 Gutegroschen 9 Pfennig. Die
Beköstigung hatte bisher darin bestanden, dafs zum Frühstück
Bouillon oder Mehlsuppe und um 3 Uhr ein Mittagessen, bestehend
aus dem Reste der aus dem gelieferten Fleisch hergestellten Bouillon
und dem Fleische selbst nebst Gemüse gegeben war. Es wurde jetzt
eine eigene Menage eingerichtet, welche morgens Milch und Weifs-
brot, zu Mittag Bouillon, Fleisch und Gemüse, abends Kartoffeln und
Häring oder Butter und Käse lieferte; das Brot ward in natura empfangen. Der Aufzunehmende mufste 14 oder 15 Jahre alt sein
und nachweisen, dafs er als Offizier, bis zu seiner Beförderung zum
Kapitän, eine Zulage von mindestens 5 Thaler monatlich haben würde.
Der Eintritt erfolgte am 1. Mai; der Kadett wurde zunächst beeidigt
und einexerziert und that drei Wachen, dann erfolgte seine Beförderung zum Korporal. Am 1. Juni begann der bis zum April dauernde

Unterricht. Die militärische Ausbildung wurde beschränkt, im Herbst
wurde der Unterricht nur für die 1. Klasse unterbrochen; der
Sonnabend blieb soldatischer Thätigkeit gewidmet. Der Aufenthalt in der Anstalt durfte höchstens 5 Jahre, 3 in der 2. und 3.,
2 in der 1. Klasse, dauern. Die Kosten für Verpflegung, Montierung
und Kasernierung eines Kadetten werden mit 145 Thaler 17 Gutegroschen 10 Pfennig, die für einen Portepeefähnrich mit 12 Thaler
mehr beziffert.

Die früheren Bestimmungen in betreff der den Vorträgen zu
gebenden militärischen Richtung und des dabei anzuwendenden, die
Selbstthätigkeit der Schüler bezweckenden Verfahrens wurden wiederholt; das Diktieren und das Abschreiben von Heften nicht ganz beseitigt, aber doch beschränkt. Der Lehrer hatte eine derartige Anordnung jedesmal der Studienkommission gegenüber zu begründen.

Zum ersten Male erscheint in diesem Regulativ eine Erwähnung
der Teilnahme an gottesdienstlichen Handlungen; alle 14 Tage
sollte Kirchgang stattfinden, und am ersten Tage jeder Woche sollte
der Unterricht durch einen kurzen religiösen Vortrag des Religions-
lehrers eingeleitet werden.

Aus der Studienkommission verschwinden der Professor des
Carolinum und der militärische Lehrer der Anstalt, weil sich als un-
zweckmäfsig erwiesen hatte, Persönlichkeiten, welche kontrolliert werden
sollten, in der Aufsichtsbehörde zu haben, doch verblieb der Kommandant, obgleich er in militärischen Fächern unterrichtete, in der Kommission; auch wurde dieselbe ermächtigt, zu ihren Beratungen Lehrer
ohne Stimmberechtigung heranzuziehen. Die Strafe des Arrest bei
Wasser und Brot ward auf 14 Tage ausgedehnt; der strenge Arrest
hiefs jetzt Arrest 3. Grades. Das Anlegen von bürgerlicher
Kleidung während des Unterrichts ward auf das Austragen der
mitgebrachten Sachen beschränkt. Die Kadetten der 1. Klasse wurden
zur Mitaufsicht über ihre Kameraden verwendet; der Unteroffizier
als „Stubenkommandant" ward daneben beibehalten.

Die Anforderungen an die wissenschaftlichen Leistungen
wurden gesteigert. Ob die bestimmungsmäfsigen Ansprüche erfüllt
sind, ist allerdings zweifelhaft. 1843 heifst es, dafs bei der Prüfung
zum Offizier mit grofser Nachsicht verfahren sei; genügte jemand
trotzdem den Bedingungen nicht, so erhielt er leicht Erlaubnis, sich
durch Privatunterricht die geforderten Kenntnisse zu erwerben. Der
Aufzunehmende mufste darthun, dafs er verstehe, in einem leichten

Aufsatze seine Gedanken sprachrichtig und im Zusammenhange aus-
zudrücken. Er mufste mit zehnteiligen Brüchen und mit Buchstaben
rechnen können und die Regel de tri kennen. Seine geometrischen
Kenntnisse mufsten sich bis über den Pythagoräischen Lehrsatz hinaus
erstrecken; er mufste auf der ganzen Erdkugel bewandert sein und
eine Übersicht des Gesamtgebietes der Geschichte, eine etwas genauere
der alten Geschichte haben, das Französische fliefsend lesen, eine leichte
Unterhaltung darin verstehen, etwas sprechen, die Haupt- und Für-
wörter deklinieren, die regelmäfsigen und die unregelmäfsigen Zeitwörter
konjugieren können, einige Kenntnis der lateinischen Grammatik besitzen und im stande sein, einen leichten Prosaiker zu übersetzen,
einige Fertigkeit im Zeichnen und Vorübung im Gebrauche des Zirkels
und der Reifsfeder haben.

Lateinisch wurde erst auf Grund eines von der Studienkommission am 11. Juni 1841 gemachten Vorschlages gefordert, welcher
dadurch begründet ward, dafs die jener Sprache mächtigen Kadetten
in allen Unterrichtsfächern raschere und gründlichere Fortschritte
gemacht hätten als diejenigen, welche sie nicht kannten. Die
Kommission schlug vor, das Verstehen des Julius Cäsar zu
fordern.

Gegenstände des Unterrichts waren: Religion, insbesondere
theoretische und praktische Religionswissenschaft, philosophische und
pragmatische Moral, mit besonderer Berücksichtigung der militärischen
Verhältnisse; Elemente der Logik; deutsche Sprache und Litteratur,
mit Redeübungen und schriftlichen Ausarbeitungen; Militär-Geschäftsstil mit Anfertigung von Aufsätzen über Militärgegenstände nach den
verschiedenartigen Dienstanforderungen, nebst anderartigen dabei vorkommenden schriftlichen Eingaben, Berichten, Meldungen etc.; Arithmetik, Gröfsenlehre und Anfangsgründe der Algebra; Geometrie,
Stereometrie, ebene Trigonometrie; Feldmefskunst und Terrainaufnahme mit Anleitung zu topographischen Zeichnungen; reine und
angewandte Terrainlehre; Feldfortifikation; Artillerie-Wissenschaft;
Waffenlehre; kleine, Dienst- und Elementar-Taktik; mathematische
und reine Geographie, Statistik; allgemeine und vaterländische Geschichte mit besonderer Rücksicht auf die neuere; französische Sprache;
militärisches Planzeichnen; Fechten, Bajonettieren, Voltigieren, Schwimmen, Tanzen, Turnen, Militärgymnastik; für die Portepee-Fähnriche
und die für die Kavallerie bestimmten Kadetten Reiten; letzterer
Unterricht ward im Landgestüte erteilt.

Im Stundenplane erscheinen diese Unterrichtsfächer teilweise unter etwas anderen Benennungen, so werden Religion und Logik als Moral bezeichnet; in einzelnen Fällen wurden je zwei Klassen, in der Moral alle drei zusammen unterrichtet.

Der in einem Berichte der Studienkommission als ungenügend bezeichnete Unterricht in der Taktik erhielt dadurch eine wünschenswerte Ergänzung, dafs die Kadetten der 1. Klasse zu Vorträgen herangezogen wurden, welche der Major im Generalstabe Morgenstern den jüngeren Offizieren der Garnison hielt. Morgenstern trug die Anfangsgründe der Wissenschaft nach eigenen Heften vor und liefs seine Schüler Ausarbeitungen machen. Ob die Einrichtung längere Jahre gedauert hat, ist aus den Akten nicht ersichtlich.

Der Sommerlehrplan für 1840 bestimmte: Aufstehen 5 Uhr, Waschen, Bettmachen etc. bis 5½, gymnastische Übungen bis 6, Frühstück etc. bis 7, Unterricht 7 — 10, Freistunde 10 — 11, Unterricht 11 — 1, Mittagessen 1, Fechten 3 — 4, Arbeitsstunden 4 — 8, Abendessen 8 Uhr. Am Sonnabend fand kein wissenschaftlicher Unterricht statt; Mittwoch nachmittags durfte beurlaubt werden, ebenso Freitags, namentlich die 1. Klasse, ins Theater.

Vom Reiten ist im Stundenplane nicht die Rede; den Tanzunterricht erteilte der Solotänzer Granzow im Winter 2mal wöchentlich in 2 Abendstunden. Derselbe erhielt dafür das gleiche Honorar wie der Professor am Carolinum Dr. Griepenkerl, welcher den Unterricht in deutscher Sprache und Litteratur das ganze Jahr hindurch in 4 wöchentlichen Lehrstunden erteilte, nämlich 100 Thaler; als letztere Stundenzahl 1841 um eine vermehrt wurde, erhielt Griepenkerl 120 Thaler. Granzow wollte es anfangs nicht unter 160 Thaler thun; erst als ein Mitbewerber aufgestellt wurde, liefs er mit sich handeln. Den Honoraren der wissenschaftlichen Lehrer blieb der frühere Satz von ½ Thaler für die Stunde zu Grunde gelegt.

Anforderungen in der Prüfung zum Portepee-Fähnrich:

Deutsche Sprache: Ein Aufsatz über ein gegebenes Thema, welcher Kenntnis der Redeteile und deren richtiger Anwendung, sowie Fähigkeit, einen Satz zu bilden und sich im Bau der Perioden ohne Zwang bewegen zu können, nachweist und keinerlei Verstöfse gegen die Rechtschreibung enthält.

Arithmetik: Die vier Species in ganzen, positiven und negativen Zahlen; die Eigenschaften der ganzen Zahlen hinsichtlich ihrer

Teile und der dahingehörigen Aufgaben; die Rechnungsarten mit
Brüchen und Dezimalbrüchen; die Auflösung einfacher Gleichungen
mit einer und mehreren Unbekannten; Erhebung zum Quadrat und
zum Kubus, Ausziehen von Quadrat- und Kubikwurzeln; Rechnen
mit Potenzen und Wurzelgröfsen; Theorie der Proportionen und ihre
praktische Anwendung.

Geometrie: Kongruenz der Dreiecke und deren Anwendung auf
mehrseitige Figuren; Parallelen und Parallelogramme; Gleichheit der
Flächenräume, insbesondere der Pythagoräische Lehrsatz und seine
Anwendung; Lehre vom ebenen Kreise und von den Figuren zum
Kreise; Anwendung der arithmetischen und geometrischen Figuren auf
gerade Linien; Ähnlichkeit der ebenen geradlinigen Dreiecke und
Anwendung derselben auf mehrseitige Figuren; Anwendung der Lehre
von den Proportionen auf den Kreis.

Praktische Geometrie:

Kenntnis und Prüfung der gewöhnlichen Instrumente; Mafssysteme
und Rechnen mit Mafsen; Anfertigung und Gebrauch verjüngter Trans-
versalmafsstäbe; konstruktive Auflösungen geometrischer Aufgaben und
ihre Anwendung auf das geometrische Zeichnen und Feldmessen; Verwandlung landesüblicher Längen- und Flächenmafse; Theorie der ver-
jüngten Mafsstäbe und der zusammengesetzteren Mefsinstrumente,
welche die Anstalt besitzt; Berechnung ebener geradliniger Figuren
und ihrer Teile; Theorie der gewöhnlichsten Mefsmethoden.

Kenntnis des Dienstes[1]: Innerer Dienst; Garnisondienst;
Kriegsartikel; Straf- und Justizreglement; Exerzierreglement bis einschliefslich des Bataillonsexerzierens; Verrichten des Unteroffiziers-
dienstes.

Kenntnis der Waffen: blanke Waffen; Pulver; Handfeuerwaffen.

Militärische Aufsätze: Meldungen, Listen etc. aus dem Dienstbereiche eines Unteroffiziers.

Terrainlehre: Allgemeines, Oro-, Hydro-, Chorographie; Wege,
Brücken: Rekognoszierung und Beschreibung.

Aufnehmen: Gebrauch der Instrumente und Anwendung der
Mefsmethoden im grofsen und im einzelnen.

Geographie: Mathematische: Kenntnis der Grundzüge und
des Globus, Einteilung desselben nach den wichtigsten Kreisen, Bekanntschaft mit den Zonen, mathematischem und geographischem

---

[1] Das Regulativ enthält sehr eingehende Vorschriften über den Umfang der
darzulegenden Dienstkenntnisse.

Klima etc. Physikalische: Kenntnis von Luft, Wasser, Erde; der sogenannten reinen Geographie (nach Naturgrenzen), insbesondere der Verteilung der Erdoberfläche und des Weltmeeres nach deren einzelnen Teilen in ihren Gestaltungen; der Raumverhältnisse der Erdteile und Meere; der orographischen Verhältnisse, Hauptwasserscheiden, Flufs- und Meeresgebiete, namentlich in Europa; der Klimatologie und zwar der wichtigsten Ursachen, welche überhaupt das physische Klima bedingen, das physische Klima der einzelnen Länder, besonders der europäischen, und der vom Klima abhängigen Folgen, seiner Einwirkungen auf Fruchtbarkeit, Tier- und Pflanzenwelt.

Geschichte: (aufser den epochemachenden Ereignissen) Thaten und Schicksale der welthistorisch-wichtigen Völker, Staaten und Menschen im allgemeinen; Geschichte Deutschlands, der wichtigsten ethnographischen Revolutionen, welche vor der Gründung des deutschen Reiches in Deutschland selbst und in den von deutschen Stämmen eingenommenen Ländern vorgingen; deutsche Kaiser und Könige, ihre Folge und die wichtigsten Ereignisse ihrer Regierung; die Hauptveränderungen in der Verfassung des Reiches und in der der einzelnen Territorien, soweit sie sich unter allgemeine Gesichtspunkte fassen lassen; Hauptdata der Kulturgeschichte Deutschlands.

Französische Sprache: Fliefsendes und im ganzen grammatikalisch richtiges Übersetzen aus dem Deutschen in das Französische.

Zeichnen: Allgemeine Übung in den Linearkonstruktionen, im Schattieren und Illuminieren von Zeichnungen nach Vorlegeblättern; einige Fertigkeit im Artillerie-Zeichnen nach Modellen, sowie im Planzeichnen.

Anforderungen in der Prüfung zum Offizier:

Deutsche Sprache: Vaterländische Litteratur seit 1740; „Der Aufsatz mit völliger Voraussetzung der rein grammatikalischen Form wird mehr von Seiten der inneren Gedankenverbindung beurteilt werden und soll Zeugnis ablegen von der Urteilsfähigkeit des Examinanden und in wie weit er im stande ist das Erlernte in einer angemessenen Form erscheinen zu lassen."

Arithmetik: Gleichungen 2. Grades, Logarithmen und logarithmische Gleichungen, arithmetische und geometrische Progressionen.

Trigonometrie: Die Funktionen, ihre Vergleichung unter einander, ihr Gebrauch zur Bestimmung von Winkeln und Berechnung der einzelnen Dreieckstücke, sowie der Flächen oder Dreiecke aus gegebenen Stücken; einige Fertigkeit im Gebrauche der trigonometrischen Formeln zur Auflösung dahin gehörender Aufgaben.

Geometrie: Rektifikation der Kreislinie; Quadratur des Kreises; Anwendung der Algebra auf die Geometrie; Verwandlung und Teilung ebener Figuren mit den synthetischen und analytischen Auflösungen der Aufgaben; Theorie des Berg- und geometrischen Planzeichnens und des militärischen Aufnehmens; Berechnung der Körperformen.

Feldbefestigung: Kenntnifs vom Profil der Brustwehren, vom Grundrifs der Feldschanzen nebst den Einrichtungen für Geschütze in denselben, von den künstlichen Annäherungshindernissen, von den Holz- und Hohlbauten, namentlich in Beziehung auf Blockhäuser, von dem Bau einer Feldschanze, von der Anordnung der Schanzwerke, insbesondere vom Defilement und von den Brückenköpfen, von Angriff und Verteidigung der Feldschanzen, von der Vorrichtung von Dörfern und Häusern zur Verteidigung, Instandsetzung und Zerstörung von Kommunikationen, Anlage von Brücken und Wegen.

Permanente Befestigung: Grundrifs und Profil einer Festung im allgemeinen, insbesondere Anlage einer bastionierten Front; Steinbauten, namentlich Dechargemauern, Kasematten, Kaponieren; Aufsenwerke, detachierte und retirierte Werke; Festungskommunikationen; hauptsächlichste Befestigungsmanieren und Benennung der dabei vorkommenden Werke und Einrichtungen; Übersicht des förmlichen Angriffs einer bastionierten Front nach Vauban, modifizierte Angriffsarten; Hauptgrundzüge der Verteidigung einer Festung, besonders in Beziehung auf die Verrichtungen des Infanterieoffiziers.

Militärische Aufzätze: Berichte, Eingaben und „Empfehlungen", Mitteilungen und Benachrichtigungen, Anfragen, Vorschläge, Befehle, Species facti, Protokolle; in dem Umfange, dafs der Besitz der Vorkenntnisse für die Schreibgeschäfte des Bataillonsadjutanten dargethan wird.

Nivellieren, Profilieren, Krokieren und Übung im militärischen Aufnehmen.

Geographie: „Die theoretischen Grundsätze der Statistik (Unterschied zwischen politischer Geographie und Statistik), Übersicht der Grund- und Hilfswissenschaften der Statistik, Grundzüge des für die Anordnung des statistischen Stoffes verwendbaren Systems; Übersicht der bedeutendsten Staaten, dabei unter steter Berücksichtigung der theoretischen Grundsätze der Statistik, Flächenraum und andere Ab-

messungen des Gebietes, Abstammung, Religion, Sprache, Standes-
klassen. Bildung, Industrie, Vermögenslage der Einwohner, Verfassung,
Verwaltung, öffentliche Anstalten etc. behufs Bildung eines Urteils
über die Macht und das politische Gewicht des Staates; Übersicht
der fünf Hauptmächte Europas, den deutschen Bund und das Herzogtum Braunschweig."

Geschichte: Allgemein, die deutsche und namentlich die braunschweig-lüneburgische genauer (Perioden, Linien des Regentenhauses,
merkwürdigste Fürsten, wichtigste Ereignisse, Hauptmomente der Ver-
fassungs- und Kulturgeschichte); Kriegsgeschichte, so dafs die Kriege
seit dem Siebenjährigen nicht nur im allgemeinen gekannt, sondern
auch die entscheidenden Schlachten namhaft gemacht werden können;
eingehendere Kenntnis des Siebenjährigen Krieges, so dafs auf dem
Plane der Gang der einzelnen Schlachten dargelegt und ihr Einflufs
auf den Verlauf der Krieges angegeben werden kann.

Französische Sprache: Eine freie Arbeit über ein gegebenes
Thema.

Zeichnen: Fertigkeit im Fortifikations- und im Reinzeichnen
der Terrainaufnahme, sowie im Planzeichnen.

Aufserdem mufste Kenntnis desjenigen Teiles des Exerzierreglements, welcher das zerstreute Gefecht zum Gegenstande hatte, und
der Verrichtungen im Felddienst nachgewiesen werden.

Das Husaren-Regiment erhielt seinen Ersatz in der Regel
durch Volontärs, junge Leute, welche mit ausdrücklicher Genehmigung des Herzogs zugelassen wurden. Sie mufsten 1000 Thaler für
ihre Ausrüstung als Offiziere aufwenden können, eine jährliche Zulage
von 300 Thalern und die Mittel nachweisen, sich bis zu ihrer Ernennung selbst unterhalten zu können. Vor ihrer Zulassung wurden sie
einer Prüfung nicht unterworfen, dagegen hatten sie eine solche sowohl
bevor sie das Portepee erhielten, als auch behufs ihrer Beförderung
zu Offizieren zu bestehen. Die erstere beschränkte sich auf Arithmetik,
Geometrie, Geschichte, Geographie, Französisch, Waffenlehre, Dienst
und Dienststil; die letztere erstreckte sich auf Arithmetik, Geometrie,
Geographie und Statistik, Geschichte, Dienst und Dienststil, Exerzierreglement, Waffenlehre, Französisch. — Durch herzoglichen Erlafs vom
5. März 1844 wurde befohlen, dafs zur ersten Prüfung deutsche Sprache,
deutsche Geschichte und Felddienst, zur zweiten braunschweigische

Geschichte hinzutreten sollten. Die Verschiedenheit in den Ansprüchen an die beiden in Beziehung auf ihre Verwendung im Kriege einander so gleichen Truppengattungen, Infanterie und Kavallerie, blieb bestehen; für den Husaren fielen in der Fähnrichsprüfung praktische Geometrie, Artillerie,[1] Terrainlehre. Aufnehmen, in der zum Offizier Trigonometrie, Befestigungskunst, Aufnehmen weg, die Geschichte brauchte er nicht über die blaugelben Grenzpfähle seines engeren Vaterlandes hinaus zu kennen. In dem Erlasse ist jedoch bemerkt, „dafs möglicherweise Kriegsgeschichte in das Bereich zu ziehen sei." Anscheinend konnte man bei der grofsen Wichtigkeit, welche man, mit Rücksicht auf die Thaten des Herzogs Ferdinand, dem siebenjährigen Kriege beilegte, sich nicht entschliefsen, auf die Kenntnis der Begebenheiten desselben für den Husaren ganz zu verzichten. — Beide Prüfungen sollten nur schriftlich, sonst aber in dem durch das Kadetten-Regulativ vorgeschriebenen Umfange, stattfinden.

Einige Änderungen in dem Regulativ vom Jahre 1842 wurden durch „Erweiterte Bestimmungen" vom 10. August 1844 befohlen. Die Aufnahmefähigkeit wurde an die Bedingung geknüpft, dafs der Eintretende mindestens ein halbes Jahr die Sekunda eines Landesgymnasiums besucht habe, bezw. die entsprechenden Kenntnisse nachweise; stand er im 17. Lebensjahre, so mufste seine Laufbahn in der Anstalt längstens binnen 3 Jahren beendet sein; über das vollendete 20. hinaus sollte niemand in derselben bleiben. Die militärische Ausbildung wurde noch mehr beschränkt: Nach ihrem Eintritt wurden die Kadetten 4 Wochen lang täglich 2 Stunden („mindestens") exerziert; sie zogen nicht mehr auf Wache und traten nicht mehr zum Exerzieren in die Truppe ein; im Juli fand 3 Wochen Ferienurlaub statt. Die grundlegende Ausbildung im praktischen Dienst sollte nach der Schulzeit erfolgen, die Kadetten sollten daher das Haus nicht als Offiziere verlassen, auch nicht, wenn es an offenen Stellen fehlte, in demselben zurückgehalten, sondern als Portepeefähnriche eingestellt und sechs Monate lang als Soldaten und Unteroffiziere ausgebildet werden. Wenn sie dann genügten, durften sie zu Offizieren in Vorschlag gebracht werden.

Mit Bezugnahme auf diese Anordnung wurde am 14. November 1845 befohlen, dafs, als Gegenleistung für die geringeren an die Offizieranwärter des Husarenregiments gestellten wissenschaft-

[1] Auf S. 339 „Kenntnis der Waffen" genannt.

lichen Ansprüche und in Anbetracht der ihnen zur Erlernung des Dienstes gewährten längeren Zeit, die Volontärs bezw. Portepeefähnriche der Kavallerie gröfsere Anforderungen an ihre militärische Ausbildung erfüllen sollten als ihre Kameraden der anderen Waffen, bevor sie zu den wissenschaftlichen Prüfungen zugelassen würden. Diese Anforderungen sind in der Verfügung näher erläutert, sie gehen nicht über den Umfang der an den Portepeefähnrich bezw. jungen Lieutenant allgemein zu machenden hinaus.

————————

In dieser Zeit wie auch später besuchten braunschweigische Offiziere zum Zweck ihrer Fortbildung verschiedentlich preufsische und hannoversche Lehranstalten.

4. Die Heranbildung des Offizierersatzes nach Aufhebung des Kadetten-Instituts.

1846 — 1848.

Trotz der schöngefärbten Berichte, welche die Militär-Studien-Kommission alljährlich dem Kommando des Feldkorps erstattete und welche dieses, in einigen Redewendungen verändert, an den Herzog weiterreichte, waren und blieben die Leistungen des Kadetten-Instituts ungenügend. Die Ergebnisse des Unterrichtes liefsen viel zu wünschen übrig; die Erziehung durch den Unteroffizier als „Stubenkommandanten" befriedigte ebensowenig. Die Krankheit aber, an welcher die Anstalt schliefslich einging, war die Auszehrung: es fehlte ihr der Ersatz. Abgesehen davon, dafs der Eintritt in ein Truppenkorps, welches aus 3 Bataillonen, 2 Schwadronen und 1 Batterie bestand, an und für sich wenig Verlockendes hatte, war der Ruf der Anstalt nicht geeignet, den Zudrang zu fördern. 10 Jahre später gestand die Militär-Studien-Kommission, aus Offizieren bestehend, welche die früheren Zustände genau kannten, dies selbst zu, indem sie in einem an das Brigade-Kommando gerichteten Gutachten vom 2. März 1855 sagte, „dafs gegen die Wiedereinführung einer Militär-Erziehungs-Anstalt in hiesiger Stadt hinlängliche Gründe sprechen." Im Jahre 1846 fehlte es vollständig an Nachwuchs. Am 12. Dezember 1845 erstattete der Kommandeur des Feldkorps, Generalmajor von Normann,[1] dem Herzoge die Meldung, dafs zum Eintritt in das Institut nur ein bereits zweimal zurückgewiesener junger Mann angemeldet sei und dafs daher für 1846—47 voraussichtlich nur 3 bis 4 Zöglinge bleiben würden. Wenn der Grund für einen so geringen Zudrang auch die erhöhten Ansprüche bei der Aufnahme seien und dies mit der Zeit sich ändern möchte, so würden die Erfolge der Anstalt doch immer mit den schädlichen Einflüssen einer geringen Schülerzahl zu kämpfen haben und die Kosten würden zu dem Nutzen nie im richtigen Verhältnisse stehen. Er schlage daher vor, dieselbe aufzuheben.

Normann erörtert dann die für die Zukunft zu nehmenden Mafsregeln und meint, es gäbe zwei Wege, welche in Betracht kommen könnten. Der eine sei Erziehung im preufsischen Kadetten-Korps, der andere Erlangung der Universitätsreife auf einer öffentlichen und dann Fachbildung auf einer Militärschule. Gegen den ersteren Weg sprächen die Kostspieligkeit und der Zweifel, ob auf diese Weise der Ersatz unter allen Umständen zu decken sein würde, daher sei der letztere vorzuziehen. Derselbe würde Anwärter in hinlänglicher Zahl liefern; dem diesen anklebenden Mangel einer soldatischen Erziehung müsse durch eine genügend lange Dienstzeit als Gemeiner abgeholfen werden. Eine Militärschule, in welche demnächst der Übertritt zu erfolgen habe, liefse sich freilich auch in Braunschweig einrichten; sie würde aber immer unter der geringen Zahl von Schülern leiden. Normann stimmte daher energisch für einen Anschlufs an Preufsen, und zwar auf dem Wege des Eintritts als „Volontär" und der Fachbildung auf einer preufsischen Divisionsschule; der Herzog befahl am 1. August, dafs das Kadetten-Institut am 1. Oktober eingehen solle.

Preufsen war gern bereit zu helfen. Vorläufig bezogen die drei Kadetten, welche die Offiziersprüfung noch nicht bestanden hatten,

---

[1] General von Normann, der Nachfolger des General von Wachholtz im Kommando des Feldkorps, war, vor seinem 1809 erfolgten Eintritt in braunschweigische Dienste, Fähnrich im preufsischen Infanterieregiment Hohenlohe Nr. 32, ward 1848 pensioniert und starb 1855 (Teichmüller, Geschichte des Leibbataillons, Braunschweig 1858).

am 1. Oktober 1846 die Divisionsschule zu Magdeburg, und, ehe man an maßgebender Stelle über die Neugestaltung der Dinge schlüssig geworden war, kam das Jahr 1848.

In dem vom hannoverschen Oberst-Lieutenant C. Jacobi herausgegebenen Buche „Das zehnte Armee-Corps des Deutschen Bundesheeres," Hannover 1847, heißt es: „Bei der Heranbildung der Offiziers-Aspiranten zu den vakanten Offizierstellen gilt als Grundbedingung, daß nur solche junge Männer zugelassen werden, welche in ihrer allgemeinen Schulbildung so weit vorgeschritten sind, daß sie die volle Reife zum Besuch der Universität erlangt haben" und daß die Anwärter, nachdem sie ein halbes Jahr Dienst gethan hätten, auf den preußischen Anstalten zu Offizieren herangebildet würden. Jene Grundbedingung hat ebensowenig bestanden, wie sie erfüllt ist. Das Jahr 1848, welches einen ungewöhnlich großen Offiziersbedarf im Gefolge hatte, brachte ganz andere Verhältnisse zur Erscheinung.

1848 — 1850.

Ein Erlaß des Herzogs an das Kriegs-Kollegium vom 24. Juni 1848 verordnete, daß, „da nach Aufhebung des Kadetten-Instituts es an Bestimmungen über die Heranbildung der Offiziers-Aspiranten fehlt und wir in dem gegenwärtigen Zeitpunkte Anstand nehmen, definitiv regulatorische Verfügungen zu erlassen," bei allen Truppenteilen „Volontärs" angenommen werden dürften, welche im stande wären, den in den Jahren 1842 und 1844 an die Kadetten in betreff ihrer Geldmittel und ihrer wissenschaftlichen Bildung gemachten Ansprüchen zu genügen. Bestimmungen über eine mit ihnen vorzunehmende Offiziersprüfung blieben vorbehalten; Volontärs der im Felde stehenden Truppenteile durften, „wenn sie sich durch echt militärische Eigenschaften hervorthäten," ohne weiteres vorgeschlagen werden.

Am 2. Oktober 1848 wurde eine unter dem Major Ahrberg aus 3 Stabs- und 2 Subalternoffizieren bestehende „Militär-Studien-Kommission" mit der Bearbeitung aller diesen Gegenstand betreffenden Angelegenheiten beauftragt.

Unter dem 15. Dezember 1848 ergingen darauf „Transitorische Bestimmungen über das Verfahren mit den während der Kampagne mit Aussicht auf Avancement zum Offizier eingetretenen Freiwilligen," welche am 1. Oktober 1849 in

Kraft treten sollten. Vor der Anmeldung zu der vor der Herzoglichen Militär-Examinations-(Militär-Studien-)Kommission nur schriftlich abzulegenden Prüfung zum Portepeefähnrich mufste das Offizier-Korps sich über die dienstliche Befähigung und Würdigkeit aussprechen und von den Eltern oder Vormündern der Besitz von 200 Thalern bei der Infanterie, 1300 bei der Kavallerie für die Ausrüstung als Offizier, bei letzterer auch eine jährliche Zulage von 200 Thalern, nachgewiesen werden. Bei der Prüfung wurde von denjenigen, welche das Maturitäts-examen gemacht hatten, nur Kenntnis des Dienstes, einschliefslich der Bekanntschaft mit dem militärischen Schreibwesen im Wirkungskreise des Unteroffiziers, und der Waffen, von den übrigen nachstehendes verlangt:

Deutsch: Kenntnis der Redeteile und richtige Anwendung der-selben zur Bildung eines Satzes und zu zwanglosem Bau von Perioden, ohne dafs orthographische Fehler vorkommen.

Arithmetik bis zu den einfachen Gleichungen mit einer und mehreren Unbekannten und bis zur Ausziehung von Quadrat- und Kubikwurzeln.

Geometrie bis zum Pythagoräischen Lehrsatze und zur Lehre vom Kreise.

Geographie: Mathematische: Grundzüge, Globus, seine Kreise, Zonen, mathematisches oder geographisches Klima: Physi-kalische: Verteilung von Erde und Meer, Gestaltung von deren Teilen, Orographie, Flufs- und Meeresgebiete, insbesondere Europas.

Geschichte: Allgemeines über die wichtigsten Völker, Staaten und Menschen, Genaueres über Deutschland.

Französisch: Übersetzen in das Deutsche.

Das Offiziersexamen sollte das in dem Regulativ für das Kadetten-Institut vom Jahre 1842 vorgeschriebene, „jedoch mit einigen intensiven Erleichterungen in den rein wissenschaftlichen Disziplinen" sein; für die 3 Volontärs beim Husarenregimente blieben die bis-herigen Sonderbestimmungen auch jetzt noch in Kraft.

Schon am 10. Februar 1849 brachte ein herzoglicher Spezial-befehl neue „Provisorische Bestimmung über die künftige Heranbildung und Erziehung der Offiziere des Herzoglich Braunschweigischen Truppen-Corps."[1]

---

[1] Erschien unter demselben Titel zu Braunschweig 1849. Druck von F. M. Meinecke.

Diese Bestimmung beseitigte den Eintritt als Offiziers-Aspirant vollständig, indem sie vorschrieb, daſs jeder, der die Anwartschaft auf Anstellung als Offizier erwerben wolle, als einjähriger oder gewöhnlicher Freiwilliger oder im Wege der Aushebung eingestellt werden und zunächst in einer mindestens 6-, seit 1852 10monatlichen Dienstzeit das Zeugnis der Eignung zum Offizier erwerben müsse. Dann durfte er sich, wenn er zum Zwecke seiner demnächstigen Ausrüstung bei der Infanterie 200, bei der Artillerie 400, bei der Kavallerie 1300 Thaler hinterlegen und bei letzterer auſserdem den Besitz einer Zulage von 200 Thalern jährlich nachweisen konnte, zu der Ostern und Michaelis stattfindenden Fähnrichsprüfung melden. In derselben wurde gefordert:

Deutsch: Anfertigung eines klaren Berichtes oder einer logisch richtig geordneten Abhandlung über einen im Gesichtskreise des Examinanden liegenden schwierigen Gegenstand; grammatische Richtigkeit, Kürze und Klarheit des Ausdruckes, Leichtigkeit des Periodenbaus. Kenntnis vom Entwickelungsgange der Litteratur, der wichtigen und charakteristischen Erscheinungen derselben.

Lateinisch: Einigermaſsen geläufiges Übersetzen des Caesar de bello gallico, des Curtius oder der Reden des Cicero.

Französisch: Geläufiges Lesen und Übersetzen von z. B. Voltaire, Rousseau, Staël, Mignet, Guizot, Scribe etc., richtige Aussprache und Kenntnis aller nicht ungebräuchlichen Worte. Niederschreiben eines deutsch diktierten Extemporale mit richtiger Orthographie, ohne grobe Fehler gegen Grammatik und richtigen Ausdruck.

Geschichte: Genügende Kenntnis der wichtigsten Ereignisse, Personen und Daten der allgemeinen Weltgeschichte, der Entwickelung der griechischen und römischen Staaten und der alten deutschen Reichsverhältnisse, um daraus den gegenwärtigen Zustand Deutschlands verstehen zu können.

Geographie: Die wichtigsten Lehren der mathematischen und eine Übersicht über die physikalische Geographie mit besonderer Berücksichtigung der Verteilung des Gebirgs- und Flächenlandes und deren Gliederung, Kenntnis der wichtigsten Fluſsnetze; Kenntnis der wichtigsten Staaten, insonderheit Europas und Amerikas; genauere Bekanntschaft mit Gröſse, Bodenverhältnissen, Erzeugnissen, Einwohnern (Abstammung, Religion, Ständegliederung), Kultur (Anbau,

Industrie, Wissenschaft, Kunst), Regierungsform, Militärmacht Deutschlands und der übrigen Grofsmächte.

Arithmetik: bis zu den Progressionen, Logarithmen und der Potenzenrechnung; Fertigkeit dahin gehörige Aufgaben, sowie einfache und zusammengesetzte Gleichungen zu lösen.

Geometrie: elementare, Plani- und Trigonometrie, sowie Fertigkeit dahin gehörige Aufgaben zu lösen. Kenntnis der allgemeinen Grundsätze der Körperformen und Lösung einfacher Aufgaben der Stereometrie.

Waffenlehre: Blanke Waffen (Einteilung, Beschaffenheit, Handhabung und Gebrauch); Pulver (Bestandteile, Fertigung, Entzündung, Verbrennung, Kraftäufserung, äufsere Kennzeichen, Probieren, Aufbewahrung, Behandlung, Zündhütchen); kleine Feuerwaffen (Infanterie- und gezogenes Gewehr, Büchse, Karabiner, Pistole): Einrichtung, Schiefsbedarf (Anfertigung, Aufbewahrung, Transport), Gebrauch des gezogenen Gewehrs (Kunst des Schiefsens, Kugelbahn, Verfahren beim Schiefsen, Einschiefsen, Geschofswirkung, Wahrscheinlichkeit des Treffens); Auseinandernehmen, Zusammensetzen, Aufbewahren der Gewehre.

Dienst (im Bereiche der an den Unteroffizier zu stellenden Anforderungen): Innerer- (Kenntnis der Reglements), Felddienst, Dienststil.

Militärisches Zeichnen: Linearkonstruktionen, Schattieren und Illuminieren der Zeichnungen nach Vorlageblättern, einige Fertigkeit im Planzeichnen.

Die Prüfung war mündlich und schriftlich; je nach dem Ausfalle ward eine der sieben, auf „sehr gut" bis „schlecht" lautenden Censuren erteilt; wer in drei oder mehreren Fächern als „schlecht" oder „ungenügend" beurteilt wurde, hatte nicht bestanden; unter den Bestandenen wurde die Reihenfolge nach den Wertziffern bestimmt, welche sich ergaben, wenn die in einer jeden Wissenschaft erlangten Grade zusammengezählt wurden, wobei sehr gut mit 5, genügend mit 3 in Ansatz gebracht ward; die eine Wissenschaft fiel genau so schwer in das Gewicht wie die andere. Wer nicht bestanden hatte, durfte nach 6 Monaten die Prüfung wiederholen. Wer in einem oder in zwei Fächern „schlecht" oder „ungenügnd" war, hatte „unvollständig" bestanden und mufste sich in den betreffenden Fächern, nach einem von der Studienkommission bestimmten Zeitpunkte (zwischen 3 und

.6 Monaten), einer neuen Prüfung unterziehen. Eine dritte Prüfung war in keinem der beiden Fälle gestattet. Die Bestandenen wurden nach Mafsgabe der verfügbaren Stellen (4 bei der Infanterie, 1 bei der Artillerie) zu Portepeefähnrichen befördert; diejenigen, für welche keine Stellen offen waren, und die Offizieranwärter der Husaren wurden nach besonderen Vorschriften als Unteroffiziere eingestellt.

Wer die an die Ernennung zum Portepeefähnrich geknüpften Bedingungen erfüllt hatte, mufste sich binnen Jahresfrist zur Offiziersprüfung melden, welche Ostern und Michaelis abgelegt werden konnte; sie war ebenfalls schriftlich und mündlich; es fanden auf sie die für die Fähnrichsprüfung erlassenen Bestimmungen sinngemäfse Anwendung.

Es wurde geprüft in: Waffenlehre (Wiederholung der Fähnrichsprüfung unter Ausdehnung auf das Geschützwesen); taktische Disziplinen, nämlich Heeresorganisation (X. Bundes-Armee-Korps und Kennzeichnung der verschiedenen Waffengattungen), Elementartaktik (reine und angewandte), Felddienst; Feld- und permanente Befestigung; Aufnehmen und Planzeichnen; militärische Aufsätze; innerer und Garnisondienst.

Die Offizieranwärter der Artillerie durften sich zum Fähnrichsexamen erst melden, wenn sie die bei dieser Waffe geforderten Prüfungen zum Bombardier und zum Feuerwerker (S. 359) bestanden hatten; über ihren ferneren Bildungsgang „kann für jetzt noch keine Bestimmung festgesetzt werden."[1]

Mit Aufstellung dieser Forderungen trat an die Militärbehörde die Notwendigkeit heran, die Offizieranwärter zur Erfüllung derselben in den Stand zu setzen. Generalmajor von Erichsen, der nunmehrige Kommandeur des Feldkorps, beauftragte daher unter dem 20. September 1849 den Major Ahrberg mit Vorlage eines Entwurfes für einen winterlichen Unterrichtskursus, welcher den Portepeefähnrichen etc. Gelegenheit geben sollte, die für das Bestehen der Offiziersprüfung erforderlichen Kenntnisse zu erwerben. Auf Grund der gemachten Vorschläge wurde dieser Unterricht, an welchem 13 Schüler teilnahmen, am 1. November begonnen und im April 1850 beendet. Die Oberaufsicht über die Schüler, welche nicht zusammenwohnten, sondern, abgesehen von der Teilnahme am Unterricht, ganz in ihren Verhältnissen blieben, ward Ahrberg, die Sonderaufsicht dem Korps-Adjutanten Graf Görtz-Wrisberg übertragen und ersterer zu diesem

---

[1] Provisorische Bestimmungen etc. vom 10. Februar 1849, S. 26.

Zweck mit der Strafbefugnis eines Bataillons-Kommandeurs, letzterer
mit der eines Kompagnie-Chefs ausgestattet. Auswärtige Schüler
wurden Truppenteilen der Garnison zugeteilt. Die Vorträge fanden
Montag, Dienstag, Donnerstag und Freitag in der Regel von 9 bis
1 Uhr vor- und von 3 bis 6 Uhr nachmittags im früheren Kadettenhause statt; am Mittwoch thaten die Schüler vormittags bei den Abteilungen, zu denen sie gehörten, Dienst; am Sonnabend wurden sie
für sich im Exerzieren und namentlich im Anweisen ausgebildet.
Alle vier Wochen hatten sie vom Sonnabend zum Sonntag auf Wache
zu ziehen.

Der Lehrplan umfaßte: Elementar-Taktik und Heeresorganisation 2, inneren und Garnisondienst nebst Exerzierreglement 4, Felddienst 1, Dienststil 1, Waffenlehre (Handfeuerwaffen) 1, Artillerie 2,
Fortifikation 3, Aufnehmen und Planzeichnen 4 Stunden wöchentlich.

Das Honorar der Lehrer wurde nach dem Satze von ½ Thaler
für die Stunde, die Dauer des Kursus auf 20 Wochen berechnet. Es
wurden im ganzen 198 Thaler gezahlt.

Aufserdem wurden wöchentlich 4 Fechtstunden erteilt. Mittel für
Reit- und Tanzstunden zu bewilligen ward vom Staatsministerium
abgelehnt; auch der Wunsch, dafs den Schülern gestattet werden
möchte, im Landgestüt, ohne für den Unterricht zu bezahlen, nur
gegen Erlegung des Bahn- und Ruthengeldes, reiten zu lernen, fand
kein Gehör, weil solches nicht geschehen könne, ohne dafs zahlende
Scholaren zurücktreten müfsten, mithin die Kasse geschädigt würde.
Der Lehrer in Artillerie unterwies im Exerzieren am Geschütz.

Gleichzeitig ward bestimmt, dafs diejenigen Offiziere, welche im
Aufnehmen und im Planzeichnen noch nicht geprüft seien, an dem
betreffenden Unterrichte teilnehmen sollten.

5. Die Militär-Konvention mit Preufsen 1850—1855.

Am 1. Dezember 1849 ward zwischen Preufsen und Braunschweig
eine Militär-Konvention abgeschlossen, kraft deren das Herzogliche
Feldkorps nach dem Muster einer preufsischen Brigade organisiert

wurde, die braunschweigischen Offizieraspiranten die preußische Divisionsschule in Erfurt besuchten, von den preußischen Prüfungsbehörden examiniert wurden und an der Artillerie- und Ingenieur- sowie der Allgemeinen Kriegs-Schule etc. teilnahmen. Zum ersten Male bezogen 1850—51 sieben Braunschweiger die Anstalt in Erfurt, zur Artillerie- und Ingenieur-Schule waren bereits 1849 drei gegangen.

1854 wurde jene auf 15 Jahre abgeschlossene Konvention durch ein Übereinkommen zwischen beiden Mächten wieder aufgehoben, weil sie mit dem Schlußpassus des § 19 der „Näheren Bestimmungen der Kriegsverfassung des Deutschen Bundes" im Widerspruch stände, indem dort gesagt war, daß zwischen Bundesstaaten, welche nicht einem und demselben Armeekorps-Verbande angehörten, keine Übereinkünfte über militärische Angelegenheiten getroffen werden dürften, welche störend in die Beziehungen des Korpsverbandes eingreifen könnten.

Die Spitze jener Bestimmung war gegen Preußen gerichtet, welches seit einiger Zeit bemüht war, Einfluß auf die militärischen Einrichtungen der in seinem Machtbereiche gelegenen Kleinstaaten — sei es durch Überlassung geeigneter Offiziere, namentlich als Höchstkommandierende der dortigen Kontingente, sei es durch den Abschluß von Militär-Konventionen, welche diese Kontingente fast zu Bestandteilen des preußischen Heeres machten — zu erlangen. Die Übereinkunft mit Braunschweig mußte der Bestimmung zum Opfer fallen.

Anders war es mit der Vereinbarung in betreff der Teilnahme an den preußischen Bildungsanstalten und Prüfungsbehörden. Derartige Übereinkünfte waren durch § 31 der „Näheren Bestimmungen" gewissermaßen geboten und König Friedrich Wilhelm IV. von Preußen hatte sich, in Erfüllung des vom Herzoge ihm zu erkennen gegebenen Wunsches, bereit erklärt,[1] die Teilnahme an seinen Bildungsanstalten nicht nur ferner zu gestatten, sondern dieselbe auch auf den Eintritt in die Kadettenhäuser auszudehnen. Als aber General Ludovici, der nunmehrige Kommandeur der Braunschweigischen Brigade, auf Grund der betreffenden Mitteilung Vorschläge für den Geschäftsgang machte, ging der Herzog, erbittert über das Nachgeben Preußens und in seinem Vertrauen auf diese Macht getäuscht, auf dieselben nicht ein, sondern bestellte unter dem 1. Februar 1855 eine ebenso wie im Jahre 1848 zusammengesetzte Militär-Studien-Kommission und beauftragte diese mit Prüfung der Angelegenheit und mit Berichterstattung über die-

---

[1] Laut Erlaß des Herzogs an das Brigade-Kommando d. d. 16. September 1854.

selbe. An die Spitze der Kommission trat Oberst-Lieutenant von Bockelmann vom Infanterieregiment.

Ein von dieser Behörde unter dem 14. März vorgelegter Bericht über das bei der Ergänzung des Offizierkorps in Zukunft zu befolgende Verfahren sprach sich entschieden für den Anschlufs an einen gröfseren Staat, unter Verzicht auf jegliche Sondereinrichtungen, aus; derselbe riet davon ab, eine eigene Prüfungskommission zu bestellen und von neuem eine Erziehungs- oder Unterrichtsanstalt zu gründen; enthielt sich jedoch des unbedingten Eintretens für die Beteiligung an den Einrichtungen eines bestimmten Staates und begnügte sich, nachdem vorausgeschickt war, dafs es sich nur um Preufsen oder Hannover handeln könne, die für und gegen die eine oder die andere Wahl sprechenden Gründe auseinanderzusetzen, die Entscheidung aber dem Herzoge zu überlassen. Die Ausführungen der Kommission lassen unzweideutig erkennen, dafs dieselbe dringend den Anschlufs an Preufsen wünschte, sie sind voll des Lobes der militärischen Einrichtungen des grofsen Nachbarstaates und rühmen die auf den dortigen Unterrichtsanstalten erzielten Resultate auf das höchste.

Die Wünsche der Kommission fanden die Zustimmung Serenissimi nicht. Noch 10 Jahre lang trug sich Herzog Wilhelm mit dem Gedanken, wiederum eine eigene Unterrichtsanstalt ins Leben zu rufen und mehrmals war der Gedanke nahe daran zur That zu werden. Die Militär-Studien-Kommission war unausgesetzt mit der Ausarbeitung von Entwürfen für diesen Zweck beschäftigt: 1861 war man soweit, dafs die Eröffnung des Unterrichtes der Offizieranwärter, von denen sogleich (S. 356) die Rede sein wird, in Aussicht auf eine unverzüglich zu erwartende Neuordnung der Dinge vierzehn Tage später als gewöhnlich stattfand und erst dann begann, als man füglich nicht länger warten konnte.

Der Plan, welcher in dieser Zeit, wo man auch die oldenburgische Einrichtung prüfte, am meisten Aussicht auf Verwirklichung hatte, ging auf die Errichtung einer zweiklassigen Erziehungsanstalt mit einjährigen Lehrgängen hinaus; in der unteren sollte der Schwerpunkt im allgemein-, in der oberen im militärwissenschaftlichen Unterrichte liegen; der Eintritt sollte mit vollendetem 17. Lebensjahre erfolgen.

Alles was 1855—1865 geschah, trug daher nur den Charakter des Vorläufigen und wurde als ein Notbehelf betrachtet.

6. Die Unterrichtsanstalt 1855—1865.

Der Besuch der Divisionsschule Erfurt hatte zum letzten Male
während des Schuljahres 1854--55 stattgefunden. Als dasselbe zu
Ende ging, war für einen Ersatz noch nicht gesorgt: es erging daher
am 9. Dezember 1855 der herzogliche Befehl, unverzüglich einen
Unterrichtskursus auf Grund der für die gleiche Einrichtung
1849—50 erlassenen Vorschriften ins Leben zu rufen. Der Kursus begann Mitte Januar 1856, dauerte bis Mitte Juli und wurde mit der
Offizierspüfung geschlossen. Der Unterricht wurde indes nicht nach
Anleitung der Vorschriften von 1849—50, sondern in Anlehnung an
den Lehrplan der preufsischen Divisions-, später Kriegsschulen erteilt,
und zwar wurden die taktischen Disciplinen und die Waffenlehre allwöchentlich in je 5, Aufnehmen und Planzeichnen in 4, Fortifikation
in 3, militärischer Aufsatz und Dienstkenntnis in 2, Kriegsgeschichte
und Militärliteratur in 1 Stunde gelehrt. Der Unterricht fand in der
Burgkaserne statt, die Schüler waren nicht kaserniert und speisten
mit den Offizieren. Die Aufsicht über dieselben führten der Präsident
und der Sekretär der Studien-Kommission, welche dazu mit der
Strafbefugnis eines Bataillons-Kommandeurs bezw. eines Kompagniechefs
ausgestattet waren.

Es wurde ferner durch geeignete Unteroffiziere wöchentlich 2 Stunden im Fechten, 1 im Voltigieren und durch einen Offizier des
Husarenregiments auf Pferden des letzteren 3 Stunden im Reiten
unterrichtet. Tanzunterricht stand auf dem Programm, ist aber nie
erteilt worden. Die Zahl der Reitstunden wurde 1856 um 1 vermindert,
die des Unterrichts in der Fortifikation um 1 vermehrt. Nur 4 Wochen-
tage waren Schultage, an diesen mufsten die Schüler abends von 6 bis
8 Uhr in ihren Wohnungen repetieren; an zwei anderen, wo kein
Unterricht stattfand, gehörten sie ganz der Kompagnie, bei welcher
sie standen, oder welcher sie, wenn Braunschweig nicht ihre Garnison
war, zugeteilt waren. Der Unterricht wurde zwischen 9 und 1 und
zwischen 3 und 5 Uhr erteilt. Alle vier Wochen mufsten die Schüler,
mit Ausnahme der Husaren, am Sonnabend auf Wache ziehen, ein
Herkommen, welches später beseitigt wurde.

Seit 1857 fand nach Beendigung des Kursus eine Übung im Aufnehmen, anfangs an 12, später an 18 Nachmittagen, statt. 1859 wurden, mit Rücksicht auf eine veränderte Zusammensetzung der Schüler, sämtliche Vorträge auf den Vormittag verlegt und nur der Sonnabend vom Unterrichte frei gelassen. 1861 ward das Exerzieren am Geschütz in den Lehrplan aufgenommen.

In betreff der Honorierung der Vorträge machte sich schon bei Ablauf des ersten Unterrichtskursus eine Meinungsverschiedenheit zwischen der Studien-Kommission und dem Kriegskollegium, welches die Anträge der ersteren dem Herzoge zu unterbreiten hatte, geltend. Die Kommission stützte sich dabei auf die anderswo geltenden Normen und behauptete,[1] dafs in Preufsen die nicht dienstfreien Lehrer der Divisionsschulen für eine jede wöchentliche Lehrstunde des sechsmonatlichen Kursus 20, die Reit-, Fecht- und Voltigierlehrer ein Aversum von 60 Thalern, in Hannover die Kadettenoffiziere bei freier. Wohnung und Unterhalt für jede der obigen Lehrstunden 20, die Lehrer der Militär-Akademie 40 erhielten; sie befürwortete, unter Abwägung der allseitigen Verhältnisse, für die nur teilweise dienstfreien braunschweigischen Offiziere je 18 Thaler für die wissenschaftliche, 9 für die nicht wissenschaftliche Unterrichtsstunde. Das Kriegskollegium wies das in mancher Beziehung Unzutreffende in den Ausführungen der Kommission nach, ohne die in Beziehung auf Hannover vorgebrachten thatsächlichen Unrichtigkeiten zu berühren, und wollte nicht mehr als 9 Thaler bewilligt haben, welchen Betrag der Herzog auf 10 erhöhte. Nach Ablauf des Kursus 1860—61 wurde der Satz endgültig auf 15 Thaler festgesetzt; für den Unterricht im Reiten, Fechten und Voltigieren wurden je 10, für die Leitung des Unterrichts im Aufnehmen im ganzen anfangs 12, nach stattgehabter Vermehrung der Aufnahmetage 18 Thaler bezahlt. Der Aufsichtsoffizier erhielt 12 Thaler, der Präsident der Studienkommission erhielt zweimal Gratifikationen: 1861 von 200, 1864 von 150 Thalern.

Fragt man nun: Wem galt die Entfaltung eines solchen Aufwandes an persönlichen und sachlichen Leistungen, wem war die Sorge der Lehrer und der aufsichtführenden Offiziere gewidmet, um wen flofs die viele Tinte, ward das viele Papier verschrieben? so lautet die Antwort, dafs es um eine verschwindend kleine Zahl von Schülern geschah; nicht einmal der Grundsatz „Tres faciunt collegium" fand

---

[1] Bericht an das Brigade-Kommando d. d. 11. September 1856 (a. a. O. Conv. 28, Volontairs 1855—1859, 60).

Beachtung. Meist nahmen 2, 1857—58 gar nur 1 Schüler am Unterrichte teil, 1859—60 war die Zahl freilich auf 6 gestiegen, weil aufser
1 Portepeefähnrich 5 Landwehroffiziere, welche, veranlafst durch die
Ereignisse von 1859, Berufsoffiziere werden wollten, zugelassen waren,
und 1860—61 betrug die Zahl gar 7, nämlich 3 Portepeefähnriche
und 4 Volontär-Sergeanten, junge Leute, denen 1859 unter Erlafs der
Fähnrichsprüfung der Zutritt zur Offizierlaufbahn eröffnet worden war
und die, wie jene Landwehroffiziere, wegen teilweise mangelnder Vorbildung die Erfolge des Unterrichts wesentlich beeinträchtigten; aber
schon 1861—62 war die Zahl wieder auf 3, 1862—63 auf 2 gesunken,
1863—64 betrug sie 4, 1864—65 5.

Es war dies das letzte Jahr des Bestehens der sogenannten
„Unterrichtsanstalt." Ihre Ergebnisse können wenig befriedigt haben.
So selten man in den Akten einer freimütigen Äufserung begegnet,
so häufig klingt der Wunsch nach einer Änderung der Einrichtung
durch. Die geringe Zahl der Schüler und das Fehlen manchen Hilfs-
mittels für den Unterricht, wie z. B. das Nichtvorhandensein einer
Festung, welchen Mangel durch einen Besuch von Magdeburg aus-
gleichen zu dürfen der Lehrer der Befestigungskunst stets vergeblich
beantragte, beeinträgtigten die Erfolge der Vorträge. Das Wohnen der
Portepeefähnriche in der Stadt entzog sie fast ganz der Aufsicht und
der Einwirkung auf ihre Erziehung aufserhalb der Lehrstunden, und
20 Unterrichtswochen genügten nicht, um die Aufgabe ihrer gründlichen Vorbereitung erschöpfend zu lösen.

Auch äufsere Verhältnisse trugen dazu bei, die bestehenden Einrichtungen als unhaltbare erscheinen zu lassen. Eins derselben wirkte
geradezu komisch. Die Prüfungskommission für das Fähnrichsexamen streikte! Sie wollte nicht weiter arbeiten, wenn nicht ihr Lohn
erhöht würde. Derselbe war im Jahre 1855 auf 2 Thaler für eine
jede Disziplin festgesetzt, wenn ein Examinand zu prüfen sein würde;
waren mehrere vorhanden, so wurde der Satz um die Hälfte erhöht;
die Bezahlung lag den Prüflingen ob. Jetzt verlangten die bürgerlichen
Mitglieder der Kommission einstimmig für eine jede Disziplin bei
einem Prüfling 5, bei zwei 8, bei drei 10, bei fünf 12 Thaler u. s. w.,
wie auf dem Collegium Carolinum bei den Prüfungen für den Civil-
Staatsdienst vorgeschrieben sei. Die Militär-Studien-Kommission befürwortete in ihrem vom 26. August 1862 datierten Berichte die Erfüllung des ausgesprochenen Verlangens, weil die Examinatoren ihre
Stellung vortrefflich ausfüllten und die Bezahlung eine angemessene

sei, denn die Prüfung koste dieselben eine Menge Zeit und Arbeit; sie
äufserte jedoch das Bedenken, dafs angängig sein würde, die Prüflinge
so hohe Gebühren bezahlen zu lassen, und stellte anheim, wenigstens
einen Teil auf die öffentliche Kasse zu übernehmen. Das Ministerium
lehnte aber auf Höchsten Spezialbefehl, unter Hinweis auf das Vorhaben eine anderweit eingerichtete Unterrichtsanstalt zu schaffen, deren
Lehrer man dann bei den Prüfungen zu verwenden gedachte, den
Antrag ab, und die Militär-Studien-Kommission fragte nun vor jeder
Prüfung bei den Bewerbern an, ob sie die höheren Gebühren aus ihrer
Tasche bestreiten wollten, eine Frage, welche natürlicherweise stets
bejaht wurde.

7. Neue Vereinbarung mit Preufsen 1865.

Das Kriegskollegium hatte gelegentlich der Prüfungsfrage an Allerhöchster Stelle von neuem die wiederholt „weitläufig erörterte" Frage
der Errichtung einer Unterrichtsanstalt zur Sprache gebracht. Als aber
die dadurch in frischen Flufs gebrachten Erwägungen und Verhandlungen hinwiederum ins Stocken geraten waren und auch ein bei
Beginn des Lehrganges 1864—65 besprochener Plan, die kommandierten Fähnriche zu kasernieren, um sie wenigstens einigermafsen
unter Aufsicht zu haben, nicht zum Ziele geführt hatte, erfolgte im
Herbst 1865 von neuem der Anschlufs an Preufsen. Die Erklärung für das lange Schwanken und für das jahrelange Aufrecht-
erhalten eines allseitig als zweckwidrig und ungenügend anerkannten
Zustandes mufs in den politischen Verhältnissen und in der Persönlichkeit des Herzog Wilhelm gefunden werden. Letzterer, obgleich im
preufsischen Heere grofs geworden und diesem anfänglich aufrichtig
zugethan, war durch die politische Schwäche des preufsischen Staates,
welche Schleswig-Holstein zu Fall gebracht hatte und nicht einmal
im Stande gewesen war die mit Braunschweig am 1. Dezember 1849
geschlossene Militärkonvention aufrecht zu erhalten, veranlafst, sich
Preufsen immer mehr zu entfremden. Von den ihn beratenden Behörden waren zwei, seine Generaladjutantur und das Kriegskollegium,
an deren Spitze der General von Bause, bezw. der Kriegsdirektor

Gille standen, Preufsen abgeneigt; die dritte, das Brigadekommando unter General von Bernewitz, vertrat den Anschlufs an Preufsen; ihm stimmte, aus Gründen der militärischen Zweckmäfsigkeit, die Mehrzahl der Offiziere zu. Wie in allen Mittel- und Kleinstaaten war der Wunsch, thunlichst auf eigenen Füfsen zu stehen, ebenso viel verbreitet wie er natürlich war. Daher das Streben nach einer eigenen Anstalt in Braunschweig.

Es wurden nun die beiden Portepeefähnriche, welche zum Offizierexamen vorbereitet werden mufsten, auf Ansuchen der herzoglichen Regierung am 1. Oktober 1865 zum Besuche der Kriegsschule Erfurt zugelassen; demnächst legten dieselben vor der preufsischen Ober-Militär-Examinations-Kommission die Prüfung ab. Ehe aber die Ereignisse des folgenden Jahres über Braunschweigs künftige militärische Stellung endgültig entschieden hatten, war der Gedanke an die Wiedererrichtung eines Kadettenhauses oder einer ähnlichen Anstalt in Braunschweig aufgegeben. Das am 4. Juli 1866 vom Herzoge unterzeichnete „Regulativ über die Heranbildung und Ergänzung der Offiziere des Herzoglich Braunschweigischen Truppenkorps"[1] lehnte sich eng an die für das preufsische Heer geltenden Bestimmungen und hatte die Ausbildung auf preufsischen Lehranstalten etc. zur Voraussetzung. Die wesentlichste Sondervorschrift war die seit dem 6. April 1852 in Kraft gewesene Forderung des Nachweises von Privatzulagen; dieselben sollten jetzt betragen: bei der Infanterie und Artillerie bis zur Beförderung zum besoldeten Portepeefähnrich 300, bis zur Ernennung zum Offizier 200, bei der Kavallerie bis zu letzterem Zeitpunkt 400 Thaler jährlich. Aufserdem waren an Equipierungsgeldern bei jenen Waffen bezw. 200 und 400, bei dieser 1200 Thaler zu hinterlegen. Wer Wohnung etc. bei seinen Eltern oder Verwandten hatte, brauchte 100 Thaler weniger an Jahreszulage nachzuweisen; wer in der Kavallerie dienen wollte, mufste eine solche auch nach seiner Ernennung zum Sekondlieutenant in der Höhe von 200 Thalern haben; in Beziehung auf den Infanteristen und den Artilleristen war nur gesagt, dafs der Nachweis einer Zulage als Offizier wünschenswert sei.

Obgleich Herzog Wilhelm sich weder durch den Eintritt in den Norddeutschen Bund noch durch die Gründung des Deutschen Reiches zum Abschlufs einer Militärkonvention mit Preufsen bestimmen liefs,

---

[1] Braunschweig, Druck von Berglein und Limbach, 1866.

fanden die preufsischen Vorschriften in betreff des Offizierersatzes seit 1866 auf das braunschweigische Kontingent volle Anwendung; alle Sondereinrichtungen in Beziehung auf Unterricht und Ausbildung hörten auf.

8. Mannschaftsschulen.[1]

Bei sämtlichen Abteilungen bestanden Unterrichtsanstalten, welche den Zweck hatten, geeignete Unteroffiziere und Soldaten behufs demnächstiger Beförderung weiterzubilden. In denselben wurde gelehrt:

Bei der Infanterie: Allgemeiner, innerer, Garnison- und Felddienst, Exerzierreglement, Waffenlehre, Schönschreiben, Rechnen, Rechtschreibung, Ausarbeitung militärischer Aufsätze;

Bei der Kavallerie aufserdem: Kenntnis und Behandlung des Pferdes;

Bei der Artillerie[2] ferner: Arithmetik, Geometrie, Anfangsgründe der Mechanik, Planzeichnen, Feldmessen, Befestigungskunst, Geschützlehre;

Bei den Pionieren, aufser den bei der Infanterie erwähnten Lehrzweigen: Elementarmathematik, Anfangsgründe der Mechanik und Statik, die eigentlichen Pionier- und Pontonierwissenschaften, Festungsbau und Festungskrieg, Feldbefestigung, Feldmessen, geometrisches und Planzeichnen.

Den Unterricht erteilten Offiziere. Für die Zwecke desselben wurden 1847 gezahlt: einer jeden Abteilung der Infanterie und Kavallerie, sowie der Artillerie 5 Thaler für Schreibmaterialien, der letzteren Waffe aufserdem für Zeichnengerät 10 und für ein Schul-

---

[1] Die einzige Quelle, welche für diesen Gegenstand benutzt werden konnte, ist das obenerwähnte Werk des Oberst-Lieutenants C. Jacobi, von welchem unter dem gleichen Titel eine 2. Auflage (Hannover 1858) durch den Sohn des Verfassers, Hauptmann B. Jacobi, herausgegeben ist.

[2] Aus den Bestimmungen über die Beförderung der Offizieranwärter der Artillerie geht hervor, dafs der Bombardier und der Feuerwerker vor ihrer Ernennung Prüfungen zu bestehen hatten, über welche Näheres nicht bekannt ist.

lokal 36, den Pionieren für Materialien zum Schreiben. Rechnen und Zeichnen 16 Thaler.

1858 waren diese Sätze bedeutend erhöht. Es wurde monatlich gezahlt: bei der Kavallerie behufs Unterrichts im Schreiben für einzeln stehende Kompagnien bezw. Eskadrons je 2, für zusammenstehende je 1½, der Artillerie behufs Unterrichts der Unteroffiziere in der Mathematik jährlich 48, behufs Unterrichts in der Feuerwerkerei 60, den Pionieren behufs Unterrichts im Zeichnen 24 Thaler.

Nach dem Jahre 1866 fanden auch auf diesen Dienstzweig die preufsischen Bestimmungen volle Anwendung.

Die Kriegsschule zu Colmar

(Abgeschlossen am 1. April 1889)

Die Erziehungs- und Unterrichtsanstalt,[1] welche im Jahre 1773 zu Colmar im Oberelsafs der blinde Fabeldichter Pfeffel[2] als Kriegsschule (Académie militaire) errichtete, war in Wirklichkeit nicht, was der Name besagt, sondern ein nach Basedowschem Muster eingerichtetes Philantropin, in welchem nebenbei Kriegswissenschaften gelehrt wurden, doch war der erste Anlafs zu ihrer Gründung aus einem militärischen Bedürfnisse hervorgegangen, ihre Zöglinge waren militärisch gegliedert, standen unter soldatischer Zucht und trugen Uniform. Mag auch der Name mit dem Wesen sich nicht decken, und der Grund, aus welchem Pfeffel die Anstalt Kriegsschule nannte, durch den Wunsch hervorgerufen sein, für dieselbe Stimmung zu machen, so mufs sie hier Erwähnung finden. Auch war sie, obgleich Colmar damals zu Frankreich gehörte, eine deutsche Anstalt: deutsch war die Sprache des Hauses und der Schule, nach deutschen Lehrbüchern wurde unterrichtet.

Jenes militärische Bedürfnis entsprang aus dem Fehlen einer Gelegenheit zur Heranbildung der Söhne des französischen protestantischen Adels für den Militärstand, da diese in die Militärschulen des Landes nicht aufgenommen wurden. Pfeffels Plan war daher anfangs, nach dem Muster der Königlichen Kriegsschule zu Paris ein „Pensionnat

[1] Quellen: Gottlieb Conrad Pfeffels Versuche, Supplementband, Stuttgart und Tübingen 1820: Gottlieb Conrad Pfeffel, ein biographischer Entwurf, von Johann Jacob Rieder. — L'école militaire de Colmar pendant les années 1776—1779, notice tirée des mémoires manuscrits de Chrétien Hubert Pfeffel, suivie de plusieurs lettres adressées à ce dernier par le poète Théophile Conrad Pfeffel et sa fille Frédérique et publiée avec un appendice par Auguste Stoeber, Mulhouse 1859 (Christian Hubert Pfeffel, geboren 1765 zu Strafsburg, gestorben 1835 zu Paris als bayerischer Gesandter, war ein Neffe von G. C. Pfeffel und 1776—1779 Zögling der Kriegsschule). — Deutsches Museum: 1. Band, Jänner bis Junius 1780, S. 461 (Schreiben eines Ungenannten über die Kriegsschule); 2. Band, Julius bis Dezember 1780 (Berichtigungen zu dem Schreiben), Leipzig bei Weygand. — Ersch und Gruber, Allgemeine Encyklopädie der Wissenschaften und Künste, 3. Serie, 20. Theil, Leipzig 1845 (unter „Pfeffel").

[2] Gottlieb Conrad Pfeffel, geboren zu Colmar am 28. Juni 1736, gestorben daselbst am 1. Mai 1809.

militaire", ein Kosthaus für protestantische Edelleute, zu errichten, welche sich dem Kriegsdienste widmen wollten. Seine Neigung trieb ihn, erzieherisch thätig zu sein, seine Vermögenslage wies ihn an auf eine Vermehrung seiner Einnahmen zu denken, und da er Freude am Studium der Kriegswissenschaften überhaupt und der Taktik insbesondere empfand, sich eifrig mit den Werken von Leblond und Maizeroy beschäftigt hatte und die Uniform liebte, so entschied er sich für ein Arbeitsfeld, dessen Wahl durch einen blinden Fabeldichter allerdings eine eigenartige und auffallende Erscheinung ist.

In der That gestaltete sich die Kriegsschule allerdings anders, als sie von ihrem Errichter ursprünglich geplant sein mochte. „Vom Kriegswesen hat das Institut die Uniform, die Rüstkammer, das Manövrieren, die tägliche Wache von zwei Mann, die jeden Fremden meldet, und den Unterricht in Taktik und Ingenieurkunst."[1] Die Wissenschaften, welche gelehrt wurden, waren die nämlichen, welche damals in allen ähnlichen Anstalten Gegenstand des Unterrichts waren. Sie wurden in allgemeine, besondere und Privatlektionen eingeteilt.

Militärische Vortragsfächer waren: die ersten Grundsätze der Taktik und das Exerzieren, welche zu den besonderen, die Kriegsbaukunst mit der Illumination (d. h. Anfertigen von Zeichnungen und Rissen), welche zu den Privatlektionen gehörte. Der militärische Fachmann, welcher Pfeffel anfangs zur Seite stand, ein früherer Milizoffizier de Bellefontaine, ward schon 1776 durch Hofrat Franz Lerse, dessen Andenken Goethes Götz von Berlichingen verewigt, ersetzt.[2]

Die militärische Organisation der Kriegsschule bestand in ihrer Gliederung in drei nach der Gröfse der Zöglinge zusammengesetzte Kompagnien, mit Feldwebeln, Lieutenants und Hauptleuten, einem Major und einem Adjutanten. Eine vierte, die Ehrenkompagnie, umfafste die durch musterhaftes Betragen ausgezeichneten Schüler; sie traten durch Wahl ihrer Kameraden in dieselbe ein; eine seidene Achselschnur an der Uniform, welche letztere aus einem blauen Rock mit rotem Kragen und gelben Knöpfen, gelber Weste und ebensolchen Beinkleidern bestand, war ihr äufseres Abzeichen. Trommeln und Fahnen trugen dazu bei, der „École" ein soldatisches Äufsere zu verleihen. Die Vorgesetzten gingen ebenfalls aus der Wahl

---

[1] Deutsches Museum a. a. O. I, 464; II, 359.

[2] Die Akten über die durch Zwistigkeiten veranlafste Trennung von Pfeffel und Bellefontaine befinden sich im Bezirks-Archiv des Ober-Elsafs; sie geben mancherlei hier verwerteten Aufschlufs über das Wesen der Kriegsschule.

ihrer Kameraden hervor; der Adjutant wurde durch die Lehrer berufen. Für gutes Betragen und für wissenschaftlichen Fleifs wurden Ehrenzeichen in Gestalt von Sitten- und von Fleifskreuzen gegeben; wer sich in beider Hinsicht hervorthat, erhielt ein goldenes, wer in jeder Beziehung musterhaft war, das Grofskreuz. Die weifsen, roten, blauen und gelben Orden wurden im Knopfloche getragen. Ihre Verleihung erfolgte durch die Lehrer; an der Vergebung der Würden und der Verhängung von Strafen beteiligten sich Lehrer und Schüler. Die Strafen bestanden in Sondersitzen bei den Mahlzeiten, zeitweiligem Tragen einer Schandkappe oder eines grauen Kittels (surrot), Verlust des Degens, Degradation, Arrest, Bann (Ausschliefsung vom gemeinsamen Verkehr) und in der während des Bestehens der Anstalt nur einmal vorgekommenen Entfernung aus derselben. Die Vollziehung der Strafen geschah unter militärischen Förmlichkeiten; der aus Zöglingen gebildete Gerichtshof, welcher über Vergehen derselben gegen einander urteilte, hiefs Kriegsrat. Vor dem Baseler Thore hatte die Schule ihren eigenen Exerzierplatz.

Die Aufnahme erfolgte im Alter zwischen 11 und 14 Jahren; die regelmäfsige Dauer des Aufenthalts betrug für diejenigen, welche des Deutschen und des Französischen mächtig waren, 3 Jahre; wer nur eine dieser Sprachen beherrschte, blieb ein Jahr länger. Über den Besuch der Anstalt liegen nur aus den Jahren 1773 bis 1790 genaue Nachrichten vor; während dieser Zeit betrug die Zahl der Zöglinge 253, darunter 140 Schweizer, 34 Deutsche, 29 Elsässer, 10 Russen, ebensoviele Engländer und Schotten etc.; fast $\frac{1}{3}$ gehörte adeligen Geschlechtern an, 6 waren Altgrafen oder deutsche Prinzen.

Im Jahre 1792 machte die französische Revolution der Anstalt ein Ende.

Nachtrag

Zu S. 57: Die Schrift „Das Königlich Bayerische Kadetten-Corps von der Grundlegung bis zur Gegenwart. Von Friedrich Teicher, Hauptmann und Inspektionsoffizier am Königlichen Kadetten-Corps. Mit 28 Abbildungen. München 1889." konnte nicht benutzt werden, weil die vorliegende Arbeit gedruckt war, als das Buch erschien. Der Verfasser der ersteren hat sich aber bei ihrer Herstellung der gütigen Mitwirkung des Herrn Hauptmann Teicher zu erfreuen gehabt.

Berichtigungen

S. 4, Z. 20 v. u. zu lesen „1555" statt „1556".

S. 29, Z. 1 v. o. „1851" statt „1848".

S. 35, Z. 5 v. o. zu streichen: die Überschrift „1848 bis 1851".

S. 63, Z. 12 v. o. „Stigler" statt „Stiegler".

S. 182, Z. 6 v. o., Z. 4 v. u. } „21" statt „22".
S. 183, Z. 4 v. u.

S. 250, Z. 3 v. u. „.E v. Schelhorn" statt „C. v. Schelhorn".

Inhaltsverzeichnis

368 Inhaltsverzeichnis

Druck von Carl Hermann Müller in Berlin, Münzstr. 3.